Bibliothèque des Idées

PAUL BÉNICHOU

SELON MALLARMÉ

GALLIMARD

© *Éditions Gallimard, 1995*

Introduction

Le problème de l'obscurité en poésie ne date pas de Mallarmé ; ce n'est pas lui non plus qui a le premier signalé la différence qui sépare le style poétique du parler courant : cette différence est évidente depuis toujours, ne serait-ce que par les sévères contraintes institutionnelles, ignorées du langage ordinaire et de la prose, auxquelles l'élocution poétique s'est vue généralement soumise, et par les « licences » dont elle a joui la plupart du temps. Et le fait que ces contraintes et ces licences convenues aient fini par tomber en désuétude, au moins dans notre civilisation, ne dispense pas les poètes d'avoir à parler dans leurs poèmes autrement que dans leur vie. Il n'y a pas de poésie sans un mode particulier de langage et d'entente, et sans la conscience de cette particularité : une sorte de connivence a toujours sa part dans la joie poétique. Bien sûr, qui parle autrement que tout le monde risque de ne pas plaire à tous ; mieux, de passer pour obscur aux yeux de beaucoup. Il y a cependant des degrés dans la nécessaire distance des deux langages, condition d'existence de ce que nous nommons poésie. Les poètes qui écrivent pour le public cultivé peuvent être obscurs pour le peuple ; ils sont clairs à la mesure des milieux auxquels ils s'adressent. Certains souhaitent n'être compris que d'un très petit nombre : cette poésie à destination réduite ne date pas non plus d'hier ; elle suppose logiquement une accentuation extrême de l'écart entre prose et poésie ; elle professe que toute excellence poétique est proportionnée à cet écart, et qu'il n'est de vraie poésie que difficile, et ouverte à très peu de gens. L'ancien lyrisme européen, dans toutes ses grandes époques, a connu pareille tentation, et des chefs-d'œuvre en sont nés. L'attrait de cette poésie tient à ce qu'elle est vécue comme un privilège spirituel : elle semble élever au plus haut degré de qualité, moyennant l'exclusion de la foule profane, cette pure joie de l'esprit que toute poésie promet.

ROMANTISME ET OBSCURITÉ POÉTIQUE

Il y a indiscutablement de cela dans l'obscurité mallarméenne et dans la séduction qu'elle exerce, quoique Mallarmé ne doive rien, semble-t-il, à ses prédécesseurs lointains en obscurité, des poètes du *trobar clus* à Gongora, auxquels il ne se réfère jamais dans ses écrits. Il y a eu, entre temps, le romantisme et ses lendemains, dont il est entièrement issu, et à partir desquels il faut considérer son art poétique. On est surpris de constater, dans les polémiques qui ont accompagné le début du romantisme, que les tenants de la tradition littéraire accusaient volontiers d'obscurité les nouveaux poètes. Ce reproche a été adressé, si inattendu que cela puisse nous paraître, à Lamartine ; et le néo-classicisme encore très robuste de 1800 avait déjà dénoncé le même défaut chez Chateaubriand. Cette critique vise apparemment chez ces auteurs l'usage nouveau d'imaginations vagues et idéales, et plus encore l'emploi de métaphores inusuelles, sans analogues dans l'imagerie traditionnelle : épisode banal, pourrait-il sembler, de la résistance aux nouveautés dans les matières de goût et de langage. Mais l'accusation d'obscurité reste surprenante, d'autant plus que les romantiques se targuaient, au contraire, d'avoir mis la langue poétique, en la rapprochant de la langue vivante, à portée d'intelligence d'un public plus vaste. Et c'est bien ce qu'ils avaient fait : en débarrassant la langue de la poésie des conventions et des périphrases du style néo-classique, ils lui avaient rendu une faculté de signification immédiate.

Mais il y avait bien autre chose dans leur réforme : la dignité, désormais conférée au langage poétique, d'une sorte d'idiome sacré, bien plus distant, en profondeur, de celui de la prose qu'il n'avait été dans les siècles précédents. L'invention métaphorique venait désormais au premier rang parmi les attributs et privilèges du poète. Des figures de la rhétorique ancienne, qu'on faisait toutes revivre dans de nouvelles applications, celle qui rapproche deux objets, apparemment différents, par l'intuition de leur ressemblance devenait la première et la reine. La fonction essentielle de la poésie était de surprendre par des métaphores librement créées, rapprochant deux pôles distants l'un de l'autre qu'aucune étincelle n'avait jamais joints de mémoire de lecteur. Un nouveau monde poétique, débordant largement l'ancien, s'est ainsi institué dans ces années, ouvert sur le futur. Les défenseurs de l'ancienne poésie, qui se plaignaient de ne pas comprendre la nouvelle, n'étaient pas seulement dérangés dans quelques habitudes littéraires ; ils voyaient sous leurs yeux l'esprit de poésie doué d'une portée et d'un pouvoir nouveaux, qui passaient leur entendement. La figure du *vates* antique, conservée comme une relique légendaire à travers les siècles modernes, reprenait vie devant eux, leur annonçant d'obscurs périls pour la raison humaine. Ils n'avaient pas absolument tort : la théorie — et à l'occasion, la métaphysique — du symbole développée par le romantisme mettait bien la poésie à distance du sens commun ; mais les nouveaux poètes, dans l'élan communicatif qui les portait et où ils croyaient trouver leur plus évidente définition, se glorifièrent surtout d'avoir régénéré la poésie ; ils n'eurent pas conscience de l'avoir rendue plus difficile. Plus ambitieuse, oui ; et ils le proclament en rattachant à une notion sacralisée de l'art, proposée à la révérence publique, tout ce que leur poésie prétend avoir de rare et de haut. Ils la veulent plus largement comprise que jamais, quoique plus que jamais éloignée de la prose. Ils la firent en effet telle avec un bonheur mémorable, mais presque aussitôt menacé.

POÉSIE ET SOLITUDE

Des épreuves les attendaient, venant d'un domaine auquel ils avaient étendu et lié le leur. La révolution poétique, telle qu'ils l'avaient conçue, attribuait au Poète compétence, voix et conseil touchant les destinées de l'humanité. Ils pensaient que l'ordre social ne pouvait se justifier que par des principes idéaux dont ils avaient le dépôt, avec toute la classe pensante, et à sa tête, et que l'avenir les confirmerait dans ce rôle. Les crises successives de la société nouvelle et la façon dont elle se consolida semblèrent condamner cette prétention, et les chemins de la société s'écarter de ceux de la poésie. Les poètes pouvaient-ils, dans une telle situation, revenir à l'art des vers comme on l'avait entendu

dans le passé classique : noble profession trouvant sa raison
d'être en elle-même et dans ses œuvres, à distance des intérêts et
des luttes ? Non, évidemment. Le second romantisme reprend
tous les thèmes du premier (mission spirituelle du Poète, providence de Dieu et de l'esprit, communication du Poète et de
l'Humanité), dans une version négative par laquelle il s'oppose à
lui, mais en lui faisant fidèlement suite. Les futures négations de
Baudelaire accompagnaient déjà le discours de Lamartine et de
Hugo, sous forme de tentations surmontées. On ne les a tenues
ensuite pour des vérités insurmontables que par l'effet d'un
traumatisme historique, qui n'a pas affecté la position des problèmes, mais la façon d'y répondre.

Les poètes pessimistes d'après 1848 se font gloire de leur lucidité, comparée aux illusions précédentes, mais ils ne dissimulent
pas le caractère tragique de la désillusion, deuil plutôt que
mécompte, et sujet de permanente douleur. Ces poètes sont
inconsolables dans leur vue des choses ; ils se sentent ruinés eux-
mêmes par la ruine des valeurs auxquelles ils disent ne plus
croire. En ce sens, la chimère dont ils se prétendent détrompés
les tient, semble-t-il, plus que jamais. On pense à Pascal : « Qui
se trouve malheureux de n'être pas roi, sinon un roi déposs-
sédé [1] ? » La misère du poète n'est misère que parce qu'il se croit
fait pour un rôle glorieux. Les poètes n'avaient jamais vraiment
possédé la royauté des esprits, sauf dans des temps de légende ;
mais ils s'étaient imbus récemment de la vérité de la légende et
de son actualité, et ils se sentaient soudain tombés de haut. On
voit à quel point il est absurde de les imaginer revenant à la poésie de Saint-Amant ou de Maynard : poésie d'un autre temps,
qui ignorait tout postulat de pessimisme ou d'amertume, et dont
ils n'imitent le langage qu'en la transfigurant à leur mode.

La continuité d'un même substrat de pensée, d'une génération
à l'autre, aide à comprendre pourquoi les nouveaux poètes
n'éprouvèrent pas le besoin, pour publier leur désenchantement,
de bouleverser le mode d'élocution qu'ils avaient hérité de leurs
aînés. Naturellement, quelque chose devait changer, dans la
manière de poétiser, pour s'accorder à l'esprit de déception et de
solitude : le vocabulaire de prédilection, les mouvements rhéto-
riques préférés, les symboles dominants différèrent quelque peu
dans une poésie d'intentions nouvelles, mais on ne vit entre 1845

---

1. PASCAL, *Pensées*, éd. Brunschvicg, 409.

et 1855, dans l'ensemble de l'institution poétique, rien de semblable au branle-bas général de destruction et de refonte, ni aux batailles tapageuses de 1820-1830. Nul assaut, en tout cas, contre l'intelligibilité du discours poétique; mais plutôt le contraire : le Parnasse, dans sa religion de l'art et de la forme, tendra à dissiper le mystère poétique, à donner de la désespérance des figurations marmoréennes qui excluent l'ombre. Il a fallu le génie de Baudelaire pour maintenir et approfondir, dans une époque ennemie du vague et de l'obscur, l'héritage de la profondeur romantique. Ainsi l'établissement d'une version négative du romantisme a occupé toute une génération, et le sacerdoce poétique y a pris sa couleur nocturne, veuve de fidèles et de Dieu, sans opérer de révolution sensible dans les formes littéraires. Mais cela ne veut pas dire que le romantisme négatif, en tant que poésie de la solitude — mésestime des hommes, ressentiment contre Dieu et dégoût de soi — n'ait pas introduit de nouvelles difficultés : le credo romantique ainsi retourné peut poser un problème de cohérence et de crédibilité.

Le poète regrette cruellement ce qu'il a perdu. Il constate à bon droit que son crédit n'est plus le même; mais a-t-il perdu aussi l'excellence spirituelle à laquelle il prétendait? Le croit-il? S'est-il trompé, non seulement dans ses espérances, mais aussi dans sa foi? C'est ce que son pessimisme semblerait impliquer, et ce qu'il affecte quelquefois de proclamer. Il est clair pourtant qu'il continue à se tenir pour roi des esprits, en vertu d'un privilège inscrit dans son être. Les premiers romantiques pouvaient exagérer leurs espérances; on est en droit de ne pas les suivre dans l'hyperbole. Les seconds affectent de renier une foi que leur *moi* de poètes professe encore, et que leur douleur même atteste; on est obligé, sur ce point, de les démentir : position difficile pour le critique, qui doit user avec modération du droit de défiance. Mais à quoi bon tant d'éloquence dans la plainte? Espère-t-on toucher un public qu'on proclame sourd et cuirassé contre la honte? Pourquoi, si Dieu n'écoute rien, ces anathèmes jetés au ciel? Parle-t-on si haut et si bien de sa misère, quand on se croit vraiment seul? Le second romantisme, sous le masque d'un divorce, continue d'en appeler implicitement à l'Humanité et à Dieu, en plaidant la cause de la Poésie, où sont encloses selon lui la vérité du monde et la justice des hommes, quoique bafouées. Cette duplicité d'attitude, qui est celle de tout désaveu sans rupture, ne résout pas les problèmes ; elle les aggrave, et ne laisse d'autre issue, comme on va voir, qu'une fuite en avant.

DE BAUDELAIRE À MALLARMÉ

Ce parcours, dit-on parfois, devrait, par le refus effectif du monde, aboutir logiquement au suicide. C'est vite dit, et il peut être permis d'être désespéré sans préférer toutefois la mort au désespoir. Admettons donc qu'il puisse subsister, à tous les degrés du désenchantement, des raisons de vivre : la célébration poétique du désenchantement peut bien en être une, et en ce sens passer pour une solution au mal d'exister, une sorte de contrepoison subtil mêlé au poison même. Et plus d'un lecteur recevra du poète le bienfait de ce baume avec la contagion du mal. La génération de Baudelaire, qui se croyait au bout de l'amère odyssée du Poète, s'étant ainsi donné l'imparfaite consolation de l'Art, ne poussa pas plus loin. La solitude dont elle se plaint reste très fortement communicative. Ni Gautier ni Baudelaire, tout en méprisant les effusions trop familières de leurs prédécesseurs, ne s'interdisent de s'épancher, pourvu que ce soit dans l'amertume et la hauteur. Ni l'un ni l'autre ne prêchent ni ne magnifient le silence comme mode effectif de non-communication. Mais une fois engagé dans leur voyage, on peut être tenté d'aller plus loin qu'eux, et de mettre en doute la possibilité d'une communication réelle avec autrui. En fait, si ce doute est expressément proclamé, de façon assez générale, dans ce qu'on appelle le Parnasse, il ne retentit effectivement sur l'élocution poétique que chez Mallarmé. Lui seul célébra le silence comme une sorte d'accomplissement suprême de la poésie. Il ne se tut pas pour autant, mais il fit en sorte de maintenir sa parole à un niveau d'obscurité qui altérait réellement la communication entre lui et ses lecteurs. Il fit de son verbe une sorte de soliloque dans lequel il emprisonna le tourment qui le faisait parler. Le premier, il entendit user des ressources et des découvertes, dont ses prédécesseurs romantiques avaient ouvert le champ, de façon à mettre la poésie hors d'atteinte de son public ordinaire.

Nulle obscurité chez lui ne naît de l'oubli ou du rejet de la logique, comme l'ont cru souvent, inconsidérément, ceux que son mode d'expression déconcertait. Il est, à tout moment, maître de sa raison et assuré de la cohérence de son discours : mais il n'entend pas en confier le sens aux canaux de la langue usuelle. Il l'occulte donc par le recours à des images et métaphores insolites, par une disposition syntactique inusitée quoique en principe irréprochable, par des transitions dérobées, par des tournures et régimes grammaticaux faussés bien qu'approximativement conformes à l'usage, par des ellipses et des demi-mots empruntés au besoin à la langue la plus familière. Ce ne sont là que quelques-uns de ses procédés. Il ne faut pas grand-chose de ce genre, dans une langue aux usages bien établis et consacrés par des générations de grammairiens et d'écrivains, pour dérouter le lecteur et lui dérober le sens de ce qu'on lui dit. Mallarmé mène cette entreprise avec une extrême habileté, et un sens exceptionnel du cumul ou de la sobriété des moyens à employer, et de la limite au-delà de laquelle régneraient de totales ténèbres, qu'il ne souhaite évidemment pas. On peut à bon droit s'étonner qu'un homme, qui entreprend de transgresser systématiquement les usages de la langue dont il se sert pour occulter le sens de ce qu'il dit, puisse espérer produire autre chose dans le public que le désagrément et l'irritation. C'est bien, en fait, ce que Mallarmé a produit dans la masse des lecteurs. Mais c'est un fait aussi qu'auprès d'un public plus averti ses poèmes ont pu engendrer une perplexité sympathique, un désir de comprendre et d'apprécier : c'est que l'obscure lumière et la musique qui émanent d'eux captivent l'attention. Mais on ne peut, bien sûr, s'en tenir là.

ÉNIGME ET POÉSIE

Énigme : obscurité volontaire, mais provisoire; sens à chercher, et à trouver, faute de quoi on reste étranger au poème, et à l'intention de celui qui l'a écrit. On ne peut pas vivre la poésie de Mallarmé simplement en s'abandonnant à ce qu'elle dit. Elle ne souffre pas une telle approche, elle n'y répond pas. Elle s'ouvre à ceux qui la questionnent. Mais pourquoi et à quelle fin se dissimule-t-elle afin d'être découverte ? Beaucoup se sont posé cette question à propos de Mallarmé, et se la poseront encore : « Si c'est ce qu'il voulait dire, que ne le disait-il tout de suite ? » D'autres diront : « Inintelligible par système et exprès ? C'est trop absurde, il ne peut en être ainsi. »

Il semble bien pourtant qu'il en soit ainsi. Mallarmé a écrit plusieurs fois qu'il convenait d'obscurcir convenablement un texte pour lui donner le caractère littéraire [2], et cette pensée est ancienne chez lui, puisque dès ses débuts il déplorait que la poésie ne soit pas protégée des profanes par une typographie ésotérique, comme la musique [3]. Bien mieux, se ressouvenant d'une fable apprise au collège, il opine que, « contrairement au singe qui avait oublié d'allumer sa lanterne, l'erreur est qu'on omet aujourd'hui dans l'acte littéraire, préalablement et avant tout, de l'éteindre [4] ». Mallarmé est donc obscur exprès, et pour être obscur ; on n'en peut douter. Mais expliquer cette volonté par le seul élitisme, suite de la traditionnelle aversion des poètes pour le *profanum vulgus*, c'est, je pense, rester à la surface des choses. L'essentiel est ailleurs, et d'abord dans l'esprit de solitude qui, persuadant d'avance le poète qu'il ne sera pas compris, l'engage à fuir le contact. Une douleur est au départ, que le pur esprit de supériorité ignore : les *happy few* trouvent le bonheur dans leur retranchement. Réduire l'idéal de Mallarmé à cet éden loin du vulgaire, c'est le méconnaître. Il est en mal d'un autre éden, qu'il déplore de ne pouvoir atteindre, et son obscurité est une suite de l'amère logique du désenchantement, un pas plus loin que ses devanciers vers cette clôture en soi qui, pour répondre au mal, l'aggrave.

Si ce parti pris répond à une situation douloureuse, nous devons comprendre qu'il est aussi bien une carte forcée qu'un libre choix. Si l'on part de l'idée que la clarté du discours poétique ne peut être qu'un faux-semblant, un impératif moral de

---

2. Voir *Œ. Pl.*, p. 407, *Solitude* (= article de *La Revue blanche*, 1ᵉʳ novembre 1895), où il dit à un journaliste qui emporte triomphalement une de ses phrases : « Attendez par pudeur que j'y ajoute, du moins, un peu d'obscurité. » La pudeur, ici, n'est pas la honte de paraître nu, mais la répugnance à tenter une communication avec autrui, d'avance suspecte de fausse entente.

3. *Ibid.*, p. 257 et suiv., *Hérésies artistiques. L'Art pour tous* (= article dans *L'Artiste*, 15 septembre 1862). — L'idée d'une écriture spéciale pour la poésie, dans notre société, n'a pas grand sens : toute écriture s'apprend vite, et le solfège lui-même en est un bon exemple. L'occultation du sens, telle que Mallarmé la pratiqua par la suite, est autrement efficace, et traduit une pensée de séparation autrement profonde.

4. Texte inédit de Mallarmé, cité par Edmond Bonniot, *La Genèse poétique de Mallarmé d'après ses corrections*, dans *Revue de France*, 15 avril 1929, pp. 638-639. La fable est *Le Singe qui montre la lanterne magique*, de Florian : le singe vante aux assistants les vues que déroule sa lanterne, mais : « Il n'avait oublié qu'un point, — C'était d'éclairer sa lanterne. »

vérité la proscrit; une lâche complaisance altérerait la dignité du moi poétique. Il faut donc ne pas être clair; mais on obéit à ce devoir avec toute la force du désir : obligation et liberté se confondent dans ce mouvement. Ainsi l'occultation du sens n'est pas un jeu de raffiné; elle a sa source dans le refus de déchoir. Mais comprenons aussi qu'il ne saurait s'agir d'un obscurcissement total, qui équivaudrait au silence : puisque le poète parle encore, c'est que sa solitude n'a pas cessé d'être communicative : douleur d'être seul, et, si peu que ce soit, espoir d'être entendu. C'est pourquoi l'obscurité mallarméenne peut se dire énigme, parce qu'elle est, comme toute énigme, porteuse d'un sens, quoique caché, et qu'elle est faite pour être déchiffrée. Dans le dévoilement de son sens, elle offre une guérison symbolique du mal que son obscurité figure : une sorte de réconciliation, en attendant mieux, du Poète avec Autrui. On voit à quel point toute lecture impressionniste de la poésie de Mallarmé est fausse, dérisoire presque. Il ne s'agit pas de sentir d'emblée cette poésie, mais d'abord d'en pénétrer le sens. Craignant de n'être pas compris, Mallarmé fait en sorte de ne pas l'être aisément, pour n'avoir d'admirateurs que ceux qui auront signalé, par leurs efforts pour le comprendre, non la supériorité de leur culture, ni leur adhésion à un symbolisme ésotérique, mais un vrai désir de communion poétique. Ainsi les poésies de Stéphane Mallarmé sont obscures pour être élucidées, et leur élucidation, loin de les profaner, les accomplit.

Ce travail, commencé de son vivant, et poursuivi après sa mort par plusieurs générations successives, a singulièrement progressé; il n'est pas achevé, à beaucoup près, et il se pourrait bien qu'il ne le soit jamais. La création habituelle d'énigmes altère peut-être, chez le créateur lui-même, la nette perception de la frontière qui sépare le clair de l'obscur; Mallarmé a pu égarer quelques-uns de ses pas au-delà de ces confins brouillés, vouant à des ténèbres définitives quelques cantons de son œuvre. Peut-être aussi a-t-il écrit à bon escient, pour prolonger l'épreuve du lecteur, et symboliser tous les destins possibles de sa poétique, y compris l'échec, des pages qu'il prévoyait indéchiffrables. Le rôle de la critique n'en est pas moins de continuer, aussi loin qu'elle peut, l'œuvre de clarté entreprise.

LE POÈTE INTERROGÉ

Mallarmé a été souvent interrogé sur son obscurité; il a été, plus souvent encore, attaqué d'emblée comme poète inintelligible et mystificateur supposé. S'il était le Sphinx de Thèbes, il n'aurait évidemment pas à être interrogé, ni ne voudrait rien éclaircir, puisque l'éclaircissement, dans la situation que suppose cette légende, serait sa ruine. Il en est autrement dans les énigmes de société, où nul péril n'est en jeu, et où il est d'usage, dès qu'on donne sa langue au chat, d'avoir satisfaction. Les lecteurs de Mallarmé se supposent dans cette situation et, Mallarmé refusant de s'expliquer, crient à la mystification et au scandale. Un tel refus nous est attesté en plusieurs circonstances. On nous rapporte que Berthe Morisot lui ayant demandé pourquoi il n'écrivait pas de façon à être compris par sa cuisinière, il lui avait répondu : « Comment? mais pour ma cuisinière, je n'écrirais pas autrement [5]. » Autre remarque du même genre, à Henri de Régnier, à propos d'un ami commun : « C'est un charmant garçon, mais pourquoi explique-t-il mes vers? cela tendrait à faire croire qu'ils sont obscurs [6]. » Il affectait donc de tenir ses vers pour immédiatement clairs, ce qu'il ne pouvait vraiment penser, non seulement vu l'évidence du contraire, généralement déclarée, mais vu ses propres déclarations en faveur de l'obscurité poétique. Ce genre de réponse ne s'inspire pas chez lui de la vérité, mais d'un sentiment d'agacement : il ne voulait pas avouer l'obscurité de ses poèmes, parce qu'il n'avait pas envie de les expliquer. Valéry lui attribue expressément une telle répugnance, « ennemi évident qu'il était, dit-il, de toute explication [7] ». Cependant ce refus, loin qu'on doive s'en étonner, est aussi naturel que l'irritation du lecteur frustré, et voici pourquoi.

Il y a, en dépit de leurs caractères communs, une différence essentielle entre l'énigme-jeu habituelle et l'énigme-poème de Mallarmé. À celle-ci ne suffisent pas l'obscurité et l'ingéniosité;

---

5. Rapporté par Henri MONDOR, *Vie de Mallarmé*, Paris, 1941, p. 502.
6. Henri DE RÉGNIER, *Portraits et souvenirs*, Paris, Mercure de France, 1913, p. 87.
7. Lettre de Valéry à Thibaudet (Albert THIBAUDET, *La Poésie de Stéphane Mallarmé*, Paris, édition de 1926, p. 67, n. 1).

comme poème elle promet et doit donner en outre une expérience humaine tournée en beauté ; et elle doit convaincre que cette beauté est précisément renfermée dans ce qui la sépare de l'élocution claire : non seulement le vers et ses lois, mais la recherche d'une expression rare, et — c'est ici la nouveauté — soustraite à l'intelligibilité immédiate. Le poème énigmatique contient donc deux genres confondus en un, énigme et poème ; ceux qui, se voyant en présence d'un langage insolite, et peu soucieux de réfléchir, s'avouent aussitôt vaincus, et s'indignent qu'on ne veuille pas éclaircir ces ténèbres, ne se doutent pas qu'elles sont pour le poète une condition de beauté. Ce voile qui couvre ses vers ne protège pas seulement la poésie, il la qualifie désormais ; mieux, il la constitue, il s'ajoute à ce qui la distinguait déjà autrefois. Mallarmé, mis en langage ordinaire, est aussi totalement dénaturé que Racine, si on lui demandait de se mettre en prose. D'ailleurs, rien ne l'assure que le public accueillera avec faveur ses éclaircissements : ils risquent de paraître à la fois subtils et plats à des gens qui, tout en aimant la poésie, n'ont jamais bien réfléchi à ce qu'elle a d'unique. En se traduisant en clair, le poète renierait l'essence de son art, sans faire cesser la mésentente qu'il déplore. Il lui faut donc refuser le rôle d'exégète, éluder les questions, ou se taire, ce qui le met en position fausse, tout voile étant fait pour être levé.

Il le sait bien, puisqu'il a quelquefois joué ce rôle auquel il se refuse, en éclairant le sens de quelques-uns de ses poèmes, à des moments divers de sa vie. Ainsi en juin 1863, il explique à son ami Cazalis un poème intitulé *L'Assaut* ; en janvier 1864, il commente longuement *L'Azur* à l'intention du même Cazalis ; en décembre 1865, il résume pour Villiers de l'Isle-Adam le sujet de *Don du poème*, dont le thème pouvait ne pas être compris ; enfin en juillet 1868, pour Cazalis encore, il résume de même le fameux *Sonnet allégorique de lui-même* (dit « Sonnet en −x ») et en commente les intentions. Bien plus, en 1877, il fait une traduction littérale du *Tombeau d'Edgar Poe* en anglais prosaïque, à l'intention d'une dame américaine, qui projette de le mettre en vers anglais, et il l'accompagne de notes numérotées encore plus terre à terre ; et en 1886, dans une lettre à son oncle, qui s'intéressait à l'*Hommage* à Wagner, il lui envoie ce sonnet fort obscur et lui en indique le sens général[8]. Ces exemples, quoique peu nombreux, suffisent à prouver que, lorsque la convenance littéraire ou la courtoisie étaient en jeu, il ne dédaignait pas de s'expliquer sur ses poèmes. En général, il n'aimait pas le faire lui-même, on a vu pourquoi; c'était à ceux qui aimeraient sa poésie à trouver sous son obscurité une lumière plus précieuse que la lumière évidente et commune. Peut-être souhaitait-il que ce dévoilement ne fût pas trop public, qu'il se fît dans un silence ami, qu'il se manifestât par un serrement de mains plutôt que par un dialogue explicite, enfin qu'il ne fût pas trop précipité de son vivant; mais qui croira qu'il ait écrit ses vers pour y éterniser un refus d'explication?

LA PART DE LA FOULE?

Il faut bien reconnaître que Mallarmé, en accentuant la solitude du poète, n'a nullement dissipé l'ambiguïté et la double attitude que le second romantisme ne peut éviter en raison de ses négations toujours incomplètes : on vient de constater qu'elles le restent chez Mallarmé. Son apologie de l'obscurité volontaire et son alternance avec l'ironique refus de trouver obscurs ses poèmes sont bien la preuve qu'en inaugurant l'énigme comme composante poétique nouvelle, il s'est plutôt enfoncé dans l'impasse morale où s'étaient engagés ses prédécesseurs, bien loin qu'il en soit sorti. On le voit mieux quand, exceptionnellement, il essaie de préciser sa doctrine de l'occultation poétique. La page est célèbre, et elle mérite d'être considérée autrement qu'à vol d'oiseau. Il essaye de distinguer dans tout poème deux types de signaux distincts : « Tout écrit, extérieurement à son trésor, doit, par égard envers ceux dont il emprunte, après tout, pour un objet autre, le langage, présenter, avec les mots, un sens même indifférent : on gagne de détourner l'oisif, charmé que rien ne l'y concerne, à première vue. » Il y aurait donc en tout poème, en même temps que sa valeur secrète, et hors de ce « trésor », un sens qui émanerait des mots entendus dans leur acception ordinaire, sorte de trompe-l'œil, et de cour-

8. Voir la lettre à Paul Mathieu du 17 février 1886 (*Corr.*, t. XI, p. 36). Cet oncle colonel était le mari de sa tante Adèle, sœur de la deuxième femme de son père, et Mallarmé, qui était en bonnes relations avec ce couple, craignait sans doute d'être mal jugé par l'oncle, s'il ne lui expliquait pas au moins l'essentiel du poème.

toisie ménagée par le poète à l'intention des profanes, dont il reconnaît qu'il emprunte la langue. Ce sens, est-il dit, peut être « même indifférent », c'est-à-dire non seulement plat et quelconque, mais absolument étranger à la nature du trésor, qui est cependant, nous est-il dit aussi, l' « autre objet » des mêmes mots. Il semble donc s'agir de deux messages simultanés du texte, l'un extérieur et destiné aux « oisifs » non éveillés à la poésie, l'autre réservé par le poète. Le poème ainsi conçu fournit une satisfaction superficielle aux profanes pour se débarrasser d'eux, et, suppose-t-on, rester « entre soi ». C'est ce que dit bien la formule qui se détache, aussitôt après l'alinéa cité : « Salut, exact, de part et d'autre [9]. »

Cette façon de présenter les choses suscite quelques réserves. Mallarmé est ici, pour une fois, en colère ; il vient d'être harcelé pour son obscurité, laisse-t-il entendre, par des sots spécialement agressifs. Les lignes citées ci-dessus étaient précédées, significativement, par l'alinéa suivant : « De pures prérogatives seraient, cette fois, à la merci des bas farceurs. » Ce sont ces farceurs qu'il accuse du mal : pour un bas intérêt de publicité, ils excitent dans la masse du public l'angoisse obscure de l'Incompris, « précipitant à pareil accès la Foule (où inclus le Génie) que de déverser en un chahut, la vaste incompréhension humaine [10] ». Comprenons qu'il ne souhaite pas l'espèce de rupture fracassante entre lui et la Foule (dépositaire à long terme du génie), que provoquent ces hommes à scandale. Et peut-être le salut de part et d'autre signifiait-il, dans son esprit, un *modus vivendi* bienveillant, en attendant mieux ; et le sens en surface du poème, offert aux profanes, une compensation provisoire à leur exclusion. Le malheur est que, dans la poésie de Mallarmé telle que nous la lisons, ce sens immédiatement clair, à portée de tous, est en fait invisible à tous, aux amateurs de poésie aussi bien qu'à la foule : là où quelques-uns comprennent, tous peuvent comprendre de même ; là où la foule cherche en vain ce que le poète a dit, l'élite des lettrés cherche aussi. Il n'y a visiblement qu'un seul sens, et on ne le trouve pas sans peine. L'offrande, faite à la foule, d'un sens à sa portée, semble donc vaine, et le problème de la poésie

9. *Le Mystère dans les lettres*, article de *La Revue blanche*, 1er septembre 1896 (*Œ. Pl.*, p. 382).
10. *Ibid.*, pp. 382-383.

et de son public, après ces explications peu convaincantes, toujours irrésolu.

Nous venons de voir Mallarmé exprimer au passage sa révérence envers la foule : en elle est « inclus le génie », promesse, semble-t-il, de sa réconciliation future avec la poésie, dans une autre société. Cette référence problématique à l'avenir, absente des poèmes, est fréquente dans la prose critico-philosophique de Mallarmé. Il faut bien y reconnaître, en une époque où la poésie se replie sur elle-même, un écho renaissant du romantisme humanitaire, comme si l'excès du mal faisait renaître la pensée de la guérison. Pas d'espoir pour aujourd'hui ; le poète doit refuser toute compromission, tout projet « inférieur à sa conception et à son travail secret », et peut-être en est-il pour toujours ainsi ; mais qui sait ? peut-être vivons-nous dans un « interrègne », une « grève » transitoire du Poète, une « gestation » parallèle de la Poésie et de la Foule, un « tunnel » dont nous verrons la fin ; car le Présent, sans la Foule, n'est pas même un Présent, et peut-être est-ce elle-même, parvenue au comble de sa médiocrité, qui appellera le Poète à son secours [11]. Étrange espoir ! Retenons que la solitude n'est pas un bien, et qu'elle cherche un remède. Il n'y en a qu'un à l'isolement du poète : c'est que diminue la distance qui sépare son langage de celui de la foule, et c'est le seul qu'on n'envisage pas. Ou bien espère-t-on une foule tout entière convertie au mallarmisme ? Il est peu probable que Mallarmé ait imaginé pareille chose ; il ne savait quoi prévoir ; il travaillait, disait-il, « en vue de plus tard ou de jamais ».

LE « MIROITEMENT EN DESSOUS »

Nous ne pouvons quitter cette page de Mallarmé sans essayer de comprendre pourquoi il prétend offrir dans ses poèmes un sens extérieur, accessible au gros du public, alors que nous n'y constatons rien de pareil. Il faut, en ce sujet délicat des relations de sa poésie avec le public, lui supposer une certaine dose d'illusion, plus ou moins volontaire. Cette signification en surface du poème, par laquelle le contact peut s'établir avec la foule, pour-

---

11. Je résume des textes connus, auxquels on peut se reporter dans *Œ. Pl.* : enquête Jules Huret sur « L'Évolution littéraire », 1891, p. 870 ; lettre à Verlaine du 16 novembre 1885, p. 664 ; *L'Action restreinte* (article de *La Revue blanche*, 1ᵉʳ février 1895, *ibid.*, pp. 371-372 ; conférence sur Villiers de l'Isle-Adam, *ibid.*, p. 499).

rait bien n'être autre chose dans son esprit que le sens logique et cohérent enclos dans son discours. Il se doute bien que ce sens n'est pas évident, puisqu'il fait lui-même profession de le voiler. Mais il pense apparemment que les profanes, parlant le français comme lui, pourront entrevoir quelque chose de ce qu'il veut dire et se convaincre qu'il n'y a rien là qui expressément les concerne ; d'où la possibilité du salut réciproque, qui scelle, pour le présent, un courtois traité de paix à distance, et ménage l'avenir. Il est à noter que Mallarmé ne fait que répéter ici, sur le mode sérieux, son fréquent refus de reconnaître dans ses poèmes la sévère occultation du sens qu'on y constate généralement. Il espérait, il croyait peut-être que le peuple pouvait entrevoir un semblant de sens dans ses poèmes. Mais quelle est alors notre situation à nous, commentateurs, qui pénétrons davantage ce qu'il dit, et espérons le pénétrer entièrement ? Devons-nous croire que nous restons, avec la foule, arrêtés à ce sens qu'il dit extérieur, exclus du « trésor » qui constitue le poème ? Le sens que nous atteignons, quand il nous satisfait comme sens, n'est-il encore rien ?

C'est ce que nous craignons de comprendre quand nous lisons : « Le débat — que l'évidence moyenne nécessaire dévie en un détail, reste de grammairiens [12]. » Mallarmé convient que cette évidence dévie, c'est-à-dire tourne à l'obscurité, « en un détail ». Mais il s'agit de beaucoup plus qu'un détail, d'une obscurité qui peut envahir le poème entier, soit parce que quelques endroits obscurs suffisent à rendre incertain le sens général, soit souvent parce que tout déroute à la fois [13]. Cela dit, le « trésor », dont apparemment la grammaire ne peut suffire à rendre compte, n'est donc pas une deuxième signification, doublant l'extérieure et plus profonde qu'elle. S'il en était ainsi, Mallarmé l'aurait dit, ou fait entendre ; il semble dire tout autre chose ; il l'appelle un « miroitement, en dessous [14] », et il faudra essayer de comprendre ce qu'il veut dire. Supposons, en attendant, qu'il s'agit de ce charme ou de ce mystère poétique, qui séduit au-delà du sens, qui produit son effet sans qu'on puisse dire comment, mais qui n'est pas vraiment obscurité, et que tout amant de la

---

12. Il faut entendre, je pense : « Le débat [sur le fait] que l'évidence moyenne nécessaire dévie (autrement dit, que le sens s'écarte de la clarté moyenne exigée) est affaire de grammairiens (dont il ne faut pas demander compte au poète). »
13. Tout ceci dans *Le Mystère dans les lettres*, § 8 avant la fin, *Œ. Pl.*, p. 386.
14. *Œ. Pl.*, p. 382, passage déjà cité.

poésie sait reconnaître. D'ailleurs, craignant d'avoir traité trop légèrement la signification intelligible du poème, il prend soin d'ajouter que le miroitement en dessous est « peu séparable de la surface concédée à la rétine », c'est-à-dire du sens susceptible d'être pénétré clairement. Le mystère poétique joue donc en liaison étroite avec une signification logique, ce qui semble rendre aux « grammairiens » capables de la discerner un rôle non négligeable dans la lecture du poème.

MALLARMÉ ET LE NÉANT

Au point où nous en sommes venus de nos réflexions sur l'obscurité mallarméenne, il nous faut aborder la philosophie qui va de pair avec elle. Nous avons jusqu'ici considéré le fait de l'obscurité poétique sous l'angle principal de la sociabilité du poète, c'est-à-dire de sa relation plus ou moins altérée avec ses semblables ; mais elle a aussi sa signification en rapport avec l'univers. Ainsi, selon Mallarmé, tout discours trop clair, en poésie, ment de deux façons : par rapport à l'interlocuteur, en simulant une entente qui ne peut exister jamais, et par rapport à l'objet, en affectant d'oublier l'ombre qui nous le dérobe. Mallarmé a souvent justifié l'obscurité de l'écrit en tant que réponse adéquate à celle du monde. Il invoque à cet égard le noir de l'encre comme symbole : « L'encrier, cristal comme une conscience, avec sa goutte, au fond, de ténèbres relative à ce que quelque chose soit [15]. » Ou encore, les écrivains vulgaires usent seuls d'un « encrier sans Nuit [16] ».

Il avait vécu, aux approches de l'âge adulte, dans une obsession mêlée de poésie et d'au-delà, où les prestiges de la mythologie catholique, anges et âmes, musique et paradis, accompagnaient des personnages de jeunes filles et d'enfants, et où le céleste voisinait déjà singulièrement avec le funèbre. Il perdit, sans doute progressivement, sa foi. Il a confié à ses amis, aussitôt après ses vingt ans, un violent dégoût du monde, plus proche du romantisme désenchanté et de ses outrances que du spiritualisme chrétien. Sa poésie, dès les toutes premières années 1860,

einte, dans *Œ. Pl.*, p. 370 ; et *ibid.* : à l'encontre des astres, écriture
poursuit noir sur blanc ».
lans les lettres, dans *Œ. Pl.*, p. 383

quoique encore exempte d'obscurité, reprend les thèmes négatifs
du second romantisme en les aggravant : le réel et l'humanité
odieusement bas, l'idéal inaccessible et ennemi, la conscience
suspendue dans la solitude et le désespoir. Enfin, vers l'âge de
vingt-quatre ans, il écrit qu'il a rencontré le Néant, abîme
ouvert devant lui. Il vient de passer encore trois mois « acharné
sur *Hérodiade*, [sa] lampe le sait ! » ; il en sort épuisé, et plein
d'espérances poétiques. « Malheureusement, en creusant le vers
à ce point, j'ai rencontré deux abîmes, qui me désespèrent. L'un
est le Néant [...] [17]. » Cette déclaration d'athéisme, surtout si l'on
songe qu'il ne devait plus en démordre de toute sa vie, n'a pas sa
pareille dans les deux générations romantiques auxquelles la
sienne succède. C'est pourtant en termes romantiques qu'elle est
faite, puisqu'elle bannit, plutôt que le Dieu des chrétiens ou des
philosophes, celui des poètes, ainsi que le montre la suite de la
lettre : celui que les romantiques, dans leur ontologie indécise,
appelaient l'Idéal, qui les affranchissait de la réalité brute et
validait leurs rêves.

Mallarmé, quand il se vit devant le Néant, entre l'hiver et le
printemps de 1866, n'en avait pas fini avec Dieu, puisque c'est
seulement plus d'un an après qu'il put raconter sa « lutte terrible avec ce vieux et méchant plumage, terrassé, heureusement,
Dieu ». « Mais, ajoute-t-il, comme cette lutte s'était passée sur
son aile osseuse qui, par une agonie plus vigoureuse que je ne
l'eusse soupçonnée chez lui, m'avait emporté dans les Ténèbres,
je tombai, victorieux, éperdument et infiniment — jusqu'à ce
qu'enfin je me suis revu un jour devant ma glace de Venise, tel
que je m'étais oublié plusieurs mois auparavant [18]. » On note la
différence des deux épisodes. Dans le premier le poète rencontre
sans l'avoir voulu le Néant en travaillant son vers, et la métaphore de l'abîme dit assez son angoisse ; dans le second, il élimine, volontairement et par la force, un Dieu qui s'obstine à le
hanter. Nous comprenons que le poète a longtemps hésité et
récidivé dans sa foi, et qu'ayant éprouvé que le secours divin
était décidément nul il a assumé sa solitude et chassé héroïquement toute tentation contraire. Ce que nous savons de la poésie
de Mallarmé nous oblige à penser que nous avons dans ces deux

---

17. Lettre à Cazalis, [fin avril 1866], *Corr.*, t. I, p. 207, L'autre « abîme » est celui de
sa santé.
18. Lettre à Cazalis, 14 mai 1867, *Corr.*, t. I, pp. 241-242.

lettres le moment final d'un combat déjà long. Quand il a vu s'ouvrir devant lui le néant en 1866, Mallarmé l'entrevoyait depuis 1862 ou 1863. Dans l'univers de désenchantement aigu où il vivait alors, son Dieu ne tenait déjà plus qu'à un fil, et c'est en ces années qu'avait pris naissance dans son style l'énigme qui signifiait l'obscurcissement du monde en même temps que l'esprit de solitude. Nous sommes, en 1866, au terme du mouvement qui a fini par séparer le lignage romantique, dans sa troisième génération, du recours à Dieu. L'athéisme ne fut pas rare chez les jeunes parnassiens, mais Mallarmé fut le seul qui fit retentir les effets du désenchantement jusque dans l'élocution du poète, au lieu de s'arrêter devant ce sanctuaire. Sans doute ressentait-il plus fort et plus douloureusement que les autres la condition de la poésie.

« EN CREUSANT LE VERS À CE POINT »

On ne peut s'étonner de voir Mallarmé mettre en si étroite relation l'apparition du Néant et le travail du vers. Il n'y a pas là de mystère, à moins d'oublier que la philosophie du romantisme, dans toutes ses phases de développement, est une philosophie de poètes, qu'elle a ses concepts propres, et son terrain d'expérience particulier dans l'emploi qu'elle fait du langage. Une pensée unique inspire à la fois la façon dont le poète voit l'univers, le statut qu'il s'y attribue, et la définition de son art. Le romantisme avait fait revivre, après des siècles de latence, la vieille qualification du poète comme porteur d'un message divin. Il s'inspira de pensées chrétiennes ou illuministes, dont l'origine remontait au Moyen Âge, pour définir une sorte de sacerdoce poétique destiné à accompagner et tempérer l'héritage des Lumières. Il réintroduisit dans la philosophie poétique moderne des notions comme celle de la « signifiance » des objets créés, et de l'action du Verbe divin dans la création : Dieu a mis dans les êtres de ce monde, en les créant, ses pensées et ses commandements sous forme figurée ; son Verbe leur a donné à la fois l'être et la signification. La situation du poète en tant qu'inspiré de Dieu n'est autre chose que la relation de son verbe humain avec le Verbe créateur.

Cette doctrine fut plus souvent proclamée qu'appliquée dans les générations romantiques, la symbolique moderne ayant plutôt pour centre le Poète inventeur que le Dieu créateur. Cependant, même quand le romantisme français se tourna vers l'avenir, il conserva ce drapeau de doctrine poétique, qui donnait au poète un rang supérieur au savant dans la connaissance des secrets de la nature et une espèce d'auréole supranaturelle. Vint le Désenchantement qui engendra, avec l'esprit de solitude, une velléité plus grande encore de spéculation mystique, et favorisa le crédit des « analogies » et « correspondances » : Baudelaire revient bien plus souvent à cette doctrine que ses prédécesseurs, quoiqu'il ne l'applique guère plus qu'eux. Au reste, ce renouveau de faveur fut balancé par les coups en profondeur que le même désenchantement portait à la foi. On continua, tant bien que mal, à supposer derrière les beautés poétiques la garantie d'un Dieu implicitement présent et quelquefois nommé avec révérence ou ferveur. En fait, on appelait toujours verbe poétique une haute éloquence lyrique féconde en métaphores de l'infini et humainement communicative, sans dogmatisme analogique.

Ce rappel de la philosophie poétique du romantisme, dont Mallarmé était, à ses débuts, étroitement tributaire, permettra peut-être de mieux comprendre quelle était sa situation dans les années où il perdit sa foi et imagina une poétique nouvelle. Menacé de l'absence de Dieu, ne sentant plus une caution d'en haut à la vertu créatrice de ses vers, il dut se demander quel crédit garderait la poésie une fois privée de cet appui sur lequel, dans son ambition romantique, elle avait toujours implicitement compté. Le mode supérieur d'être que disait le vers, le défi qu'il lançait à la réalité brute s'évanouissaient. Au lieu d'être le Verbe efficace de l'Idéal, le verbe poétique risquait de n'être plus qu'une émission de mots vides de substance et contingents, purs accidents sonores associés à des sensations variables, nuls en somme spirituellement. Pour savoir si, sur un fond de néant, les mots humains pouvaient garder dans le vers le pouvoir d'un Verbe effectif, évocateur d'être, il le creusa et s'acharna sur lui. Il coïncidait apparemment en cela avec les parnassiens, grands sculpteurs et polisseurs de vers à l'exemple de leur maître Leconte de Lisle ; mais son but était différent du leur : il ne cherchait pas à compenser par la perfection des formes ce que le vers perdait dans l'ordre spirituel ; il voulait lui conserver, quoique détaché de toute imprégnation céleste, la faculté privilégiée de transfigurer le réel. Avoir, dans cette quête, rencontré le néant signifiait reconnaître que cette entreprise contradictoire, créer avec les mots une plénitude au cœur du Rien, était vaine. Il en conclut avec désespoir que la Poésie, n'ayant plus de quoi distancer l'expérience vulgaire et élever la parole humaine à un niveau supérieur d'existence et de connaissance, ne pouvait plus être.

NÉANT ET BEAUTÉ

Voilà ce que nous croyons deviner : Mallarmé a rencontré le Néant « en creusant le vers », parce que c'était dans et par le vers qu'il espérait le vaincre, et qu'il n'a pu y parvenir ; et c'est pour avoir éprouvé cette impossibilité qu'il fut porté, dans un premier mouvement, à disqualifier la poésie et à y renoncer. Il est clair pourtant qu'il n'a jamais pris vraiment une telle résolution ; celle que, dans la même lettre, il annonce expressément est tout autre : « Oui, *je le sais*, nous ne sommes que de vaines formes de la matière, mais bien sublimes pour avoir inventé Dieu et notre âme. Si sublimes, mon ami ! que je veux donner ce spectacle de la matière, ayant conscience d'être et, cependant, s'élançant fortement dans le Rêve qu'elle sait n'être pas, chantant l'Âme et toutes les divines impressions pareilles qui se sont amassées en nous depuis les premiers âges et proclamant, devant le Rien qui est la vérité, ces glorieux mensonges [19]. » Le matérialisme de Mallarmé semble donc être en même temps un humanisme, en ce sens que les créations de la conscience, quoique née elle-même de la matière, sont tenues pour glorieuses. Le scientisme de l'époque parnassienne professe souvent cette antithèse de la matière universelle et de l'esprit humain, écho modernisé du « roseau pensant » de Pascal. On la trouve rarement dans la poésie de Mallarmé, mais il y a des exceptions notables [20] : elles sont là pour nous rappeler que, quelque remède que Mallarmé ait prétendu imaginer au deuil de la croyance, il n'y a jamais mêlé aucun retour à la religion. Tout chez lui, et même les utopies de son esprit, doit s'entendre selon l'homme.

Nous savons que la revanche de Mallarmé contre le Néant ne va pas seulement consister dans l'exaltation des titres de l'esprit

19. Lettre à Cazalis, déjà citée, *Corr.*, t. I, pp. 207-208.
20. Voir le sonnet *Quand l'ombre menaça*, et *Toast funèbre*.

humain, qui peut aussi bien se faire au nom de la science et en prose, mais dans un apport propre de la poésie, et dans une démonstration des pouvoirs du vers. Aussi son vrai projet, affirmé dans cette même lettre, est-il de continuer à travailler à *Hérodiade* et de l'achever. C'est dans une poésie et une poétique nouvelles, auxquelles il se consacre déjà, qu'il place son espérance.

À partir de 1864, et avant la rencontre du Néant, entretenant ses amis de son travail sur *Hérodiade*, puis sur le *Faune*, il avait préconisé un nouveau procédé de représentation des choses, dont il entend faire la loi principale de son style : « J'ai enfin commencé mon *Hérodiade*. Avec terreur, car j'invente une langue qui doit jaillir d'une poétique très nouvelle, que je pourrais définir en ces deux mots : Peindre, *non, la chose, mais l'effet qu'elle produit.* Le vers ne doit donc pas, là, se composer de mots, mais d'intentions, et toutes les paroles s'effacer devant la sensation [21]. » Il dit davantage encore, toujours à propos d'*Hérodiade* : « J'ai pris un sujet effrayant, dont les sensations, quand elles sont vives, sont amenées jusqu'à l'atrocité, et si elles flottent, ont l'attitude étrange du mystère. Et mon Vers, il fait mal par instants et blesse comme du fer ! J'ai, du reste, là, trouvé une façon intime et singulière de peindre et de noter des impressions très fugitives. Ajoute, pour plus de terreur, que toutes ces *impressions* se suivent comme dans une symphonie, et que je suis souvent des journées entières à me demander si celle-ci peut accompagner celle-là, quelle est leur parenté et leur effet [22]. » De même, à propos du *Faune* : « Si tu savais que de nuits désespérées et de jours de rêverie il faut sacrifier pour arriver à faire des vers originaux (ce que je n'avais jamais fait jusqu'ici) et dignes, dans leurs suprêmes mystères, de réjouir l'âme d'un poète ! Quelle étude du son et de la couleur des mots, musique et peinture, par lesquelles devra passer ta pensée, pour être poétique [23]. »

Tout cela, précédant la manifestation effective du Néant, y répond d'avance, tandis que le poète sent le vide se prononcer autour de lui. La poésie, condamnée à la subjectivité et obligée

---

21. Lettre à Cazalis [fin octobre 1864], *Corr.*, t. I, p. 137 (pour la datation supposée, voir *DSM*, t. VI, p. 238).
22. Lettre à Cazalis [15 janvier 1865], *Corr.*, t. I, p. 161 (pour la datation, voir *ibid.*, t. XI, p. 109 et *DSM*, t. VI, p. 250, *in fine*).
23. Lettre à Cazalis [juillet 1865], *Corr.*, t. I, p. 168.

de l'assumer pour ne pas se mentir, lutte et se débat pour recréer, par l'usage et l'harmonie des sensations, quelque chose de la plénitude perdue. Le vers est l'instrument de cette entreprise, combien douloureuse (c'est ce qui frappe surtout dans ces lettres) parce que l'effort doit se renouveler sans cesse dans l'obsession de l'échec : « Mais pourquoi te parler d'un Rêve qui ne verra peut-être jamais son accomplissement, et d'une œuvre que je déchirerai peut-être un jour, parce qu'elle aura été bien au-delà de mes pauvres moyens [24]. » En fait, il n'a jamais terminé ni *Hérodiade* ni le *Faune.* Cependant, l'assurance alternait avec le découragement ; peu de temps après que le Néant se fut révélé à lui, il pouvait écrire : « Je te dirai que je suis depuis un mois dans les plus purs glaciers de l'Esthétique — qu'après avoir trouvé le Néant, j'ai trouvé le Beau — et que tu ne peux t'imaginer dans quelles altitudes lucides je m'aventure » ; et il se promet de finir *Hérodiade*, dont il dit avoir « trouvé le fin mot » [25]. Ailleurs que chez Mallarmé, l'idée de répondre au Néant par la Beauté semblerait banale ; elle ne l'est pas chez lui, si nous entendons la Beauté au sens de la poétique qu'il définissait à la même époque. Le refus de nommer l'objet, et le conseil de l'évoquer de biais par l'impression qu'il produit ne sont évidemment pas séparables de l'expérience du Rien : le verbe poétique renonce à saisir l'être ténébreux et problématique des choses ; il les fait apparaître en lui-même dans la distance et l'allusion, conditions nouvelles du Beau. En ce sens la poétique de la sensation rejoint et accompagne, dans un même esprit de solitude, la technique de l'énigme.

VERS LA NOTION PURE

Nous retrouvons cette poétique à l'autre extrémité de sa vie : « Nommer un objet, dit-il en 1891, c'est supprimer les trois quarts de la jouissance du poème, qui est faite de deviner peu à peu : le *suggérer*, voilà le rêve. C'est le parfait usage de ce mystère qui constitue le symbole : évoquer petit à petit un objet pour montrer un état d'âme, ou, inversement, choisir un objet et

---

24. Lettre déjà citée, *ibid.*, t. I p. 161. Il s'agit d'*Hérodiade.*
25. Lettre à Cazalis [juillet 1866], *Corr.*, t. I, pp. 220-221.

en dégager un état d'âme, par une série de déchiffrements [26]. »
Il s'agit ici de suggérer des sensations, et non plus seulement
de les subir, ce qui montre le poète ayant assumé le deuil de
l'être et l'intégrant à une technique délibérée. Les suggestions
doivent procéder peu à peu, et énigmatiquement, en vue de
provoquer un déchiffrement lui aussi successif ; le mystère est
parfaitement ménagé par le poète, et il constitue le Symbole
même, à savoir un objet signifiant un état d'âme, et sans
autre signification, donc, que purement humaine. Les douleurs
de la création, si vivement évoquées vingt-cinq ans avant, ont
fait place à une sorte de joie du créateur, à laquelle il compte
bien que fera écho celle de son lecteur, qui jouira du poème en
le devinant.

D'autres textes, plus tardifs et non moins sobres, disent la
même chose. Il y propose « un Idéalisme [...] qui refuse les matériaux naturels et, comme brutale, une pensée exacte les ordon-
nant ; pour ne garder de rien que la suggestion ; instituer une
relation exacte entre les images, et que s'en détache un tiers
aspect fusible et clair présenté à la divination [27] ». Le nom du
symbolisme est ici « idéalisme », au sens où les romantiques parlaient d'Idéal pour nommer leur Rêve sans professer trop explicitement une ontologie [28]. Les passages où Mallarmé use, pour
définir la poésie, de références musicales visent à lui attribuer de
même le pouvoir de nous affranchir du poids du réel, quelles que
puissent être ses séductions. « Les monuments, la mer, la face
humaine, dans leur plénitude, natifs » possèdent « une vertu
autrement attrayante » que tous les procédés par lesquels l'art
littéraire ne réussit qu'à affaiblir cette vertu : « description »,
« évocation », « allusion », « suggestion » ; mais cette échelle de
techniques verbales souligne le sortilège propre à l'art littéraire,
« son sortilège à lui », à savoir « libérer, hors d'une poignée de
poussière ou réalité sans l'enclore, au livre, même comme texte,
la dispersion volatile soit l'esprit, qui n'a que faire de rien outre

---

26. Réponse à l'enquête de Jules Huret sur « L'Évolution littéraire », dans L'*Écho
de Paris* (1891), *Œ. Pl.*, p. 869.

27. *Crise de vers*, dans *Œ. Pl.*, p. 365 : cet alinéa a été emprunté à *Vers et prose* (1893,
p. 184).

28. Le « tiers aspect » est le sens produit par la relation entre les images ; ce sens,
contrairement au réel, est « fusible », non compact, et « clair », non nocturne ; il est
admirable que Mallarmé le dise clair en le proposant à la divination.

la musicalité de tout [29] ». À ces deux textes d'origine différente, Mallarmé, dans *Crise de vers*, en a joint un troisième, pris encore ailleurs, qui complète la définition de son idéalisme : « Parler n'a trait à la réalité des choses que commercialement : en littérature, cela se contente d'y faire une allusion ou de distraire leur qualité qu'incorporera quelque idée. — À cette condition s'élance le chant, qu'une joie allégée [30]. » Les divers éléments de cette poétique se trouvaient réunis dès 1886 dans l'« avant-dire » que Mallarmé publia en tête du *Traité du Verbe* de René Ghil [31]. Y sont successivement évoqués : la distinction du langage ordinaire et du langage poétique, « double état de la parole, brut ou immédiat ici, là essentiel » ; puis « la merveille de transposer un fait de nature en sa presque disparition vibratoire selon le jeu de la parole », pour que, de cet évanouissement du réel dans la vibration sonore du mot, « émerge, sans la gêne d'un concret rappel, la notion pure » [32]. Il ressort de ces textes que Mallarmé pense avoir trouvé dans sa technique de suggestion un moyen de recréer, pour le mot, une sorte de contact lointain et idéal avec la chose ainsi réhabilitée, de sorte que, tant que dure le poème, l'angoisse même dont le mot peut être porteur cède à la joie — poésie ou musique — qu'il nous dispense.

Nous ne pouvons oublier, en effet, qu'à l'origine du souci de Mallarmé se trouve l'impossibilité pour le mot de dire dignement la chose : « La diversité, sur terre, des idiomes, écrit-il, empêche personne de proférer les mots qui, sinon se trouveraient, par une frappe unique, elle-même matériellement la vérité. Cette prohibition sévit expresse, dans la nature (on s'y bute avec un sourire) que ne vaille de raison de se considérer

---

29. *Crise de vers*, dans *Œ. Pl.*, p. 366 (passage emprunté à *La Musique et les lettres*, 1894). On note l'équation réalité = poussière. Le sortilège propre à l'art littéraire est de libérer hors du réel (sans faire place à ce réel dans le livre, même comme « texte », c'est-à-dire comme base de l'opération, la dispersion volatile qui a nom esprit, et qui ne se soucie de rien, sauf de la musicalité de tout.

30. *Ibid.*, p. 366 (passage emprunté à *Vers et prose*, 1893, pp. 185-186). Parler, en littérature, ne concerne pas la réalité des choses, c'est y faire seulement allusion, ou extraire d'elles une qualité physique que quelque idée s'appropriera (sous forme de symbole) ; le chant ne s'élance qu'à cette condition, (à savoir) qu'une joie (matérielle ou physique que ladite chose comporte) soit d'abord allégée (par la sublimation qui vient d'être décrite).

31. *Œ. Pl.*, p. 857 : texte de six paragraphes, reproduit en entier à la fin de *Crise de vers*, *Œ. Pl*, p. 368.

32. *Crise de vers*, dans *Œ. Pl.*, p. 368 (emprunt à l'« avant-dire » du *Traité du Verbe* de Ghil) (1886).

Dieu [33]. » Mallarmé évoque ici le privilège du Verbe divin d'opérer par des mots identiques à l'être des choses, et le refus d'un tel privilège à quiconque ne peut se tenir pour Dieu ; on note l'humour dont ces lignes enveloppent la théologie du Verbe, et l'indéfinissable sourire avec lequel le Poète, comme homme, bute sur le mur de l'être : ce sourire est celui de la sagesse, mais aussi de l'ironie et de l'invincible désir. En tout cas, le mot humain n'est nullement remis en possession d'une vertu surnaturelle ; c'est un pouvoir tout humain qui lui est reconnu : il est générateur et signe de l'idée, il se sépare de la réalité brute des choses particulières par la notion pure. Et cette notion pure n'est pas une abstraction ordinaire : l'Idéal dont elle relève est celui auquel tout le romantisme a aspiré, et qu'il invoque sans cesse ; c'est cette sorte de surnature poétique qui n'a pas besoin d'être vraie pour ravir l'esprit, fugitive vérité de notre vœu, éternisée dans le poème. C'est ce que disent les lignes fameuses : « Je dis : une fleur ! et, hors de l'oubli où ma voix relègue aucun contour, en tant que quelque chose d'autre que les calices sus, musicalement se lève, idée même et suave, l'absente de tous bouquets [34]. »

Les interprétations platoniciennes qu'on pourrait faire des textes précédents ne peuvent être sérieusement retenues, car la poésie de Mallarmé fuit l'être qu'elle ne peut saisir ; et le langage est l'instrument de cette fuite et de cet envol « musical » vers le Beau poétique. C'est dans ce sens que la reconnaissance du Néant et la lutte contre l'Être supposé créateur d'être, nommément Dieu, sont un seul et même moment de la quête mallarméenne. C'est dans ce sens aussi que l'Idée, accomplissement proclamé dans le mot, et plénitude à ce titre, mais aussi et foncièrement absence, porte en elle autant de frustration et de tristesse que d'achèvement. De là vient l'extrême variété des tons mallarméens : du pathétique de la solitude et du néant à la célébration des choses légères, figures d'un Rien ami ; de la plus haute amertume à la nostalgie et au sourire, du désespoir à l'humour, et même à des retours vers ces réalités de la nature et

---

33. *Ibid.*, pp. 363-364 (passage repris de *La Revue blanche*, 1er février 1895) : dans la nature sévit expressément la prohibition qu'il y ait raison qui vaille de se considérer Dieu.

34. *Ibid.*, p. 368 (paragraphe repris de l'« avant-dire » au *Traité du Verbe* de Ghil). En prononçant le mot « fleur », il exclut tout contour floral particulier, évoque quelque chose d'autre que les calices connus : l'Idée mallarméenne, différence absolue, est sœur, en somme, de l'Inconnu baudelairien.

de l'amour, « autrement plus attrayantes » que leur signalisation
symbolique. Un des objets du présent recueil est de parcourir
cette variété de tons : chaque poème, chez Mallarmé, a le sien.

LES MOTS ET LEURS MYSTÈRES

À la fin de 1865 et au début de 1866, le labeur poétique obstiné
et douloureux, l'espoir d'une œuvre inouïe et la crainte de l'échec
tiennent moins, pour Mallarmé, aux difficultés d'une technique
poétique d'obscurcissement et d'allusion qu'au travail sur les
mots et à ce qu'il appelle « leurs suprêmes mystères », hors desquels il lui semble aller de soi qu'il n'est point de poésie. Ce travail est, dit-il, une « étude du son et de la couleur des mots,
musique et peinture », par lesquelles doit passer la pensée, « tant
belle soit-elle », pour être poétique [35]. Ce souci n'a pas de quoi
surprendre ; c'est celui de tout poète depuis toujours : il s'agit de
la poésie, considérée au-delà de son sens, en tant que *charme*. On
pourrait être surpris de voir la quête de ce charme prendre les
proportions d'un supplice, si le martyre du poète et de l'artiste
n'était un des thèmes de prédilection du romantisme tardif.
Mallarmé ne fait ici qu'exagérer Baudelaire, en ajoutant le torturant « creusement du vers » au mal de stérilité et d'ennui de
son prédécesseur. Peut-être une difficulté d'un autre ordre est-
elle aussi à considérer : Mallarmé pouvait bien se demander, en
se plaçant du point de vue du lecteur ou de l'auditeur éventuel,
qu'on ne peut imaginer tout à fait absent de sa pensée, comment
obtenir de lui ces deux choses à la fois : être attentif à déchiffrer
une énigme et sensible au charme de son énoncé.

Il ne diminue pas la difficulté en exagérant à l'extrême la distance entre la signification des mots et leur charme. Ce sont évidemment deux choses différentes, mais non séparables, et il le
sait [36]. Mais il les présente le plus souvent, dans sa poétique,
comme deux entités hétérogènes. C'est ainsi qu'il écrit, dès
1866 : « Ce à quoi nous devons viser surtout est que, dans le

35. Voir à ce propos les lettres : à Cazalis, de [juillet 1865], *Corr.*, t. I, p. 168 ; du
[5 décembre 1865], *ibid.*, p. 180 (pour la datation, voir *DSM*, t. VI, p. 300) ; à Aubanel,
du [7 décembre 1865], *ibid.*, p. 181, et du [3 janvier 1866], *ibid.*, p. 195.
36. Voir *Le Mystère dans les lettres* dans *Œ. Pl.*, p. 382 : « [...] je ne sais quel miroitement, en dessous, peu séparable de la surface concédée à la rétine [...] » (passage déjà
cité).

poème, les mots — qui sont déjà assez eux pour ne plus recevoir d'impression du dehors — *se reflètent les uns sur les autres jusqu'à paraître ne plus avoir leur couleur propre, mais n'être que les transitions d'une gamme* [37]. » L'impression que les mots pourraient recevoir du dehors, et que Mallarmé rejette, concerne leur sens et leur emploi habituel, à l'encontre desquels ils doivent exercer, selon lui, leur vertu intrinsèque et réciproque, au point de ne plus former ensemble qu'une sorte de ligne musicale. Il est certain que nous n'avons là aucune analyse proprement dite de la beauté poétique, et pour cause : il y a longtemps qu'on a rendu les armes à ce *je ne sais quoi* dont nous éprouvons l'effet sans en connaître les voies. Il est proclamé ici avec éclat par des métaphores de reflets et de musique qui, en le célébrant, attestent l'impossibilité d'en rendre compte. Moins de deux ans après, Mallarmé, essayant de dire ce qu'il avait voulu faire dans son *Sonnet allégorique de lui-même*, faisait écho aux métaphores de sa lettre : ce sonnet, disait-il, « est inverse, je veux dire que le sens [...] est évoqué par un mirage interne des mots mêmes [38] ». « Inverse », nous dirions introverti, enclos dans ses mots et soustrait aux influences du dehors : respectons cette impression de Mallarmé, que l'image veut exprimer, et qu'il nous invite à partager ; mais en fait, les mots du poème sont employés avec leur sens, même s'ils nous font éprouver quelque chose de plus que ce sens. Trente ans après, Mallarmé était fidèle à cette allégorie du miroitement des mots : « Les mots, écrivait-il, d'eux-mêmes s'exaltent à mainte facette reconnue la plus rare ou valant pour l'esprit, centre de suspens vibratoire ; qui les perçoit indépendamment de la suite ordinaire, projetés en parois de grotte, tant que dure leur mobilité ou principe, étant ce qui ne se dit pas du discours : prompts tous, avant extinction, à une réciprocité de feux [39]. » Les « *facettes* » sont une nouvelle métaphore, empruntée cette fois au diamant ou aux pierres précieuses : ces facettes sont, je pense, les diverses qualités physiques ou acceptions sémantiques des mots, dont certaines *s'exaltent*, se mettent à bril-

---

37. Lettre à François Coppée, du 5 décembre 1866, *Corr.*, t. I, p. 234 (c'est Mallarmé qui souligne). On peut penser que ce qu'il avait appelé, en avril de la même année, « creuser le vers » désignait déjà le même genre de recherche.
38. Lettre à Cazalis, du 18 juillet 1868, *Corr.*, t. I, p. 278, accompagnant la première version du fameux sonnet en *-x*. On lit plus loin, p. 279 : « J'ai pris ce sujet d'un sonnet nul et se réfléchissant de toutes les façons. »
39. *Le Mystère dans les lettres*, dans *Œ. Pl.*, p. 386.

ler plus que d'autres aux yeux de l'*esprit*, guetteur *central*, qui *suspend* et *fait vibrer* leur éclat, à distance de l'enchaînement *ordinaire* du sens. Les *parois de grotte*, sont une autre métaphore fantastique, d'exposition lumineuse des mots en lieu secret, *tant que dure la mobilité*, la vie changeante qui est leur vrai *principe*, après quoi ils rentrent, je suppose, dans la banalité. Leur moment de brillance est *ce qui, du discours* poétique, *n'est pas dit*, sans doute parce que ce qui est hors du sens, quoique essentiel, ne saurait être dit. Et les mots, *avant extinction totale*, se hâtent de produire cette *réciprocité de feux*, autre image que nous connaissons.

Ce festival de mots, représentation fantastique de leur vie propre, figure sans l'éclairer une puissance de séduction par nature indéfinissable, aussi bien pour Mallarmé que pour nous. La différence entre lui et nous est qu'il sait produire, comme poète, l'inexplicable beauté que nous savons seulement reconnaître. Il en est ainsi, dira-t-on, de tout poète. Mais celui, parmi les poètes, qui livre largement son sens n'a pas trop de peine à y joindre le charme qui en fait un poème ; le lecteur jouit des deux en même temps : l'entendement, mis doucement à contribution pour l'intelligence du sens, laisse agir avec ce sens le sentiment du beau ; le charme alors accompagne et transfigure poétiquement le sens. Au contraire, quelle tâche singulière, et combien ardue, de faire produire le charme à une élocution que son obscurcissement volontaire est en péril de rendre ingrate, et impropre à séduire ! On désespère le lecteur en lui disant qu'il faut oublier le sens des mots. Comment le croirait-il ? Et qu'attend Mallarmé de lui ?

LE POUVOIR DU VERS

En parlant des mots, et de leur ineffable concert, Mallarmé parle déjà du vers. C'est le vers qui, en toute poésie, crée la différence patente avec la prose, en mettant en concurrence avec l'organisation naturelle du discours celle qui résulte artificiellement de la mesure, du rythme et de la rime. Dans la lettre qui commente le « Sonnet en -*x* », Mallarmé écrit encore ceci : « En se laissant aller à le murmurer plusieurs fois, on éprouve une sensation assez cabalistique [40]. » Il parle du sonnet entier, en

40. *Corr.*, t. I, p. 278.

tant qu'ensemble verbal : c'est à ce niveau que se produit l'impression d'une super-parole saturée de mystère. « Cabalistiques » sont, au figuré, tous signaux qui nous impressionnent sans nous instruire. Mallarmé a été plus tard moins laconique : « Le vers, écrit-il, qui de plusieurs vocables refait un mot total, neuf, étranger à la langue et comme incantatoire [...] vous cause cette surprise de n'avoir ouï jamais tel fragment ordinaire d'élocution, en même temps que la réminiscence de l'objet nommé baigne dans une neuve atmosphère [41]. »

Ainsi le vers est quelque chose de plus que les mots dont il est composé, et son pouvoir excède les leurs. Il fond les mots en un mot global, « jamais ouï », dont la vertu propre relègue dans le lointain la prose et ses significations ; il leur substitue une incantation, c'est-à-dire un discours suivi dont l'effet dépasse le sens. Ce pouvoir est celui du Beau, dont l'obscurité sans clef prolonge celle, passagère, que l'énigme donne à déchiffrer. Ce qu'on attend de la Beauté, ce n'est pas qu'elle éclaire ses secrets ; car son mystère même est lumière, en ce qu'il est porteur d'une joie, dont le poète nous donne l'idée en disant que le vers nous remémore le réel dignifié, baignant « dans une neuve atmosphère ». Le verbe humain séparé de Dieu, usant de ses seuls moyens, opère à sa façon une recréation ou signification des choses ; le Beau répond par une plénitude retrouvée à notre désir. Souvenons-nous ici du passage où Mallarmé réserve ironiquement à Dieu seul le pouvoir de créer des mots parfaitement identiques aux choses [42]. Si nous avions ce pouvoir, ajoute-t-il « *n'existerait pas le vers* : lui, philosophiquement, rémunère le défaut des langues, complément supérieur [43] ». Ainsi la poésie a pour fonction, « philosophique » et non surnaturelle, d'exercer, à la mesure de l'homme, une fonction que les religions prêtent au Créateur.

LECTURE DES POÉSIES

Le conseil, venant d'un poète, d'oublier le sens des mots, ne peut être pris à la lettre. Il est patent, et pour un poète plus que pour tout autre, que les mots sont imbus de leurs sens, et que

---

41. *Crise de vers*, dans *Œ. Pl.*, p. 368 : paragraphe publié pour la première fois dans l'« avant-dire » du *Traité du Verbe* de René Ghil (1886).
42. *Corr.*, t. I, p. 278.
43. *Ibid.*, p. 364.

rien ne les en dépouille. S'ils sont capables d'agir mystérieusement sur nous, ce n'est pas seulement par leur « physique » ni
par l'idée « sans contours » qu'ils évoquent ; leur signification
immédiate y est sûrement pour quelque chose aussi ; ce qu'ils
signifient pour tous est entremêlé à leurs mystères. Et le vers
aussi, dans sa nouveauté, continue de s'entendre comme une
phrase, attachée à sa signification. Le précepte mallarméen qui
sépare le sens du texte de son pouvoir secret ne peut être qu'un
moment — aussi important qu'on voudra — dans l'exposé
d'une poétique ; il ne peut en être la conclusion. Il faut, pour que
le poème puisse être pleinement lu, que cette scission, métho-
dique et non fondamentale, ait été surmontée, pour que la perception du sens et l'émotion poétique aient pu se rejoindre et
s'exercer ensemble.

Plusieurs indices laissent entendre que telle était, au moins
quant à ses poésies publiées, la pensée de Mallarmé lui-même :
on a vu qu'il parle, pour son lecteur, de « déchiffrement » du
poème. Il savait donc bien qu'une signification lisible habitait
chacun de ses poèmes, et qu'il fallait compter avec elle en
même temps qu'avec les merveilles qui l'accompagnent. Il
laisse entrevoir la même évidence dans le passage où il représente le vers isolé de la parole et niant le hasard, lequel est,
dit-il, « demeuré aux termes malgré l'artifice de leur retrempe
alternée en le sens et la sonorité[44] ». Ainsi, tandis que le vers,
pour se soustraire au hasard, se sépare du sens, ce hasard qui
préside au sens demeure collé aux « termes » (c'est-à-dire aux
mots dont le vers est fait) : les mots, par une alternance artificielle, se retrempent tantôt en leur sonorité (intrinsèquement
étrangère au sens, et séparée de lui), tantôt en leur sens (dont
ils ne peuvent divorcer, et auquel l'usage les attache). Le vers
peut voguer loin du sens, mais les mots et la phrase qu'ils
articulent sous l'enveloppe du vers conservent en dépôt le
sens. Il faut bien que ce soit pour quelque usage, et il est
naturel que, déconcertés ou vaguement séduits par la première
lecture, nous souhaitions retrouver le sens avant de revenir au
charme, puis au sens, et par une nécessaire succession de
retours au texte, d'aboutir à une lecture entière et simultanée
de la dualité — sens et « magie » — du poème.

---

44. *Crise de vers*, Œ. *Pl.*, p. 368 (voir n. 31).

DES POÉSIES AU « LIVRE »

Mallarmé est parti de l'esprit de retranchement et de solitude du second romantisme. Il est, quant à sa source principale, baudelairien. Sa nouveauté est d'avoir étendu jusqu'à la vertu communicative du langage l'effet négatif du désenchantement, ce que personne n'avait fait avant lui, d'avoir éprouvé le soliloque, et l'énigme qui en est l'expression, comme destin et vocation de la poésie. Il ne s'est plus contenté pour la poésie d'une rhétorique prestigieuse de l'amertume; il a cru comprendre que l'expérience, déjà proclamée avant lui, de l'impuissance du poète, en tant que caractère de modernité, allait de pair avec une révolution du verbe poétique. Il a situé cette révolution dans une logique athée, où la parole du poète n'a plus la caution, ni proclamée ni sous-entendue, de Dieu, et il a combiné l'obscurité nécessaire du soliloque à une poétique de l'allusion, de l'expression oblique, exclusive de toute ontologie du verbe. Sur cette base complète et forte, il a édifié une technique verbale nouvelle, à distance plus grande que jamais du langage commun, et dont l'application et les étonnants résultats s'épanouissent dans la diversité de ses poésies. Une vision désolée des choses, héritage irréversible, y est compensée par l'éclosion d'une beauté poétique nouvelle (dont nul n'avait eu le secret avant lui, ni ne devait l'avoir après lui), par la lumière d'un humour réconciliateur, et par une réaffirmation implicite des pouvoirs du verbe poétique dans l'ordre du charme et de l'inexplicable séduction. En ce dernier domaine, il a réussi à raviver une immémoriale tradition poétique, à travers un langage insolite qui risquait de la ruiner. Tout en proclamant, ou presque, le divorce du Sens et de la Beauté, il les a mariés plus intimement que quiconque; il a créé en poésie une nouvelle sorte de beauté, d'accès difficile, mais auprès de laquelle toute autre risque, par comparaison, de paraître trop diluée.

Tous ces aspects de la poétique de Mallarmé font un ensemble lié, dont les éléments ont mûri en même temps et solidairement. Bien que Mallarmé ait évité de formuler une doctrine systématique, il nous en a dit, çà et là, assez pour nous orienter dans la lecture de ses poésies. Il est de fait, pourtant, qu'il n'était pas satisfait d'elles, et pas seulement en raison de l'habituel excès d'exigence de l'artiste à l'égard de son œuvre. Ici aussi, il est allé jusqu'à la limite d'un souci traditionnel : il a tout fait pour nous convaincre qu'il cherchait au-delà de ses poésies, telles que nous les connaissons et telles qu'il les a publiées, quelque chose de plus important.

LE PROJET DU « LIVRE »

Ce ne sont pas seulement des admirateurs enthousiastes qui placent le Grand Œuvre irréalisé de Mallarmé au-dessus des Poésies publiées; c'est Mallarmé lui-même qui établit cette hiérarchie. Il l'a fait à deux reprises. D'abord en 1885 dans sa lettre autobiographique à Verlaine où il écrit, parlant de ses Poésies jamais encore rassemblées en volume, et les opposant au Livre projeté : « Je n'ai pas eu hâte de recueillir les mille bribes connues, qui m'ont de temps à autre attiré la bienveillance de charmants et excellents esprits, vous le premier! Tout cela n'avait d'autre valeur momentanée pour moi que de m'entretenir la main; et quelque réussi que puisse être quelquefois un des [morceaux], à eux tous c'est bien juste s'ils composent un album, mais pas un livre [45]. » Et il a écrit à peu près la même chose en 1894, dans la bibliographie de l'édition de ses *Poésies* : « Beaucoup de ces poèmes, ou études en vue de mieux, comme on essaye les becs de sa plume avant de se mettre à l'œuvre, ont été distraits de leurs cartons par des impatiences amies [...] l'auteur [...] les conserve en raison de ceci que la Jeunesse voulut bien en tenir compte et autour un public se former [46]. »

Il ne faut jamais perdre de vue que ce projet du « Livre » date des premières années de la carrière de Mallarmé, qu'il apparaît aussitôt après son récent effort sur *Hérodiade* laissé en suspens, pendant l'été 1866, et qu'à l'état latent ou actif il l'a accompagné toute sa vie. Mallarmé mentionne pour la première fois ce livre, dans sa correspondance, au cours de l'été 1866, en l'appelant « l'Œuvre » au masculin : « J'ai infiniment travaillé cet été [...] à un Œuvre [...] pur et magnifique. » La même fanfare annonce

45. Lettre à Verlaine, du 16 novembre 1885, *Corr.*, t. II, p. 302 (« morceaux » supplée un mot manquant).
46. *Poésies*, édition de 1899, *Œ. Pl.*, p. 77

plusieurs fois l'Œuvre ou le Grand Œuvre en 1866 et 1867 ; le ton, toujours fervent, devient anxieux au cours des années suivantes, mais le projet reste à l'ordre du jour [47]. Quant à la nature de l'Œuvre, les indications, dans les mêmes lettres, sont vagues et changeantes : à Aubanel, il parle de cinq volumes, à écrire en vingt ans, dont il a le plan ; à Cazalis, de trois poèmes en vers, plus quatre en prose sur « la conception spirituelle du Néant », le tout à faire en dix ans ; à Villiers, il écrit qu'il lui reste à faire deux livres, « l'un tout absolu, Beauté, l'autre personnel, Allégories somptueuses du Néant » [48]. Rien de tout cela n'a eu de suite. En revanche, ces lettres nous apprennent qu'il a eu, en 1866-1867, l'intention d'inclure dans le Grand Œuvre *Hérodiade*, à laquelle il s'était consacré deux hivers sans l'achever. Cette intention, éphémère ou non, atteste au moins quelque parenté des deux projets [49].

En 1885, dans sa grande lettre à Verlaine, il reparle de son « Livre » plus longuement que jamais ; il avoue qu'il a « toujours rêvé et tenté autre chose » que ce qu'il publiait : « un livre, tout bonnement, en maints tomes, un livre qui soit un livre, architectural et prémédité, et non un recueil des inspirations de hasard, fussent-elles merveilleuses ». Le caractère en quelque sorte métaphysique du Livre apparaît bien dans cette définition : il est « l'explication orphique de la Terre, qui est le seul devoir du poète » ; mais Mallarmé doute d'atteindre ce but : « Voilà l'aveu de mon vice mis à nu, cher ami, que mille fois j'ai rejeté, l'esprit meurtri ou las, mais cela me possède et je réussirai peut-être, non pas à faire cet ouvrage dans son ensemble (il faudrait être je ne sais qui pour cela !) mais à en montrer un fragment d'exécuté [...] Prouver par les portions faites que ce livre existe [50]. » À quelles « portions » pensait-il ? Nous ne savons.

47. Lettre à Aubanel, du [16 juillet 1866], *Corr.*, t. I, p. 222. Il se pourrait que le projet de « livre sur le *Beau* » mentionné dans la lettre à Cazalis du [21 mai 1866], *Corr.*, t. I, p. 216 et *DSM*, t. VI, p. 318, soit, plus tôt encore, une allusion à l'Œuvre. Autres lettres citées, de 1866 : *Corr.*, p. 225 (à Aubanel) ; *ibid.*, t. XI, p. 21 (à Armand Renaud) ; de 1867 : *ibid.*, t. I, pp. 242 et 244 (à Cazalis : c'est la lettre qui raconte la lutte avec Dieu) ; *ibid.*, p. 246 (à Lefébure) ; de 1868 : *ibid.*, p. 270 (à François Coppée) ; de 1870 : *ibid.*, p. 318 (à Lefébure).

48. *Corr.*, t. I, p. 222 (à Aubanel) ; *ibid.*, p. 242 (à Cazalis) ; lettre à Villiers, du 24 septembre [1867], *ibid.*, p. 259.

49. Voir *Corr.*, t. XI, p. 21 (À A. Renaud) : *Hérodiade* « sera une des colonnes torses et salomoniques de ce Temple » ; *ibid.*, t. I, p. 244 (À Cazalis) : des trois poèmes en vers qui figurent dans l'Œuvre, *Hérodiade* « sera l'ouverture ».

50. *Corr.*, t. II, pp. 301-302.

Dans la lettre testamentaire qu'il écrivit la veille de sa mort à l'intention de sa femme et de sa fille, figurent ses volontés touchant le « Livre » projeté : « Vous ne vous étonnerez pas que je pense au monceau semi-séculaire de mes notes, lequel ne vous deviendra qu'un grand embarras; attendu que pas un feuillet n'en peut servir. Moi-même, l'unique pourrais seul en tirer ce qu'il y a... Je l'eusse fait si les dernières années manquant ne m'avaient trahi. Brûlez par conséquent : il n'y a pas là d'héritage littéraire, mes pauvres enfants. » Il leur signalait en revanche « le *Coup de dés* et *Hérodiade* terminé s'il plaît au sort », ainsi que l'édition prévue de ses « *Poésies* et *Vers de circonstances* avec *L'Après-midi d'un faune* et *Les Noces d'Hérodiade*, Mystère » [51]. Était-il sûr d'avoir bientôt fini *Hérodiade*, qui en vérité était bien loin de l'être ? Croyait-il vraiment qu'il aurait fini un jour le Livre, s'il en avait eu le temps, ou qu'il aurait pu en tirer ce qui valait la peine ? Qui l'affirmera, quand il avoue tenir pour nul tout ce qu'il a fait, sinon en un demi-siècle, du moins en trente ans ? On croit comprendre, en tout cas, que ce qu'il a ordonné de brûler n'était pas une œuvre inachevée, mais une masse de notes sur une œuvre non commencée. Du « monceau » condamné n'ont échappé à la destruction que peu de feuillets, qui, édités avec toute la piété et la révérence possibles, ne contredisent en rien cette impression [52]. Dans ces conditions, la seule question que nous puissions poser avec quelque chance d'y trouver une réponse dans ce que nous savons par ailleurs de Mallarmé est celle-ci : Qu'attendait-il du Livre ? plus précisément : En quoi la poétique du Livre devait-elle être différente de celle des Poésies ? Mallarmé n'a dit nulle part qu'il dût en être ainsi. Mais peut-être en revenant sur sa poétique, y découvrirons-nous quelque principe susceptible de l'entraîner plus loin que ses poèmes.

LE HASARD VAINCU ?

Une des maximes de la poétique mallarméenne attire particulièrement l'attention : c'est celle qui donne au vers le pouvoir

---

51. Cette fameuse « Recommandation quant à mes papiers » a été reproduite par Henri Mondor dans sa *Vie de Mallarmé*, p. 801.
52. Voir Jacques Scherer, Le « *Livre de Mallarmé* », Paris, 1957.

de vaincre le hasard. Un tel vœu semble téméraire, dans un monde où le hasard paraît roi. Si nous nommons de ce nom un ordre de choses dont nous ne pouvons prévoir ni déjouer que dans une mesure infime les combinaisons causales, comment prétendrions-nous le contrôler par la seule parole, poétique ou non ? La formule apparaît très tôt chez Mallarmé ; l'idée, ou son germe, plus tôt encore.

C'est peu après l'âge de vingt ans qu'il avait dû lire la *Philosophy of composition* où Edgar Poe, commentant son poème du *Corbeau*, prétendait l'avoir composé d'un bout à l'autre par une suite de rigoureuses déductions *a priori* sur les meilleures inventions et effets possibles en poésie. En 1864, Mallarmé écrivit lui-même un commentaire de son *Azur* où il se réclamait de cette méthode [53]. Poe, de son propre aveu, comme on l'a su plus tard, n'avait jamais pensé qu'on prendrait son paradoxe au sérieux. Baudelaire, qui l'avait traduit et approuvé chaleureusement, ajoutait : « Après tout, un peu de charlatanisme est permis au génie [54]. » Le débat, ainsi posé, est de peu d'intérêt, étant admis de tous que le calcul conscient et l'inspiration spontanée, autre privilège auquel les poètes n'entendent nullement renoncer, se partagent toujours le champ de la création. Baudelaire voyait surtout, dans le paradoxe de Poe, une condamnation du relâchement lyrique que sa génération attribuait aux fondateurs du romantisme : attitude de rigueur intellectuelle et de maîtrise technique, face complémentaire du martyre tant de fois proclamé de l'enfantement d'art. Mallarmé, informé plus tard de la mise au point de Poe lui-même, ne renonça pas à sa farouche approbation : « Ce qui est pensé l'est, proclama-t-il [...] À savoir que tout hasard doit être banni de l'Œuvre moderne [55]. » Il avait très vite interprété la suggestion de Poe selon cette formule tranchante : « Le hasard n'entame pas un vers, c'est la grande

---

53. Lettre à Cazalis [vers 7 janvier 1864], *Corr.*, t. I, pp. 103-104 (pour la datation, voir *DSM*, t. VI, p. 176).
54. Voir la traduction de Baudelaire, intitulée *Méthode de composition*, dans E. POE, *Œuvres en prose*, Paris, Gallimard, « Bibliothèque de la Pléiade », 1932 ; et un préambule à cette traduction, intitulé *La Genèse d'un poème* (1859) dans BAUDELAIRE, *Œuvres complètes* (édition Cl. Pichois), Paris, Gallimard, « Bibliothèque de la Pléiade », t. II, 1976, pp. 343-344 ; et aussi BAUDELAIRE, « Notes nouvelles sur Edgar Poe », *ibid.*, pp. 334-335.
55. Mallarmé, « Scolies » accompagnant sa traduction des poèmes de Poe, 1888 (*Œ. Pl.*, p. 230).

chose [56]. » Il finit par dire davantage, et semble prêter au vers un pouvoir métaphysique, quand il le représente « niant, d'un trait souverain, le hasard [57] ». Nier le hasard, c'est quelque chose de plus que l'exclure du poème, c'est le déclarer inexistant, presque l' « abolir », comme dans la phrase maîtresse du *Coup de dés*, qui cependant confesse l'impossibilité d'un tel exploit.

Il faut bien remarquer qu'en tous ces textes il s'agit du vers, sans plus, supposé figurer dans un poème quelconque, non nécessairement dans le Livre. Or il est bien difficile d'imaginer victorieuses du hasard les Poésies de Mallarmé, dont la plupart sont fortement circonstancielles : comment excluraient-elles le hasard dont elles sont nées ? comment, à plus forte raison, le nie-raient-elles ? Il n'y a pas à cette difficulté d'autre remède que de tenir l'expression pour hyperbolique : « nier le hasard », c'est, au plus, en faire oublier un moment l'existence. Tel est, je pense, le pouvoir de la poésie, vertu d'enchantement qu'on peut lui concé-der sans dérive métaphysique. Tel est le « trait souverain » du vers, durée soustraite à l'accident, simulacre d'éternité dans une bouche humaine, aperçu de cet être des choses qui nous échappe. Entendre ainsi le bannissement du hasard, c'est retrouver, dans une perspective moderne, un privilège de sublimité des beaux vers, toujours célébré et reconnu, quoique jamais tributaire de l'analyse ni susceptible de l'être.

L'UTOPIE DU « LIVRE » — ANTÉCÉDENTS ROMANTIQUES

Passant des poésies au Livre, Mallarmé pensait-il donner au refus du hasard une autre portée et un autre sens ? Ce refus semble acquérir en tout cas, relativement au Livre, une impor-tance particulière. Mallarmé, évoquant l'Œuvre, ne mentionne pas les autres axiomes de sa poétique, occultation du sens, sym-bolisme oblique, séparation du sens et de la « magie » ; il les tient sans doute pour allant de soi en toute sorte de poésie, tandis qu'il s'attache à donner toute son étendue, quant au Livre, à la négation du hasard. On aperçoit dans quel esprit, dès sa lettre à Villiers de 1867 : « J'avais compris, dit-il, la corrélation intime

56. Lettre à François Coppée, du 15 décembre 1866 (*Corr.*, t. I, p. 234).
57. *Crise de vers*, dans *Œ. Pl.*, p. 368.

de la Poésie avec l'Univers, et, pour qu'elle soit pure, conçu le
dessein de la sortir du Rêve et du Hasard et de la juxtaposer à la
conception de l'Univers [58]. » Dans le Grand Œuvre, donc, le
hasard est nié à l'échelle de l'univers entier. Telle est, telle doit
être la fondamentale propriété du Livre. Représentation totale
du monde, il doit, en annulant le hasard, saisir le Tout (et non
plus un objet limité ou un moment du temps) sous l'aspect du
nécessaire et de l'absolu. Mais il s'agit de savoir s'il est possible,
voire concevable, d'englober sous une parole totalisante un univers infini et indénombrable; cette forme de l'esprit de système
pourrait être proprement la définition de l'Utopie. Mallarmé ne
semble pas chercher ici, comme dans le simple poème, à produire
une impression ou un simulacre d'éternité poétique. Envisa-
geant un Livre total, il pense apparemment à une représentation
écrite de la nécessité universelle. Mais peut-on seulement se
représenter un tel livre? S'il est une chose que la science des
temps modernes nous a apprise, après s'en être convaincue elle-
même, c'est qu'une appréhension totale du monde n'est pas à
notre portée. Mallarmé pense-t-il en attribuer le privilège à la
poésie? On en douterait, si ce n'était un caractère constant du
romantisme, à travers tout son cours et ses variations, de vouloir concurrencer la Science et affirmer sur elle une préséance
spirituelle, comme avait fait auparavant la religion.

La plus grave erreur qu'on puisse faire, et qu'on a souvent
faite, en commentant le projet du Livre tel qu'il apparaît chez
Mallarmé, serait de le considérer dans sa solitude, comme le produit original — absurde ou grandiose — d'un unique esprit. En
fait, le Livre total est une vieille hantise, dont le modèle, à
l'échelle au moins de notre monde européen et proche-oriental,
est inséparable des religions qui y règnent depuis des siècles. Le
judaïsme, comme la religion hébraïque dont il procède, est, fon-
damentalement, la religion d'un Livre tenu pour total; et la

---

58. Lettre à Villiers, du 24 septembre [1867], *Corr.*, t. I, p. 259. — Voir aussi, dans
la lettre autobiographique à Verlaine, cette définition du Livre : « un livre qui soit un
livre architectural et prémédité, et non un recueil des inspirations du hasard,
fussent-elles merveilleuses »; — et aussi *Crise de vers*, dans *Œ. Pl.*, p. 366, dernier
paragraphe : « Une ordonnance du livre de vers poind innée ou partout élimine le
hasard »; cependant ce dernier texte semble évoquer un simple « livre de vers », non
le Grand Œuvre : la pensée de Mallarmé ne distingue pas toujours clairement les
deux choses.

chrétienne a hérité d'elle ce caractère, non modifié dans son essence par l'addition à la Bible antique du corpus néo-testamentaire et de la théo-mythologie renouvelée qu'on fonda sur lui; l'islamisme, plus fortement encore, se proclame la religion d'un Livre, d'institution nouvelle celui-là et substitué aux précédents. Tout, ou du moins tout ce qui importe, est censé se trouver dans la Bible, augmentée ou non du Nouveau Testament, tout est dans le Coran, comme on l'entend encore dire communément aux adeptes de ces religions. Mallarmé, qui fait profession d'incrédulité, n'a certes prétendu proposer rien de pareil à ces livres sacrés; entre eux et son chimérique projet, prend place l'intermédiaire historique du romantisme, dont il est lui-même le dernier héros spirituel.

Dès que la Poésie s'est trouvée revêtue d'une dignité et d'une fonction pour ainsi dire sacrées, l'idée est apparue, parmi les poètes, d'un Livre moderne englobant la totalité de l'histoire humaine dans son double théâtre terrestre et céleste. Les modèles dont on partait étaient le Poème épique et le Poème sacré traditionnels, fondus et métamorphosés ensemble pour embrasser tout ce qui s'est produit et se produira entre la Création et le Jugement dernier. Pour ne citer que les auteurs principaux, Ballanche, contemporain par l'âge et l'amitié de Chateaubriand, publia dès les premières années de la Restauration plusieurs volumes de prose, volontiers poétique, retraçant des épisodes d'histoire et de mythologie antiques et modernes, pierres incomplètes d'un monument qu'il n'a pu compléter. Lamartine, de vingt ans plus jeune, tentait presque en même temps des *Visions* qui devaient s'étendre sur toute l'odyssée humaine, et dont il n'a écrit que quelques morceaux; puis, sous Louis-Philippe, il a conçu de nouveau, sur un plan analogue, un immense poème dont il n'a écrit que deux volumes séparés, *Jocelyn* et *La Chute d'un ange*. Quinet a publié son drame d'*Ahash-vérus*, où figurent, mêlées, la vie de l'Univers et les destinées de l'Humanité. Vigny lui-même a voulu présenter les quelques poèmes de ses *Destinées* comme une architecture humanitaire du Ciel et de la Terre. Hugo a conçu, dans le même esprit, le puissant triptyque de *La Légende des siècles*, de *Dieu* et de *La Fin de Satan*. Toutes ces œuvres diffèrent bien sûr, quoique nées d'une ambition analogue, du projet de Mallarmé, en ce qu'elles appartiennent au vieux genre narratif et visent, par la légende et l'his-

toire, à l'édification du public moderne le plus large. Elles diffèrent aussi du Livre imaginé par Mallarmé en ce qu'*elles
existent*, toujours partiellement, mais quelquefois considérable-
ment. Leur inachèvement tient à l'énormité de l'entreprise, non
à son inconcevabilité, peut-être aussi à la profonde répugnance
du romantisme pour l'esprit de système et de totalité. Mais il est
arrivé, au moins dans un cas, que l'auteur soit mort sans avoir
donné, malgré des efforts considérables, un commencement de
réalité appréciable à son projet [59].

Le romantisme désenchanté, qui vient ensuite, en se brouil-
lant avec l'espérance humanitaire, se détourna décidément de ce
genre de projet. Comment l'idée en vint-elle à Mallarmé? Lui
dont le désenchantement, renchérissant sur celui de Baudelaire,
avait acculé l'inspiration romantique au soliloque et exténué la
relation du poétique et du réel, comment se retrouvait-il Promé-
thée ou Hercule, dans l'entreprise du Livre? La réponse est, je
crois, dans la nature toute nouvelle de son projet. Ayant mis
entre lui et le public une distance linguistique et une théorie des
pouvoirs du langage dont aucun de ses prédécesseurs n'avait eu
l'idée, il se croyait suffisamment protégé dans la solitude qu'il
estimait jusqu'à nouvel ordre nécessaire, pour pouvoir tenter un
grand exploit de parole illuminante. Il pensait que la poésie
avait besoin dans son abandon, pour ne pas perdre courage,
d'une telle promesse et d'un tel réconfort : tant demeurait
vivante, au fond de la conscience poétique de cette époque, la
conviction d'une investiture humaine toujours valable du Poète.
Le romantisme désenchanté avait bien connu, avant Mallarmé,
le sentiment et le culte de l'Impossible, mais comme antithétique
à l'espérance : ainsi Gautier dans *Mademoiselle de Maupin*. Mallarmé voit l'impossible, et l'espère possible contre tout espoir.
Comment s'étonner qu'il n'ait pas assez vécu pour accomplir son
projet ?

<hr>

59. Je veux parler de Jules Lefèvre (1797-1857). Compagnon de cénacle de Vigny
et de Hugo, auteur fécond de prose et de vers, écrivain de qualité bien connu des his-
toriens du romantisme, il projeta jusqu'à la fin de sa vie un grand poème dont le
sujet était précisément *L'Univers*, et dont quelques fragments, d'allure humanitaire,
ont été publiés dans ses écrits. Vigny dit de lui : « Il s'enferma comme dans une forte-
resse dans une immense poésie de l'Univers [...] Il fit toujours ce poème et ne le fit
jamais » (VIGNY, *Œuvres complètes* [édition Baldensperger], Paris, Gallimard, « Bibliothèque de la Pléiade », t. II, 1948, p. 1335).

« DISPARITION ÉLOCUTOIRE DU POÈTE »

Cependant, voici une autre pensée mallarméenne qui, s'accentuant elle aussi dans le projet du Livre, paraît contredire le Défi au hasard : celle qui semble mettre le poète hors du jeu, en annulant son initiative. La difficulté semble surgir dès les premières lettres de Mallarmé où il est question du Livre. On lit dans une de ces lettres qu'ayant trouvé la clef de voûte ou le centre de lui-même il s'y tient, dit-il « comme une araignée sacrée, sur les principaux fils déjà sortis de mon esprit, et à l'aide desquels je tisserai *aux points de rencontre* [60] de merveilleuses dentelles, que je devine, et qui existent déjà dans le sein de la Beauté ». Or les derniers mots de cette phrase, à partir de « que je devine », en démentent ou au moins en affaiblissent tout le début : bâtir et deviner sont deux images qui ne coïncident guère sans explication [61]. Le Poète est-il inventeur et maître du Grand Œuvre, ou simple découvreur de l'Univers existant par l'entremise des mots ? Vainqueur du hasard ou miroir parlant de l'ordre du monde ? Mallarmé ira jusqu'à écrire : « L'œuvre pure implique la disparition élocutoire du poète, qui cède l'initiative aux mots [62]. »

La question n'est pas facile à éluder, car dans les régions les plus avancées de la mythologie qui accompagne la genèse de la poétique mallarméenne, il est question à plusieurs reprises, dès le début, de la dépersonnalisation du poète ; par exemple, après avoir raconté sa lutte avec Dieu : « Je suis maintenant impersonnel et non plus Stéphane que tu as connu, — mais une aptitude qu'a l'univers spirituel à se voir et à se développer à travers ce qui fut moi » ; et il se prépare à ne subir sur terre « que les développements nécessaires pour que l'univers retrouve, en ce moi, son identité [63] » : telle est la « Synthèse », c'est-à-dire l'étape

60. C'est Mallarmé qui souligne.
61. Lettre à Aubanel, du [26 juillet 1866], *Corr.*, t. I, p. 225 ; la lettre au même, du [16 juillet], ne dit rien de tel : elle annonce triomphalement la superbe organisation du Livre ; celle à Armand Renaud, du 20 décembre, définit seulement le Livre « un monde dont je suis le Dieu » (*Corr.*, t. XI, p. 21).
62. *Crise de vers*, dans *Œ. Pl.*, p. 366 (passage tiré de *Vers et prose*, pp. 191-192, 1893). Ici encore un doute : l'« œuvre pure » est-elle tout livre de poésie digne de ce nom, ou le « Grand Œuvre » ?
63. Lettre à Cazalis, du 14 ou 17 mai 1867, *Corr.*, t. I, p. 242.

finale de l'Œuvre qu'il projette. Ainsi, dans la relation de l'Univers et du Poète, « ce qui fut moi » est désormais déchu, pour reparaître aussitôt, du fait que « ce moi » est tenu pour indispensable à l'identité de l'univers. En somme, le Moi, qui n'est rien, est aussi bien tout : couple d'axiomes complémentaires, issus apparemment l'un et l'autre d'une situation vécue plutôt que de l'influence d'un système philosophique quelconque [64] : l'esprit humain et l'univers étant désormais seuls face à face, l'homme sacrifie son *moi* pour s'égaler au monde, qui redemande ce *moi* pour acquérir lui-même une consistance. Poète et Univers parlaient ensemble au nom de Dieu; ils parlent à présent, si l'on peut dire, au nom l'un de l'autre, ce qui pour le Poète est à la fois, semble-t-il, une chute et une promotion. Déchu du statut métaphysique qu'il avait cru tenir personnellement de Dieu, il en retrouve un autre dans la constitution de l'Univers, à laquelle son esprit devient indispensable. Le contraste n'est qu'apparent entre la mise en déroute du hasard et l'abdication du moi. Cette fausse contradiction proclame en fait un nouveau sacre du Poète.

Tout cela dit, nous ne pouvons nous dispenser de nous demander ce que Mallarmé entend, positivement parlant, par la disparition élocutoire du poète. Il est difficile de prendre l'expression dans son sens littéral. Il place cette disparition dans « l'œuvre pure ». Pense-t-il au Livre ? L'applique-t-il aussi à son œuvre effective ? Mais qui parle dans ses Poésies sinon lui ? Et l'initiative cédée aux mots peut-elle être autre chose qu'une figure ? Il a bien pu se laisser influencer ou convaincre par les mots, comme on l'est classiquement par les rimes. Mais comment croire, à la lettre, qu'il ait écrit ses vers en état d'absence ? À vrai dire, il nous est déjà difficile de croire que, dans son duo seul avec l'univers, il n'ait que le rôle d'écho; on a vu qu'il se dit à égalité avec

---

64. Il a dit lui-même, on ne peut plus clairement, avoir vécu la crise de ses années de formation dans et par sa sensibilité : voir surtout ses lettres à Lefébure, du 17 mai 1867, *ibid.*, pp. 245-246 (« destruction » de soi, « sensibilité »); à Cazalis, *ibid.*, p. 241 (« horrible sensibilité »); à Villiers de l'Isle-Adam, 24 septembre 1867, *ibid.*, p. 259 (« une grande sensibilité »). Cependant, nous ne sommes guère en mesure d'interpréter sur le plan psychologique cette fameuse crise de 1860, si souvent commentée. Nous ne la connaissons, en fait, que par ce qu'il nous en dit, et ses confidences se présentent surtout sous la forme d'une odyssée spirituelle, mythique et métaphorique : rencontre du Néant, voyage aux glaciers de l'Esthétique, mort et résurrection, lutte avec Dieu, descente aux enfers et remontée vers l'Absolu. Ce que nous avons dans ses lettres, c'est la légende de sa destinée poétique telle qu'il entend lui-même l'avoir vécue.

son interlocuteur. Est-ce même assez ? Pour n'être pas inspiré de
Dieu, ni tout à fait Dieu lui-même, va-t-il renoncer à gouverner
son langage ? Il ne le semble pas, quand on lit de quelle façon il
se voit participant, par le Livre, au concert universel :
« L'hymne, harmonie et joie, comme pur ensemble groupé dans
quelque circonstance fulgurante des relations entre tout.
L'homme chargé de voir divinement, en raison que le lien, à
volonté, limpide, n'a d'expression qu'au parallélisme, devant son
regard, de feuillets [65]. » La raison alléguée pour cette « divinisa-
tion » de l'homme est que les relations qui peuplent l'univers ne
sont visibles à volonté, et clairement, que dans les feuillets d'un
livre. Cette raison vaut pour quelques relations particulières,
qui sont le lot de l'homme, et dont l'homme fait en effet des
livres ; elle s'évanouit pour le Tout, dont le langage ni l'imprimerie n'ont la mesure [66].

LIVRE TOTAL, LIVRE DE TOUS ?

Il convient de signaler ici, chez Mallarmé lui-même, une
variante singulière dans le concept du Livre. Quand il déclara à
un journaliste : « Au fond, voyez-vous, le monde est fait pour
aboutir à un beau livre [67] », la tournure de la phrase pouvait évoquer une fin providentielle, Dieu ayant créé le monde dans cette
intention. Mallarmé, reproduisant plus tard cette phrase sous
son autorité directe, écrivit : « Une proposition qui émane de
moi [...] sommaire veut, que tout, au monde, existe pour aboutir
à un livre [68]. » Dans cette version, le Dieu qui est censé avoir *fait*
le monde, selon la version du journaliste, s'efface devant le
Monde qui *existe*. Mais si le Poète n'est pas inspiré dans sa

65. *Le Livre, instrument spirituel*, dans *Œ. Pl.*, p. 378 (= *Revue blanche*, 1ᵉʳ juillet 1895).
66. Le Parnasse avait nourri la naïve chimère d'une littérature impersonnelle : il
s'agissait de ne pas parler de soi ; en fait, on ne faisait pas autre chose, à travers une
matière prétendument objective, sur le mode d'une bouderie furieuse malgré tout
patente. Le modèle est ici Leconte de Lisle plutôt que Baudelaire. Mallarmé a bien
sûr participé à cette mutation du glorieux *moi* romantique en clairon d'amertume.
Comme il prolonge toutes les courbes de la sensibilité négative de son temps jusqu'à
l'asymptote, il s'est en outre non seulement revêtu d'obscurité, au scandale de son
entourage même, mais il semble aussi avoir conçu le premier la super-chimère de
l'auteur-non-sujet, religion littéraire destinée, comme on sait, au plus grand avenir,
quoique avec des présupposés, et un sens, tout autres que les siens.
67. Enquête Jules Huret, dans *Œ. Pl.*, p. 872.
68. *Le Livre, instrument spirituel, ibid.*, p. 378 (= *Revue blanche*, 1ᵉʳ juillet 1895).

parole par un Dieu qui l'a élu pour parler, comment se justifiera
le rôle personnel qu'il s'attribue devant l'univers. Il prétendra
vainement pour son chétif individu un privilège que tout agnos-
ticisme exclut. Aussi Mallarmé, dans les lignes citées plus haut,
donne-t-il à *l'homme*, et non au poète, une place éminente dans
l'hymne universel. Si l'on veut que la cause finale du monde soit
un Livre, il est plausible que ce soit par l'opération de l'Humanité agissant comme un Tout dans le grand Tout. « Je dirai : le
Livre, écrit-il, persuadé qu'au fond il n'y en a qu'un, tenté à son
insu par quiconque a écrit, même les Génies [69]. » Ou encore :
« Plus ou moins, tous les livres contiennent la fusion de quelques
redites comptées [...] la différence, d'un ouvrage à l'autre, offrant
autant de leçons proposées dans un immense concours pour le
texte véridique, entre les âges dits civilisés — ou lettrés [70]. »
Nous nous rapprochons ici d'une façon de penser familière au
XIXe siècle, dans l'utopie scientiste (saint-simonisme, positi-
visme), voire la vulgate humanitaire ou le libéralisme progres-
siste. Il est clair qu'il y a chez Mallarmé, même si sa poésie n'en
témoigne pas souvent, un lien d'affinité avec ces écoles de pensée. Ce concept du Livre, symbole de liaison avec l'univers
connaissable et de civilisation en marche, élaboré par l'humanité
à travers ses générations, atteste chez Mallarmé un esprit de
sociabilité qui survit à ses choix habituels. Il n'en continua pas
moins la quête de l'autre Livre, le sien, celui qui hantait sa pensée depuis presque trente ans.

LES POÉSIES ET LE LIVRE

Toute révolte d'homme contre les limites de sa condition, si
elle ne s'exerce pas dans la haine du prochain, mérite révérence.
Qui se dresse généreusement contre ce qui l'arrête se suppose
digne de plus d'essor ; sa révolte atteste qu'il l'est, même s'il
échoue, et même si cet échec semblait prévisible. Que de témé-
raires ont été justifiés par l'épreuve ! Mais dans le projet de Mallarmé, la question d'une réussite possible ne se posait guère. On
pourrait plutôt se demander si en nourrissant un tel projet il n'a
pas nui à son œuvre réelle. Comment en décider ? Il s'est repré-

---

69. *Lettre autobiographique à Verlaine*, déjà citée (1885), *Corr.*, t. II, p. 302.
70. *Crise de vers*, *Œ. Pl.*, p. 367 (=*Revue blanche*, 1er septembre 1895).

senté dans Vasco, qui ignore la limite et préfère le risque à la sagesse. C'est son droit d'envisager son propre destin sous cet angle; et il a clairement laissé entendre ou'il trouvait plus glorieux le Livre qui pouvait ne pas exister que les Poésies existantes. Il ne les estime qu'autant qu'elles préparaient le Livre. Dans sa lettre de 1885 à Verlaine, il dit qu'elles ont servi à « lui entretenir la main » dans l'attente d'autre chose; bien plus, dans la bibliographie de l'édition Deman, il les définit « études en vue de mieux », « premières notes de projets ». Mais, telles que nous les voyons, elles n'ont pas du tout ce caractère : ce sont des poèmes achevés, bien distincts les uns des autres, comme tous ceux que les poètes écrivent et publient en recueils sans les rattacher à une entreprise plus vaste. En les présentant comme des sortes d'ébauches du Livre, Mallarmé semble surtout vouloir confirmer la hiérarchie de valeur qui subordonne tout poème au Grand Œuvre. Il traitait de haut ce qu'il avait publié, en artiste qui veut donner une idée plus haute de son ambition. N'ayons pas la naïveté de regretter qu'il ait sacrifié à l'espoir d'un Livre chimérique ce qu'aurait pu être autrement son œuvre réelle. Peut-être n'a-t-il rien sacrifié du tout. Peut-être sa vocation était-elle d'écrire ses poésies, telles que nous les avons, en rêvant au Livre. Peut-être cet astre inaccessible était-il nécessaire sur son horizon pour qu'il pût écrire des poèmes réels. En ce cas, au lieu que le *Cygne*, le « Sonnet en-*x* », les trois sonnets de 1887 aient été des ébauches de l'Œuvre, c'est l'obsession de l'Œuvre qui a été la nébuleuse lointaine d'où ces poèmes sont nés : auquel cas la hiérarchie établie par Mallarmé serait à renverser et les Poésies auraient le pas sur la chimère du Livre. Il voulait, en somme, qu'on dise de lui que son œuvre n'était rien à côté de ce qu'il avait conçu. Accordons-lui cette formule, puisque c'est la sienne. Disons seulement : saurait-on son nom aujourd'hui s'il n'avait pas écrit ses Poésies ? Pas plus, je pense, que nous ne connaîtrions Baudelaire s'il n'avait fait que sonder « le fond de l'inconnu » sans écrire *Les Fleurs du mal*, ni Vasco s'il n'avait pas touché l'Inde.

Ce livre n'est ni une édition critique ni une édition complète des Poésies de Mallarmé. C'est un recueil qui a pour base l'édition des *Poésies* préparée par lui et publiée au lendemain de sa mort, en 1899, par le libraire Deman à Bruxelles. Dans le présent recueil, chaque poème s'accompagne d'un commentaire relatif surtout à sa signification.

Contenu de ce recueil.

L'édition Deman contenait quarante-neuf pièces en tout. Mallarmé en avait exclu, d'une part, ses poèmes d'enfance et d'adolescence (1854-1859), une douzaine de poésies de sa première période adulte (1861-1864) et, d'autre part, la masse de ses poésies dites de circonstance (adresses postales en vers, quatrains de vœux, offrandes de cadeaux, etc.), ainsi que quelques pièces de sa majorité qu'il ne jugeait sans doute pas convenable, pour diverses raisons, d'y inclure. Ce recueil-ci suit en cela l'édition. En outre, treize poésies qui font partie de l'édition Deman n'y paraissent pas. Ce sont : a) quelques poèmes, pour la plupart des premières années (1863-1866), encore très influencés par Baudelaire et Gautier, ou d'un intérêt mineur quant à la poétique de Mallarmé ; b) la scène d'*Hérodiade* et *L'Après-Midi d'un faune*, en raison de leur longueur trop considérable, et surtout des brouillons, inachevés et restés inédits du vivant de l'auteur, qui chargent leur histoire et n'auraient pas eu la place d'être commentés ici [1]; c) enfin, les trois sonnets commémoratifs consacrés à Wagner, Baudelaire et Verlaine, qui ont résisté jusqu'ici, surtout dans leurs quatrains, à toutes les tentatives d'explication. J'ai accordé la préférence à ceux des poèmes de Mallarmé qui ont rapport à sa doctrine poétique ou humaine, soit trente-six des pièces de l'édition Deman, auxquelles j'en ai ajouté, selon le critère ci-dessus mentionné, trois autres que Mallarmé avait écartées du volume : à savoir *« Sur les bois oubliés... »*, *Petit Air (guerrier)* et *« Toute l'âme résumée... »*. Soit trente-neuf pièces, en fait quarante-trois si l'on compte la version ancienne du *Pitre châtié*, celle du « Sonnet en *-x* », et les deux de *« Quelle soie... »*, qui n'étaient pas dans l'édition, et qui sont ici.

Texte et ordre des poèmes.

Le texte qui a été généralement adopté est celui de l'édition Deman pour les poèmes qui y figurent, et pour les autres celui de leur source. Il y a eu, naturellement, pour la plupart des poèmes, de nombreuses versions publiées avant Deman. Il n'a pas été fait état de toutes leurs variantes ; une liste de références aux principales versions manuscrites et imprimées est donnée après chaque texte ; les variantes jugées importantes sont évoquées dans le commentaire ; quand la version ancienne d'un poème a été plus tard profondément remaniée, les deux versions sont données et commentées. — Quant à l'ordre des poèmes, c'est celui de leur publication, ou de leur composition quand on peut la supposer antérieure. On n'a guère manqué à ce principe que pour maintenir groupées ensemble les versions d'un même poème, ou les « Petits airs » portant ce même titre en commun.

Nature du commentaire.

Il porte essentiellement sur la signification littérale et logique du texte et sur l'inséparable prolongement symbolique et idéologique auquel elle donne lieu. Mallarmé a volontairement obs-

---

1. Je n'ai retenu qu'une page du *Faune*, essentielle quant à l'idée que Mallarmé se fait de la poésie.

curci cette signification, moyennant des anomalies qui peuvent porter sur le choix des mots et leur sens, sur la syntaxe et sur les symboles utilisés. Mais il ne s'est jamais mis en rupture abrupte avec la langue et son usage; il se repose toujours, de près ou de loin, sur un modèle usité dans l'élocution courante, et qu'il s'agit pour nous d'identifier. Un commentaire qui n'explique Mallarmé qu'en lui attribuant une façon de parler totalement étrangère au français connu a toutes les chances de faire fausse route. — Je me suis gardé autant que j'ai pu de toute interprétation fondée sur des spéculations absentes du texte (hypothèses gratuites, appels à des êtres ou à des notions nulle part impliqués dans le poème, recours à des constructions philosophiques ou esthétiques arbitraires). La principale source de pensée de Mallarmé est dans la tradition poétique française de son siècle, et c'est de ce côté que je me suis tourné quand c'était nécessaire. — Dans ce travail d'élucidation, j'ai bénéficié naturellement de tout ce qui a été fait par mes prédécesseurs, et de leur apport croissant, depuis quatre ou cinq générations, à la tâche commune. Nul ne sait mieux que moi tout ce que je leur dois. Si je ne leur rends pas, en chaque occasion, nommément justice, c'est que je n'en pourrais citer aucun sans entrer dans le détail infini des approbations et des divergences. Je craindrais d'y paraître juge abusif, et d'entraîner mes lecteurs dans la forêt ingrate des controverses. Je n'en tiens pas moins à affirmer ici ma dette envers tous mes confrères en Mallarmé.

Au-delà du sens.

Il y a depuis toujours en poésie un au-delà du sens; on ne l'a jamais ignoré. Mais il s'agit là de percevoir et d'éprouver plutôt que de comprendre. Ce qui, en poésie, transporte est donc chose obscure, mais qui se contente pour lumière de sa simple évidence; c'est comme la couleur, le son ou le parfum, dont on a l'expérience entière sans pouvoir les décrire. Notre nature nous rend capables de sentir et de reconnaître ce « je ne sais quoi » (c'est ainsi qu'on le nommait jadis modestement) dont les poètes créent l'occasion. Le commentaire en ce domaine n'est guère de mise; à peine un échange intermittent de signaux entre le commentateur et le lecteur pour lui rappeler que ce qui est commenté est de l'ordre de la merveille. Il n'est pas sûr que les mêmes moments du texte touchent également tout le monde. L'essentiel est que « l'hymne des cœurs spirituels » soit perçu de tous comme tel. Il y a longtemps qu'on essaie d'en établir la science ; je ne voudrais, bien sûr, décourager personne de cette entreprise.

La métrique de Mallarmé.

Le lecteur trouvera à la fin de ce volume, en appendice, des « Remarques sur la métrique de Mallarmé ». J'y ai mis en ordre des observations puisées dans l'ensemble des poèmes. Ces pages seront sans doute superflues pour plus d'un lecteur, mais utiles peut-être à beaucoup d'autres. On pourra s'y reporter si les commentaires ou les notes sur cette matière qui concernent chaque poème ne paraissent pas suffisantes.

INDICATIONS BIBLIOGRAPHIQUES
RECUEILS DE POÈMES MALLARMÉENS
ET PRINCIPAUX OUVRAGES DE RÉFÉRENCE
LISTE DES SIGLES

Rev. Ind. 1887   *Les poésies de Stéphane Mallarmé*, photolithographiées du manuscrit [...], Paris, Éditions de *La Revue indépendante*, 1887 (9 cahiers, 35 poèmes).

AVP   *Album de vers et de prose*, Bruxelles-Paris, 1887 (9 poèmes); 2ᵉ édition, *ibid.*, 1887-1888 (id.).

V et P   *Vers et prose*, Paris, Perrin, 1893 (22 poèmes); 2ᵉ édition, *ibid.*, 1893.

Deman   *Les Poésies de Stéphane Mallarmé*, Bruxelles, Deman, 1899 (49 poèmes), avec une « bibliographie » des poèmes dressée par l'auteur.

NRF   Stéphane Mallarmé, *Poésies*, Paris, Nouvelle Revue française, 1913 (reproduit l'édition Deman, en y ajoutant 15 nouveaux poèmes).

Œ. Pl.   Stéphane Mallarmé, *Œuvres complètes*, édition Henri Mondor et G. Jean-Aubry, Paris, Gallimard, « Bibliothèque de la Pléiade », 1945; 2ᵉ édition augmentée en 1956. J'utilise l'édition de 1956 : poésies, pp. 3-185; notes et variantes, pp. 1381-1502 (abondantes, pas toujours satisfaisantes).

(Seule édition jusqu'ici où on ait rassemblé toute l'œuvre, poésie et prose, de Mallarmé. En poésie, elle ajoute deux poèmes à l'édition *NRF*, et publie en outre 14 poèmes d'enfance et de jeunesse.)

BM   Stéphane Mallarmé, *Œuvres complètes*, édition critique Carl Paul Barbier et Charles Gordon Millan, *I-Poésie*, Paris, Flammarion, 1983.

(Cette remarquable édition réunit pour la première fois, dans l'ordre chronologique, toutes les poésies écrites par Mallarmé dans le cours de sa vie [1854 ?-1898], les vers de circonstance étant seuls réunis à part dans la dernière section du volume. Barbier, mort en 1978, n'a pu voir la publication de cette édition critique considérable. On y trouve, avec chaque texte de poème, des renseignements sur les circonstances de sa composition, les réactions qu'il a produites, sur les premières versions manuscrites [généralement autographes] et leurs variantes, ainsi que celles des versions imprimées. Longuement attendue, d'utilisation délicate en raison de sa richesse documentaire, elle est désormais l'instrument nécessaire de toute étude sur la poésie de Mallarmé.)

Citron
Stéphane Mallarmé, *Poésies*, édition Pierre Citron, Paris, Imprimerie nationale, collection « Lettres françaises », 1987.
(Introduction importante, pp. 9-45; commentaire abondant des poèmes, pp. 189-363.)

Austin
Stéphane Mallarmé, *Poésies* (édition Lloyd James Austin), Paris, GF-Flammarion, 1989.
(Édition destinée à l'usage courant, mais qu'un spécialiste des études mallarméennes a su rendre complète quant à l'essentiel, exacte et agréable à manier. Pp. 9-36, introduction substantielle; commentaire et premiers états des poèmes, pp. 137-191.)

Marchal
Stéphane Mallarmé, *Poésies*, préface d'Yves Bonnefoy (édition de Bernard Marchal), Paris, Gallimard, collection « *Poésies* », 1992.
(Très importante préface, pp. VII-XXXVI, qui a pour objet de retracer le parcours spirituel de Mallarmé en 1865-1867. L'édition reproduit celle de Deman et sa « bibliographie »; puis l'ensemble des suppléments à *Hérodiade*, intitulés par Mallarmé *Les Noces d'Hérodiade, Mystère*; puis les poèmes d'enfance et de jeunesse; enfin un ensemble de poèmes (1862-1898) non recueillis dans l'édition Deman. Variantes et commentaires abondants pp. 179 à 299.)

Corr.
Stéphane Mallarmé, *Correspondance*, 11 volumes, t. I (1852-1871), édition Henri Mondor et Jean-Pierre Richard; t. II-XI (1871-1898), édition Henri Mondor et Lloyd James Austin, Paris, Gallimard, 1959.
(Ouvrage monumental, qui renseigne, par le texte et les notes, et le secours d'index exhaustifs, sur tout ce qui concerne Mallarmé. Véritable encyclopédie de Mallarmé, de son œuvre et de son époque.)

DSM
Documents Stéphane Mallarmé, présentés par Carl Paul Barbier, 7 volumes, Paris, Librairie Nizet, 1968-1980.
(Riche collection de textes, documents, correspondances et études diverses, concernant Mallarmé et son œuvre.)

Poèmes commentés

LE SONNEUR

Cependant que la cloche éveille sa voix claire
À l'air pur et limpide et profond du matin
Et passe sur l'enfant qui jette pour lui plaire
4   Un angelus parmi la lavande et le thym,

Le sonneur effleuré par l'oiseau qu'il éclaire,
Chevauchant tristement en geignant du latin
Sur la pierre qui tend la corde séculaire,
8   N'entend descendre à lui qu'un tintement lointain.

Je suis cet homme. Hélas! de la nuit désireuse,
J'ai beau tirer le câble à sonner l'Idéal,
11   De froids péchés s'ébat un plumage féal,

Et la voix ne me vient que par bribes et creuse!
Mais, un jour, fatigué d'avoir enfin tiré,
14   Ô Satan, j'ôterai la pierre et me pendrai.

L'Artiste, 15 mars 1862; 4 manuscrits autographes, 1864-1866; *Le Parnasse contemporain*, 12 mai 1866; *Rev. Ind. 1887*; Deman. Texte ci-dessus : Deman.

Ce sonnet est l'un des plus anciens en date parmi ceux que Mallarmé a inclus, à la fin de sa vie, dans son édition des *Poésies*. Son texte initial a peu varié; seules sont notables les variantes introduites dans la version du *Parnasse* en 1866; le poème est resté ensuite à peu près inchangé. Ces premiers poèmes de Mallarmé nous sont généralement précieux, parce qu'ils nous le montrent à ses débuts, s'exerçant sur l'héritage des thèmes chers au second romantisme (Baudelaire et Gautier surtout), et nous font ainsi connaître les sources véritables de sa pensée. Son originalité est en voie d'affirmation à cette époque déjà, mais on risquerait de mal comprendre ses développements futurs, si on ne connaissait ce premier Mallarmé : il philosophe en poète et en tant que poète, et restera foncièrement dépendant de cette première appartenance au lignage romantique et à ses concepts majeurs, quelles qu'aient pu être ses démarches ultérieures. *Le Sonneur* développe un des thèmes de cet héritage, à savoir l'inaccessibilité de l'Idéal aux efforts du poète, dans le cadre d'une symbolique traditionnelle, à deux volets. Le vieux sonneur a beau tirer sur sa cloche, il ne parvient pas à en entendre vraiment le son : c'est ce que disent les quatrains; le poète, dans les tercets, par une formule explicite de comparaison, *Je suis cet homme*, introduit la signification du symbole : lui aussi est sourd comme le vieux sonneur, sourd spirituellement à la voix de l'Idéal qui est l'objet de ses désirs, et il finit en annonçant qu'il se pendra à son câble. Quoique le sens général de ces vers de 1862 et leur portée symbolique soient, dès la première lecture, accessibles à tout lecteur, on y constate pourtant, dans certains détails, et dans des variantes introduites dès 1866, les germes de ce qui sera bientôt la façon d'écrire propre à Mallarmé : c'est un autre intérêt de ces poèmes anciens que de nous montrer ses premiers pas dans la voie de l'obscurité volontaire.

Le premier quatrain, à travers plusieurs modifications, a conservé le caractère de fraîcheur matinale que Mallarmé a voulu lui prêter : l'*éveil* de la cloche, sa voix *claire*, l'air du matin *pur et limpide et profond*, l'enfant à l'angélus (substitué à une antérieure faucheuse), le parfum *de lavande et de thym*, tout concourt à une impression édénique, avec laquelle va contraster, dans le second quatrain, la malédiction qui pèse sur le sonneur. Le lieu d'où il sonne sa cloche, quelque crypte d'église, est plongé dans les ténèbres ; le vers où il apparaît, *effleuré par l'oiseau qu'il éclaire*, nous laisse entendre qu'à sa venue un oiseau nocturne qui se trouvait là, effrayé par la lumière de sa lampe, s'est envolé en le frôlant de son aile [1]. Le quatrain finit sur la désolation du *tintement lointain*, mince monnaie, pour le vieux sourd, du son éclatant des cloches.

C'est aussi du fond de la nuit que le poète *tire le câble à sonner l'idéal*, dans l'espoir d'entendre sa voix et de lui faire écho dans ses poèmes : nuit de l'esprit abîmé dans le réel, *nuit désireuse* surtout. L'emploi, en 1866, de cet adjectif sans complément, à l'encontre de son usage habituel, est une de ces anomalies de syntaxe que Mallarmé charge de signification : en sous-entendant l'objet du désir, il lui donne l'infini pour mesure, et la frustration pour destinée [2]. L'oiseau du second quatrain reparaît, transfiguré en symbole du péché, dans un vers fortement énigmatique : tandis que le poète s'épuise à solliciter l'idéal,

> De froids péchés s'ébat un plumage féal ;

l'oiseau, ici, n'est plus nommé ; il est suggéré par l'*ébat*, mot dont Mallarmé use souvent pour désigner le battement d'ailes, et par le mot *plumage*, partie de l'oiseau qui équivaut au tout. Il faut donc lire, et tâcher de comprendre « un (oiseau) féal de froids péchés » : « oiseau de péché » s'entendrait assez bien, au sens

---

1. Le vers, avant 1866, était tout autre : « Le Sonneur *essoufflé, qu'un cierge pâle* éclaire » ; en 1866, l'essoufflement du Sonneur, détail réaliste, disparaît ; « cierge » et « éclairé » ensemble décrivaient trop bien : le cierge disparaît aussi, la lumière étant suffisamment suggérée par « éclaire », l'oiseau n'apparaît qu'en 1866.
2. Avant 1866, le vers disait : « Je suis cet homme. Hélas ! *dans mon ardeur peureuse* » : on mesure la différence entre ce banal hémistiche et celui qui l'a remplacé.

d'« oiseau (de nuit, peut-être de proie) (symbole) de péché »; il est évident que « plumage » substitué à « oiseau » est un trope destiné à déconcerter le lecteur, et qui le déconcerte en effet. Mallarmé écrit en outre *péchés* au pluriel, et « plumage de péchés » semble présenter au lecteur en quête du sens l'idée que chaque plume de ce plumage figure un péché particulier : pensée étrange; et ces péchés sont affectés d'un qualificatif qui demande réflexion : ils sont *froids*, c'est-à-dire commis sans passion ni remords et, en quelque sorte, glacent l'âme. Enfin l'oiseau-plumage est dit *féal*, et ce vieux mot n'est pas, dans le vers, la moindre cause de perplexité : il signifie à la fois « fidèle » et « familier », notions qui peuvent convenir appliquées à un oiseau, mais davantage encore aux péchés dont cet oiseau est le symbole : euphémisme alors, ironique et amer, pour dire « invétérés [3] ». Évidemment, « plumage féal », expression apparemment hermétique, risque de sceller la signification de tout le vers. Non moins évidemment, Mallarmé offre, en échange, dans ce vers 11, un déploiement verbal d'une surprenante beauté, même pour qui n'en perçoit pas le sens [4].

Le dernier tercet dit le bannissement du poète sous la forme, propre à ce sonnet, d'une surdité : la voix de l'idéal ne vient que par *bribes*, refusant la Totalité rêvée, et *creuse*, excluant la Plénitude. De là le suicide [5], sous l'invocation de Satan, du poète-sonneur. Le fait que le poète soit banni de l'idéal en raison de ses péchés atteste l'imprégnation chrétienne de la philosophie poétique de Mallarmé au temps où il écrivait ce sonnet. Le texte de ce vers 11 que nous venons de commenter, s'il bouleverse, en 1866, son énoncé de 1862, n'en modifie pas l'essentielle pensée. Mallarmé avait écrit d'abord :

3. Il y a là un de ces transferts d'adjectif (« plumage féal » au lieu de « péchés féaux ») dont nous verrons tant d'exemples chez Mallarmé; ce trope est connu et usité depuis l'antiquité classique, sous le nom d'hypallage : il est fréquent chez Virgile.

4. Mallarmé, dans une page célèbre (voir l'Introduction, aux pages 20-21, ainsi que la discussion qui suit), prétend donner dans ses poèmes un sens apparent à l'usage de la foule, en suggérant un « miroitement en dessous » pour les lecteurs plus avertis. En fait ses vers ont un sens caché pour tout le monde, et une vertu de beauté verbale pour tous ceux qui y peuvent être sensibles, quel que soit leur niveau d'intelligence et de culture.

5. Le vers 13, dans les versions antérieures à 1866 disent : « *en vain* tiré »; à partir de 1866, on a partout « *enfin* tiré », qui est moins logique; on comprend « *enfin fatigué* d'avoir tiré » : c'est ici, en somme, un transfert d'adverbe d'un verbe à un autre (encore une hypallage!).

Depuis que le Mal trône en mon cœur lilial[6]
J'ai beau tirer, etc.

Le « péché », offense à Dieu, qui surgit dans le texte définitif, est une désignation plus explicitement religieuse de ce Mal. Non moins significatif est l'appel final à Satan, patron du suicide, qui figurait dans la version primitive, et n'a pas changé. Mallarmé est ici tributaire de Baudelaire, et ne devait pas, en cette matière, le rester longtemps. L'invention du « plumage » a, l'année suivante, un curieux écho : dans la fameuse lettre à Cazalis du 14 mai 1867, apparaît une nouvelle application de ce mot, pour figurer, non plus le Péché vainqueur, mais Dieu lui-même, « ce vieux et méchant plumage, terrassé, heureusement[7] ».

On peut s'interroger, pour finir, sur le rôle que joue le premier quatrain du sonnet dans son économie. Le caractère édénique de ce quatrain semble étranger aux deux thèmes antithétiques qui occupent la pensée du sonnet, à savoir le cœur qui *désire*, dans la nuit du Réel, et l'Idéal qui se refuse. Ce matin de rêve représente un lieu où réel et idéal se confondent, c'est-à-dire un paradis. Il serait étranger au problème que pose notre sonnet, si nous oubliions que, dans l'univers de Mallarmé, l'antithèse Idéal-Réel naît de la perte d'un Éden, de foi chrétienne ou de mémoire humaine. Le sonnet semble avoir voulu d'abord évoquer cet Éden avant de dire la douleur de ceux qui en sont exclus[8].

---

6. Il faut entendre : « en mon cœur (jadis) lilial » (idée de chute dans le mal).
7. Voir Introduction, note 18 et le texte.
8. *Versification* : sonnet « irrégulier » (ABAB ABAB CDD CEE; tercets purement typographiques : phrasé CDDE-EE; vers 4, césure médiane faible).

LES FENÊTRES

Las du triste hôpital, et de l'encens fétide
Qui monte en la blancheur banale des rideaux
Vers le grand crucifix ennuyé du mur vide,
4   Le moribond sournois y redresse un vieux dos,

Se traîne et va, moins pour chauffer sa pourriture
Que pour voir du soleil sur les pierres, coller
Les poils blancs et les os de la maigre figure
8   Aux fenêtres qu'un beau rayon clair veut hâler,

Et la bouche, fiévreuse et d'azur bleu vorace,
Telle, jeune, elle alla respirer son trésor,
Une peau virginale et de jadis! encrasse
12   D'un long baiser amer les tièdes carreaux d'or.

Ivre, il vit, oubliant l'horreur des saintes huiles,
Les tisanes, l'horloge et le lit infligé,
La toux; et quand le soir saigne parmi les tuiles,
16   Son œil, à l'horizon de lumière gorgé,

Voit des galères d'or, belles comme des cygnes,
Sur un fleuve de pourpre et de parfums dormir
En berçant l'éclair fauve et riche de leurs lignes
20   Dans un grand nonchaloir chargé de souvenir!

Ainsi, pris du dégoût de l'homme à l'âme dure
Vautré dans le bonheur, où ses seuls appétits
Mangent, et qui s'entête à chercher cette ordure
24   Pour l'offrir à la femme allaitant ses petits,

Je fuis et je m'accroche à toutes les croisées
D'où l'on tourne l'épaule à la vie, et, béni,
Dans leur verre, lavé d'éternelles rosées,
28   Que dore le matin chaste de l'Infini

Je me mire et me vois ange! et je meurs, et j'aime
— Que la vitre soit l'art, soit la mysticité —
À renaître, portant mon rêve en diadème,
32   Au ciel antérieur où fleurit la Beauté!

Mais hélas! Ici-bas est maître : sa hantise
Vient m'écœurer parfois jusqu'en cet abri sûr,
Et le vomissement impur de la Bêtise
36   Me force à me boucher le nez devant l'azur.

Est-il moyen, ô Moi qui connais l'amertume,
D'enfoncer le cristal par le monstre insulté
Et de m'enfuir, avec mes deux ailes sans plume
40   — Au risque de tomber pendant l'éternité?

Plusieurs manuscrits autographes 1863-1866; *Le Parnasse contemporain*, 12 mai 1866; *Rev. Ind. 1887*; *AVP*; *V et P*; Deman. Texte ci-dessus : Deman.

Les versions connues de ce poème, manuscrites et imprimées, s'étendent sur toute la carrière de Mallarmé ; il y a relativement peu de variantes dans ce long parcours ; mais certaines sont notables. Il s'agit ici aussi du drame de l'Idéal, mais envisagé surtout à son autre pôle, celui de l'insurmontable dégoût inspiré par la vie réelle. Le thème se présente ici, comme dans *Le Sonneur*, sous la forme d'un symbole, développé rhétoriquement dans ses deux volets. *Les Fenêtres* ne présentent aucune difficulté importante d'interprétation. Le poème frappe surtout par la virulence de son pessimisme.

L'usage qui est fait ici du symbole est peut-être moins simple qu'il ne paraît. Les cinq premières strophes représentent un vieux malade accablé du dégoût de son hôpital, et qui tente d'y échapper en imaginant à travers les vitres, à l'heure du couchant, un splendide paysage. Dans les cinq dernières strophes, le poète dit lui aussi son dégoût du réel et son désir semblable d'évasion. Ces deux personnages sont, selon la lettre, distincts. Mais y a-t-il entre eux, à proprement parler, symbole ? ou bien identité ? Un sonneur qui tend l'oreille sans entendre et un poète qui rêve en vain d'idéal font un symbole ; le vieux moribond des *Fenêtres* et Mallarmé font une fraternité : leur dégoût a le même objet, et l'hôpital n'est pas une figure symbolique de la vie, c'en est une variante. Ce que nous avons ici est, plus profondément qu'un symbole, une lamentation que nous pourrions dire fraternelle, si un cruel réalisme ne l'empoisonnait. Il est clair, en effet, que le poète éprouve du dégoût pour son moribond ; il ne le cache pas. Toutes les premières strophes combinent une sympathie profonde pour les répugnances du vieillard avec une répu-

gnance non moindre pour sa décrépitude. Dans l'horreur de
l'hôpital, le poète communie avec son personnage, spécialement
en ce qui touche la religion [1]. Mais il ne le ménage pas non plus,
dans cette fraternité baudelairienne du malheur, qui exclut
l'illusion. Ainsi, au vers 4, là où il avait écrit d'abord :

Le moribond, parfois, redresse son vieux dos,

il a fini, en 1893, par mettre :

Le moribond *sournois* y redresse un vieux dos,

décourageant tout mouvement de compassion en faveur du malheureux [2]; mais en 1864 déjà, il parlait de *sa pourriture* (vers 5 et
voir aussi tout le vers 7), de son baiser qui *encrasse* les carreaux
(vers 11).

Il y a quelque chose qui ressemble plus franchement à une
communion dans tout ce qui dit le rêve d'évasion du vieillard.
Toute la première partie du poème entrelace, à partir du
moment où le moribond *redresse le dos*, son Rêve à sa misère; son
premier désir est *de voir du soleil sur les pierres*, et c'est sans doute
tout ce qu'on peut voir réellement à travers ces fenêtres; puis
viennent le *beau rayon clair* et les *tièdes carreaux d'or*, et le baiser
de la bouche à la vitre, qui ressuscite un baiser d'un autre temps.
Toute la strophe III est déjà très mallarméenne de style [3]. Les
vers 16 à 20 (vision du vieillard à travers la vitre) sont étonnamment et superbement baudelairiens. Par le traditionnel et rhétorique *ainsi* du vers 21, nous passons à la condition du poète; son
mal est indistinct de son aversion pour l'humanité; son *dégoût de
l'homme à l'âme dure* retentit dès les premiers mots, mais ce n'est
pas seulement cette dureté d'âme qu'il déteste, c'est son attache-

1. *La fétide* odeur hospitalière est appelée *encens* dès le 1er vers; au vers 3, le crucifix est dit *ennuyé*, comme s'il savait son peu de pouvoir; au vers 13, les *saintes huiles*
sont dites objet d'*horreur* pour le moribond. Comparativement, ce qui tient en propre
à l'hôpital et à la maladie n'apparaît qu'au vers 14, avec une seule épithète malson-
nante (« les tisanes, l'horloge et le lit *infligé*, — « La toux »).
2. Noter aussi *un* vieux dos, au lieu de *son* vieux dos en 1866, qui était plus cordial; même effet, vers 7, *la* maigre figure, et vers 9, *la* bouche (au lieu de *sa* en 1866
dans les deux cas).
3. Pour la bouche *d'azur bleu vorace*, voir une expression semblable dans *Don du
poème*, commenté plus loin, dernier vers. Il faut construire *la bouche [...] encrasse*, etc.
Les vers 10 et 11, jusqu'à *jadis*, sont une parenthèse dépendant par *telle* de *la bouche*
(comparaison nostalgique des deux baisers); le mot « femme » est évité dans cette
parenthèse, conformément aux habitudes distantes du langage mallarméen.

ment au *bonheur* [...], *cette ordure* (vers 22 et 23); il est vrai que ce bonheur est représenté comme la satisfaction des seuls *appétits* matériels, avec le verbe *mangent* en rejet; mais un vers provocant désigne finalement de façon plus explicite l'objet de son horreur : une famille dont *l'homme [...] s'entête* à faire vivre *la femme allaitant ses petits*[4]. Ici une sorte de haine semble couronner le dégoût, et porte la misanthropie de Mallarmé au-delà de celle de Baudelaire. Il a eu conscience d'un tel dissentiment, à l'occasion duquel, si nous l'en croyons, il a précisément écrit *Les Fenêtres*.

En envoyant le manuscrit des *Fenêtres* à son ami Cazalis, il lui écrivait en effet : « La sottise d'un poète moderne a été jusqu'à se désoler que *l'Action ne fût pas la sœur du Rêve* [...] Mon Dieu, s'il en était autrement, si le Rêve était ainsi défloré et abaissé, où donc nous sauverions-nous, nous autres malheureux que la terre dégoûte et qui n'avons que le Rêve pour refuge [...]. Le bonheur ici-bas est ignoble [...] J'ai fait sur ces idées un petit poème, *Les Fenêtres*, je te l'envoie. » Le passage de Baudelaire qui l'indigne est bien connu :

— Certes, je sortirai, quant à moi, satisfait
D'un monde où l'action n'est pas la sœur du rêve[5].

Ces vers attestent chez Baudelaire le vœu d'une mission active de la poésie au sein de l'humanité. Il était, en général, bien désabusé sur ce sujet, mais il tenait encore à la génération poétique précédente, et l'écho du romantisme agissant pouvait vibrer en lui à certains moments de crise. Le Mallarmé des *Fenêtres*, plus avancé dans le désespoir, et qui hait non seulement les maux de la vie, mais le bonheur même, rejette avec rudesse toute survivance de l'humanitarisme militant. Il est difficile de comprendre Mallarmé en ignorant ce point de départ.

Quelle solution alors ? Pour le vieux moribond, c'était le rêve

4. Strophe VI. La famille est animalisée dans tous ses membres : le père *vautré* dans son bonheur-ordure, la mère allaitant *ses petits*, au pluriel (situation peu féminine, propre à une chatte ou une chienne).
5. Baudelaire, *Les Fleurs du mal*, *Le Reniement de saint Pierre*, poème paru dans la *Revue de Paris* d'octobre 1852, et dont la date de composition peut être récente (environs du coup d'État de décembre 1851) ou antérieure de quelques années (époque de la révolution de 1848) : moment de grande émotion politique. Il faut lire, bien sûr : « Je sortirai, satisfait (de sortir), d'un monde », etc., et ne pas construire « satisfait d'un monde ».

pur, la contemplation hallucinante de la Beauté, l'illusion en
somme, recours des misérables. Mallarmé, exempt de misère
matérielle, prétend haïr la vie en elle-même, et cherche contre
elle un remède métaphysique : une fenêtre qui ouvre sur autre
chose que l'existence terrestre [6]. Celui qui se tourne vers ces
fenêtres est d'emblée *béni*; *des rosées éternelles lavent le verre* de ces
croisées, *le matin chaste de l'Infini le dore de lumière* (vers 26-28) :
ces imaginations de forte résonance spiritualiste n'évoquent nul
monde visible. La fenêtre, nous l'apprenons bientôt, est un
miroir réfléchissant où le poète *se mire et se voit ange* (vers 29).
Cette invention si étrange, qui substitue à la vision de la
strophe v la métamorphose du poète en créature céleste, appartient au poème dès sa naissance et ne le quitte plus. C'est une
pensée bien propre à Mallarmé qui s'exprime ici : le poète se
libère du réel par une démarche narcissique, moyennant un
miroir où il se transfigure en ange, mourant puis renaissant couronné de son rêve, c'est-à-dire de sa vocation poétique. On
reconnaît dans cette odyssée intérieure un modèle chrétien : vie
du monde reniée, désir d'un autre monde, bénédiction, mort terrestre, renaissance glorieuse au ciel; mais Dieu manque dans ce
voyage, dont il était, dans la tradition, le guide et le but. Mallarmé l'évoque-t-il en acceptant au vers 30 la *mysticité* comme
voie de salut ? Ce n'est pas sûr, la mysticité symboliste n'étant
pas nécessairement déiste; et d'ailleurs il dit qu'il accepterait
aussi bien comme sauveur l'art, habituel auxiliaire ou substitut
de la divinité dans le romantisme, et plus encore dans le post-
romantisme. Même indécision au vers 32, où le ciel est bien le
terme du voyage, mais quel ciel ? *Le ciel antérieur* (à l'exil terrestre, je suppose), ciel impersonnel *où fleurit* la Beauté.

On peut mesurer le chemin parcouru par Mallarmé dans la
représentation poétique du salut, en comparant ce poème-ci à
celui que Baudelaire avait publié seulement six ans avant : dans
la *Bénédiction* qui ouvre *Les Fleurs du mal*, le Poète, haï des
hommes, bénit Dieu et se dit assuré qu'il lui garde une place et
un diadème de pure lumière dans l'éternelle fête des anges. Tandis que le poème de Baudelaire s'achève sur cette gloire, celui de

---

6. L'on tourne *l'épaule*, variante de 1893, dans *Vers et prose*; précédemment : l'on
tourne *le dos*; je ne vois pas dans cette variante un adoucissement; « le dos *à* » oblige
à un hiatus ou à une liaison également fâcheux; pour le fond, *l'épaule* est moins brutale, mais dit la même chose, et même davantage : « tourner le dos » est une situation, « tourner l'épaule », un acte volontaire.

Mallarmé se dénoue catastrophiquement. Sa métamorphose en ange n'est pas plus réelle que la vision du moribond ; les deux strophes V et VIII sont marquées de la même illusion ; c'est en imagination que le Poète s'est vu sauvé et glorifié. La strophe suivante constate qu' « Ici-bas est maître » et que sa hantise écœurante viole l'abri du rêve ; d'où nouvelle éruption de colère et formulation violente d'un autre des thèmes du romantisme misanthropique : la *Bêtise* vomissante et puante.

Il est vrai que le poème, à l'origine, s'achevait par une sorte d'invocation, adressée nommément à Dieu (vers 31-32) :

> Est-il moyen, mon Dieu *qui savez l'amertume,*
> D'enfoncer le cristal, etc.

Mallarmé a d'abord, pour le *Parnasse* de 1866, changé *savez* en *voyez*, peut-être parce que « savoir », interprété comme « avoir l'expérience de » (l'amertume), et appliqué à Dieu, pouvait faire penser aux souffrances de Jésus plutôt qu'à l'omniscience divine. C'est en 1887 seulement, dans *La Revue indépendante,* qu'a surgi la variante.

> Est-il moyen, *ô moi* qui connais l'amerturme,

variante qui efface Dieu même du texte, et remplace l'appel qui lui est fait par un recours, non moins problématique, au *moi*. De toute façon, Mallarmé ne prie pas ; il se demande, littéralement, s'il y a moyen d'*enfoncer* la Vitre du réel *et de s'enfuir*, mais il ne doute pas du châtiment qui l'attend dans ce cas : il se voit, aussitôt la vitre brisée, désangélisé et déplumé, *tombant dans l'éternité* : cette chute rappelle, naturellement, celle de Lucifer devenu Satan, mais aussi celle de son équivalent laïcisé, Icare, héros de prédilection du romantisme négatif [7]. Le mot *tomber* est essentiel ici : c'est en 1866, dans le Parnasse, qu'il a remplacé *rouler*, leçon des manuscrits antérieurs [8].

---

7. Icare et sa catastrophe figurent dans un poème des *Fleurs du mal* comme symbole du sort du Poète.

8. *Versification* : quatrains lyriques à rimes croisées ; phrases englobant plusieurs quatrains liés (I-III, IV-V, VI-VIII) ; césure médiane ébranlée, vers 8, 28, 29, 36 ; vers 29, ternaire ; enjambements, vers 22-23, 33-34, souples.

L'AZUR

De l'éternel Azur la sereine ironie
Accable, belle indolemment comme les fleurs,
Le poète impuissant qui maudit son génie
4 À travers un désert stérile de Douleurs.

Fuyant, les yeux fermés, je le sens qui regarde
Avec l'intensité d'un remords atterrant,
Mon âme vide. Où fuir ? Et quelle nuit hagarde
8 Jeter, lambeaux, jeter sur ce mépris navrant ?

Brouillards, montez ! Versez vos cendres monotones
Avec de longs haillons de brume dans les cieux
Que noiera le marais livide des automnes,
12 Et bâtissez un long plafond silencieux !

Et toi, sors des étangs léthéens et ramasse
En t'en venant la vase et les pâles roseaux,
Cher Ennui, pour boucher d'une main jamais lasse
16 Les grands trous bleus que font méchamment les oiseaux.

Encor ! que sans répit les tristes cheminées
Fument, et que de suie une errante prison
Éteigne dans l'horreur de ses noires traînées
20 Le soleil se mourant jaunâtre à l'horizon !

– Le Ciel est mort. – Vers toi j'accours! donne, ô matière,
L'oubli de l'Idéal cruel et du Péché
À ce martyr qui vient partager la litière
24   Où le bétail heureux des hommes est couché,

Car j'y veux, puisque enfin ma cervelle, vidée
Comme le pot de fard gisant au pied d'un mur,
N'a plus l'art d'attifer la sanglotante idée,
28   Lugubrement bâiller vers un trépas obscur...

En vain! L'Azur triomphe, et je l'entends qui chante
Dans les cloches. Mon âme, il se fait voix pour plus
Nous faire peur avec sa victoire méchante,
32   Et du métal vivant sort en bleus angélus!

Il roule par la brume, ancien et traverse
Ta native agonie ainsi qu'un glaive sûr;
Où fuir dans la révolte inutile et perverse?
36   *Je suis hanté.* L'Azur! l'Azur! l'Azur! l'Azur!

---

4 manuscrits autographes 1864-1866; *Le Parnasse contemporain*, 12 mai 1866; *Rev. Ind. 1887*; *V et P*; Deman. Texte ci-dessus : Deman.

Ce poème, écrit en 1863-1864, imprimé pour la première fois en 1866 et reproduit plusieurs fois dans les recueils de Mallarmé, a subi à travers cette longue durée quelques variantes, parfois dignes de remarques. Le sujet est ici aussi la situation du poète entre le Réel ignoble et l'Idéal inaccessible [1]. Mais ici l'Idéal est considéré sous un angle affectif particulier, en tant qu'occasion et cause de torture, la distance qui le sépare de nous étant interprétée comme une cruauté et une ironie volontaires. C'est au fond ce que signifiait déjà, dans l'imagination romantique, la figure d'un Dieu indifférent à l'homme et à ses douleurs. Vigny surtout en avait été obsédé, mais l'idée apparaît aussi ailleurs que chez lui, en plus d'un endroit, au moins à titre de tentation.

Mallarmé, ici comme dans les poèmes précédents, a adopté le symbole comme mode d'expression. L'Azur, avec sa majuscule, n'est pas seulement le bleu du ciel que nous voyons; il est cet idéal lointain qui obsède les hommes. Mais nous savons qu'une mise en cause de Dieu est à la source du thème, et nous voyons chaque jour que, dans la conscience et le langage humains, Ciel et Dieu sont la même chose [2]. Peut-on vraiment dire qu'il y ait rapport symbolique entre deux mots susceptibles de nommer le même être? Il est vrai qu'on ne dit pas « azur » pour dire « Dieu ». Mais l'azur est la

1. Il ne faut pas, comme on fait quelquefois, dire que le sujet de *L'Azur* est antinomique à celui des *Fenêtres*, ce dernier poème incriminant le Réel, alors que *L'Azur* s'en prend à l'Idéal. Chacun des deux poèmes traite implicitement, ensemble, ces deux sujets, inséparables l'un de l'autre dans le romantisme désenchanté.
2. Comment pourrait-on, autrement, dire qu'on bénit, qu'on maudit, qu'on remercie le ciel?

Beauté du Ciel, l'Idéal pour qui ne veut pas nommer Dieu.
De sorte que ce que nous avons ici, ce n'est pas un exercice
métaphorique mettant en relation, avec plus ou moins de bonheur, deux réalités distinctes, c'est toute une constellation
d'êtres et de qualités romantiques, Beauté, Azur, Ciel, Idéal,
noms et substituts de la Divinité, qui sont déclarés ennemis et
mis en accusation. Le choix préférentiel du mot Azur pour
nommer l'Ennemi ne symbolise rien ; il crie très haut l'acuité
d'un pessimisme qui dénonce jusqu'au bleu du ciel comme un
ennemi. De ce caractère pour ainsi dire immédiat du symbole
va découler un scénario de guerre à l'Azur, purement fantastique, où le discours du héros côtoie la démence.

Dans le commentaire qu'il joint à son poème en l'envoyant à
son ami Cazalis [3], Mallarmé se met sous l'invocation d'Edgar
Poe et de sa « philosophie de la composition », et il explique dans
cette perspective, strophe par strophe, les intentions du poème [4].
En fait, *L'Azur* se ressent moins de la théorie poétique de Poe
(que lui-même n'avait jamais prise au sérieux) que de son art de
l'affabulation terrifiante. La première strophe présente le thème
de l'Azur ennemi et du poète impuissant sur le mode plutôt
romantique et baudelairien : c'est en pleine conscience que le
poète maudit son génie. Mallarmé se signale seulement, au sein
de la tradition qu'il adopte, par l'allusion aux *fleurs*, dont l'Azur
imite l'*indolente beauté*, tout ce qui est beau sans inquiétude étant
également fait pour humilier le poète ; et par *ce désert stérile de
Douleurs*, qui contredit l'idée, si accréditée dans le romantisme
spiritualiste, de la fécondité de la souffrance.

Un autre accent se fait entendre, dès le début de la deuxième
strophe, quand Mallarmé entreprend un récit personnel, dont
l'hyperbole affective est la loi, et qui commence par une fuite
éperdue :

> Fuyant, les yeux fermés, je le sens qui regarde
> [...] Mon âme vide.

Il n'est plus question de généralités : « Dans la seconde
strophe, écrit Mallarmé, on commence à se douter, par une
fuite devant le ciel possesseur, que *je* souffre de cette cruelle

---

3. Lettre à Cazalis, de [janvier 1864], *Corr.*, t. I, pp. 103-105.
4. Sur cet aspect de la lettre voir l'Introduction, section « Le hasard vaincu ? »

maladie. » Voilà l'Azur ouvertement identifié au « Ciel possesseur », périphrase de « Dieu » : beauté, sérénité, ironie, ne sont
que les faux-semblants d'une tyrannie dont la victime porte
témoignage. Cependant cette victime s'avoue *malade*, et sa
plainte est aussi une auto-accusation. Sa lettre va forcer cette
note : « Je prépare dans cette strophe encore, par une forfante-
rie blasphématoire, *Et quelle nuit hagarde*, l'idée étrange d'invoquer les brouillards. » Il a voulu représenter, en somme, une
sorte de dément en révolte vaine contre l'univers. Mais ce *je*
cesse de ce fait d'être tout à fait Mallarmé. Il est clair qu'il
suit ici Edgar Poe, grand maître de l'effroi spectaculaire; mais
dans cette voie, l'auteur a beau dire « moi »; il est aussi
quelqu'un d'autre, qu'il imagine. Ce Mallarmé qui *fuit les yeux
fermés* pour ne pas voir l'Azur, qui se sent *regardé par lui* et
que ce regard frappe d'*un remords atterrant*[5], est-il le même
que celui qui, lucidement, écrit *L'Azur*?
    Comment entendre ce remords? remords chrétien, né du
péché? remords baudelairien, du temps perdu? En tout cas la
rébellion suit de près le remords, avec le projet de *jeter* contre
l'Azur *une nuit hagarde*[6]. Les trois strophes suivantes sont un
appel à des puissances d'obscurité, qui sont supposées chaque
fois donner satisfaction au vœu du poète : les brouillards, puis
l'Ennui, divinité souveraine du désenchantement baudelairien,
puis les fumées des cheminées urbaines. Il serait vain de vouloir
rendre compte de la beauté de ces strophes, limpides et
accomplies[7]. La triple invocation implicitement exaucée, la folle
victoire semble acquise (*Le Ciel est mort!*), malgré l'intervention
des oiseaux, force « méchante » alliée de l'ennemi. On remarque
que Mallarmé, comme commentateur, tourne en ridicule ce cri
de triomphe que, comme poète, il prête à son héros, c'est-à-dire à
lui-même : « Exclamation grotesque d'écolier délivré : Le ciel est
mort! » écrit-il dans sa lettre. Cette double attitude de Mal-

5. Le texte dit (vers 5-6) « [...] je le sens qui regarde — Avec l'intensité d'un
remords atterrant »; on serait tenté de construire : « Je le sens qui *regarde avec* [...]
remords, etc., alors que le seul sens possible est : « Je le *sens avec remords* qui regarde »,
etc. — Vers 7 : *mon âme vide*, complément direct de « regarde »; *vide*, par l'effet de la
terreur, aussi de sa chronique stérilité.
6. Vers 8 : « Jeter, lambeaux, jeter » : « lambeaux », apposition à « nuit » du vers
précédent; le rebelle voudrait s'emparer par lambeaux de la nuit et les lancer contre
l'Azur.
7. Les vers 13 et suivants surtout (apostrophe à l'Ennui), personnification d'une
qualité abstraite : allégorie, développée picturalement.

larmé, à la fois identifié à son héros et fortement critique à l'égard de sa folie, demande réflexion. Il est clair qu'il tient à avoir créé un héros moderne et à être lui-même ce héros, tout en revendiquant une parfaite lucidité touchant l'excentricité de sa créature. Cette sorte de contradiction a son modèle à l'origine même du romantisme : c'est Chateaubriand faisant suivre la confession de son René d'un magistral sermon critique adressé à ce personnage. Mais Chateaubriand mettait ce sermon dans la bouche d'un prêtre, laissant réfléchir le lecteur sur la façon dont la modernité et la religion pouvait s'accorder. Mallarmé fait lui-même le sermon dans sa lettre, ce qui ne peut manquer de faire naître un soupçon d'artifice dans l'invention de son personnage. Le poème tout entier, dans sa grande beauté, pâtit de ce soupçon. Mallarmé s'en est apparemment rendu compte, et ne s'est plus, nulle part, mis en discordance avec lui-même. Aucune autre de ses poésies n'affecte le ton d'une « Histoire extraordinaire ».

La prétendue victoire remportée sur le Ciel n'est pour le malheureux poète qu'une fuite continuée, qui se donne pour but le pôle opposé de l'univers, la matière. Il attend d'elle l'*oubli* de cet ennemi, qu'il nomme à présent, plus explicitement, l'*Idéal cruel* [8], modèle d'impossible perfection, spectre torturant, dont l'esprit ne peut venir à bout qu'en abdiquant ses ambitions et en cherchant refuge au sein de la matière brute. Mais ce recours est lui-même illusoire, à en juger par les termes dans lesquels il est invoqué, et qui peignent avec répugnance une vie proprement animale. Ce *martyr* de l'Idéal demande *une litière* à partager avec *le bétail heureux des humains*. Heureux! comment le sera-t-il, obsédé de son impuissance poétique, qui resurgit ici même, tragiquement [9]. Et quelle paix trouvera-t-il dans un *bâillement* qu'il prévoit *lugubre* et dans un *trépas* dont, poète amoureux de gloire, il déplore d'avance l'obscurité? *En vain!* Dans les deux dernières strophes, la victoire revient à l'Azur : c'est lui qui

8. Dans un manuscrit de 1864, Mallarmé avait écrit : l'Idéal *rongeur*; il a remplacé très tôt *rongeur* par *cruel*, sans doute pour ne pas répéter Baudelaire (voir, dans *Les Fleurs du mal, L'Aube spirituelle*, vers 2 : au matin d'une nuit de débauche, entrée en scène de l' « idéal rongeur »).

9. Vers 25-28 : L'équation péjorative « forme poétique = fard » est sous-entendue ici, d'accord avec les habitudes de style de Mallarmé; elle est suggérée après coup quand il est dit (vers 27) que le cerveau du poète *attife*, c'est-à-dire habille prétentieusement l'idée. Autre métaphore d'échec : l'idée, débile, *sanglote*.

chante dans les cloches, et qui montre son invincible et protéiforme puissance en *se faisant voix*, de lumière qu'il était (vers 29-30) [10]. Le choix de cette métamorphose [11], comme, plus haut (vers 22), l'équation établie entre la cruauté de l'Idéal et l'obsession du Péché, confirme encore l'imprégnation chrétienne de la mythologie poétique de Mallarmé à cette date.

Le moment est venu, comme dans *Le Sonneur* et *Les Fenêtres*, de la catastrophe finale. Dans la dernière strophe, il la décrit lui-même, parlant à son âme, comme un ultime assaut de l'Idéal, *brume roulant* vers lui et le *traversant d'un glaive sûr* : fantastique alliance de la brume et du glaive. L'Azur est dit *ancien* (écho de son éternité du vers 1), et l'*agonie* du poète est dite *native* (c'est dire qu'elle ne désigne pas les derniers moments de sa vie, mais le caractère fondamental de son être [12]). Le poète finit ici par un véritable *mea culpa*. Il ne meurt pas à proprement parler; le glaive ne le tue pas, mais confirme son interminable supplice, qu'il proclame lui-même mérité. *Où fuir ?* reste son cri, au vers 35 comme au vers 7, et il y désavoue sa *révolte inutile et perverse*. Mallarmé va plus loin encore dans sa lettre-commentaire; il écrit, à propos des vers 34-35 : « Je m'écrie, plein d'orgueil et ne voyant pas là un juste châtiment à ma lâcheté, que j'ai une *immense agonie* [13]. Je veux fuir encore, mais je sens mon tort et avoue *que je suis hanté*. » Ce commentaire est le parfait discours d'un pénitent, ultra-sévère pour lui-même, c'est-à-dire humble extrêmement, qui pour comble se proclame *lâche* (comme s'il n'y avait de courage que dans la soumission). Mais c'est aussi, en étroite concomitance, la consécration de l'identité poësque du héros : un pénitent, mais halluciné, qui proclame sa propre

10. On remarque que Mallarmé donne à son héros, adulte et s'adressant à son âme en haut style, le langage de la terreur enfantine (vers 31 : L'Azur « avec sa victoire *méchante* »; *cf.* déjà vers 16 : « *méchamment* »). Ce trait, assurément mélodramatique, mais sur le mode larmoyant, relève de la plainte mallarméenne propre à ces années plutôt que de l'influence de Poe.

11. Le vers 32 précise : l'Azur est dans le chant des cloches par le *bleu* céleste supposé des *angélus* qu'elles sonnent.

12. Ces deux épithètes ont succédé, l'une et l'autre, à des variantes antérieures. Les manuscrits appellent l'Azur *indolent*, et l'agonie *peureuse*, puis *errante*; c'est en 1887 qu'apparaissent *ancien* et *native*, qui intensifient l'effet, en opposant deux immutabilités, d'inégale puissance. — L'apostrophe *mon âme* (vers 30), qui fait de toute la fin un discours du poète à son âme, et justifie le *ta* du vers 34, apparaît dès 1864, remplaçant avec bonheur un précédent « Orage, il se fait voix », etc.

13. *Immense agonie* ne se lit nulle part dans les versions de *L'Azur* que nous connaissons. Cette variante figurait-elle dans le texte envoyé à Cazalis, qui n'a pas été retrouvé ?

démence, et la prouve en répétant indéfiniment le nom de son ennemi. La rhétorique commune admet, depuis la Bible, la triple répétition comme figure reçue; mais lui, il crie « L'Azur! » quatre fois. Le nombre 4 est ici signal de répétition infinie, c'est-à-dire d'anomalie mentale [14].

14. *Versification*: Quatrains lyriques à rimes croisées; rythme binaire-ternaire, vers 4, 9, 10, 11, 21, 22; vers franchement ternaires, 2, 12, 31; enjambement souple, vers 17-18, 29-30; abrupt, vers 30-31.

LE PITRE CHÂTIÉ I
(version de 1864)

Pour ses yeux, — pour nager dans ces lacs, dont les quais
Sont plantés de beaux cils qu'un matin bleu pénètre,
J'ai, Muse, — moi, ton pitre, — enjambé la fenêtre
4   Et fui notre baraque où fument tes quinquets.

Et d'herbes enivré, j'ai plongé comme un traître
Dans ces lacs défendus, et, quand tu m'appelais,
Baigné mes membres nus dans l'onde aux blancs galets,
8   Oubliant mon habit de pitre au flanc d'un hêtre.

Le soleil du matin séchait mon corps nouveau
Et je sentais fraîchir loin de ta tyrannie
11 La neige des glaciers dans ma chair assainie,

Ne sachant pas, hélas! quand s'en allait sur l'eau
Le suif de mes cheveux et le fard de ma peau,
14 Muse, que cette crasse était tout le génie!

Ms. de 1864; 1re publication, posthume, d'après ce ms., en 1929 par Bonniot, *La
Genèse poétique de Mallarmé d'après ses corrections*, dans *Revue de France*, 1929; texte
reproduit dans les éditions récentes des *Poésies* (*Œ. Pl.*, p. 1416; *BM* p. 150; Citron,
pp. 198-199; Austin, pp. 141-142; Marchal, p. 186).

Le texte ci-dessus est la première version, manuscrite et restée inédite du vivant de Mallarmé, du *Pitre châtié*; il convient de le commenter d'abord, avant d'en venir à la version, profondément remaniée, que Mallarmé en a publiée un quart de siècle plus tard, et qui est aujourd'hui la version courante. Dès cette première forme, relativement claire, apparaissent les signes d'une recherche originale en matière de style et d'imagination. Celui que le poète fait parler compare les *yeux* d'une femme aimée à des *lacs* où il rêve de nager. La séquence fortement inusuelle yeux-lacs-nage est donnée de but en blanc, avec un minimum de mots; elle est suivie dès le deuxième vers d'un triple prolongement métaphorique : (paupières) = *quais, beaux cils* = (arbres) *plantés, matin bleu* dont la lumière *pénètre* (l'ombre des) *cils* (comme un feuillage d'arbres); et de chacune de ces équations un seul terme est exprimé, l'autre reste sous-entendu. Relisons ces deux vers nourris d'ellipses, et convenons de leur surprenante beauté. Dans les deux vers suivants, celui qui parle, usant de la première personne, se dit le *pitre* de la *Muse*; cela n'est pas pour nous étonner, car ce type de personnage (clown, saltimbanque) était, en ce temps de romantisme amer, une représentation fréquente du Poète ou de l'Artiste. Le « pitre » est proprement, selon les dictionnaires, « celui qui fait la parade à la porte d'un théâtre forain » : un tel théâtre est suggéré ici, avec sa *baraque* et ses *quinquets fumants*. Cependant la *Muse* étant censée être la dame du lieu, l'ensemble paraît représenter, sur le mode dépressif, le sanctuaire de Poésie d'où le poète a *fui en enjambant la fenêtre* [1] *pour* rejoindre les yeux de son rêve, désertant les contraintes de l'art pour la joie libre de

---

1. En « enjambant la fenêtre », pour ne pas être vu du public (qu'il entend répudier aussi), s'il sortait par le devant de la baraque.

l'amour et de la vie naturelle. Ainsi le Poète et le Pitre sont unis par un lien fraternel plutôt que symbolique. Le Poète, révolté par un art contraignant et le pitre qui fuit sa baraque sont deux exemplaires, à deux niveaux, de la même profession d'artiste et de la même condition d'homme. La Muse peut être la même pour l'un et pour l'autre, et l'un comme l'autre peut lui dire : « Moi ton pitre. » Ici comme dans *Les Fenêtres*, le couple du poète et de son personnage intéresse moins comme invention symbolique que comme figuration, approfondie par un exemple, d'une situation humaine sans solution.

Le second quatrain raconte le plongeon et le bain libérateur. Les herbes dont le fugitif se dit *enivré* sont sans doute une allusion aux arômes végétaux qui le changent de la malodorante baraque. Ce quatrain célèbre la joie de la baignade dans un beau vers parnassien (vers 7), et l'*oubli* de la servitude passée dans la défroque de pitre pendue à un arbre. Cependant ces signaux de délivrance sont entrelacés à des regrets : le poète se sent *traître* à son art (vers 5) ; il sait qu'il hante des lieux *défendus*, il entend la Muse qui *l'appelle*. Nous retrouvons ici, attribué à l'Art, le caractère ambigu de l'Idéal, à la fois *tyrannie* (vers 10), et source d'excellence. Si au sortir du bain la joie selon la nature domine (premier tercet : *soleil matinal, corps nouveau, fraîcheur, chair assainie*), c'est pour être aussitôt assombrie dans le second tercet par une prise de conscience où l'on peut voir un nouvel appel de la Muse : le poète s'avise qu'en s'affranchissant de sa servitude, c'est au *génie* poétique lui-même qu'il a renoncé. Il est vrai que ce génie reste figuré par les attributs misérables du pitre, *suif des cheveux, fard de la peau* : toute *cette crasse* de l'art que le Bain de nature emporte. Cependant le titre du sonnet donne cette histoire pour celle d'un châtiment : le Poète rendu à la pure nature ne sera plus poète, et regrettera toujours la triste prérogative dont sa révolte l'a dépouillé. Ce sonnet, comme tous les autres des mêmes années, décrit une situation insoluble entre deux pôles contraires [2].

Voici maintenant la version que Mallarmé a publiée du *Pitre châtié*, après une complète refonte, vingt et quelques années plus tard :

---

2. *Versification* : sonnet « irrégulier » (rimes des quatrains croisées, et inversées d'un quatrain à l'autre ; formule des tercets CDD CEE, comme dans *Le Sonneur*, mais la division en tercets correspond au sens, marquant deux étapes d'une même phrase ; le vers 8 est d'un rythme ambigu (seule transgression de la césure médiane ; pas d'enjambement.

LE PITRE CHÂTIÉ II
(version définitive)

Yeux, lacs avec ma simple ivresse de renaître
Autre que l'histrion qui du geste évoquais
Comme plume la suie ignoble des quinquets,
4   J'ai troué dans le mur de toile une fenêtre.

De ma jambe et des bras limpide nageur traître,
À bonds multipliés, reniant le mauvais
Hamlet! c'est comme si dans l'onde j'innovais
8   Mille sépulcres pour y vierge disparaître.

Hilare or de cymbale à des poings irrité,
Tout à coup le soleil frappe la nudité
11   Qui pure s'exhala de ma fraîcheur de nacre,

Rance nuit de la peau quand sur moi vous passiez,
Ne sachant pas, ingrat! que c'était tout mon sacre,
14   Ce fard noyé dans l'eau perfide des glaciers.

Rev. Ind. 1887; *V et P*; Deman. Texte ci-dessus : Deman.

Ce texte refondu reprend, quant au sens général et aux étapes du scénario, le texte originel, sans rien y changer d'essentiel; mais l'expression est partout transformée, et avec elle le détail du sens. Rien ne peut mieux que la comparaison de ces deux textes nous faire percevoir en action les procédés de la poétique mallarméenne. Le premier vers du premier quatrain répète l'équation *yeux-lacs* sous la forme dépouillée d'une simple apposition; cependant le mot « nager » a disparu, progrès peut-être pour le goût, de même que les équations supplémentaires (quais et paupières, arbres et cils), mais recul de la clarté. Ce premier vers devient une franche énigme, le projet de natation n'étant plus évoqué que par l'*ivresse de renaître* [3], qu'un très vague *avec* met en relation avec les yeux-lacs, sans que le lecteur puisse comprendre de quoi il s'agit. Le dégoût du héros pour sa situation, et son saut par la fenêtre, font l'objet des trois vers suivants. On entrevoit que celui qui parle souhaite renaître *autre que l'histrion*. Mais on ne sait quel est cet histrion, et la Muse ayant disparu du sonnet, rien n'oblige à entendre que ledit histrion est en révolte contre son art; ce que disent de lui les vers suivants n'est pas fait pour nous éclairer. Nous ne saurons que plus tard (vers 7) que cet histrion joue le personnage de Hamlet, et il faut le savoir pour comprendre la *plume* du vers 3, qui désigne sans doute le plumet que la littérature mallarméenne et ses entourages attribuent généralement à la toque du héros danois. Il est dit ici, semble-t-il, que l'histrion misérablement

---

3. Cette ivresse est dite *simple*, épithète qui qualifie, plutôt que l'ivresse elle-même, la simple existence naturelle qui doit la produire, mais dont il n'a encore été rien dit.

costumé du sonnet, n'ayant pas de plume à sa coiffure, n'en a d'équivalent que la *suie ignoble des quinquets*, fumée noire qu'ils dégagent verticalement[4]. Devons-nous comprendre, en outre, qu'il *évoque*[5] du geste cette équivalence, dans une pantomime grotesque ? Notons que les *quinquets* sont le seul reste, ici mentionné, de la « baraque » du sonnet primitif, exclue, sans doute comme trop explicite, de la refonte. Le vers 4 raconte enfin, clairement, l'action du poète, identifié par l'emploi de la première personne *(j'ai troué)*, qui suggère, sans le dire, le saut héroïque par *une fenêtre*, comme dans la version primitive (et comme, en un autre contexte, dans *Les Fenêtres*). Ici aussi un certain obscurcissement résulte de l'élimination du verbe *fuir* : le mobile du héros est occulté, et le lecteur n'est pas obligé de connaître la symbolique mallarméenne de la fenêtre comme voie de délivrance. Cependant le *mur de toile* reprend, sur un mode plus énigmatique, la « baraque ».

La *nage*, motif essentiel du récit, apparaît soudain dans sa gymnastique au second quatrain, mais sans qu'ait été mentionné, comme dans le texte primitif, le « plongeon » : autre rupture volontaire dans la logique de l'action, soudainement précipitée ; un seul hémistiche *(limpide nageur traître)* mêle en un trait unique la limpidité de l'eau, dont il est fait honneur au nageur soudainement purifié[6], et son remords, non mentionné jusqu'ici dans cette version. La suite nous fait savoir que le poète en nageant *renie* (et dépouille) *le mauvais Hamlet* qu'il représentait dans sa carrière d'histrion[7]. Ainsi s'opère la renaissance évoquée au vers 1 : non pas une seule renaissance, mais une succession, suivant le rythme de la nage, de morts nouvelles et de résurrections virginales (vers 7-8). Il faut se souvenir que les idées de

4. *Suie* (vers 3) ne signifie pas « fumée » en français, mais « dépôt laissé par la fumée » : à-peu-près sémantique ou « métonymie », figure connue, fréquente chez Mallarmé.
5. *Qui [...] évoquais* (vers 2) : on attendrait « (l'histrion) qui du geste *évoquait* » ; mais Mallarmé signifie par la première personne que l'histrion n'est autre que le *je* du sonnet, c'est-à-dire lui-même ; c'est comme s'il y avait « le moi-histrion qui évoquais ». Pareille tournure, quoique compréhensible, est tout à fait insolite ; mais cette première personne assure la rime avec quinquets ; « évoquait », selon la réglementation classique de la rime, la fausserait.
6. Transport d'adjectif, de l'eau au nageur (trope dit « hypallage »).
7. Le point d'exclamation semble saluer (vers 7) l'illustre nom de Hamlet, mais on peut y voir une allusion humoristique à la « plume » du vers 3, si l'on se souvient du distique de Mallarmé sur le point d'exclamation : « Ce point, Dujardin, on le met — Afin d'imiter un plumet » (*Œ. Pl.*, p. 168).

mort et de renaissance sont familières à Mallarmé dans la figuration de sa vie spirituelle ; le sonnet, à cet endroit, relève de ce thème. *Innover* des *cercueils* allie de façon paradoxale le renouvellement à la mort, et *y disparaître vierge* semble confondre non moins étrangement une disparition funèbre avec la pureté retrouvée. Cet extraordinaire vers 8 surgissant, dans cette indécision du sens, avec sa soudaine et impérative coupe ternaire (4 + 4 + 4), est un de ceux qui, chez Mallarmé, enchantent sans qu'on puisse dire pourquoi[8].

Les tercets disent en substance la même chose que ceux du sonnet primitif : sortie du bain, soleil séchant le corps, fraîcheur, et pensée soudaine que la libération a été aussi une déchéance et un châtiment. Cette pensée est peut-être accentuée dans la version nouvelle : car les puissances qui condamnent la révolte sont ici représentées comme offensives ; le soleil rit, s'irrite *et frappe*, comme opérant le *châtiment* annoncé par le titre du sonnet ; et les glaciers, précédemment symboles de fraîcheur et de santé, sont à présent taxés de *perfidie*. Sauf cette nuance de mortification finale accentuée, la refonte des tercets a porté sur la grammaire bousculée, l'afflux de métaphores nouvelles et l'ordre insolite des éléments de la narration. Le vers 9, métaphore de l'action du soleil ne peut être compris alors que le soleil n'a pas encore été évoqué : grammaticalement, ce vers, par le mot *or*, est en effet une apposition anticipée au *soleil* du vers 10[9]. L'apposition anticipée, tournure extrêmement fréquente en poésie, ne fait pas généralement difficulté, quand le mot en apposition et celui dont il dépend, sont mis rapidement en relation de sens. Ce n'est pas le cas ici : *or* ne se détache pas suffisamment pour que nous percevions, sitôt que paraît *soleil*, la relation de ce mot avec lui ; et l'obscurité qui règne dans le reste du même vers 9 nous embarrasse trop pour que nous puissions saisir d'emblée cette relation. Que le soleil puisse être un « or » va de soi. Mais cet or-soleil a ici

---

8. *Pour y vierge disparaître* : ordre des mots tout à fait insolite en français ; il faudrait « pour y disparaître vierge », mais essayez cette correction : le vers est dénaturé, non seulement par la destruction du rythme 4 + 4 + 4, mais par une sorte de prosification intime. D'ailleurs, il n'est pas tout à fait interdit d'intercaler un mot entre *y* et un infinitif, par exemple un adverbe : « il quitta son pays pour n'*y jamais revenir* » ; Mallarmé a pris la liberté d'intercaler à cette place un adjectif. Il est rare qu'il n'ait pas dans ses excentricités, quelque bon exemple analogue à invoquer dans la langue commune.

9. La charpente des vers 9-10 est la suivante : « *Hilare* or de *cymbale* à des *poings irrité*, le soleil *frappe* [...] ».

cinq qualifications métaphoriques rares : il est *hilare*, comme on dit que « la lumière rit » (ici agressivement) ; c'est un *or de cymbale*, expression qui sans doute rapproche par la couleur le cuivre des cymbales de l'or du soleil, mais qui surtout, sous ce prétexte, établit une parenté entre l'éclat du soleil et un bruit fracassant ou menaçant, car le soleil-cymbale est *irrité*. Une telle condensation de matière métaphorique demande évidemment, pour être comprise, plus d'une lecture ; et l' « or de cymbale » est irrité *à des poings* ; cet emploi de *à* est français : « la cymbale *au* poing » comme « l'arme au poing », et « à *des* poings », car il en faut deux, un pour chaque cymbale ; ici est évoqué un personnage, allégorie du soleil ou d'un de ses servants, qui empoigne et fait résonner les cymbales.

Continuons : irrité, le soleil *frappe* ; il frappe *la nudité* du baigneur sorti de l'eau : le vers 11 suivant dit en substance « (la nudité) qui pure s'exhala de ma fraîcheur ». Une fumée, un parfum, un souffle s'exhalent ; mais une nudité ? Ce qui a pu s'exhaler dans ce cas, c'est l'eau de la baignade changée en vapeur par le soleil : *ma fraîcheur de nacre* désigne apparemment cette eau fraîche et irisée de reflets comme la nacre, dont la nudité *pure* du corps, après évaporation, se dégage, ou, si l'on veut « s'exhale ». Cet à-peu-près, ou ce raccourci, comme on voudra l'appeler, est passablement forcé ; le vers s'impose pourtant par sa beauté.

Le dernier tercet, celui où le doute saisit le héros, pose, touchant sa relation de syntaxe avec le précédent et l'ordre de ses propres vers, un problème difficile. Les deux tercets ne font qu'une seule phrase, dont l'unique verbe principale est dans le premier (*frappe*, au vers 10) ; le second tercet est dominé par une participiale (vers 16, *ne sachant pas, ingrat!*) qui, par son sens et celui de la complétive qu'elle commande (*que c'était tout mon sacre, ce fard*, etc., fin du vers 13 et vers 14), concerne le héros-poète qui parle tout au long du sonnet à la première personne, et ici en disant : « *mon* sacre » ; c'est lui, à coup sûr, qui *n'a pas su* (et qui se rend compte) que *son fard était son sacre* de poète. La participiale (« ne sachant pas », etc.) devrait donc normalement se relier à un *je* de la principale ; mais, dans cette version remaniée du sonnet, la principale ne comporte aucun *je*, le verbe « frappe » ayant pour sujet « le soleil » ; de sorte qu'il n'existe pas de liaison grammaticale correcte entre les deux tercets, et qu'il faut rattacher « ne sachant pas » à la seule présence vague du *je*-poète dans le premier tercet [10]. Il est rare que Mallarmé se permette une liberté de cette sorte avec la syntaxe ; c'est seulement dans un usage très relâché qu'on en trouverait des exemples [11].

Cette difficulté passerait peut-être inaperçue si les vers 11 (« ma fraîcheur ») et 13 (« sachant ») se suivaient immédiatement. Mais Mallarmé a intercalé entre eux un autre vers, proposition subordonnée anticipée (*Quand sur moi*, etc.), dépendant de « ne sachant pas » ; si l'on supprime cet inconvénient en intervertissant les vers 12 et 13, on s'aperçoit que la lecture est plus facile :

11   Qui pure s'exhala de ma fraîcheur de nacre,
13   Ne sachant pas, ingrat, que c'était tout mon sacre,
12   Rance nuit, etc.

Pour comble, Mallarmé a voulu que ce vers 12 intercalé fût lui-même difficile, par une métaphore rare et périphrastique (*rance nuit de la peau* au lieu de la « crasse » primitive) et par une apostrophe rhétorique du plus bel effet (*rance nuit* [...] *quand vous passiez*, au lieu de *quand la rance nuit* [...] *passait*) ; enfin l'emploi fait ici du verbe « passer sur » n'est pas commun : la crasse, veut dire Mallarmé, se détache *sur* lui et s'éloigne dans l'eau comme un vêtement ôté, elle *passe* comme une nuit qui fuit devant le jour. Une dernière remarque, que le lecteur a sans doute déjà faite : à l'avant-dernier vers, le privilège du poète n'est plus son *génie*, mais son *sacre*, qui est bien davantage. Cependant cette majoration ne tranche pas tout à fait en faveur de l'art le dilemme posé par ce sonnet. La « rance nuit de la peau » et le « fard » identifiés à ce sacre le maintiennent inférieur en prestige à la pureté naturelle [12].

10. La liaison entre les tercets était correctement établie dans le sonnet original entre les vers 10 et 12 (« *je* sentais fraîchir [...], ne sachant pas »). Dans le sonnet définitif, il n'y a guère que le possessif « *ma* fraîcheur » qui, au vers 11, suggère un *je*.
11. Ainsi : « *Mon* nouvel appartement était parfait, *ne sachant pas* ses inconvénients » (ce qu'on a dans l'esprit, c'est : « *Je trouvais* mon nouvel appartement parfait », etc.). On peut justifier de même ces vers 11 et 13 en interprétant : « qui s'exhala de la fraîcheur (que *je* trouvais délicieuse), ne sachant pas ingrat ! » etc.
12. *Versification* : Dans cette deuxième version du sonnet, la « régularité » exacte de la distribution des rimes, dans les quatrains et les tercets, a été établie, moyennant un remaniement obscurcissant du texte ; en intervertissant les vers 12-13, Mallarmé aurait éclairci sensiblement le tercet, mais détruit l'ordre des rimes ; il ne l'a pas voulu. — Rythme double, aux vers 1, 3, 4, 7, 14 ; vers 8 franchement ternaire ; enjambement d'emphase, vers 6-7 ; le sixain fait une seule phrase, dont chaque tercet est un développement, comme c'est le cas ordinaire chez Mallarmé.

On peut se demander, pour finir, laquelle des deux versions on
préfère, l'ancienne ou la nouvelle. Dans cet intervalle de plus de
vingt ans, la maîtrise de Mallarmé s'est certainement accrue.
Mais une refonte de forme, après si longtemps, a nécessairement
quelque chose d'artificiel, et le résultat peut s'en ressentir.
J'avoue regretter que toutes les circonstances extérieures du
bain, les herbes, les blancs galets, l'habit au tronc du hêtre aient
disparu de la refonte, ainsi que la présence de la Muse, et
l'impalpable humour que dégage la déconvenue du héros.

LES FLEURS

Des avalanches d'or du vieil azur, au jour
Premier et de la neige éternelle des astres
Jadis tu détachas les grands calices pour
4   La terre jeune encore et vierge de désastres,

Le glaïeul fauve, avec les cygnes au col fin,
Et ce divin laurier des âmes exilées
Vermeil comme le pur orteil du séraphin
8   Que rougit la pudeur des aurores foulées,

L'hyacinthe, le myrte à l'adorable éclair
Et, pareille à la chair de la femme, la rose
Cruelle, Hérodiade en fleur du jardin clair,
12   Celle qu'un sang farouche et radieux arrose!

Et tu fis la blancheur sanglotante des lys
Qui roulant sur des mers de soupirs qu'elle effleure
À travers l'encens bleu des horizons pâlis
16   Monte rêveusement vers la lune qui pleure!

Hosannah sur le cistre et dans les encensoirs,
Notre dame, hosannah du jardin de nos limbes!
Et finisse l'écho par les célestes soirs,
20   Extase des regards, scintillement des nimbes!

Ô Mère, qui créas en ton sein juste et fort,
Calices balançant la future fiole,
De grandes fleurs avec la balsamique Mort
24   Pour le poète las que la vie étiole.

Plusieurs mss. autographes, 1864-1865; *Le Parnasse contemporain*, 12 mai 1866; ms. autographe, 1867; *Rev. ind. 1887; AVP*; *V et P*; Deman. Texte ci-dessus : Deman.

Voici un autre des poèmes du premier Mallarmé, contemporain à peu près de ceux que nous avons commentés jusqu'ici. Nous savons qu'il en a envoyé ou montré le texte, au printemps de 1864, à plusieurs de ses amis. Ce poème, frère des *Fenêtres* et de *L'Azur*, écrit comme eux en quatrains d'alexandrins à rimes croisées, en diffère pourtant en ce qu'il tient plutôt de l'élévation lyrique pure que de la profession de foi plus ou moins symbolique. L'auteur ne s'est pas dispensé pourtant d'y mettre, en même temps qu'un hymne aux fleurs dans le temps de leur création, un chant de mort du Poète fatigué de la vie. Peut-être même le poème n'a-t-il été conçu qu'en vue de cet aboutissement. Le texte définitif diffère en plus d'un endroit, comme on verra, des versions antérieures.

Le poème s'adresse, à la deuxième personne du singulier, à une divinité qui est censée avoir créé les fleurs. Cette création, datée dans le poème du « jour premier », ne doit rien à la tradition biblique ; ce qui la précède n'est pas un chaos suivi d'un *fiat lux*, mais une lumière torrentielle et sans âge (les *avalanches d'or* du *vieil azur*, vers 1) et une *neige d'astres* elle aussi *éternelle* : c'est de là que la divinité créatrice détache *les grands calices*, à l'intention de la Terre, qu'elle vient apparemment de créer aussi, *jeune encore et vierge de désastres* comme un Éden. Les fleurs nommées plus loin dans le poème sont sans doute appelées « grands calices », parce que Mallarmé les imagine géantes lors de leur première apparition : on pense aux iris immenses dont il raconte avoir eu la vision dans sa *Prose pour des Esseintes*. N'espérons pas commenter dignement ce quatrain sublime ; admirons que le rejet et l'enjambement qui y dominent ne lui ôtent rien de sa plénitude. Mallarmé s'adressait vraiment à Dieu dans les versions des manuscrits et du *Parnasse*, où le premier vers se lisait : « Mon Dieu, tu détachas », etc. C'est seulement en 1887 que « Mon Dieu » fut effacé et remplacé par *Jadis*, laissant un *tu* anonyme et de sexe indécis; cette exclusion de Dieu s'étendit à tout le poème; au vers 18, « Ô mon Père » ou « Notre Père » et au vers 21, « Ô Père », variantes des manuscrits et du *Parnasse*, cédèrent la place à *Notre dame* et *Ô Mère*, qui féminisent la divinité invoquée. « Notre dame », même avec un *d* minuscule, a bien des chances d'être la mère de Jésus; et le fait qu'elle soit substituée à Dieu comme Créatrice n'a pas tellement lieu d'étonner, quand on sait le penchant de la théologie romantique à diviniser le Féminin en général, et Marie en particulier [1]. Mallarmé a bien pu penser ici à une Grande Mère de type païen, mais plus ou moins confondue, comme chez Nerval, avec la Vierge chrétienne; les variantes des *Fleurs* attestent en tout cas qu'il s'est éloigné, après les années 1860, de la foi de sa jeunesse, dont l'imagerie du poème reste imprégnée.

Les trois strophes qui célèbrent *les grands calices* ne présentent aucune difficulté quant au sens littéral et à la syntaxe. Les deux premières se distinguent par la beauté des associations d'idées, et du déroulement verbal qui trouble savamment leur ordre. Ces strophes II et III empruntent leurs motifs à diverses traditions, selon les prédilections de Mallarmé : *cygnes*, seuls animaux admis parmi ces fleurs, parce qu'ils sont du même éden qu'elles; *laurier* païen, couronne de l'*exil* terrestre des poètes; *séraphin* biblique, *aurores* grecques rougissantes [2], *Hérodiade* enfin, à laquelle il

---

1. Voir sur ce point Paul Bénichou, *Le Temps des prophètes*, Paris, Gallimard, 1977, chapitre sur « L'hérésie romantique », notamment pp. 427-428 et *passim*; et, concernant plus particulièrement Nerval, le chapitre sur lui dans Paul Bénichou, *L'École du désenchantement*, Paris, Gallimard, 1992, pp. 370-372 (dans la section « Syncrétisme et Féminin céleste », et chapitre XII, sur *Aurélia*, passim).

2. La suite logique des associations d'idées qui occupent les vers 7-8 part de la couleur *vermeille* du *laurier* (a), analogue à celle des *aurores* (b), laquelle se communique à l'*orteil du séraphin* (c) qui *foule* les aurores (d) dans ses déplacements célestes. Dans l'élocution, cet ordre logique est modifié : apparaissent successivement le laurier, l'orteil, les aurores, foulées (soit a-c-b-d), ce qui déroute au premier abord, et oblige à relire. Je laisse le lecteur méditer sur l'extraordinaire beauté de verbe et d'imagination de cette strophe. Le rouge des aurores est étrangement attribué à la *pudeur*, provoquée par le pied nu de l'ange « foulant » leur féminité (?). La note érotique va dominer dans la strophe suivante.

commençait à songer [3]. La strophe IV offre un grand contraste de couleur et de style avec celles qui la précèdent, et surtout avec ce qui concerne Hérodiade ; à des évocations éclatantes et légendaires succède un crépuscule tout moderne, dans le style idéal et exténué d'une certaine poésie symboliste. Cette strophe des lys, qui ne pouvaient manquer dans un poème des Fleurs, a sa beauté aussi : beauté d'époque que Mallarmé a éternisée en quatre vers [4].

Les deux dernières strophes sont un hymne à la Créatrice, où triomphent les souvenirs religieux. Un concert de liturgie paracatholique s'élève soudain, au cri de *hosannah* [5] avec musique [6] et *encensoir, du jardin de nos limbes* [7] vers « Notre dame » ; en même temps que l'écho de ce concert est censé s'éteindre, *les regards s'extasient* et *les nimbes scintillent* plus vivement autour de la tête des saints. Mais ce poème tout de fervente célébration ne pouvait, dans les conditions de l'univers mallarméen, finir que par une Chute. Par un effet que le poète pessimiste a sans doute consciemment agencé, la Mère créatrice qu'il vient de célébrer apparaît comme ayant introduit dans le calice même des grandes fleurs [8] les poisons qui aideront les poètes, *étiolés* par la vie comme par un climat malsain, à se donner la mort. Cette issue a beau être dite *balsamique*, c'est-à-dire avoir valeur de baume, *Les Fleurs* sont finalement un poème de la mort volontaire comme destin des poètes. La vision de la *future fiole* de poison dans le

---

3. Ici (vers 10-12), la série associative est logiquement : *rose* (a), *chair féminine* (b), *cruauté* (c), *Hérodiade* (d), floraison par le *sang* (de saint Jean-Baptiste) (e). Le texte donne b-a-c-d-e, mêlant indiscernablement chair de la femme, rose et cruauté, au lieu de les faire se succéder dans l'ordre logique, avant d'aboutir à Hérodiade, qui réunit en elle les trois thèmes à la plus haute puissance, et la cruauté comme dominante par le meurtre de saint Jean.

4. Mallarmé n'en a pas laissé beaucoup d'exemples ; un, dans les premiers vers d'*Apparition*, me semble meilleur que celui-ci.

5. Acclamation hébraïque (« Sauve [-nous], de grâce ! »), adressée à Dieu ; popularisée dans le christianisme par son usage dans plusieurs Évangiles (ainsi dans *Matthieu*, XXI, 9) et dans la liturgie catholique.

6. Le *cistre* (ou citre) est une sorte de mandoline ; Mallarmé l'a-t-il confondu avec le « sistre », instrument antique à percussion métallique, qui conviendrait mieux ici ?

7. *Nos limbes*, au sens de « notre séjour terrestre et passager » ; les *nimbes*, un peu plus loin : « nimbe », synonyme d' « auréole ».

8. Le texte dit curieusement : « Ô Mère qui créas *en ton sein* [...] de grandes fleurs », etc. : donc, sorte de création panthéistique, ou plutôt peut-être, symbole de gestation.

balancement de ces grandes fleurs de rêve est l'invention sai-
sissante qui relie ce poème magnificent et limpide aux
poèmes, composés dans les mêmes années[9], de la détresse
poétique sans remède[10].

9. À part les variantes destinées à exclure le nom de Dieu du poème, et déjà signa-
lées plus haut (introduites seulement en 1887), il y a peu de différences entre le texte
définitif et les versions antérieures ; la seule modification importante concerne le dernier vers, qu'on lisait d'abord « *Au poète ennuyé que l'impuissance ronge* » : Mallarmé
n'a peut-être pas trouvé bon qu'un tel poème s'achevât sur un aveu d'impuissance :
le suicide vaut mieux.

10. *Versification* : quatrains lyriques en rimes croisées, les trois premiers formant
une seule phrase ; vers 5, ternaire éclatant ; vers 7, 10, 23, rythme plus ou moins
mixte ; enjambements expressifs, vers 1-2, 10-11 ; abrupt, vers 3-4.

SOUPIR

Mon âme vers ton front où rêve, ô calme sœur,
Un automne jonché de taches de rousseur,
Et vers le ciel errant de ton œil angélique
Monte, comme dans un jardin mélancolique,
5 Fidèle, un blanc jet d'eau soupire vers l'Azur!
— Vers l'Azur attendri d'Octobre pâle et pur
Qui mire aux grands bassins sa langueur infinie
Et laisse, sur l'eau morte où la fauve agonie
Des feuilles erre au vent et creuse un froid sillon,
10 Se traîner le soleil jaune d'un long rayon.

Plusieurs mss. autographes de 1864 et 1865; *Le Parnasse contemporain*, 12 mai 1866; *Rev. Ind. 1887*; *AVP*; *V et P*; Deman; ms. autographe, vers 1895. Texte ci-dessus : Deman.

C'est ici la première en date, autant que nous sachions, des *Poésies* de Mallarmé qu'il ait écrite en alexandrins couplés. Non qu'il ait ignoré jusque-là cette formule métrique, une des plus usitées en poésie française : c'est celle du théâtre en vers et du grand discours lyrique, philosophique ou familier, et Mallarmé l'avait souvent utilisée dans ses poèmes d'adolescence. Elle devait tenir dans son œuvre une place capitale dès lors qu'il entreprit d'écrire dans ce mètre, en 1864-1865, les deux grands poèmes d'*Hérodiade* et du *Faune*; et c'est en y travaillant qu'il a été amené à « creuser le vers » et à imaginer une nouvelle poétique.

Mais il s'agit d'autre chose avec ce poème-ci, sensiblement antérieur à l'automne 1864, moment où il a commencé à travailler à *Hérodiade*; une lettre de son ami Lefébure prouve que *Soupir* était déjà écrit en avril 1864 [1]. D'autre part, *Apparition*, publié beaucoup plus tard, lui ressemble par tant de côtés qu'on le considère généralement comme datant de la même époque. L'existence et le caractère de ces deux poèmes attestent, à une date relativement ancienne, l'essai, dans le discours en alexandrins couplés, d'un mode particulier de poésie, en marge, quoique non en dehors, du souci principal de Mallarmé. Dans *Soupir* se manifeste une détente de l'angoisse en faveur de ce qu'on peut appeler la nostalgie : la représentation, à la fois triste et délicieuse, d'une félicité lointaine ou perdue. Cette disposition d'esprit, si fondamentale dans le romantisme négatif, peut dégager un charme de mélancolie voisin de la consolation. Il y a dans

---

1. Voir H. MONDOR, *Eugène Lefébure*, Paris, 1951, p. 177, lettre de Lefébure à Mallarmé, du 15 avril 1864.

ces vers, au sein d'une vitalité exténuée, « pour le poète las que la vie étiole », non une occasion de mort et de néant comme dans *Les Fleurs* (qui sont presque contemporaines), mais une source de douceur rare, un intime paradis.

Mallarmé a réduit au minimum, à l'intérieur des vers de *Soupir*, les atteintes au rythme traditionnel ; le vers 4 seulement se développe sur une coupe nettement ternaire (1 + 7 + 4), d'un usage fort rare :

> Mon/te, comme dans un jardin / mélancolique ;

et le dernier vers doit se lire, me semble-t-il, avec un accent marqué sur *soleil* (césure médiane) et aussi sur *jaune* sans sacrifier aucun des deux mots (6 + 1 + 5) :

> Se traîner le so*leil* / *jau*/ne d'un long rayon.

Partout ailleurs règne la césure classique. Ce qui est plus remarquable, mais qui tient à la façon dont Mallarmé a conçu ici l'usage de l'alexandrin, est que les pauses en fin de vers sont presque toujours esquivées ou réduites à presque rien (ainsi aux vers 3, 6, 7, sans compter l'enjambement aux vers 8-9). La seule pause marquée à la fin des vers est entre les vers 5 et 6 : encore est-ce une fausse pause, suivie aussitôt d'une reprise du fil de la même phrase ; et il est significatif qu'un tel arrêt se produise entre les deux membres d'une rime qui relie les deux vers. Ainsi, cinq vers continus, suivis de cinq autres de même élan, font ici une phrase unique de dix vers, fluide et musicale comme une longue phrase de violon.

Le poème présente, quant au sens, peu de difficulté. La double phrase qui le constitue se déroule sans piège ni mystère. La pensée de l'amant *monte* d'abord vers le front et vers l'œil de la bien-aimée (vers 1-4) [2] : vers son *front où rêve un automne* (front féminin et automne confondus dans le *rêve* qui est censé les habiter ensemble) [3] ; et vers son *œil angélique*, identifié à un *ciel errant*, image d'infini. Ainsi est magnifiée, automne et ciel, la femme

2. La charpente grammaticale des cinq premiers vers est celle-ci : « Mon âme vers ton front, où rêve, [...] et vers le ciel de ton œil [...] monte, comme [...] fidèle, un blanc jet d'eau soupire vers l'Azur. » Naturellement « fidèle » est à rapporter, comme attribut anticipé, à « jet d'eau ».

3. C'est cette confusion que répète la métaphore elliptique de l'*automne jonché de taches de rousseur* (vers 2).

aimée. Cette « montée » de l'adoration est figurée (vers 5) par
celle d'un jet d'eau vers l'Azur, qui occupe toute la deuxième
moitié du poème. L'objet symbolique suit, dans *Soupir*, l'effusion lyrique, au lieu de la précéder selon la disposition habituelle. Il est vrai que ce jet d'eau a encore les qualifications d'un
amant : son mouvement ininterrompu vers le haut est dit *fidèle*,
et son bruissement est dit *soupir*; et l'Azur qu'il voudrait
atteindre figure un grandissement nouveau de l'Aimée[4]. Mais
dans les vers qui suivent, et qui terminent le poème, elle et
l'amant sont presque oubliés; ils ont cédé la place au paysage,
d'où s'exhale, impersonnellement, le mode de sensibilité, amère
et douce, qui est l'essentiel de ce sonnet[5]. Mallarmé a, dans ces
dix vers, accordé étonnamment une façon de sentir, un type
d'élocution et une formule rythmique particuliers. L'étape que
cette tentative représente ne pouvait évidemment, dans sa poésie, être la dernière, étant donné la voie où il s'était engagé. Il est
superflu d'ajouter que cette poésie nostalgique a été une des prédilections, comme sentiment et comme langage, de la génération
symboliste, et un recours pour continuer à poétiser sans la
rigueur et la lucidité mallarméennes[6].

4. L'Azur à qui elle est ici comparée n'est donc pas l'Idéal ennemi que nous
connaissons par *L'Azur*, malgré la proximité chronologique des deux poèmes. La différence est que l'azur représente ici un idéal qui se laisse approcher, sinon atteindre.

5. Une douzaine de mots et d'expressions parsemés à travers le poème concourent
à créer cette impression : « rêve », « calme sœur », « ciel errant », « automne », « angélique », « mélancolique », « fidèle », « soupire », « attendri », « pâle et pur », « langueur
infinie ». — Il y a peu d'anomalies de style : vers 8-9, « *la fauve agonie des feuilles* »
(transport d'adjectif); entre les vers 8-10, une syntaxe un peu distendue : « *laisse [...]
se traîner*; vers 10, « le soleil jaune d'un rayon " pour " un rayon de soleil jaune ».

6. *Versification* : généralement régulière, sauf vers 4, formule ternaire rare; vers
8-9, enjambement, souple.

APPARITION

La lune s'attristait. Des séraphins en pleurs
Rêvant, l'archet aux doigts dans le calme des fleurs
Vaporeuses, tiraient de mourantes violes
De blancs sanglots glissant sur l'azur des corolles
5   — C'était le jour béni de ton premier baiser.
Ma songerie aimant à me martyriser
S'enivrait savamment du parfum de tristesse
Que même sans regret et sans déboire laisse
La cueillaison d'un Rêve au cœur qui l'a cueilli.
10 J'errais donc, l'œil rivé sur le pavé vieilli
Quand avec du soleil aux cheveux, dans la rue
Et dans le soir, tu m'es en riant apparue
Et j'ai cru voir la fée au chapeau de clarté
Qui jadis sur mes beaux sommeils d'enfant gâté
15 Passait, laissant toujours de ses mains mal fermées
Neiger de blancs bouquets d'étoiles parfumées.

Publication par Verlaine, *Les Poètes maudits*, dans *Lutèce*, 24-30 novembre 1883;
Les Poètes maudits, Paris, 1884; *Rev. Ind. 1887*; *V et P*; Deman. Texte ci-dessus :
Deman.

Ce poème, publié pour la première fois en 1883, a toutes les chances d'être contemporain du précédent, voire antérieur à lui. Quoique cette datation de vingt ans au moins en arrière ne soit pas formellement prouvée, elle est rendue très plausible par la lettre d'envoi de Mallarmé à Verlaine [1]. Autre chose est d'admettre, comme on fait souvent, que ce poème est celui dont il est question dans la correspondance entre Mallarmé et Cazalis, que Mallarmé, en 1862, avait promis à son ami d'écrire en l'honneur de sa fiancée Ettie Yapp, et que Cazalis lui réclama deux fois en 1863 [2]. Nous n'avons plus ensuite de nouvelles de ce projet, et *Apparition*, tel que nous l'avons, se donne comme un poème adressé à une femme aimée du poète, et qui semble bien être, à cette date de 1863, sa propre femme. C'est au moins ainsi que Mallarmé nous invite à le lire.

On reconnaît aisément dans le sentiment, le style, la versification et la phrase d'*Apparition* un autre exemplaire du même genre de poésie que *Soupir*. Ici aussi, les pauses aux fins de vers sont peu marquées, sauf aux intervalles des séquences du poème, aux vers 5 et 9 ; mais le lien de la rime, chevauchant chacune des deux pauses, maintient la continuité du chant entier. Le paysage, cadre ici et non symbole, y est moins lié à la Bien-Aimée : paysage lunaire (la clarté lunaire est, dans l'ordre de la tristesse, l'équivalent accentué de l'automne) ; et l'archet n'est pas seule-

---

1. Voir *Corr.*, t. II, p. 248, lettre à Verlaine du 3 novembre 1883 : « Les vers que je vous envoie là sont donc anciens » (il s'agit de l'envoi d'un groupe de poèmes à publier, dont *Apparition*). De fait, dans l'édition *Rev. Ind.* des *Poésies* (1887), *Apparition* figure parmi les tout premiers poèmes, dans *V et P* en tête.
2. Voir *BM*, p. 291, n° 106 ; et *DSM*, t. VI, pp. 41, 146 et 158.

ment celui que semble manier la main du poète ; il est, aux doigts
des séraphins pleurant et rêvant, l'instrument d'une musique
délicieusement mélancolique, au soir d'un heureux événement :
le dernier vers de cette séquence (1-5) date *Apparition* du jour
d'un premier baiser. Jour de bonheur donc, mais dans la
séquence suivante (6-9), le poète savoure un savant et enivrant
parfum de tristesse : celui que laisse la satisfaction de tout désir.
Et Mallarmé, théoricien de ce rare parfum, précise (vers 8) qu'il
ne s'agit pas d'un vulgaire *regret* ou *déboire*, c'est-à-dire d'une
expérience de déception, mais d'une loi du désir que l'extase
même laisse inassouvi. On peut admirer, dans l'expression limpide et subtile de ces quatre vers, un des axiomes fondamentaux
du romantisme désenchanté, et peut-être de tout romantisme.

Le miracle est dans la troisième séquence (vers 10-16) : un épisode fortuit, une rencontre, efface en un éclair de bonheur renouvelé le marasme qui menaçait, et auquel n'a été laissé que le
temps du vers 10. Or ce miracle a un caractère de réalité nue : la
lune fantastique est éclipsée par le soleil d'une chevelure blonde,
l'épisode a lieu dans la rue et dans le soir, hors de toute idéalité,
la bien-aimée ni ne s'attriste, ni ne pleure, ni ne sanglote, elle est
en riant apparue. Mais la joie réelle ne sait pas occuper, dans le
présent, plus que l'espace de deux vers ; elle est aussitôt projetée
dans le passé, par transfiguration des cheveux blonds en souvenir ou en mythe :

> Et j'ai cru voir la fée au chapeau de clarté

La joie remonte le temps vers le passé révolu, vers ce paradis
d'enfant gâté qui tient plus du songe que de la vie, et de la visite
d'une fée que de l'amour. Le dernier vers, qui veut dire le comble
de l'extase, termine un peu artificiellement ce beau poème [3].

---

3. *Versification* : encore plus régulière que celle de *Soupir* ; enjambements sans
brusquerie, vers 2-3 et 11-12 ; rythme mêlé, vers 12 et 14.

« *Las de l'amer repos...* »

Las de l'amer repos où ma paresse offense
Une gloire pour qui jadis j'ai fui l'enfance
Adorable des bois de roses sous l'azur
Naturel, et plus las sept fois du pacte dur
5   De creuser par veillée une fosse nouvelle
Dans le terrain avare et froid de ma cervelle,
Fossoyeur sans pitié pour la stérilité,
   — Que dire à cette Aurore, ô Rêves, visité
Par les roses, quand, peur de ses roses livides,
10 Le vaste cimetière unira les trous vides ? —
Je veux délaisser l'Art vorace d'un pays
Cruel, et, souriant aux reproches vieillis
Que me font mes amis, le passé, le génie,
Et ma lampe qui sait pourtant mon agonie,
15 Imiter le Chinois au cœur limpide et fin
De qui l'extase pure est de peindre la fin
Sur ses tasses de neige à la lune ravie
D'une bizarre fleur qui parfume sa vie
Transparente, la fleur qu'il a sentie, enfant,
20 Au filigrane bleu de l'âme se greffant.
Et, la mort telle avec le seul rêve du sage,
Serein, je vais choisir un jeune paysage
Que je peindrais encor sur les tasses, distrait.

Une ligne d'azur mince et pâle serait
25   Un lac, parmi le ciel de porcelaine nue,
Un clair croissant perdu par une blanche nue
Trempe sa corne calme en la glace des eaux,
Non loin de trois grands cils d'émeraude, roseaux.

Ms. autographe, 1864, reproduit par Austin dans son édition des *Poésies*, p. 145; *Le Parnasse contemporain*, 11 mai 1866; jusque-là le poème est intitulé *Épilogue*, comme étant le dernier du groupe de poèmes constitué en ces années; *Rev. Ind. 1887*, sans titre; Deman, sans titre. Texte ci-dessus : Deman.

Nous avons de ce poème deux versions principales, l'une, manuscrite, de 1864, l'autre, imprimée en 1866 dans le premier *Parnasse*, entre lesquelles il y a de sérieuses différences ; très peu de changements sont intervenus ensuite. C'est, parmi les Poésies de Mallarmé, une de celles où il a utilisé l'alexandrin couplé dans un esprit analogue à celui des deux poèmes précédents : pensées nostalgiques, longues séquences musicales. Cependant, le début de ce poème se ressent fort des angoisses qui accompagnèrent la création d'*Hérodiade* et du *Faune*, écrits dans cette même formule métrique. Il a dit dans ses lettres, à propos de ces deux poèmes, combien le travail du vers et la recherche d'une poétique nouvelle lui ont coûté d'efforts et de tortures. Or c'est sur une plainte analogue que s'ouvre ce poème (vers 1-10), qui continue, comme presque tous ceux de cette époque (déjà *Les Fenêtres* et *L'Azur*, surtout *Le Pitre châtié* et *Brise marine*), par un projet d'évasion. La plainte initiale fait écho ici à quelques vers de *L'Azur* ; le fait que la tyrannie dénoncée soit celle de l'*Art* fait particulièrement penser au *Pitre*. On voit combien les thèmes mallarméens sont, à cette époque, organiquement et spontanément, liés entre eux. Cependant la nature de l'évasion souhaitée est nouvelle ici : Mallarmé rêve de s'évader vers un art plus délicat et plus serein (vers 11-28).

Rappelons que ce poème, comme *Brise marine*, a été, aussitôt connu des amis de Mallarmé, fortement critiqué par eux [1]. Ils

1. Lettre de Cazalis de la mi-mars 1864, dans *DSM*, t. VI, p. 188 : « Le commencement est à refaire [...] broussailles, obscures, épaisses, enchevêtrées [...], l'on demande grâce. » Et il cite comme partageant son opinion Vacquerie et Armand Renaud. Voir aussi dans *BM*, p. 174, citation d'une lettre d'Emmanuel des Essarts, du 17 mai 1866, après lecture de la version du *Parnasse* : il ne comprend ni les vers 8-10 ni le vers 21 (et il cite Dierx, Mérat et Catulle Mendès comme ne comprenant pas non plus ce vers).

ont buté, non sans raison, sur les dix premiers vers. En fait le poème commence par une séquence de vingt vers continus, qui ne forment qu'une seule phrase, dont la charpente est la suivante : *Las de l'amer repos [...] et plus las sept fois du pacte [...]* — *que dire à cette aurore [...] ?* — *je veux délaisser*, etc. Dans cet ensemble, la proposition interrogative (vers 8-10) n'est qu'une parenthèse, comme l'a bien marqué Mallarmé en l'encadrant de tirets. La phrase ne s'achève pas avec cette parenthèse, mais bien plus loin, après le déploiement de la principale *Je veux délaisser*, etc., jusqu'au vers 20. Il faut donc, par-dessus l'interrogative, lier les vers 1-7 aux vers 11 et suivants.

La Plainte du poète a d'abord pour objet *l'amer repos* par lequel sa *paresse offense* sa *gloire* [2] : lamentation baudelairienne sur le temps perdu, l'inaction et la « procrastination », *mea culpa* qui ne sera jamais un trait dominant chez Mallarmé. Mais notons ceci : sa gloire est en danger alors qu'il a fait *pour elle* un grand sacrifice : *il a fui l'enfance adorable des bois de roses*. Ces bois sont une image de paradis, par l'ambiguïté voulue d'une expression qui leur donne part à l'enfance du poète, comme s'ils étaient nés en même temps que lui. Il faut s'arrêter à l'adjectif *naturel* qualifiant *l'azur* et ostensiblement mis en relief par un rejet. Mallarmé se souvient que peu auparavant il a, dans un autre poème, fait de l'azur l'ennemi et le persécuteur du poète impuissant ; c'était l'azur après la déchéance, devenu la figure de l'Idéal désormais hors de portée. Il veut signifier ici qu'il y eut un azur « naturel », avant cette fuite vers la gloire qui nous en sépara. La fable religieuse du Paradis et de la Chute reparaît ici, mais sans Dieu, comme un passage de la Nature première, où les objets sensibles étaient la beauté et l'innocence même, à un monde où le réel est odieux et l'Idéal inhumain : tel est le monde de l'Art, selon Baudelaire et Mallarmé [3].

Le supplice inhérent à cet art, second sujet de plainte, est décrit dans les vers suivants (4-10), avec la circonstance nou-

2. Ce membre de phrase est d'une assez pénible abstraction (quoique plutôt plein quant à la sonorité) : sa Paresse produit un Repos, par lequel elle offense sa Gloire. — « Où » = ici « par lequel » (signifie d'ordinaire « *dans* lequel » : rien de plus mallarméen que ces à-peu-près). — « Sa paresse *offense* sa gloire », sens étymologique de ce verbe : « endommage », « lèse » mais aussi, au sens moderne, « outrage ».

3. La variante « naturel » apparaît dans la version de 1866 ; la version manuscrite disait « matinal », qui accentuait l'impression de commencement (matin, naissance du jour), sans situer l'Éden en opposition avec l'Art et l'Idéal romantique.

velle qu'il y apparaît comme résultant d'un *pacte dur*. Le manuscrit disait « métier » au lieu de « pacte », évoquant seulement
une profession ou vocation fatale; le mot « pacte » imposant
l'idée de quelqu'un avec qui on s'est engagé, il est difficile de ne
pas penser aux traités légendaires conclus avec le diable, reste
sans doute ici, non de croyance, mais d'imagerie catholique [4]. La
beauté idéale dans sa plénitude est le but obsédant qui impose
une tâche vaine et épuisante. Cette tâche est représentée ici par
le poète comme une fouille quotidienne *dans le terrain avare et
froid de* sa *cervelle*; Mallarmé, en situant cette exploration à
chaque *veillée* (il avait d'abord écrit « chaque jour »), a mis en
accord le symbole avec la réalité, ailleurs racontée : travail stérile de la nuit, déconvenue amère à la lumière de l'aurore (ainsi
dans *Don du poème*, comme on verra). Ces deux vers saisissants
(5-6) ne sont pas aussi clairs qu'ils paraissent. Le verbe *creuser*
rappelle sans doute la confidence de Mallarmé selon laquelle
c'est « en creusant le vers » qu'il a connu ce martyre, et nous
pensons, en lisant ces vers, à un labour sans résultat; mais nous
sommes avertis dès le début que ce sont des *fosses* qu'on creuse,
que celui qui creuse est un *fossoyeur*, et que le terrain symbolique
est un *cimetière*. Mais pourquoi un fossoyeur déplorerait-il de
trouver vides les fosses qu'il creuse? Fouillait-il la terre en quête
de pierres précieuses ou d'or? Plusieurs figures se mêlent dans
ce scénario multiple : celle du laboureur (ou du chercheur d'or)
creusant la terre en vain, celle du fossoyeur voué à une œuvre de
néant : tous peuvent figurer le Poète, mais c'est le Poète seul qui
use ses nuits au travail et hante à l'aurore une étendue ravagée
et nulle, dont il a honte [5].

Le poète est donc arrivé au matin, et il va devoir rendre
compte d'une nuit stérile. *Que dire?* n'est autre chose que
l'habituel « qu'en dira-t-on? » : formule de honte devant l'opi-

4. Marchal, dans son édition des *Poésies*, p. 192, reproduit un autre manuscrit, non
mentionné par *BM* dans son apparat critique, et très voisin sans doute par la date de
celui de 1864, avec lequel il ne présente de différence notable que dans ce vers 4, où
on lit : « mais plus las cent fois, *sort âpre et dur*, de creuser », etc. : fatalité laïque donc,
sans surnaturel. On conçoit qu'une Chute sans Dieu soit difficile à expliquer, et suscite des variantes; Satan fut à cet égard, si l'on peut dire, la Providence du romantisme. Toute la tradition des Lumières rejetait, et le Péché, et la prétendue Chute.
5. Le vers 7 ne convient en effet qu'au poète, *fossoyeur* de pensées ou d'images
mort-nées, qui les enterre *sans pitié pour la stérilité*, c'est-à-dire pour lui-même, désespérément stérile; qui d'autre que le poète, en tout ceci, pourrait s'avouer le bourreau
de lui-même?

nion, et devant la conscience qui épouse ses griefs. Il y avait ici, dans la version primitive, trois beaux vers assez clairs, déjà entre tirets :

> —Que dire à l'heure froide où par tous déserté
> Ce cimetière, ennui triste du ciel livide,
> Ne sera plus qu'un trou ridiculement vide ?—

La nouvelle version de cette parenthèse (vers 7-10) est profondément transformée. La nouveauté, dans la version définitive, est que le poète allégorise l'Aurore ; c'est devant elle qu'il a honte, et à elle qu'il ne sait que dire. *Ô rêves*, au vers 8, est une apostrophe désolée aux imaginations de haute poésie, compagnes de sa veillée : avortées, meurtries comme lui, sauront-elles l'aider dans son plaidoyer ? *Visité par les roses*, se rattache au *je* impliqué dans « Que dire ? » (= « Que dirai-je ? ») : le poète transforme en *roses* visiteuses les premiers rayons de l'aurore : que dira-t-il donc à cette Aurore, dont les roses le visitent, quand le cimetière (par) *peur* [6] *de ses roses livides* (ce sont les mêmes roses de l'Aurore [7] dont le cimetière interprète sinistrement la pâleur), *le vaste cimetière unira les trous vides* (effrayé par l'Aurore, et craignant que ces multiples fosses vides ne lui fassent mauvaise impression, le cimetière se hâtera de rassembler la terre et d'égaliser le niveau) ?

À ce début encombré, figure trop fidèle d'un embarras sans issue, succède le vœu d'une délivrance, douce et nostalgique ; il délaissera *l'Art vorace d'un pays cruel* : on se rappelle l'Idéal « rongeur » ou « cruel » des variantes de *L'Azur* : ces épithètes s'appliquent ici à l'Art que l'Idéal inspire et à l'Occident où on le pratique. Il imagine ses amis lui reprochant sa désertion, et les rejette en souriant dans un temps dépassé *(vieillis)* ; il rejettera de même son *passé*, son *génie*, et sa *lampe* (symbole à la fois de son ambition et de son échec) ; il veut imiter le Chinois et son art (vers 11-15), dont il évoque un exemple (vers 16-20). Cette déclaration correspond-elle à un tournant réel dans la poétique de Mallarmé ? Il est bien difficile de le soutenir ; tout atteste qu'il

---

6. *Peur de*, pour « *de* peur de » : abréviation peu usitée avec « peur », mais qui fut longtemps normale avec « crainte » (« crainte de » pour « de crainte de »).

7. Je ne me chargerai pas de défendre cette accumulation répétitive de *roses* ; j'ai l'impression que Mallarmé, au temps de l'*Ouverture ancienne* de son *Hérodiade*, dut être tenté de chercher dans la répétition insolite des mêmes mots une sorte d'effet incantatoire.

n'a jamais déserté, dans sa poésie, l'Idéal et ses angoisses, et qu'il est mort dans cette religion. Ce poème trahit tout au plus une révolte passagère, et certains côtés de son tempérament qui contredisent ou éludent l'obsession de l'absolu. Comment se représente-t-il ce Chinois ?

Il va lui consacrer la deuxième moitié, exactement, du poème (vers 15-28). Ces quatorze vers comprennent, selon la ponctuation, trois séquences successives séparées par des points : vers 15-20 (dernière partie de la grande phrase initiale de vingt vers), vers 21-23, vers 24-28. En réalité cet ensemble, quant à la distribution du souffle, est d'un seul tenant, avec, aux endroits des points, un suspens de voix à peine plus sensible qu'entre les autres vers [8]. Dans cette seconde partie du poème l'alexandrin couplé, avec sa relative monotonie, est utilisé pour rendre l'idée de cet art « chinois » serein et délicat, entre *extase* et *sagesse* [9]. Que peint le Chinois sur ses *tasses de neige* ravie (= empruntée) *à la lune* (porcelaine, neige, lune, trio rare) ? *Une bizarre fleur*, mais de quelle sorte ? Comparons les deux versions successives de ce passage. La première disait :

> 15 Imiter *ces* Chinois au cœur limpide et fin
> De qui l'extase *calme* est de peindre *sans* fin
> Sur *des* tasses de neige à la lune ravie
> Une bizarre fleur qui parfume *leur* vie
> Transparente, la fleur *qu'ils ont rêvée*, enfants,
> 20 *Dans les treillages bleus des jardins triomphants.*

On constate que le Chinois du poème fut d'abord un pluriel; « *ces* Chinois peignant sur *des* tasses » sont une indication un peu froide (*leur*, au vers 18, *ils ont*, au vers 19 continuent ce pluriel); le Chinois unique de la version définitive est un artiste particulier avec qui Mallarmé peut mieux s'identifier. De même « l'extase *pure* » (au lieu du « calme ») spiritualise davantage l'artiste. Mais la fleur ? elle est déjà donnée pour *bizarre* dans la version originale, et *parfumant la vie — Transparente* (hémistiche et rejet expressifs, vers 18-19) de ces peintres. Il s'agissait donc bien déjà pour Mallarmé, dès le début, d'une fleur irréelle, fleur parfum, fleur spirituelle d'une vie allégée de toute opacité; à cet égard la vie transparente fait écho au cœur limpide du vers 15.

---

8. En fait, tout le poème est un seul discours, pratiquement ininterrompu.
9. *Extase pure*, vers 16; *cœur limpide et fin*, vers 15; le seul rêve du *sage*, vers 21.

Mais cette pensée, dans la version première, n'avait pas pris toute sa netteté; l'étrange fleur est une *rêverie* d'enfance perpétuée, dont nous est indiqué le lieu de naissance : *treillages bleus, jardins triomphants* (?), évocations importunes qui appesantissent l'idée; combien meilleure la variante finale, qui fait de la fleur quelque chose de mystérieux que l'enfant a *senti se greffant* (pour toujours) *au filigrane bleu de son âme* [10]. On s'est souvent demandé ce que signifiait, à la fin du vers 16, la variante, introduite en 1866 avec les autres : « peindre *la fin* (d'une fleur, etc.) » à la place de « peindre *sans fin* (une fleur, etc.) ». Peindre sans fin la même fleur donne de l'artiste une idée chétive; mais peindre la fin d'une fleur? La peindre mourante? oui, car la fleur, au filigrane de l'âme, a vécu et fleuri en même temps que l'artiste, et elle est arrivée au terme de sa vie en même temps que lui. Nous assistons à un ultime moment : de là, au vers suivant, l'évocation de la mort en toutes lettres.

Ce vers 21 dit à la fois la mort du peintre chinois et l'apparition de son imitateur français, annoncé au vers 15. *La mort telle avec* n'a pas de quoi embarrasser quant au sens : il faut entendre « la mort (étant) telle [11], c'est-à-dire non différente de ce qui a été dit de la vie, et survenant dans l'exercice d'un art qui est, dans la mort comme en vie, *le seul rêve du sage*. Cette oraison funèbre du Chinois célèbre-t-elle aussi d'avance le futur destin de son imitateur français? C'est ce que dit le texte en enchaînant à la mort du Chinois le *je* du poète (« *la mort telle [...], serein, je vais choisir* », etc.) d'autant plus que dans « *la* mort telle », l'emploi de l'article défini semble suggérer un modèle de mort.

Voici maintenant le sujet que le poète français va choisir dans son imitation du Chinois. On remarquera que ce qu'il imagine relève d'un art sensiblement plus objectif que la « bizarre fleur », plutôt ineffable, dont il nous a parlé; c'est un paysage précis, exténué par une technique de pure suggestion, idéalisé au sens de Mallarmé; mais ici la relation semble apaisée entre l'artiste et cet Idéal que l'art suggère. Quelques expressions seulement sont à commenter dans ces derniers vers. *Un jeune paysage*

10. Il ne faut pas, je crois, entendre « sentir » au sens olfactif, mais lire « a sentie se greffant » comme « a senti se greffer ».
11. Dans ce type de proposition participiale « absolue », le participe, par suite de l'ellipse de « étant », a souvent l'allure d'un adjectif; ainsi « son père mort, il changea de conduite », mais le tour est possible aussi avec de purs adjectifs : « les cheveux longs tu auras meilleure mine ». « Telle » est en fait un « adjectif indéfini ».

(« jeune » : note édémique). *Encor* (vers 23, variante antérieure :
« comme eux »); il eût fallu, une fois adopté le singulier du
Chinois, « comme lui » qui faussait le vers; « encor » dit approximativement la même chose. *Perdu*, au vers 26, comme un mou-
ton « perd » sa laine : la *nue* semble perdre le croissant qui se
détache d'elle, tant ils semblent faits de la même substance. Au
vers 28, les trois traits verts du peintre semblant *trois grands cils*,
et figurent trois *roseaux*. Rien n'est mieux contrasté que les premiers vers de ce poème, qui peignent les angoisses de l'Art issu
du romantisme, et les derniers, qui ne disent qu'une sorte de nostalgie délicate de la beauté [12].

---

12. *Versification* : poème en alexandrins couplés, comme les précédents poèmes, et
leur parent, sauf qu'il est, plutôt que sur le mode musical, sur un ton de rêverie libre
et continue : enjambements souples en grand nombre : vers 2-3, 3-4, 8-9, 11-12, 18-19,
24-25; quelques vers à rythmes conjoints, binaire-ternaire, vers 11, 14, 21.

BRISE MARINE

La chair est triste, hélas! et j'ai lu tous les livres.
Fuir! là-bas fuir! Je sens que des oiseaux sont ivres
D'être parmi l'écume inconnue et les cieux!
Rien, ni les vieux jardins reflétés par les yeux
5   Ne retiendra ce cœur qui dans la mer se trempe
Ô nuits! ni la clarté déserte de ma lampe
Sur le vide papier que la blancheur défend,
Et ni la jeune femme allaitant son enfant.
Je partirai! Steamer balançant ta mâture
10   Lève l'ancre pour une exotique nature!
Un Ennui, désolé par les cruels espoirs,
Croit encore à l'adieu suprême des mouchoirs!
Et, peut-être, les mâts, invitant les orages
Sont-ils de ceux qu'un vent penche sur les naufrages
15   Perdus, sans mâts, sans mâts, ni fertiles îlots...
Mais, ô mon cœur, entends le chant des matelots!

3 mss. autographes, 1865-1866; *Le Parnasse contemporain*, 11 mai 1866; *Rev. Ind.*
1887; *AVP*; *V et P*; Deman. Texte ci-dessus : Deman.

Voici un autre poème en alexandrins couplés, lui aussi sur le mode effusif et lyrique. Nous y retrouvons d'abord le double constat d'insatisfaction des poèmes de cette époque : tristesse de la chair et frustration de l'esprit ; c'est ce que dit le premier vers, fameux dans sa majestueuse amertume. L'issue rêvée est ici le Voyage vers l'inconnu, thème devenu commun depuis Baudelaire, que Mallarmé traite, à son habitude, en une suite d'imaginations peu communes.

La première évoque, comme imagination incitant au voyage (vers 2-3), des *oiseaux ivres* entre mer et ciel ; elle relie le désir de partir à l'idée d'une sorte d'extase aérienne sans objet défini, dont les variantes du texte perfectionnent la formule ; les premières versions manuscrites disaient :

> *Je veux aller* là-bas *où des oiseaux sont ivres*
> D'errer entre la mer inconnue et les cieux ;

Le manuscrit le plus récent, puis le *Parnasse* de 1866 mettent à l'origine de la volonté de départ, non un fait d'allure documentaire, mais une intuition pure créant d'emblée un élan de fuite :

> *Fuir ! là-bas fuir ! Je sens que des oiseaux sont ivres ;*

les mêmes versions remplacent au vers 3 la *mer* ou la *vague* par *l'écume*, moins matérielle.

Aux vers 4-8, adieux irrévocables : *Rien [...] ne retiendra ce cœur*, qui doit tout quitter pour se *tremper dans la mer* ; « se tremper », au sens de « se fortifier par la trempe » : bain régénérateur donc, analogue à celui du *Pitre châtié*. Triple congé, aux jardins, à la lampe, à la femme avec l'enfant. Que désignent *les vieux jardins* et pourquoi ce pluriel ? La toute première version disait : « *le* vieux jardin reflété par *mes* yeux », suggérant un jardin privé et familier. Le pluriel, *les* jardins, qui remplaça vite, semble-t-il, le singulier, évoque plutôt les jardins qui de tout temps ont fait l'attrait de la terre. Un peu plus tard, Mallarmé a remplacé *mes* yeux par *les* yeux (correction acquise en 1866). Le motif du paysage ou du décor reflété par les yeux du poète n'est pas propre à Mallarmé [1]. Il est bien à sa place, s'agissant d'un jardin domestique, par la liaison d'intimité qu'il établit entre ce lieu et le regard du poète, liaison à laquelle précisément le poète veut mettre fin. Dès lors qu'il est question des jardins terrestres en général, ce sont naturellement tous *les* yeux humains qui les reflètent, et la relation du poète avec son jardin n'est pas seule en cause, mais plutôt l'appartenance du poète à la communauté des hommes : c'est elle que le départ va rompre. — Adieu, ensuite, au travail poétique nocturne, introduit pathétiquement par l'apostrophe « Ô nuits ! » La clarté de la lampe est *déserte* comme le papier est *vide* : figures désolées de l'inspiration absente. Le papier que sa blancheur *défend* : image d'un siège et d'une lutte où le papier blanc est l'ennemi ; vers fameux, emblème de l'impuissance poétique, devenue au temps de Mallarmé un thème central de poésie. Cet inoubliable vers n'est pas venu du premier coup ; Mallarmé écrivait lourdement en 1865 :

Ô nuits, ni la blancheur stérile (ou : mortelle) sous la lampe
Du papier qu'un cerveau châtié (ou : malade) me défend.

L'idée d'une fuite régénératrice loin de l'art confirme la parenté *mutatis mutandis* de ces vers avec le scénario du *Pitre châtié*. Le dernier adieu, qui concerne la jeune femme allaitant son enfant [2] est, bien sûr, le plus inhumain [3].

Il partira donc ! L'ordre de lever l'ancre est donné à l'imagi-

---

1. On en a un exemple dans Baudelaire (voir dans *Les Fleurs du mal*, le poème intitulé *La Vie antérieure*, vers 8).
2. Mallarmé et sa femme avaient eu une petite fille en novembre 1863.
3. Mallarmé, voulant résumer *Brise marine* pour une amie, n'évoquait rien d'autre que « ce désir inexpliqué qui nous prend parfois de quitter ceux qui nous sont chers, et de partir ». Il craignait sans doute d'être blâmé de vouloir quitter « la jeune femme allaitant son enfant », et suggérait de lire son poème comme l'expression d'une pure velléité, sans suite aucune (lettre du 8 février 1866 à Mme Le Josne, *Corr.*, t. I, p. 200).

naire *steamer* et suscite l'image des mouchoirs agités. Les amis
de Mallarmé déclaraient ne pas comprendre les vers 11 et 12. Il
avait d'abord écrit :

> Car un ennui, vaincu par les vides espoirs,
> Croit encore à l'adieu suprême des mouchoirs.

L'*ennui*, au sens baudelairien où Mallarmé l'emploie ici, signifie
l'indifférence morbide à toute chose, le « spleen »; l'ennui, dans
ce sens, peut être un personnage allégorique, et *un* ennui désigner la personne atteinte de ce mal (la maladie nommée pour le
malade, comme étant son attribut principal). C'est ainsi que
Mallarmé peut dire, pensant à lui-même : un homme qui devrait
être désabusé de tout, a encore foi dans la vertu des voyages,
croit encore à l'adieu suprême des mouchoirs! D'autre part l'expression *un ennui vaincu* peut tromper; car « vaincre l'ennui » signifie d'ordinaire le guérir, et le spleen ici n'est nullement vaincu;
celui qui est vaincu, c'est le poète qui en est atteint. Cette équivoque n'est pas la seule : comment peut-on être *vaincu par les
espoirs*? on l'est par les déceptions : justement il s'agit de *vides
espoirs*, c'est-à-dire d'espoirs déçus. Il reste que « vides » pour
« déçus » est une métaphore inusuelle, et à première vue obscure [4]. Mallarmé l'a implicitement compris en refaisant ce vers
11; dans sa version définitive,

> Un ennui, *désolé* par les *cruels* espoirs,

« désolé » dissipe l'équivoque de « vaincu », et « cruels » signifie
la malignité des vaines espérances [5]. Ces deux vers, de quelque
façon qu'on les juge, sont un moment décisif du poème : celui où
le Voyageur virtuel, d'abord exalté par son projet, se met à douter de l'effet salutaire du Départ, malgré la naïve agitation des
mouchoirs; le vers 12 est resté intact, dans sa grave et ironique
beauté.

Cette pensée désabusée, s'insinuant dans la rêverie, en a sus-

---

4. Voir, dans une lettre de Lefébure, du 10 juin 1865, l'aveu qu'il ne comprend pas
ces deux vers (voir *BM*, p. 177, n° 89.2). Lefébure lisait, à cette date, la version primitive.
5. Ces vers 11 et 12, lus dans la version remaniée, n'en ont pas moins été trouvés
obscurs par Emmanuel des Essarts : voir dans *BM*, p. 178, n° 89.4.a, les citations de
deux de ses lettres datant du printemps 1866.

cité une autre, de naufrage et de disparition. L'évocation de ce naufrage occupe les vers 13-15, et elle existe en deux versions sensiblement différentes ; la première est celle des deux manuscrits les plus anciens (1865), l'autre celle du *Parnasse* de 1866 ; les voici toutes deux, pour la commodité du lecteur :

(1865) Et serais-tu de ceux, steamer, dans les orages,
        Que le Destin charmant réserve à des naufrages
        Perdus, sans mâts ni planche, à l'abri des îlots
(1866) Et, peut-être, les mâts, invitant les orages,
        Sont-ils ceux que le vent penche sur les naufrages
        Perdus, sans mâts, sans mâts, ni fertiles îlots...

Dans une version comme dans l'autre, l'idée vient au poète que le navire dont il rêve serait peut-être fatidiquement voué à un naufrage. Ce qui change d'une version à l'autre, c'est que cette prédestination est attribuée au steamer dans la première, et à ses mâts dans la deuxième : la partie pour le tout, figure connue. Mais cette substitution s'est accompagnée en 1866 d'une imagination nouvelle : les mâts, *invitant les orages*, semblent les fauteurs du désastre, *quand un vent les penche* sur la mer : supposition qui accentue ce que ce naufrage a de mystérieux. Un autre trait commun aux deux versions est l'emploi de l'expression *naufrages perdus*, enjambant les vers 14-15. Pléonasme, tout naufrage étant perdition ? Mais un naufrage n'est vraiment « perdu » que s'il n'en reste ni corps, ni biens, ni épave, ni mémoire. Si l'on veut que « perdus » qualifie, par rupture violente de construction, les naufragés, on sacrifie la vraisemblance grammaticale sans changer le sens : de toute façon, navire, mâts et passagers, tout est perdu ensemble.

Le plus difficile concerne le dénouement de ce naufrage imaginaire, c'est-à-dire le vers 15. Que peut-on entendre par des naufrages (ou des naufragés)

        Perdus, sans mâts ni planche, *à l'abri des îlots ?*

Dans cette version primitive du vers, les deux hémistiches semblent se contredire. Croira-t-on que le naufrage est supposé s'achever *à l'abri des îlots*, comme celui de Robinson, grâce au Destin *charmant* du vers précédent ? mais comment, *perdus, sans mâts ni planche* surnageant après le désastre, serait-on parvenu à cet abri ? La seconde version de ce vers raconte en tout cas une tragédie définitive :

> Perdus, sans mâts, sans mâts, ni fertiles îlots...

Le *ni* au début du second hémistiche, en excluant « l'abri des îlots », réunifie le sens. Est-il absolument certain que la première version, dans son incohérence, ait voulu dire autre chose que la seconde ? Il existe un manuscrit autographe de *Brise marine* qu'on date de 1865-1866, très proche de la version du *Parnasse*, et où le vers 15 se lit ainsi :

> Perdus, sans mâts, sans mâts, *et* fertiles îlots [6].

Quand il a écrit le vers sous cette forme, Mallarmé imaginait certainement un naufrage en tous points fatal et il avait éliminé *l'abri* des îlots, ayant reconnu que cette expression pouvait induire son lecteur en erreur ; mais un *ni* clarificateur ne lui paraissait pas nécessaire : il entendait « sans mâts et (sans) fertiles îlots ». Ne peut-on pas imaginer qu'en écrivant la première version de ce vers, il ait voulu dire « sans mâts, sans planche (permettant d'aborder) à l'abri des îlots » ? Il faudrait alors interpréter le Destin *charmant* du vers précédent comme une expression ironique [7]. Le malheur est que la version définitive a elle aussi son point faible, souvent signalé. Elle dit textuellement : « *Les mâts* sont-ils de ceux qu'un vent penche aux naufrages, *sans mâts, sans mâts.* » Cette construction est-elle destinée à mettre en relief la soudaineté du désastre (à peine mentionnés, les mâts cessent d'exister) ? Peut-être.

Le poème, dans les deux versions, s'achève sur un beau vers lyrique, qui semble marquer, par son *mais* initial, la fin de la rêverie de naufrage, et ramène l'imagination à son mouvement premier : peut-être est-ce ce chant de matelots qui est censé avoir provoqué toute la rêverie [8].

---

6. Sur ce manuscrit, voir *BM*, p. 178, n° 89.3.

7. Il arrive, en français courant, de s'exclamer : « Charmant ! » à l'annonce d'un événement déplaisant ou d'une conduite odieuse. Ce ton de faux émerveillement est assez baudelairien ; ainsi, après avoir passé en revue plusieurs figures atroces de l'infortune ou de la damnation, Baudelaire conclut : « Emblèmes nets, tableaux *parfaits* — D'une fortune irrémédiable, — Qui donne à penser que le Diable — *Fait toujours bien* tout ce qu'il fait (*Les Fleurs du mal*, poème intitulé *L'irrémédiable*).

8. *Versification* : poème en alexandrins couplés (autre rêverie) ; vers à rythme mêlé, 6, 12, 14 ; vers 10, ternaire franc ; le vers final, aussi bon comme binaire que comme ternaire, aurait pu être écrit au XVIIᵉ siècle.

DON DU POÈME

Je t'apporte l'enfant d'une nuit d'Idumée!
Noire, à l'aile saignante et pâle, déplumée,
Par le verre brûlé d'aromates et d'or,
Par les carreaux glacés, hélas! mornes encor,
5   L'aurore se jeta sur la lampe angélique,
Palmes! et quand elle a montré cette relique
À ce père essayant un sourire ennemi,
La solitude bleue et stérile a frémi.
Ô la berceuse, avec ta fille et l'innocence
10 De vos pieds froids, accueille une horrible naissance :
Et ta voix rappelant viole et clavecin,
Avec le doigt fané presseras-tu le sein
Par qui coule en blancheur sibylline la femme
Pour des lèvres que l'air du vieil azur affame ?

Nous connaissons de ce poème deux états successifs, l'un datant de la seconde moitié des années 1860, l'autre de 1883-1884. Ces deux versions ne présentent entre elles, malgré de très nombreuses variantes partielles, aucune divergence sensible dans leur signification générale. Le poème est écrit comme les précédents en alexandrins rimant deux à deux ; il se compose, après un vers d'annonce, de deux longues phrases (vers 2-8 et 9-14), et il évoque la stérilité du poète sur un mode mêlé de douleur et d'une sorte de nostalgie consolatrice.

Mallarmé a résumé lui-même la substance de ce poème, fondé tout entier sur une étrange métaphore. Il est courant, en français commun, de comparer la production d'une œuvre à un enfantement (voire, en style malveillant, à un accouchement). Mais cette figure reste sans suite, alors que dans le poème de Mallarmé, elle se poursuit longuement dans un scénario à plusieurs étapes. Craignant sans doute de choquer ou de n'être pas compris, il expliquait donc : « Le poète, effrayé, quand vient l'aube méchante, du rejeton funèbre qui fut son ivresse pendant la nuit illuminée, et le voyant sans vie, se sent le besoin de le porter près de la femme qui le vivifiera [1]. » Ce résumé a ceci de remarquable que les deux volets (ou faces) du symbole, à savoir le poème manqué et le nouveau-né mal venu, n'y apparaissent pas distincts, tout ce qui est dit pouvant s'entendre aussi bien de

---

1. Lettre à Villiers du 31 décembre 1865, *Corr.*, t. I, p. 193. — Il écrit à peu près la même chose le 8 février 1866 à Mme Le Josne, *ibid.*, p. 200 — On ne peut manquer de remarquer que l'enfantement suscite, dans l'imagination de Mallarmé, des rêveries fantastiques, quand on rapproche *Don du poème* du dernier des trois sonnets de 1887 (« *Une dentelle s'abolit...* »), où il s'imagine naissant du ventre d'une mandore.

l'un que de l'autre. La dualité du symbole, essentielle logiquement, est pratiquement éludée dans l'expression. Il est facile de constater qu'il en est tout à fait de même dans le poème. Mallarmé a déjà à cette époque, et il aura toujours, dans l'usage du symbole, un fort penchant à masquer la dualité inhérente à cette figure de style ; entre autres motifs, son goût de l'ellipse et du demi-mot le pousse dans ce sens. D'ailleurs, quiconque lit *Don du poème* se trouve en présence non seulement d'une constante superposition de registres, mais aussi d'une extrême parcimonie de signaux, souvent évasifs. Tout cela est surtout frappant dans la première partie du poème (vers 1-8). Le « poème *nocturne* », désigné clairement dans un titre antérieur, perd son épithète dans le titre définitif *Don du poème* [2] ; l'*enfant* est nommé au premier vers, quand on ne sait encore rien de lui ; il ne reparaît, allusivement, qu'au vers 6, dans *cette relique* ; indirectement, au vers 7, dans *ce père*. L'existence d'un poème nocturne doit être devinée dans ces expressions ambiguës ; il n'est ni nommé ni évoqué, sauf très lointainement dans *la lampe* (vers 5) qui a éclairé sa création [3].

L'*Idumée* du premier vers semble bien être une allusion à *Hérodiade*, que Mallarmé avait entrepris d'écrire depuis un an. Le poème qu'il compare à un enfant né infirme serait donc un fragment d'*Hérodiade* en cours de composition : Mallarmé couronne son majestueux exorde d'un de ces noms de lieux orientaux dont la poésie a toujours fait grand cas [4]. Ce vers est prononcé par le poète à l'adresse de sa femme au moment où il lui apporte l'« enfant » ; il revient alors en arrière pour lui raconter comment l'aurore, au terme de sa nuit de travail, a fait irruption chez lui ; elle est figurée par un oiseau sinistre : *noire, à l'aile saignante et pâle* (aux couleurs d'une aube où l'aurore point à peine), et surtout *déplumée*, elle se jette sur *la lampe angélique*, protectrice

2. Le titre avait même été, dans un des mss. autographes (voir *BM*, p. 195, n° 91.6), « Dédicace du Poème Nocturne » ; cet intitulé avait l'avantage de distinguer le poème que nous commentons du poème enfanté la nuit, dont le nôtre n'était, en somme, qu'une « dédicace », une sorte de présentation.
3. Dans la seconde partie de *Don du poème*, aussi bien « *une horrible naissance* » (vers 10) que les *lèvres* affamées évoquent nettement l'enfant, même si nous nous doutons que ces allusions valent aussi pour le poème qui n'a pas renoncé à vivre.
4. L'Idumée (transcription latine de l'hébreu *Edom*) est le nom d'une région méridionale de la Palestine et d'un peuple généralement ennemi des Hébreux à l'époque biblique. La lignée des Hérodes, qui participa au gouvernement de la Palestine sous la domination romaine, était d'origine iduméenne, ainsi qu'Hérodiade, femme et parente d'Hérode Antipas.

et illuminatrice de la création poétique. Comment l'aurore peut-elle jouer ce rôle hostile ? C'est qu'il en est d'elle comme de l'azur : délicieux l'un et l'autre dans l'ordre « naturel », mais devenus, dans le drame poétique, des figures de l'Idéal, ils peuvent se découvrir ennemis du poète. Déjà dans « *Las de l'amer repos* », la pensée de l'aurore terrifie Mallarmé épuisé par une nuit stérile; et Mallarmé résumant *Don du poème* la dit « méchante », comme les oiseaux alliés de l'Azur dans le poème qui porte son titre.

En fait, nous ne savons pas, en lisant pour la première fois ce vers 2, à quel oiseau réel ou symbolique il fait allusion. Nous savons encore moins à quelle action (de cet oiseau ?) se rapportent les compléments de lieu des deux vers qui suivent (*par le verre* et *par les carreaux*). Ce sont là des dépendances anticipées de la proposition principale, qui ne vient qu'après : *l'aurore*-oiseau, *se jeta sur la lampe*. L'ensemble ne se comprend qu'à la relecture. Encore est-il que « le verre » et « les carreaux » divisent les commentateurs. On est naturellement tenté de lire « le verre (de la lampe) » et « les carreaux (de la fenêtre) », conformément à l'usage habituel de ces deux substantifs, et il paraît plausible qu'un verre de lampe soit dit *brûlé*, et des carreaux de fenêtre, *glacés* le matin. Mais peut-on vraiment dire que « par le verre de lampe l'aurore se jeta sur la lampe ? » et si l'on prétend décrire le raid de l'aurore, est-il normal de nommer les carreaux de la fenêtre après le verre de lampe auquel ce raid est censé aboutir ? Je préfère supposer que Mallarmé appelle successivement « le verre » et « les carreaux » le même vitrage de fenêtre *par* lequel passent les rayons offensifs de l'aurore [5] : il le décrit d'abord (vers 3) tel qu'il le voyait de sa table pendant sa nuit iduméenne, revêtu des prestiges de l'Orient, *aromates et or*; puis (vers 4), ce sont ces mêmes carreaux tels qu'il les voit soudain, rendus à leur réalité par la pâle aurore, *glacés, hélas! mornes encor* [6].

Mais voici une autre difficulté. Entre l'irruption de l'aurore et la désillusion qu'elle va infliger au poète, le mot *Palmes*! placé en rejet crie une émotion. Laquelle ? Le mot est au pluriel; il ne

5. *Par*, comme préposition de lieu, désigne précisément l'endroit *par où* l'on passe.
6. Cet « encor » peut s'entendre au sens de l'anglais *still* (encore mornes à cette heure), ou *again* (encore une fois mornes, comme chaque matin) : ce second sens me paraît plus conforme au ton de lamentation du vers.

s'agit donc pas de la *palme* latine (et française), signe et récompense d'une victoire, et qui s'emploie au singulier, mais bien plutôt des *palmes* hébraïques : celles-là témoignent d'une fervente émotion publique ; au moins ont-elles ce sens dans l'épisode évangélique de l'entrée de Jésus à Jérusalem [7], que Mallarmé connaissait bien : c'est là qu'il a pris le *hosanna* de son poème des *Fleurs*. « Palmes ! » marque donc, me semble-t-il, un mouvement de salutation et d'espoir à l'instant où la lumière paraît [8]. Mais cet élan se brise, aussitôt (vers 6-7) que l'aurore *montre* le bilan réel de la nuit : nouveau-né à demi mort ou brouillon informe de poème, *relique* chère et pitoyable que *ce père* honteux *essaie* en vain de désavouer *d'un sourire ennemi*. Dans « *Las de l'amer repos* », le poète stérile tremblait ne sachant que dire à l'aurore ; ici l'aurore l'humilie, et derrière elle tout l'azur, *la solitude bleue et stérile* qui frémit d'horreur : « stérile » elle aussi, puisque la stérilité a sa source en elle.

Le récit une fois achevé sur cette note, reparaît l'invocation lyrique à un secours féminin, impliquée dans le premier vers. Celui qui ne saurait rien attendre de Dieu s'adresse ici à la Femme. Elle doit, selon lui, « revivifier » l'enfant, c'est-à-dire ranimer l'inspiration du poème. Mais on peut interpréter plus largement cette demande, comme un appel au secours, d'ordre vital : l'enfant à revivifier ne serait plus alors un seul poème malheureux, mais le poète tout entier. Sa supplique s'adresse, en fait, à un type maternel plutôt que conjugal. Si on lit la fin du poème dans cette perspective, ce dont on s'étonnera, c'est la forme particulière que prend ici ce thème universel.

Des pouvoirs consacrés de la Mère comme donneuse de vie, il ne retient que la pure idée. Cette mère à qui il s'adresse est supposée en état de porter secours à un nouveau-né parce qu'elle a déjà pu faire naître et vivre une enfant ; aussi est-ce au couple, mère et fille, qu'il fait sa prière. Tout ce qu'il imagine d'autre et de particulier est insolite, et n'appartient qu'à lui. Le nom de

7. L'épisode figure dans les Évangiles avec le Hosanna et les acclamations ; le détail précis des palmes (ou rameaux de palmiers), n'est que dans *Jean*, XII, 13 ; c'est en souvenir de ce passage qu'est célébrée la fête dite des Rameaux.
8. Il semble que le point que l'édition Deman porte à la fin du vers 5 ne convienne pas, si « Palmes ! » traduit l'émotion qui suit immédiatement l'événement évoqué dans ce vers. Mallarmé, dans *V et P* (1893), avait précisément changé ce point en virgule ; il a ensuite remis le point dans la maquette destinée à Deman (voir *BM*, p. 196, n° 91.8, qui croit à une inadvertance et préfère la leçon de *V et P*, que j'ai suivie aussi).

mère, si capital, est évité; la mère est dite *la berceuse*, selon une de ses fonctions qui est d'endormir l'enfant ou de le consoler par le bercement; mais le bercement est loin de suffire s'il s'agit de vivifier et de sauver. Et comment mère et fille aux *pieds froids* (vers 9-10) pourront-elles ranimer cet enfant qui requiert plutôt une vive chaleur maternelle? Mallarmé fait de ces pieds froids un signe d'*innocence*, comme si la chaleur de la vie était un péché. Il pose ici un type de maternité céleste, exempte des conditions de la vie physique, et conçue selon les habitudes chrétiennes d'imagination et de peinture, relatives à Marie et aux saintes; ces habitudes survivent à sa foi. Ce n'est pas par hasard qu'il représente cette mère, tandis qu'elle opère son sauvetage, chantant selon le style d'instruments à cordes anciens, *viole et clavecin*, toujours associés, nous le savons, à ses imaginations célestes. Elle va donner le sein à l'enfant en péril d'inanition, épisode d'allaitement fréquent dans l'ancienne peinture chrétienne; mais pourquoi pressera-t-elle son sein *avec le doigt fané?* Ce participe est revêtu pour Mallarmé d'un charme particulier; mais cette prédilection est significative: Mallarmé, ici, rêve de vivification en tournant le dos à la vie, attitude constituée chez lui en habitude et en principe, comme on peut le voir aux vers 25-26 de son poème des *Fenêtres*.

Le lait, principal agent physique de cette réanimation rêvée, n'est pas plus nommé que la mère, en application du principe fondamental de demi-silence de la poétique mallarméenne; ce qui *coule* du sein, c'est *en blancheur sibylline la femme*; le lait, comme tel, s'évanouit dans une quadruple équation: (lait =) blancheur = énigme = femme. Qu'attendre de ce nœud d'associations pour le bien de l'enfant, c'est-à-dire de Mallarmé? On a remarqué que sa demande de secours est formulée interrogativement: c'est qu'elle est aussi irréelle, aussi étrangère à ce monde que l'enfant mythique en qui Mallarmé a figuré son mal. L'Irréel autorise seul aux yeux de Mallarmé ce qui autrement risquerait d'être un espoir véritable, c'est-à-dire une platitude. Il n'en reste pas moins que les *lèvres affamées* de l'enfant terminent ce poème comme un cri d'insurmontable désir. C'est Mallarmé *que l'air du vieil azur affame*: l'air du matin bleu qui creuse l'appétit, mais surtout, dans son langage, le souffle de cet Idéal qui reste l'objet de sa faim essentielle.

On a remarqué, entre les deux grandes phrases du poème, une

sensible différence de ton et d'allure; la première, complexe et
obscure, avec toutes les difficultés et les séductions du style mallarméen; la seconde ne posant à cet égard que peu de problèmes [9]. La phrase y coule facilement et musicalement, selon le
style que Mallarmé recherche dans cette forme métrique, et
qu'il fait succéder ici à un mode d'élocution plus fermé, comme
dans « *Las de l'amer repos* » [10].

9. Le vers 11 se comprend facilement comme une participiale absolue suspendue
au verbe principal « presseras-tu ». — Au dernier vers, *l'air du vieil azur* est une
expression étrange, mais il faut se rappeler que « vieux », « antique », « ancien » sont
les épithètes de l'Azur (comme les signaux de son éternité) chez Mallarmé. — *Œ. Pl.*,
p. 1438 (voir aussi Citron, p. 228) donne la variante « que l'air *de* vieil azur affame »,
d'après un des deux manuscrits Aubanel, ce qui, faisant de l'azur le complément du
verbe (que l'air *affame de vieil azur*) oblige à changer la construction, mais guère le
sens. Cette variante ne fait l'objet d'aucune mention dans *BM*.

10. *Versification* : Coupe ternaire prévalente dans les vers 2 (coupe rare) et 9 (ternaire à segments égaux); vers 13 et 14, rythme mêlé binaire et ternaire; vers 9-10,
enjambement à effet.

SAINTE

À la fenêtre recélant
Le santal vieux qui se dédore
De sa viole étincelant
Jadis avec flûte ou mandore,

Est la Sainte pâle, étalant
Le livre vieux qui se déplie
Du Magnificat ruisselant
Jadis selon vêpre et complie :

À ce vitrage d'ostensoir
Que frôle une harpe par l'Ange
Formée avec son vol du soir
Pour la délicate phalange

Du doigt que, sans le vieux santal
Ni le vieux livre, elle balance
Sur le plumage instrumental,
Musicienne du silence.

Ms. autographe, 1865, titre : *Sainte Cécile jouant sur l'aile d'un chérubin, chanson et image ancienne*; Verlaine, article sur *Les Poètes maudits*, dans *Lutèce*, n° 95, 24-30 novembre 1883; *Les Poètes maudits*, 1884; *Rev. Ind. 1887*; *AVP*; Deman. Texte ci-dessus : Deman.

Ce poème a été écrit par Mallarmé à la demande de Mme Cécile Brunet, marraine de sa fille Geneviève. Il l'adressa à cette dame à la fin de 1865 à l'occasion de sa fête, la Sainte-Cécile ; il y exalte, dans cette sainte, patronne des musiciens, jouant sur l'aile d'un ange une silencieuse musique, l'idée limite de sa propre poétique : l'exténuation du chant jusqu'au silence, figure de celle de l'être dans l'idéalisme mallarméen.

Sainte se compose de quatre quatrains octosyllabiques ; la structure particulière des deux premiers attire d'abord l'attention. Quoique distincts par le sens, ils forment un ensemble inséparable ; une phrase principale, dont chacune des deux moitiés introduit et domine un quatrain, charpente ces huit vers : au premier quatrain *À la fenêtre*, au second *Est la sainte pâle* ; le premier évoque une *viole*, le second un livre ou manuscrit du *Magnificat*, objets qui entourent la sainte à sa fenêtre. Ce qui est dit à propos de chacun de ces objets obéit à une stricte symétrie, fortement répétitive : rec*élant* (vers 1) et éta*lant* (vers 5), se faisant écho d'une strophe à l'autre par la rime et par l'antithèse du sens, introduisent respectivement « *le santal vieux qui se dédore de la viole* » (vers 2) et *le livre vieux qui se déplie du* Magnificat (vers 6) ; viole étince*lant* (vers 3) et Magnificat ruisse*lant* (vers 7) : nouveau couple de participes présents, en écho avec le couple précédent, sur la même rime et la même consonne d'appui ; enfin « *jadis* avec » (vers 4) et « *jadis* selon » (vers 8), suivis chaque fois de deux substantifs : « flûte et mandore », « vêpre et complie ». Cette ordonnance parallèle n'est combattue que par le fait que les huit vers comportant trois rimes, selon la formule ABAB-ACAC : seule la rime A s'étend sur tout le huitain, en quatre apparitions ;

elle se croise, d'un quatrain à l'autre, avec les deux autres, B, puis C, agréablement différentes [1]. Tout cela ne concerne que les quatrains 1 et 2 ; les deux derniers, avec une disposition de rimes analogue, mais différente (DEDE FE′FE′ [2]), constituent un véritable huitain continu, de souffle ininterrompu et de développement libre ; aucune symétrie verbale ; on retrouve dans ces vers, qui disent la conjonction de la sainte et de l'ange, le type d'élocution fluide et musical des poèmes précédents porté, dans un autre mètre et une versification strophique, à un degré exceptionnel de perfection. Un art impondérable y succède à l'artifice appuyé de ce qui précédait. Le poème n'en est pas moins fortement lié ; il tient tout entier dans une seule phrase, malgré le faux arrêt du vers 8, et la dernière strophe, qui ressuscite pour l'exclure le souvenir du *vieux santal* et du *vieux livre*, unit par cet écho la fin du poème à son début.

Sainte dit une désuétude et une attente, puis un accomplissement. La fenêtre du premier vers, où la sainte apparaît, est le lieu où elle doit accueillir l'aile de l'ange, selon l'« image ancienne » que le poème est censé décrire. Cette fenêtre est supposée ouverte ou entrouverte : elle *recèle*, c'est-à-dire dissimule ou laisse entrevoir le vieux bois de santal à demi dédoré d'une viole. Le participe *étincelant* étonne, appliqué à une viole dont la dorure est en voie de disparition ; il faut supposer que ce participe présent qualifie un passé, et lire *étincelant jadis* (= « qui jadis étincelait » [3]). Cette viole ternie fit donc merveille jadis *avec* d'autres instruments, ses contemporains [4]. Au second quatrain est nommée la Sainte pâle, *étalant* le vieux manuscrit à plis superposés du Magnificat [5], *ruisselant jadis*, etc. ; même

1. Mallarmé, dans le sous-titre primitif de ce poème, le disait « chanson et image ancienne » ; s'inspirait-il réellement d'une chanson ancienne ? nous n'en avons aucune preuve ; peut-être a-t-il pensé au caractère répétitif de certaines chansons à couplets et refrain. Il n'y a rien en tout cas dans *Sainte* qui rappelle une chanson ancienne de tradition orale.

2. Dans cette formule, c'est la rime apparue la deuxième, et non la première, qui revient quatre fois, et elle n'est plus, les deux dernières fois, par rapport aux précédentes, qu'une assonance (*ange*, phal*ange*, puis bal*ance*, sil*ence*).

3. C'est ce que Mallarmé a voulu signifier par la mise en rejet de *jadis* ; il faut suspendre la voix à la fin du vers 3, et marquer avec force le « jadis » qui ouvre le vers suivant ; de même, en passant du vers 7 au vers 8.

4. Le ms. de 1865 disait *parmi* au lieu de *avec*, qui l'a remplacé dans les versions ultérieures, et qui, donnant explicitement l'idée d'un concert d'instruments, lui est préférable.

5. Cantique d'action de grâces de Marie, dans *Luc*, I, 46 et suiv., entré dans la liturgie catholique.

remarque que pour l'étincellement de la viole : ce « ruisselle-
ment » évoque les flots de musique qui jaillissaient autrefois du
livre, à mesure qu'il se déployait dans les offices du soir.

À cette magnificence musicale antique va s'opposer aujour-
d'hui un silence supérieur. La seconde partie du poème est
reliée grammaticalement à la première par une reprise : *À ce
vitrage*, au vers 9, reprend le *À la fenêtre* du premier vers, en tant
que synonyme de ce complément de lieu, pour y rattacher une
chaîne de compléments et de dépendances qui compose
l'ensemble des deux derniers quatrains. Ce « vitrage » a souvent
été interprété au sens de « vitrail », qui n'est pas le sien ; un
vitrage est simplement un ensemble de vitres (quelconques, non
coloriées) : ici celles de la fenêtre, qui réfléchissent les feux du
couchant et brillent autour de la Sainte comme un ostensoir. Ce
vitrage est dit *frôlé par une harpe*, mot concret qu'il ne faut pas
prendre à la lettre : il n'y a pas de harpe réelle dans *Sainte*, seulement une harpe imaginaire, *par l'Ange formée avec son vol du soir*,
c'est-à-dire avec son aile déployée dans son vol crépusculaire.
Ainsi la harpe, qui n'est pas, est nommée en toutes lettres, et
l'aile, qui est supposée être, est subtilisée dans une périphrase.
Cependant, nous arrivons, à travers ces demi-mots, à une lente
et précise manœuvre de rencontre aérienne où culmine le poème.
L'Ange a appareillé son aile et l'a mise en mouvement *pour*
joindre la *délicate phalange* du doigt de la musicienne ; le vaste
mouvement de l'aile en vol rencontre le subtil *balancement du
doigt* tendu, la musique a lieu... Quelle musique ? À ce sommet de
son poème, Mallarmé tient à rappeler de quel exploit il s'agit ;
d'une musique nouvelle *sans le vieux santal ni le vieux livre*, sans
instruments sonores ni partition écrite, d'une musique inconnue,
rencontre du doigt balancé et de cette chose non moins inconnue
qu'est un PLUMAGE INSTRUMENTAL : l'expression défie toute tradition, elle confond et enlève l'esprit. Les derniers mots du poème,
comme il est fréquent chez Mallarmé, disent ce que tout le
poème a annoncé : cette musique jamais entendue est une
musique *du silence*[6].

6. *Versification* : outre la structure particulière de cette « chanson », rappelons que
les vers de huit syllabes (ou moins) ne nécessitent pas de césure, et supportent plus
aisément les enjambements que les alexandrins (voir plus loin, les « Remarques sur
la métrique de Mallarmé », D2e). Noter les rimes riches et, à l'occasion, ultra-riches
de *Sainte*.

« SONNET EN -X »

Le poème qu'on désigne ordinairement sous ce titre est sensiblement postérieur à ceux qui ont été jusqu'ici commentés dans ce recueil ; il en est séparé par les années de crise, psychique et spirituelle, que Mallarmé traversa surtout à partir de 1866. Cette crise, connue par ses lettres, a laissé de fortes traces dans sa poésie, sans y effacer l'héritage des générations romantiques. On peut dire que sa méditation personnelle et sa poétique originale ont profondément élaboré cet héritage. Le « Sonnet en -x » en est un témoin décisif.

SONNET ALLÉGORIQUE DE LUI-MÊME
(version de 1868)

La Nuit approbatrice allume les onyx
De ses ongles au pur Crime, lampadophore,
Du soir aboli par le vespéral Phœnix
4   De qui la cendre n'a de cinéraire amphore

Sur des consoles, en le noir Salon : nul ptyx,
Insolite vaisseau d'inanité sonore,
Car le Maître est allé puiser de l'eau du Styx
8   Avec tous ses objets dont le Rêve s'honore.

Et selon la croisée au Nord vacante, un or
Néfaste incite pour son beau cadre une rixe
11   Faite d'un dieu que croit emporter une nixe

En l'obscurcissement de la glace, décor
De l'absence, sinon que sur la glace encor
14   De scintillations le septuor se fixe.

Ms. autographe, 1868; *Œ. Pl.*, p. 1488; *BM*, p. 220; Citron, p. 303; Austin, p. **178**; Marchal, p. 239. Texte ci-dessus : *DMS*, t. IV, p. 41.

Nous avons de ce sonnet en -*x*, très fameux et infiniment commenté, deux versions passablement différentes, dont celle-ci, avec son sous-titre particulier, est la plus ancienne. Elle n'a jamais été publiée du vivant de Mallarmé ; elle nous est connue par un manuscrit autographe envoyé à Cazalis dans une lettre du 18 juillet 1868 ; et nous savons, par une lettre du 3 mai à Lefébure, que Mallarmé y travaillait déjà au printemps de la même année [1]. Elle mérite d'être commentée à part et d'abord. Dès cette première version, le sonnet se signale par l'organisation particulière de ses rimes, qui ne sera pratiquement plus modifiée. Un sonnet a droit à cinq rimes en tout : deux pour les quatrains (par exemple ABBA, ABBA), trois pour les tercets, en ordre variable (en principe CCD, EDE). Une originalité de ce sonnet, outre que les rimes des quatrains sont croisées (ABAB) et non embrassées, est de n'avoir pour ses tercets que deux rimes (CDD, CCD) au lieu de trois ; une originalité plus grande encore est que les deux rimes des quatrains sont -*yx* (ou -*ix*) et *ore* ; et les deux des tercets, *or* et -*ixe*. En somme, si l'on considère que dans notre prononciation, la qualité masculine ou féminine des rimes est plus conventionnelle que réelle, tout le sonnet est fait sur deux rimes seulement (dont celle en -*x*, masculine ou féminine, est rare et difficile), ce qui semble une gageure [2].

1. Voir *Corr.*, t. I, p. 278 et n. 1 ; et *DSM*, t. VI, p. 369.
2. Cet obsédant retour des mêmes rimes compense l'indécision, plus grande que jamais auparavant, du rythme intérieur des alexandrins. Six vers seulement sur quatorze (1, 6 à 9, 14) répondent au canon classique (coupe médiane et pause finale marquées pleinement, d'accord avec l'élocution usuelle). Dans les intervalles de ces trois zones, deux larges îlots de vers consécutifs (vers 2 à 5 et 10 à 13) mettent fortement en cause le rythme traditionnel ; c'est tout au plus si, dans une diction « naturelle »,

L'extérieur superbe et hasardeux de ce sonnet impressionne ;
on n'ose s'interroger sur son sens : une sorte de mystère l'habite,
qui déconcerta et intimida ses premiers lecteurs. Il avait été
demandé à Mallarmé par Cazalis pour une collection de sonnets
de divers auteurs, qui devait paraître chez Lemerre accompagnée d'eaux-fortes. Mallarmé envoya le poème à Cazalis, en y
joignant un long commentaire sur lequel nous reviendrons, et
qui semble attester la crainte où il était de n'être pas compris, ni
agréé ; il ajoute, en post-scriptum à sa lettre : « Je te serais bien
reconnaissant de me dire en un mot, par le retour de la poste, et
ton impression, et si Lemerre l'accepte pour son Recueil, et ne le
trouve pas trop anormal pour y figurer [3]. » Cazalis lui répondit
presque aussitôt [4] qu'il n'avait pas porté son sonnet à Lemerre,
qui lui avait fait savoir qu'on avait déjà trop de sonnets, et
qu'on n'en accepterait plus ; il déclare qu'il « reviendra à
l'assaut ». Il semble bien qu'il dise vrai quant aux raisons qui
ont fait refuser le sonnet, mais avait-il vraiment l'intention
d'insister ? Aussitôt après et sans transition, il ajoute : « Ton
sonnet est très bizarre. Plairait-il ? Non, bien certainement ;
mais c'est ton honneur de fuir les goûts du populaire. » En tout
cas, le recueil Lemerre parut, sous le titre *Sonnets et Eaux-fortes*,
sans le sonnet de Mallarmé, qui garda pendant vingt ans « *La
Nuit approbatrice...* » dans ses tiroirs [5].

Le premier quatrain surtout a exercé et tourmenté la critique.
Il dit, principalement, que *La Nuit [...] allume les onyx de ses
ongles au pur Crime [...] du Soir*. Cette énigme n'est pas, à vrai
dire, impénétrable : on suppose une Nuit allégorique levant les
bras vers le couchant, dont ses ongles réfléchissent la luminosité.
Le « Crime du Soir » avec ses majuscules figure tragiquement,
en effusion de sang, un crépuscule rougeoyant : cette inter-

un hémistiche s'y laisse entendre çà et là : c'est le cas notamment des vers 4, 11 et 12
(sixième syllabe relativement forte permettant de détacher le second hémistiche) ;
dans les vers 2, 3, 5, 10, 13, la sixième syllabe est si faible, que la diction spontanée
impose des coupes de vers pratiquement destructrices. Le seul moyen de lire ces vers
sans proclamer aux oreilles la ruine de l'alexandrin, que Mallarmé ne souhaitait pas,
consiste à marquer le plus souvent possible la sixième et la dernière syllabe du vers
d'un accent rythmique léger (voir l'Appendice, « Remarques sur la métrique de Mallarmé »).
3. Lettre du 18 juillet, *Corr.*, t. I, p. 279.
4. *DSM*, t. VI, p. 378, lettre de Cazalis à Mallarmé, du [19 ou 20 juillet 1868].
5. Un autre poète ami, Emmanuel des Essarts, à qui Mallarmé avait communiqué
le sonnet, lui écrit le 13 octobre 1868 : « Quant à *La Nuit approbatrice*, ni Cazalis, ni
moi ne l'avons pu comprendre » (voir *BM*, p. 222).

prétation sanglante de la lumière du couchant était déjà fréquente dans le romantisme, et elle apparaît souvent, en vers et en prose, chez Mallarmé. Il n'est pas explicitement question de sang ici, mais de *Crime*, avec une majuscule solennelle, et d'une Nuit *approbatrice* de ce crime par ses bras supposés tendus vers lui pour allumer ses ongles à son reflet. L'ensemble de la scène et ce *Crime* qui est dit pur semblent représenter une sorte de rite cosmique, de sacrifice quotidien, comme en d'autres mythes le meurtre d'un dieu prépare annuellement sa résurrection. Les personnages sont ici le Soleil mourant dans sa lumière sanglante et la Nuit qui lui succède, et commence à briller dans le ciel. Le Soleil n'est pas nommé, mais qui d'autre que lui pourrait être *le vespéral Phœnix*, dont il est dit qu'aucune *cinéraire amphore* ne recueille *la cendre*? Le Phénix, oiseau fabuleux, renaissait de ses cendres et, naturellement, aucune amphore ne les recueillait jamais : le Soleil, qui meurt et renaît sans même produire de cendre, jouit de toute évidence du même privilège. Ces indications restent cependant mystérieuses : une mort, même sanglante, n'est pas un crime, à moins qu'il n'y ait un meurtrier, et ce quatrain n'en désigne apparemment aucun. Ce n'est pas la Nuit : elle est dite « approbatrice » (bénéficiaire?) et non auteur du crime. Il nous faut donc supposer une Divinité ou Fatalité supérieure à qui imputer la tragédie. Car c'en est une pour l'homme que le perpétuel combat du jour et de la nuit, de la joie et de l'angoisse qui se disputent sa condition. Admettons qu'il maudisse la puissance qu'il en croit responsable et veuille la dire criminelle. De toute façon, ces spéculations ne peuvent nous empêcher de nous interroger sur la grammaire de ces quatre vers, ou plutôt sur le défi à la grammaire qu'ils constituent presque d'un bout à l'autre. En fait, nous avons ici une version du Crime crépusculaire dont nous percevons les personnages et les étapes (horizon sanglant, Nuit complice qui s'allume, soleil mort sans laisser de cendres et voué à renaître). Mais ce scénario dont l'hypothèse s'impose à nous nous est donné dans une syntaxe totalement inusuelle et illogique. L'imagination a le droit, le devoir même, de mêler le réel et le non-réel; mais elle ne peut simuler l'usage du discours logique en dépouillant ses signaux de toute vertu. Telle n'est pas, dans l'ensemble de son œuvre publiée, la démarche de Mallarmé. Ici même, dans « la nuit allume l'onyx de ses ongles au crime », rien n'offense la logique pour qui sait le sens que Mallarmé donne au mot *crime*, en tant que métaphore du soleil couchant. La construction « allumer l'onyx [...] *au* crime » est conforme au modèle usuel (« allumer une cigarette *à* la flamme ») : la Nuit allume ses ongles au feu rougeoyant du coucher de soleil. D'autre part, cet allumage des ongles de la Nuit semble désigner l'apparition des étoiles dans le ciel nocturne quand le soleil se couche : la multiple équation, condensée en quelques mots, du couchant à un crime, de la nuit à un personnage, de ses ongles à une pierre précieuse [6], de leur lueur aux étoiles, en tant que reflet de la rougeur crépusculaire et lui succédant, nous donne, dans une astronomie de pure imagination, un parfait exemple de la technique habituelle de Mallarmé. C'est toute la suite qui est étrange.

Le « Crime, lampadophore, du soir aboli » atteste par sa double virgule le souci que Mallarmé avait de sa syntaxe, même aberrante. Cette ponctuation nous avertit que *lampadophore* n'est qu'une apposition à *crime* : le couchant à la lumière de sang est dit « porteur de flambeau » [7] pour confirmer que c'est à son éclat que s'allument les ongles de la Nuit. Mais les mêmes virgules nous obligent à construire, l'apposition mise à part, *le Crime [...] du soir aboli*; cependant le complément déterminatif de « crime » désigne en français l'auteur dudit crime; le crime de quelqu'un est le crime que quelqu'un a commis. Or ici le soir *aboli* est clairement désigné comme victime du crime; et nous sommes obligés de comprendre, contre toute syntaxe, que le « crime du soir aboli » est le crime qui a consisté à abolir le soir : c'est comme si l'on disait « le crime du vieillard étranglé », expression non obscure peut-être, car on en vient à comprendre ce qu'elle veut dire par l'impossibilité où l'on est d'imaginer rien d'autre, mais gravement destructrice du principe qui, en tout langage, permet à un certain ordre des mots, c'est-à-dire à une syntaxe particulière, de rendre l'ordre des pensées. Ce n'est pas tout; le *soir aboli* fait lui-même question : est-ce le soir qui est aboli ? n'est-ce pas plutôt le jour et la lumière ? admettons que le

---

6. C'est le seul sens du mot « onyx » en français; mais ce mot est emprunté tel quel, au grec, où il signifie principalement « ongle », et très rarement « pierre précieuse ». L' « onyx des ongles » (vers 1-2) est donc à la fois pléonasme et métaphore.

7. Un « lampadophore » est, en grec, celui qui porte un flambeau, dans les cérémonies ou les courses. — Mallarmé a mis le mot entre virgules dans le manuscrit : voir *DSM*, t. IV, p. 41, et les explications préliminaires, pp. 39-40. *Œ. Pl.*, p. 1488, avait à cet endroit omis la première virgule. Depuis *BM*, toutes l'ont restituée.

moment intermédiaire, soir ou crépuscule, a fini par l'être aussi pour faire place à la Nuit; mais comment comprendre qu'il ait été *aboli par le Phœnix*, désignation métaphorique du soleil qui meurt comme lui pour renaître? C'est donc le Soleil *vespéral* qui a aboli le soir? Dans cette cascade de non-sens, le langage n'articule pas la pensée; il tente de construire, à distance d'elle, sa propre beauté. Un tel cas est, je crois, unique dans les poésies que Mallarmé, par la publication, a livrées à la postérité; il est fréquent dans ses brouillons non menés à terme. Aussi Mallarmé, comme on verra, n'a-t-il publié ce sonnet qu'après une refonte complète de son premier quatrain. Il est hors de doute qu'il a été constamment tenté de rendre le langage, en poésie, indépendant de sa fonction proprement significative[8]; mais il n'a jamais mené à bien ce projet, soit qu'il ne l'ait pu, ou osé, ou voulu vraiment. Dans sa lettre, déjà citée, à Cazalis sur ce sonnet, il doute qu'il ait un sens; mais, écrit-il, « je me consolerais du contraire grâce à la dose de poésie qu'il renferme ». L'absence de sens est-elle donc un deuil, dont il ait besion de se consoler? Il accepte en tout cas que son sonnet puisse n'avoir pas de sens: exemple isolé dans son œuvre.

Les réflexions qui précèdent ne concernent que le premier quatrain; le reste est d'une autre sorte et le sens ne nous en est guère dérobé. Mallarmé qui, dans ses explications à Cazalis, ne dit mot de ce premier quatrain, s'étend avec détail sur le reste: « Une fenêtre nocturne ouverte, les deux volets attachés; une chambre avec personne dedans, malgré l'air stable que présentent les volets attachés[9], et dans une nuit faite d'absence et d'interrogation, sans meubles, sinon l'ébauche plausible de vagues consoles, un cadre belliqueux et agonisant, de miroir appendu au fond, avec sa réflexion, stellaire et incompréhensible, de la Grande Ourse, qui relie au ciel seul ce logis abandonné du monde[10]. » Tel est en effet, avec du plus et du moins, le contenu du poème: il mentionne pour commencer les *consoles*, signe que le *noir Salon* est vide de meubles: les consoles ne restent que parce qu'elles sont fixées au mur; et elles ne portent nul *ptyx*. Qu'est-ce qu'un « ptyx »? Mallarmé a tout fait pour

8. Voir à ce sujet l'Introduction, section intitulée « Les mots et leurs mystères ».
9. « Attachés »: volets rabattus et fixés au mur par un dispositif métallique pour résister au vent et ne pas claquer; ils laissent supposer une habitation régulière et un abandon récent.
10. *Corr.*, t. I, p. 279.

qu'on s'interroge là-dessus. Il a écrit au printemps de 1868 à
Lefébure qu'il avait besoin d'une rime en -*ix* pour un sonnet qu'il
projetait ; il s'adresse à lui et à Cazalis : « Concertez-vous pour
m'envoyer le sens réel du mot *ptyx*, ou m'assurer qu'il n'existe dans
aucune langue, ce que je préférerais de beaucoup afin de me donner
le charme de le créer par la magie de la rime [11]. » On ignore la suite
de cette démarche, mais en juillet le mot « ptyx » apparaissait dans
son sonnet avec le sens de *vaisseau* ou « récipient creux » [12].

A-t-il pu jamais croire qu'il avait inventé le mot *ptyx* ? C'est
peu probable, car ce mot existe parfaitement en grec, et il n'a pu
l'ignorer longtemps. Défectif dans sa déclinaison et relativement
peu courant, il désigne initialement un « pli » ou « repli » et, par
extension, toutes sortes d'objets creux ou profonds, notamment
une coquille d'huître [13] ; il est, semble-t-il, d'une acception singulièrement diverse et fuyante. Que Mallarmé ait fait du *ptyx* un
récipient semble indiquer qu'il avait reçu au sujet de ce mot
quelque information correcte qu'il n'a pas voulu paraître ignorer ; mais son souhait était, nous l'avons vu, que le mot n'eût pas
existé ; et dans la légende mallarméenne a couru et court encore
une rumeur selon laquelle il a employé, pour la rime, un vocable
inventé par lui. La vérité est qu'il a seulement fait en sorte que
ce qu'il nomme soit le moins réel possible : *insolite* sans que le
poète ait besoin de dire pourquoi, et se signalant par son *inanité*,
c'est-à-dire à la fois inconsistant et sans vertu [14] et, qui plus est,
voué à servir dans le royaume des ombres : un fantôme d'objet
en somme, aux limites du néant, par le sortilège d'un vers exceptionnel. Mais pourquoi *sonore* ? Parce que le ptyx, une fois vidé
d'être, est en passe de n'être plus qu'un mot, une sonorité creuse.
À vrai dire, la poétique de Mallarmé peut réserver le même sort
à n'importe quel objet et, en séparant son être de son nom, tenir
ce nom pour un vain bruit [15]. Il semble que le Maître du vers 7,

11. Lettre à Lefébure, du 3 mai 1868, *DSM*, t. VI, p. 369.
12. C'est le premier sens du mot « vaisseau » (du latin *vascellum*, « petit vase ») ; *cf.*
vaisselle.
13. Voir le *Thesaurus graecae linguae* d'Henri Estienne, Paris, éd. Didot, 1842-1847,
vol. VI, article « ptyx ».
14. *Inanis*, en latin, signifie « vide », puis « inconsistant » ; *inanitas* a les mêmes
sens comme substantif ; « inanité » en français a perdu le sens de « vacuité », mais
gagné celui d'« impuissance ». Le ptyx de Mallarmé semble cumuler toute cette
gamme de significations.
15. On a souvent cru que l'« inanité sonore » du ptyx le désignait comme un de ces
coquillages vides qui, mis à l'oreille, rendent un son ; cette interprétation peut se
défendre.

apparemment Mallarmé lui-même ou un poète semblable à lui, en désertant son salon pour les bords du Styx, et la vie réelle pour les parages du Néant, a entendu y entraîner avec lui tous ses objets familiers. C'est au moins ce que semble dire le vers 8. Ces *objets* dont il a dépeuplé le Salon ne sont pas tous aussi fantastiques que le ptyx, mais leur nom même nous est occulté, et ce sont, comme le ptyx, des objets *dont le Rêve s'honore*, car ils n'existent, si l'on peut dire, que sous le signe du Rêve qui les irréalise. Le sonnet ira-t-il plus loin que ce pèlerinage des objets sensibles vers le Rien sous la conduite du Poète ?

La Nuit est tombée. Le Salon est noir et vide. Les tercets diront cette nuit « faite d'absence et d'interrogation ». Ce dernier mot importe : il dit tout ce qui reste, dans ce moment nocturne, de l'esprit humain. Une croisée est *vacante* : ouverte et participant du vide de la chambre et de celui de l'espace. Dans la chambre il n'y a qu'une glace, symbole d'irréalité et d'existence imaginaire, qui est signalée d'abord par la seule dorure de son cadre (vers 9 et 10), et n'est nommée que deux vers plus loin, ce mode d'exposition s'appuyant sur une syntaxe et une sémantique fortement inusitées. La phrase principale du tercet est celle-ci : « un or [...] incite pour son [...] cadre une rixe ». On ne peut en rendre compte que si l'on sait qu'il s'agit du cadre doré de la glace qui sera nommée ensuite. Cela supposé, tous les mots de cette phrase demandent explication. *Un or* est cette dorure, entr'aperçue d'abord dans l'obscurité ; elle *incite une rixe* : « inciter » est évidemment impropre ici ; l'usage veut qu'on incite quelqu'un à faire quelque chose, à se quereller par exemple ; mais on n'incite pas une rixe. « Inciter » obéit ici au processus d'exténuation qui affecte tous les éléments du sonnet : il signifie « suggérer une représentation possible » : dans ce cas, la représentation d'une rixe (et c'est ce qui autorise Mallarmé, toujours subtil dans ses détournements de sens, à employer ici ce verbe combatif). Ainsi la dorure invite à interpréter ses reflets comme la figuration possible d'une rixe *pour son cadre,* cette figuration étant censée s'étendre sur tout le pourtour dudit cadre. On perçoit à quelle distance cette proposition (« Un or incite pour son cadre une rixe ») se situe du sens et de l'usage ordinaires. Plusieurs ellipses combinées et une sémantique insolite ont produit ce résultat [16].

16. Encore faut-il ajouter à ces moyens la syntaxe inattendue qui évoque la dorure et « son cadre », suggérant un « cadre de la dorure », quand l'expression normale est évidemment la « dorure du cadre ».

Une rixe donc. Mais peut-on, sans impropriété, appeler rixe le
rapt d'un dieu par une nixe [17]? Peu importe : la rareté des rimes
en *-ixe* suffit à légitimer ce mot [18]. Tout ce qui précède, avons-
nous dit, indique que cette « rixe » doit être envisagée comme
une interprétation conjecturale de quelques reflets. Bien plus, la
nixe elle-même, si problématique, n'est pas convaincue de ce
qu'elle est censée faire : elle *croit* seulement emporter un dieu. Il
n'est pas interdit de sentir, dans ce comble d'inconsistance, per-
cer quelque humour. Le tercet pourtant est anxieux, et la dorure
qui semble figurer un rapt est dite *néfaste*, signe de la présence,
dans le sonnet, d'une conscience inquiète. Le dernier tercet,
qu'aucune ponctuation ne sépare du premier, le continue grammaticalement; la nixe croit *emporter* le dieu *en l'obscurcissement*
de la glace que la nuit finit par éteindre tout à fait, et où ils
semblent disparaître ensemble. La glace obscure est devenue le
parfait *décor de l'absence*. C'est au moment même où culmine la
négation qu'une exception surgit : « la glace, décor de l'absence,
sinon que... » En quoi consiste l'exception ? Au terme du sonnet,
l'obscurité du miroir et la vacance de la fenêtre vont se conju-
guer pour « relier », au ciel seul, par un reflet inattendu de la
Grande Ourse, « ce logis abandonné du monde », comme dit
Mallarmé [19]. C'est ainsi que la marche obscure et stricte des tercets aboutit au merveilleux *septuor de constellations*. Quel est le
sens de ce final, qui sera aussi, trente ans après, celui du *Coup de
dés* ? Mallarmé, dans sa lettre d'envoi à Cazalis, parle seulement
d'un reflet « stellaire et incompréhensible ». Le sonnet, en
somme, complète l'absence par l'interrogation qui, humainement, l'accompagne. Ce groupe d'étoiles inattendu dit le mystère et peut-être l'espoir [20].

17. Une nixe est comme on sait, dans la mythologie germanique, une divinité
féminine des eaux. L'épisode supposé, avec son caractère légendaire, n'est évidemment pas ce qu'on appelle d'ordinaire une « rixe », fait divers vulgaire et violent.
Mallarmé, dans sa lettre à Cazalis, parle d'un « cadre belliqueux et agonisant », épithètes qui situent cette prétendue « rixe » au niveau d'un combat mythologique.

18. Des rimes aussi rares que celles-là créent une contrainte analogue à celle des
bouts-rimés, où la rime est imposée d'avance. Mais rien ne prouve que Mallarmé ait
bâti tout son sonnet sur des bouts-rimés qu'il s'était fixés dans un ordre inchan-
geable.

19. *Corr.*, t. I, p. 279.

20. Mallarmé, dans sa lettre à Cazalis, a précisé mieux que dans le sonnet lui-
même les positions respectives de la fenêtre et de la glace, en parlant d'un « cadre [...]
de miroir suspendu au fond », c'est-à-dire au fond de la chambre, sur le mur opposé à
celui où s'ouvre la fenêtre : seule position qui permette la réflexion des astres dans la

La lettre à Cazalis, outre les indications qu'elle contient sur le « noir Salon », qui sont destinées à accréditer le sonnet comme sujet d'une eau-forte, donne des indications générales sur la poétique qui inspire ce poème. Nous les avons déjà partiellement commentées [21]. Les voici dans leur entier : « J'extrais ce sonnet, auquel j'avais une fois songé cet été, d'une étude projetée sur la Parole : il est inverse, je veux dire que le sens, s'il en a un (mais je me consolerais du contraire grâce à la somme de poésie qu'il renferme, ce me semble), est évoqué par un mirage interne des mots mêmes. En se laissant aller à le murmurer plusieurs fois, on éprouve une sensation assez cabalistique. » Et plus loin : « J'ai pris ce sujet d'un sonnet nul et se réfléchissant de toutes les façons [22]. » L'étude sur la Parole dont serait extrait le sonnet ne peut en rien nous éclairer : elle n'est pas parvenue jusqu'à nous, si tant est qu'elle ait jamais été écrite. Réduit à ces lignes, on s'interroge : comment « un mirage interne des mots mêmes » évoque-t-il le sens du sonnet ? Si ce « mirage interne » désigne la relation logique qui lie les mots, c'est une banalité de faire dériver le sens de cette relation ; il s'agit très certainement d'autre chose, mais de quoi ? Et comment le *sens* peut-il résulter d'autre chose que d'un rapport logique ? « Mirage » est une métaphore, qui laisse perplexe ; « interne », qui exclut le monde réel et le public, n'exclut-il pas aussi le sens, et que vaut la « sensation cabalistique » qui le remplace ? On comprend jusqu'à un certain point que Mallarmé dise son sonnet *nul*, c'est-à-dire vide de réalité : il sait au moins qu'il a tout fait pour le rendre tel. Cependant, impressionnés par le ptyx et le tenant pour un vocable purement imaginaire, certains ont voulu voir dans le sonnet un édifice de mots ne se référant vraiment qu'à eux-mêmes, et expliquent par là que son auteur le qualifie de « nul ». Cette opinion se heurte au fait que les mots du sonnet, malgré tout, renvoient à quelque objet : croisée, consoles, or, cadre, glace, scintillement d'étoiles ; seul le ptyx, qui désigne aussi quelque chose, a pu, parce que c'est un mot grec peu connu, subir une sorte de

---

glace. Le sonnet situe la glace « *selon* la croisée ». Mallarmé fait grand usage de « selon », préposition de sens diversement ployable. Peut-on l'entendre ici au sens de « en face de », que la logique demande ? Oui sans doute, car être face à la fenêtre est bien une façon d'être selon elle, en corrélation parallèle avec elle.

21. Voir l'Introduction, notes 35 et le texte, 39 et le texte ; et dans ce commentaire même, note 8, et le texte.

22. *Corr.*, t. I, pp. 278-279.

prestidigitation annulatrice et hyperboliser l'esprit d'absence et de vide du sonnet. Il faut du réel, si atténué qu'il soit, pour figurer le néant. On invoque également le sous-titre du sonnet, qui, le disant *allégorique de lui-même*, semble confirmer sa nature exclusivement verbale. Ce sont là les façons de parler d'un poète, passionné, dans son art, de prouesses impossibles. Ce sonnet, s'il veut n'être qu'un assemblage de mots, n'y parvient pas, car il peint un lieu et des choses, et on ne peut confondre ce Salon, si fortement présent à notre esprit, avec la pure absence dont il veut donner l'idée, et dont il diffère, puisqu'il est censé être. Convenons seulement qu'il est plus qu'un symbole du Vide; il en est, désert et démeublé, un exemple et une approximation, et c'est en quoi on peut dire qu'il s'allégorise lui-même.

Voici maintenant la version définitive de ce sonnet : elle date probablement de très peu avant sa publication en 1887 : en effet, dans le prospectus qui précéda cette édition, Mallarmé annonçait son poème sous la désignation « La Nuit... », c'est-à-dire par les premiers mots de la version ancienne, qui ne figureront plus dans la nouvelle (voir *BM*, p. 222, *in fine*).

« *Ses purs ongles très haut...* »

Ses purs ongles très haut dédiant leur onyx,
L'Angoisse ce minuit, soutient, lampadophore,
Maint rêve vespéral brûlé par le Phénix
4   Que ne recueille pas de cinéraire amphore.

Sur les crédences, au salon vide : nul ptyx,
Aboli bibelot d'inanité sonore,
(Car le Maître est allé puiser des pleurs au Styx
8   Avec ce seul objet dont le Néant s'honore.)

Mais proche la croisée au nord vacante, un or
Agonise selon peut-être le décor
11 Des licornes ruant du feu contre une nixe,

Elle, défunte nue en le miroir, encor
Que dans l'oubli fermé par le cadre se fixe
De scintillations sitôt le septuor.

Rev. Ind. 1887; *La Wallonie*, 31 janvier 1889; *V et P*; Deman. Texte ci-dessus :
Deman (sauf quelques virgules discutées).

Le sonnet a conservé exactement, dans les quatrains, les mêmes rimes sur les mêmes mots, et dans la même disposition ; dans les tercets, l'ordre des rimes, différent dans cette version (CCD, CCD), se rapproche, par le distique initial (vers 9-10), des habitudes françaises, mais les rimes sont toujours deux, les mêmes (*-or* et *-ixe*) que dans la première version, sauf qu'il y a une rime en *-ixe* en moins (*rixe* a disparu) et une en *-or* en plus *(septuor)*. On note que la structure des alexandrins a été sensiblement régularisée : la sixième syllabe n'est atone que dans les vers 5 et 10 ; la césure classique est marquée, quoique modestement, dans les vers 11 et 13 ; dans les dix autres, césure médiane forte. Les deux enjambements des vers 9-10 et 12-13 persistent, mais ne gênent guère le rythme.

Quant au contenu et au sens, seul le premier quatrain, avec un matériel verbal en grande partie conservé, a été profondément modifié. Le thème du Crime crépusculaire, assez étranger au reste du sonnet, a pratiquement disparu, ne laissant d'autre trace que l'évocation du Phénix en fin de quatrain. L'allégorie de la Nuit approbatrice du Crime a été remplacée par une figure de l'Angoisse nocturne encore plus solennelle : onyx, *dédié très haut*, des *purs* ongles, dont il n'est plus question qu'ils s'allument à aucun feu ; ils figurent un élan vers l'altitude, une dédication on ne nous dit pas à quoi, à quelque chose, apparemment, qu'on ne saurait nommer [23]. Par là toute l'inspiration du quatrain est changée : l'humanité qui en était formellement absente y paraît sous l'allégorie de l'Angoisse nocturne et du vœu d'un haut

23. « Dédier » se construit généralement avec un complément d'attribution : « dédier qqch. *à quelqu'un* » : ici ce complément manque.

Idéal. C'est cette Angoisse désormais, on n'en peut douter, qui est dite *lampadophore*, c'est le flambeau qu'elle *soutient* qui brille de *maint rêve vespéral* conçu aux feux du couchant et *brûlé* avec le Soleil-Phénix, mais non annulé : le rêve survit encore au cœur des ténèbres, car il est *minuit* dans cette version, et l'Angoisse le maintient vivant. Cette équation du Rêve et de l'Angoisse, désormais posée en tête du sonnet, donne plus de sens au mouvement négatif de ce qui suit, mais aussi au signal stellaire de la fin, comme ouvrant un autre horizon. On admire, avec raison, cette véritable métamorphose de l'ancien quatrain dans le nouveau, et que, moyennant une élaboration matérielle des plus discrètes, le sens et l'expression, dans ces quatre vers, aient pu être à ce point allégés et transfigurés.

Si nous passons au tableau du salon, cette nouvelle version n'apparaît pas comme aussi profondément différente de la première. Les *crédences* ne nous changent pas beaucoup des consoles, et ne les ont remplacées sans doute que pour ne pas concurrencer cette autre console qui devait s'illustrer, la même année 1887, dans le sonnet « *Tout orgueil fume-t-il du soir* »[24]. La nouvelle définition du *ptyx* importe davantage; ici surgit le fameux vers

> Aboli bibelot d'inanité sonore;

il n'y a plus trace du « vaisseau », trop matériel : le ptyx est voué à la qualité essentielle d'énigme : mieux qu'« insolite », qui lui concédait l'existence, il est dit *aboli*, héritant de cet adjectif de prédilection mallarméenne, qui émigre du vers 3 de la première version à ce vers 6 de la deuxième; *aboli* et *bibelot*, ces deux évocations allitérantes de choses nulles, précisent la vertu d'inexistence attribuée à cet objet; et ce qu'il va servir à puiser dans le Styx — *des pleurs* et non plus de l'eau — justifie le Néant de ne se sentir *honoré* que par lui; du coup, disparaissent tous les autres objets dont la version ancienne encombrait le Maître. Le premier tercet est renouvelé, plus vif, moins alambiqué dans l'élocution et le sens. Un *mais* initial prépare la surprise du reflet stellaire final. « Selon la croisée » devient curieusement « *proche* la croisée ». Il ne faut pas interpréter « proche » comme signi-

24. Les deux sonnets ont paru pour la première fois, en 1887, dans le 9ᵉ cahier de l'édition de la *Revue indépendante*.

fiant « à côté de » (à droite ou à gauche de la fenêtre, sur le
même mur), car la glace ainsi placée ne pourrait réfléchir le
dehors ; il faut entendre « à peu de distance de la fenêtre » tout
en étant face à elle [25]. Mallarmé a confisqué le « selon » du vers 9
de la version ancienne pour le faire servir à la refonte du scénario mythologique (vers 9-11) :

> [...] un or
> Agonise *selon* peut-être le décor
> Des licornes ruant du feu contre une nixe

« Selon le décor » doit sans doute s'entendre « pour former le
décor » et rend bien, accompagné de « peut-être », le caractère
hypothétique de l'interprétation que fait le poète de quelques
reflets de dorure dans la nuit. *Ruer*, verbe transitif, au sens de
« jeter violemment », est une tournure vieillie, mais attestée. La
nixe est donc ici victime des licornes, et non plus ravisseuse d'un
roi. On a noté que, dans cette refonte, Mallarmé a repris le mot
« agonise » qui se trouvait déjà, pour définir les lueurs du cadre,
dans sa lettre de 1868 (« un cadre belliqueux et agonisant »).

Le dernier tercet apporte des nouveautés. Il est clair que le
drame imaginé dans la dorure du cadre se termine ici dans la
glace, où l'on aperçoit la nixe : *elle, défunte nue en le miroir* : elle y
apparaît morte et nue [26], ou du moins croit-on l'entrevoir telle ;
encore que pas longtemps, car bientôt l'oubli se fait dans l'enclos
du cadre [27], et aussitôt, c'est la Grande Ourse qui y *fixe* son
reflet : énigmatique signal par lequel l'angoisse et la négation
sont mises en suspens.

---

25. Dans la lettre à Cazalis, on se souvient que Mallarmé situait la glace « au
fond ». Il a pu se dire que, si l'on imaginait la Grande Ourse haute dans le ciel et le
salon très profond, la glace pendue au fond ne serait pas accessible au reflet des
étoiles. D'où la nécessité de la rapprocher de la fenêtre. Ce magnifique effet final ne
devait pas être frappé d'impossibilité matérielle.

26. Certains entendent ici « nue » au sens de « nuage ». Mais qu'est-ce qu'un nuage
défunt ? Tandis qu'une morte nue, fantôme passager dans le miroir d'un tel salon,
semble tout à fait plausible.

27. « L'oubli » = la disparition de toute image (« encore que » la Grande Ourse
fasse exception) ; « fermé » = enclos, entouré.

SONNETS DE LA CHEVELURE NUE

Je désigne ainsi, par l'élément qui leur est commun, trois sonnets octosyllabiques, dont l'étroite parenté d'affabulation et de texte est patente. Les deux premiers, presque jumeaux l'un de l'autre, datent à peu près du même temps que la première version du sonnet en -x, et se ressentent des spéculations contemporaines de Mallarmé sur le Néant et l'Être ; ils ne furent, eux non plus, jamais publiés du vivant de Mallarmé. Le troisième sonnet parut seul, beaucoup plus tard ; un profond remaniement le rend sensiblement différent des deux autres. Le sujet des trois poèmes est une chevelure de femme dénouée, qui tente le poète.

Voici la première des trois versions :

« De l'orient passé des Temps... »

De l'orient passé des Temps
Nulle étoffe jadis venue
Ne vaut la chevelure nue
4   Que loin des bijoux tu détends.

Moi, qui vis parmi les tentures
Pour ne pas voir le Néant seul,
Aimeraient ce divin linceul,
8   Mes yeux, las de ces sépultures.

Mais tandis que les rideaux vagues
Cachent des ténèbres les vagues
11   Mortes, hélas! ces beaux cheveux

Lumineux en l'esprit font naître
D'atroces étincelles d'Être,
14   Mon horreur et mes désaveux.

Ms. autographe joint à une lettre à William Bonaparte-Wyse du 2 juillet 1868, reproduit par Eileen Souffrin dans *Fontaine*, novembre 1946; repris par *BM* et dans les éditions ultérieures des *Poésies*.

Rien d'obscur dans le premier quatrain ; le groupe de mots qui forme le premier vers, quoique d'une construction insolite, s'entend facilement comme désignant un orient de haute antiquité ; les vers 1-2 évoquent une étoffe orientale très ancienne *jadis venue* jusqu'à nous. La chevelure *nue* évoque, par l'adjectif, une beauté naturelle et un attrait érotique *loin des bijoux* et de tout artifice. Au dernier vers du quatrain, la dame *détend* sa chevelure : le verbe cumule expressivement les sens de « déployer » et de « délivrer d'une tension artificielle ». La compétition de valeur entre étoffe et chevelure paraîtra moins étrange si l'on se souvient que la tradition métaphorique la plus commune compare une belle chevelure à de la soie : et c'est bien probablement à une soie orientale que Mallarmé pense ici, pour non seulement lui comparer, mais lui préférer la chevelure. Le *tu* du vers 4 s'adresse évidemment à la dame, mais il est de pur style poétique, et peu importe que la dame soit là ou non. En fait le poème peut être compris comme un discours intérieur du poète à propos de cette chevelure.

Le second quatrain ne paraît pas se situer, du point de vue du sens, dans la continuation du premier : une nouvelle notion y est introduite, celle du Néant, qui transporte le discours sur un plan différent. Y a-t-il au moins une liaison entre l'étoffe du premier quatrain et les tentures du suivant ? On voit difficilement laquelle. L'étoffe n'est pas douée de réalité ; elle joue le rôle d'un terme de comparaison hypothétique avec la chevelure qui seule est censée exister. *Nulle étoffe*, si précieuse soit-elle, ne vaut cette chevelure ; et, la chevelure ainsi célébrée, l'étoffe purement rhétorique est oubliée. Qu'aurait-elle à faire avec les *tentures* [1], dont le poète dit ensuite qu'*il vit parmi elles*, et auxquelles il n'attribue ni particularité ni beauté aucune ? Il ne s'en est entouré que *pour ne pas voir le Néant seul*, c'est-à-dire le Néant total et sans exception, dont l'idée l'obsède (on peut aussi entendre, en appliquant « seul » au poète, et non au Néant : « pour ne pas voir le Néant sans être accompagné » ; pratiquement, les deux lectures reviennent au même). Mais les tentures le déçoivent, et il aimerait plutôt opposer au Néant la chevelure ; c'est ce que disent les vers 7-8, fort clairement si on en intervertit l'ordre :

> *Mes yeux las de ces sépultures
> Aimeraient ce divin linceul.

Je suppose que *ces sépultures* désigne les tentures, voisines elles-mêmes du néant, et *ce divin linceul*, la chevelure [2]. L'unité des deux quatrains est donc dans l'attrait éprouvé pour la chevelure et la tentation qui pousse le poète vers elle, comme remède contre le Néant [3]. Ce motif, sous-entendu dans l'éloge hyperbolique qu'il fait d'elle au premier quatrain, surgit dès lors qu'il la compare aux décevantes tentures.

Le *mais* initial des tercets oppose une objection à la tentation des quatrains [4] ; la préférence va être donnée aux *rideaux* sur les *beaux cheveux lumineux* ; car tandis que les rideaux vagues

---

1. En principe, ce mot désigne une étoffe dont on « tend » ou tapisse un mur ; je crois que le sens de tissu masquant une ouverture ou une fenêtre, ou séparant deux chambres, suspendu en hauteur, et flottant, est prédominant aujourd'hui ; le fait que les « tentures » du vers 5 soient dites « rideaux » au vers 9 confirme ici ce sens.
2. Ces deux expressions : « ces sépultures », « ce divin linceul », quoique mal différenciées (même démonstratif, vocable funèbre dans les deux cas), désignent deux choses mises en antithèse ; en ce qui concerne le *linceul*, l'adjectif *divin* suggère un sens laudatif. Mallarmé devance, par cette métaphore de la « chevelure-linceul », celle de l'« enfouissement » heureux du visage dans la chevelure féminine qu'il emploiera à cet endroit dans les versions suivantes. — Quant à l'ordre dans lequel il a placé les vers 7 et 8, c'est une des libertés les plus hardies qu'il ait osé prendre avec la langue française, soit pour sauver l'ordre des rimes, soit pour clore le quatrain par le plus beau des deux vers.
3. Le sonnet date de l'époque où Mallarmé venait de « rencontrer » le Néant (voir à ce sujet l'Introduction, section « Mallarmé et le Néant »).
4. Vers 9-11 : « rideaux *vagues* », c'est-à-dire flottants, s'oppose à vagues *mortes*, c'est-à-dire figées, du Néant (houleux à la fois et immobile, faute d'Être) : c'est ainsi que les rideaux *cachent* la perception insoutenable du Néant. Le « hélas ! » du vers 11 ne doit pas être lié à « mortes » (quel sens aurait cette lamentation ?) ; ce qui touche au néant est nécessairement mort ; il faut lire : « hélas ! ces beaux cheveux (ont un grave inconvénient : ils) font naître », etc.

cachent au moins *les vagues mortes des ténèbres*, les cheveux par leur éclat *font naître en l'esprit d'atroces étincelles d'être* : retour violent du Réel, surmonté dans la quête poétique, et source de vive répulsion [5]. Il n'est pas douteux que ce sonnet tente une transposition, en termes plus métaphysiques, Néant et Être, le couple romantique Idéal-Réel. Le poète qui, dans son odyssée spirituelle, a rejeté le Réel, vu le Néant supplanter l'Idéal, et espère, à partir de là, ressusciter une Beauté nouvelle, ne veut pas revenir en arrière [6].

On date d'environ 1869 la deuxième version de ce sonnet. Très semblable à la première, elle paraît bien lui être postérieure. Elle est plus régulière dans la versification des quatrains, bâtis sur les mêmes rimes (quoique croisées, ABAB, ABAB) tout en conservant pour les tercets la même formule qu'elle (CCD, EED), et les mêmes mots en fin de vers. D'autre part, cette version semble, sur plusieurs points, améliorer la précédente ; et elle précède la version définitive, en introduisant, à côté de la chevelure nue, la chevelure-nue (= nuage). La seule des trois, elle porte un titre ; la voici :

---

5. Vers 14. Il faut entendre naturellement : « (objet de) mon horreur et (de) mes désaveux » (désaveu = rejet, refus de sympathie).
6. *Versification* : sonnet octosyllabique quelque peu irrégulier (rimes différentes des quatrains surtout) ; un enjambement redoublé (vers 10-11 et 11-12) pour opposer deux adjectifs. Les tercets ne sont séparés que par la typographie ; c'est, en fait, un sixain compact.

ALTERNATIVE

De l'oubli magique venue,
Nulle étoffe, musique et temps,
Ne vaut la chevelure nue
4   Que, loin des bijoux, tu détends.

En mon rêve, antique avenue
De tentures, seul, si j'entends
Le Néant, cette chère nue
8   Enfouira mes yeux contents!

Non. Comme par les rideaux vagues
Se heurtent du vide les vagues,
11   Pour un fantôme les cheveux

Font luxueusement renaître
La lueur parjure de l'Être,
14   — Son horreur et ses désaveux.

Ms. autographe, vers 1869; première publication par H. Mondor dans la *Nouvelle N.R.F.*, 1ᵉʳ janvier 1954; repris par *BM* et les éditions ultérieures.

Dans le premier quatrain, Mallarmé a modifié seulement les deux premiers vers. Il devait au moins les intervertir, dès lors qu'il avait décidé de mettre ses quatrains sur des rimes croisées ; c'est ce qu'il a fait, en gardant pour ces deux vers les mêmes mots à la rime, mais en remaniant le reste. Il a supprimé l'orient, nullement nécessaire, et a remplacé le passé par l'*oubli*, passé sans mémoire, immémorial donc, et il l'a aggravé d'un signe surnaturel en le disant *magique* ; il a identifié cette étoffe, par voie d'appositions, non seulement au temps, mais à la *musique*, en laissant à imaginer sur quoi se fondait cette équation. Cela fait, il n'a pas touché aux deux vers suivants. Il ne pouvait que refaire le second quatrain, ayant décidé de lui donner les mêmes rimes qu'au premier. Quant au sens, il garda le Néant et les tentures, ainsi que le mouvement général du quatrain en faveur de la chevelure. Mais il y introduisit plusieurs nouveautés. Il évoqua une *avenue de tentures*, décor quelque peu fabuleux, la qualifia *antique*, c'est-à-dire coutumière et essentielle, mais en la situant dans son *rêve*, comme une démarche d'imagination inséparable de sa quête. Il ne la donne plus pour un talisman, supposé efficace, contre le Néant ; la seule hypothèse qu'il évoque, c'est : *si* (malgré elles) *j'entends le Néant seul*, hypothèse à laquelle il associe un recours fervent à la chevelure (vers 7-8) [7]. Ici aussi le poète est tenté de renoncer à sa quête spirituelle (où Néant et Rêve sont finalement confondus) pour l'amour d'une femme réelle.

---

7. « *Enfouira* mes yeux » : espoir passionné de fusion ; le futur annonce une intention ferme. Au vers 7 apparaît la métaphore de la chevelure-nuage *(nue)* et avec elle une nouvelle rime homonymique.

Tel est le sens de l' « alternative » du titre. Mais les quatrains ne la résolvent qu'en intention; ici comme dans la première version, les tercets font volte-face, et par un *non!* catégorique. Il est vrai qu'il n'est plus question d'une efficacité quelconque des rideaux, puisqu'ils favorisent le Néant : *par eux*, est-il dit, *se heurtent du vide les vagues* (vers 9-10). Mais, *comme* les rideaux sont voués au Néant, la « chère » chevelure de tout à l'heure est vouée à l'Être : *pour un fantôme*, c'est-à-dire pour le poète déjà divorcé de l'existence, le *luxe* de cette chevelure est intolérable, son éclat *fait renaître la lueur parjure de l'Être*. Pourquoi « parjure »? Il faut entendre « mensongère », promettant un bonheur qui s'est révélé ignoble. La fin du sonnet est, en effet, une sorte de réquisitoire contre l'Être, et c'est dans cet esprit que les adjectifs possessifs du dernier vers sont passés de la première personne (*mon, mes*) à la troisième (*son, ses*) : ils n'accompagnent plus des états subjectifs du poète, mais des caractères abhorrés de l'Être, *son horreur* intrinsèque, *ses désaveux*, c'est-à-dire ses trahisons [8] envers nous. En somme, on peut dire que ces deux premières versions du sonnet posent le dilemme de la vie spirituelle et de la vie réelle sans aboutir à le résoudre. Mallarmé reste en fait dans la logique du romantisme désenchanté : s'il formule en termes originaux l'antinomie de l'Idéal et du Réel, il continue à la vouloir sans issue ni voie de sagesse possible [9].

Plus de quinze ans après, Mallarmé reprit ce poème resté inédit, et le refit sur nouveaux frais pour le publier. Il conserva la donnée générale des versions précédentes; mais il en refondit entièrement le texte et les pensées, surtout à partir du second quatrain. Voici cette version définitive :

---

8. Ce sens de « désaveu » est assez particulier; il responsabilise ce qui nous déçoit cruellement comme un abandon ou une félonie : dans le sonnet « *Tout orgueil fume-t-il du soir* », la mort ayant été dite « abandon » au vers 4, on voit paraître au vers 11 un « sépulcre de *désaveu* ».

9. *Versification* : quatrains régularisés; un enjambement double, vers 5-6 et 6-7, pour deux surprises. Même remarque sur les tercets que pour la version précédente.

« Quelle soie aux baumes de temps »

Quelle soie aux baumes de temps
Où la Chimère s'exténue
Vaut la torse et native nue
4   Que, hors de ton miroir, tu tends !

Les trous de drapeaux méditants
S'exaltent dans notre avenue :
Moi, j'ai ta chevelure nue
8   Pour enfouir mes yeux contents.

Non ! La bouche ne sera sûre
De rien goûter à sa morsure,
11   S'il ne fait, ton princier amant,

Dans la considérable touffe
Expirer, comme un diamant,
14   Le cri des gloires qu'il étouffe.

Deux mss. autographes, 1884-1885 ; première publication dans *La Revue Indépendante*, mars 1885 ; ms. autographe 1885-1886 ; *Rev. Ind. 1887* ; *V et P* ; Deman. Texte ci-dessus : Deman.

Imprimée souvent depuis 1885 et figurant dans toutes les éditions des *Poésies*, cette version n'a pour ainsi dire pas varié dans son texte. Le premier quatrain est ce qui la rapproche le plus des versions antérieures. L'étoffe que nous connaissons est devenue *soie*, ce que nous la soupçonnions déjà d'être; mais il est question cette fois des *baumes* dont le *temps* l'a imprégnée. Dans la tournure « soie *aux* baumes de temps », on reconnaît l'emploi, très habituel en français, de la préposition « à » après un nom, pour introduire, un peu avec le sens d' « avec », un complément de ce nom : ainsi, non seulement dans la langue familière, mais aussi dans la langue littéraire ou se voulant telle : par exemple, « un tissu aux couleurs de rêve »; l'expression de Mallarmé est modelée grammaticalement sur ce type de phrase, quoiqu'elle se situe hors de pair par son contenu. « Baume » se dit d'une substance aromatique utilisée dans le traitement des blessures ou dans les embaumements. Mallarmé a-t-il été influencé par le verbe « embaumer » au sens de « parfumer » [9] ou de « préserver de la corruption » ? Peu importe; dans un sens comme dans l'autre, le Temps embaumeur d'un tissu est une métaphore.

Dès le second vers, cette soie apparaît porteuse de symboles absents des versions précédentes. La *Chimère* qui *s'exténue* en elle pose, en ce début, un problème de sens. Il faut anticiper sur la strophe suivante pour comprendre que la « soie » du premier vers est un drapeau, emblème d'un antique idéal, d'une chimère dépérissante et limitrophe du Néant, ce que dit précisément le verbe « s'exténue [10] ». Cependant Mallarmé, dans cette ver-

9. « Un air em*baumé* », un bouquet qui « em*baume* ».
10. « Exténuer » : rendre ténu, amincir à l'extrême, épuiser par amaigrissement.

sion-ci, ne nomme plus la chevelure par son nom [11]; il en fait une
nue (= nuage) *torse et native.* « Torse » est un adjectif descriptif
(opulence d'une chevelure en torsade); et « native », substitut ici
de l'épithète « nue » liée dans les premières versions à la « chevelure », évoque de même l'Éden naturel, antérieur à l'idéalisme
poétique, et que nous savons cher à l'imagination mallarméenne.
Dans le vers 4, apparaît un *miroir*, absent des versions précédentes : nous supposons donc que la dame se regarde dans son
miroir, et que le poète, ici placé derrière elle, voit s'offrir à lui,
hors du miroir, sa chevelure dénouée. Les miroirs ont un grand
rôle chez Mallarmé; mais celui-ci est là surtout pour souligner la
supériorité d'une chose réelle sur son reflet.

À partir de là, le sonnet s'écarte de ses antécédents; il continue à opposer Idéal et Réel, mais en oubliant le détour métaphysique par le Néant et l'Être. Mallarmé trouvait-il, après
quinze ans d'expérience, ces notions peu propres à la poésie? Ce
n'est pas du tout sûr. Peut-être, s'étant lié récemment avec
Méry Laurent et s'occupant de refaire le sonnet à son intention,
a-t-il jugé bon d'éliminer ce qu'il avait de tendu et de funèbre.
En tout cas, il n'y a plus, dans le second quatrain, ni tentures ni
Néant, qui en étaient l'essentiel. Ce que Mallarmé a mis à leur
place, ce sont des drapeaux, tissus-symboles par définition, en
étroit rapport avec la soie symbolique de l'incipit. L'image que
ces drapeaux *troués* imposent est celle d'un défilé militaire où ils
figurent comme reliques d'illustres batailles, et qui se déroule
dans notre avenue [12], celle où est censée avoir lieu au même
moment la scène intime du premier quatrain. Ces drapeaux
méditent, c'est-à-dire qu'ils figurent de hautes pensées : patrie,
honneur, sacrifice héroïque, gloire. Ces pensées sont de celles sur
lesquelles on *s'exalte* ordinairement; mais il n'est pas indifférent
que ce soit particulièrement aux trous des drapeaux que soit
attribuée la faculté de s'exalter : cette équation d'un certain

11. Cette métaphore, empruntée au vers 7 de la seconde version, rend ce premier
quatrain difficilement intelligible au lecteur qui, en 1885, ne pouvait connaître les
anciennes versions du sonnet, alors inédites. Il lui fallait deviner, grâce aux mots
« torse » et « miroir », qu'il s'agissait dans cette « nue » d'une chevelure; le lecteur, à
qui ces secours n'auraient pas suffi, ne devait être éclairé que quatre vers plus loin.
12. « Dans notre avenue » me semble dire sans ambiguïté « dans l'avenue où nous
sommes présentement »; le fait qu'aux vers 5-6 de la deuxième version il soit question d'une « avenue de tentures » située, suppose-t-on, dans un appartement ne nous
oblige nullement à attribuer le même sens à une avenue où des drapeaux sont
déployés : le même mot, dans une refonte, peut changer d'emploi.

sublime et du vide fait écho à la Chimère exténuée de l'exorde. Mallarmé a donc choisi ici, très loin de sa première pensée, comme exemple d'un Idéal proche du Néant, la religion nationale et ses fêtes [13]. Et c'est à cet Idéal qu'il oppose, avec un entrain et une franchise accentués, la *chevelure nue*, qui resurgit ici [14].

C'est à quoi aboutissent les quatrains dans les trois textes du sonnet. Mais nulle part il n'est dit que le poète ait effectivement choisi la chevelure. Dans les tercets des deux premières versions, il est même dit expressément qu'il y répugne, par horreur de l'Être. Les tercets du texte définitif, où il n'est plus question de Néant ni d'Être, ne disent rien de tel; mais quelle décision annoncent-ils? Les interprétations, là-dessus, sont partagées. Ces tercets disent seulement — chose nouvelle — quel prix le poète devra payer s'il veut jouir de cette chevelure. Il ne s'agit plus d'y enfouir les yeux, mais de la mordre et de *goûter* dans cette *morsure* une sorte de jouissance; or *la bouche ne sera sûre* d'y parvenir qu'à une condition (vers 9-10) : il faut que l'amant *fasse expirer* dans la chevelure (vers 11-13) *le cri des gloires qu'il étouffe.* Cette tournure de phrase énigmatique confond le cri de volupté de l'amant avec celui que poussent en expirant ses gloires de poète, qu'il étouffe en sacrifice à la dame pour prix de sa faveur. Ce n'est pas tout; Mallarmé a compliqué cet ensemble d'une figure métaphorique supplémentaire, celle du *diamant*. Il l'annonce quand il qualifie son héros (c'est-à-dire lui-même) de *princier* amant : cette gloire que le poète sacrifie pour aimer est comparée au diamant qu'un prince offrirait à sa maîtresse. Mais ce diamant prend place dans une construction grammaticale incertaine : doit-on lire au vers 13 « expirer comme (expire) un diamant »? Ce serait une allusion au fait que le diamant est anéanti à haute température. Ne faut-il pas plutôt entendre que l'amant doit faire expirer sa gloire de poète en cette circonstance « comme (on offre) un diamant »? Le diamant est seulement dans le prix de ce qu'il sacrifie à sa maîtresse.

À partir de la signification des tercets, revenons à la question principale. Mallarmé a-t-il, dans cette ultime version, tranché

---

13. C'était le temps où l'agitation nationaliste battait son plein, et nous savons, par beaucoup d'indices, que les sympathies de Mallarmé n'allaient pas de ce côté.
14. *Ta* chevelure nue; *cf. notre*, vers 6; et *ton*, vers 11; les autres versions n'ont que le *tu* du vers 4, que celle-ci a aussi : elle suggère plus fortement la présence de la dame.

son hésitation précédente en se prononçant en faveur de la Chevelure plutôt que de l'Idéal ? Le texte ne le dit pas. « J'ai ta chevelure pour enfouir mes yeux » (vers 7-8) énonce une décision possible, non une décision prise, encore moins mise à exécution. Plusieurs commentateurs s'appuient sur le « Non ! » qui suit immédiatement (et qui, dans la version antérieure, au même endroit, annonçait le rejet évident de l'option Chevelure) pour décider qu'il en est de même ici, et que le poète, en évoquant après ce « non ! » le prix qui lui serait demandé, fait entendre qu'il n'est pas prêt à le payer. Rien n'autorise formellement à rejeter cette lecture, qui a été défendue avec talent. Mais le « Non ! » du début peut n'avoir pas la même valeur de refus que dans *Alternative* ; la négation, ici, ne porte pas nécessairement sur le choix en faveur de la chevelure ; elle semble formuler la condition « sine qua *non* » imposée à l'amant-poète [15]. Et surtout, rien, dans les tercets, ne dit la répugnance à payer un prix exorbitant ; en revanche, sont évoqués le goût de la morsure, l'amant princier (rôle toujours agréable à l'imagination) et, surtout, la *considérable touffe*, superbe expression à mille lieues de tout idéalisme. En somme, le poète ne dit pas à quoi il s'est résolu, alors qu'il disait clairement son refus dans les versions antérieures. Admettons donc au moins qu'il y a, dans cette dernière version du sonnet, une tentation extrêmement forte de valoriser la réalité de l'amour aux dépens de l'Idéal du poète [16]. Mallarmé avait déjà représenté cette tentation faite acte dans *Le Pitre châtié*, en l'accompagnant, il est vrai, de regret et de culpabilité [17].

15. « *Non !* » la bouche *ne* sera sûre de *rien* goûter [...] s'il ne fait, etc.
16. Un mouvement analogue se trouve dans un autre poème à Méry Laurent, le sonnet en alexandrins « *Victorieusement fui le suicide beau* » (1887) : Mallarmé s'arrache en riant à la tentation d'imiter le suicide du soleil couchant, en se laissant attirer par la chevelure lumineuse de Méry, reste du « ciel évanoui ».
17. *Versification* : sonnet octosyllabique exactement régularisé dans la disposition des rimes ; pas un enjambement ; tercets plus distincts. On peut remarquer, à travers ces trois sonnets, combien varie le rythme de l'octosyllabe, c'est-à-dire la distribution de ses accents intérieurs, l'accent final se faisant toujours entendre.

L'APRÈS-MIDI D'UN FAUNE

(vers 32-61)

Je ne commente ici que les trente vers où le faune développe, dans les derniers états du poème, une théorie idéaliste
de l'art; j'essaie de répondre à une question que cette page
nous oblige à poser : dans quel sens cette sorte de profession
de foi est-elle celle de Mallarmé?

Le texte du *Faune* a souvent varié, et nous ne connaissons
qu'imparfaitement la nature et la chronologie de ces variations. Nous savons que Mallarmé a commencé à travailler à
cette œuvre au printemps de 1865, et que le *Faune* était alors
destiné au théâtre (voir ses lettres de juin et juillet 1865, *BM*,
p. 184). Ce tout premier *Faune* fut achevé à la fin de l'été et
présenté à la Comédie-Française, mais il y fut refusé. Ce fait
est attesté par une lettre de Mallarmé à Aubanel, du 16 septembre 1865 (voir *BM*, p. 185). Cependant, nous savons mal
en quoi consistait ce tout premier *Faune*; aucun document de
1865 ne nous donne un texte qui soit, comme les versions ultérieures, le monologue d'un faune qui a capturé deux nymphes
et nous raconte son aventure avec elles. Les seuls manuscrits
du *Faune* que l'on date de cette époque sont les brouillons
autographes de six fragments parsemés de beaux vers, mais,
sauf exceptions lacunaires, abondamment surchargés et de
signification obscure : deux nymphes, Iane et Ianthé, s'y
entretiennent d'elles-mêmes et du faune, et le faune y fait un
« autre monologue », ce qui semble prouver qu'il y en avait un
premier, celui que nous n'avons pas. Ces fragments, dont on
peut voir une édition critique dans Barbier-Millan, pp. 180-

190, ont dû faire partie à un moment du *Faune*, peut-être dès
1865 [1]. En tout cas, il est exclu que ces brouillons, dans l'état
où ils sont, aient pu être présentés à aucun théâtre. Le *Faune*,
dans sa toute première forme, reste donc pour nous un mystère. Il a dû, très probablement, comporter un Monologue initial du faune : le sujet ne se conçoit pas autrement. Les trois
versions suivantes consistent dans ce Monologue seul, sans
rien d'autre ; et quand on parle du *Faune* de Mallarmé, on ne
songe pas d'ordinaire à autre chose. Voici la liste de ces versions :

A. *Monologue d'un faune*, copie autographe établie en 1873-
1874 par Mallarmé pour son ami Burty ; publié pour la première fois par Henri Charpentier en 1943 ; texte dans *BM*,
pp. 252-255. — On suppose que cette version, copiée de la
main de Mallarmé, l'a été sur un texte de date antérieure ;
comme elle contient des indications scéniques, la plupart des
commentateurs ont conjecturé qu'elle reproduisait la version
donnée en 1865 à la Comédie-Française ou un remaniement
de l'année suivante. Cette hypothèse a l'avantage de résoudre
le problème de la version perdue ; elle est plausible, mais non
certaine, car nous ignorons tout de l'histoire du Monologue
entre 1865 et 1873-1874.

B 1. *Improvisation d'un faune*, manuscrit autographe de
1875, destiné à l'éditeur Lemerre pour paraître dans le 3e *Parnasse contemporain*, et qui fut refusé ; résultat d'un sérieux
remaniement ; publié pour la première fois en 1948 par Henri
Mondor ; texte dans *BM*, pp. 258-260 ; édition critique en 1973
dans *DSM*, t. IV, pp. 45-55. Manquent quelques vers de la
fin : dernier feuillet sans doute perdu. — Il est difficile de supposer que ce manuscrit reproduit un texte sensiblement antérieur. Si le texte de l'*Improvisation d'un faune* datait d'avant
1873-1874, c'est ce texte amélioré et augmenté qu'il aurait

---

1. Dans une lettre du 9 mai 1866, Eugène Lefébure, qui vient de passer une
semaine avec Mallarmé, lui demande : « Poursuivez-vous en battant le sol d'un sabot
poilu Yanthe et Zanthé *(sic)* par les fontaines ? » (Voir H. MONDOR, *Eugène Lefébure*,
p. 215.) Au printemps de 1866, Mallarmé a annoncé par deux fois son intention de se
remettre au *Faune* (voir ses lettres à Cazalis de [fin avril] et de [mai 1866], *Corr.*, t. I,
pp. 208 et 217) ; mais nous n'avons aucune preuve qu'il ait mis ce projet à exécution.

copié alors pour Burty; d'autre part, l'*Improvisation* est porteuse de nouveautés importantes, sans doute introduites pour la publication chez Lemerre, et qui le font étroitement parent du texte définitif imprimé ensuite. Ce qui importe, et qui ressort des textes mêmes, c'est que cette version est postérieure à la version A.

B 2. *L'Après-Midi d'un faune, Églogue*, version définitive du *Monologue*, nouvellement révisée, publiée en 1876 chez Derenne à Paris, et qui est la base du texte courant de ce poème. Reproduit notamment dans *Rev. Ind. 1887, V et P*, Deman. Pratiquement pas de variantes depuis (sauf une au vers 45, voir ci-dessous).

Cet essai de mise au point nous mène donc à la conclusion probable que les deux dernières versions du *Faune* sont à peine antérieures à 1875 et 1876. Cette constatation nous oblige à dater non des débuts juvéniles de Mallarmé, mais de sa trentaine passée, l'apport original de ces deux textes. Il s'agit surtout de la façon dont Mallarmé y traite un des motifs de son *Faune*, le doute du héros touchant la réalité de son aventure, ainsi que les répercussions de ce doute sur son esthétique, objet principal du présent commentaire. Dans les trois versions, les premiers mots du faune concernent les nymphes, et il les a à peine nommées, qu'il doute de leur existence. Une telle invention, étroitement attachée au sujet tel que Mallarmé l'a conçu, ne va pas de soi : un faune a-t-il la mémoire si fragile, en matière de nymphes, qu'il ne puisse, après quelques heures, plus rien affirmer de ses exploits! C'est donc un faune d'églogue, plus occupé de ses pipeaux que de la réalité, un faune à demi absent au monde, poète comme l'entend Mallarmé, quoique faune toujours. Mallarmé, qui n'avait nullement choisi pour sujet la Transfiguration d'un faune, a cherché, d'une version à l'autre, un dosage nouveau des sens et de l'idéal dans son personnage : ce sont ces tentatives qu'il faut examiner sans idées préconçues, et sans fermer les yeux à l'ironie croissante que Mallarmé y a mise. Le faune donc, dès qu'il apparaît pour la première fois, se demande s'il a vu les nymphes ailleurs qu'en rêve; il essaie en vain de les apercevoir à travers les ramures du bois voisin, où il les avait transportées après leur capture pour achever sa conquête ; ne les voyant pas, il craint alors qu'elles ne soient une création imaginaire de sa fièvre érotique, mais il argumente contre cette hypothèse en insistant sur le souvenir précis qu'il garde des deux femmes ; il invite lyriquement le paysage où il les a surprises et capturées à raconter ce dont il a été le théâtre : une troupe de nymphes au repos s'enfuyant soudain au son de la flûte du faune... Il commence donc un tel récit, mais comme le paysage reste muet, il se prend à douter et s'arrête.

Ce début de scénario se développe, à peu près identique, dans les trois versions A, B1, B2, sous la multitude des variantes particulières d'affabulation et d'expression. À partir du moment où le faune interrompt le récit commencé, B1 et B2 bifurquent de A ; trente vers, occupant à peu près le milieu du Monologue, sont l'objet d'une refonte complète, douze à quinze d'entre eux étant supprimés et remplacés par d'autres, qui disent tout autre chose. Lisons et comparons. Voici d'abord cette page dans le *Monologue d'un faune* (version A copiée pour Durty, 1873-1874, vers 28-57 — le faune, déçu par le silence du paysage, s'écrie :)

28   [...] Mais vous brûlez dans la lumière fauve
     Sans un murmure et sans dire que s'envola
30   La troupe par ma flûte effarouchée...
                         Hola !
     Tout ceci m'interdit : et suis-je donc la proie
     De mon désir torride, et si trouble qu'il croie
     Aux ivresses de sa sève ?
                   Serais-je pur ?
     Je ne sais pas, moi ! Tout, sur la terre, est obscur :
35   Et ceci mieux que tout encore : car les preuves
     D'une femme, où faut-il, mon sein, que tu les treuves ?
     Si les baisers avaient leur blessure : du moins,
     On saurait !
          Mais je sais !
              Ô Pan, vois les témoins
     De l'ébat ! À ces doigts admire une morsure
40   Féminine, qui dit les dents et qui mesure
     Le bonheur de la bouche où fleurissent les dents.

Donc, mes bois de lauriers remués, confidents
Des fuites, et vous, lys, au pudique silence,
Vous conspiriez ? Merci. Ma main à ravir lance
45 En l'éternel sommeil des jaunes nénuphars
La pierre qui noiera leurs grands lambeaux épars :
Comme je sais aussi brouter sa verte pousse
À la vigne alanguie et demain sur la mousse
Vaine !
      Mais dédaignons de vils traîtres !
                     Serein,
50 Sur ce socle déchu je veux parler sans frein
Des perfides et par d'idolâtres peintures
À leur ombre arracher encore des ceintures :
Ainsi, quand des raisins j'ai sucé la clarté,
Pour que mon regret soit par le rêve écarté,
55 Rieur, j'élève au ciel d'été la grappe vide,
Et soufflant dans ses peaux lumineuses, avide
D'ivresse, jusqu'au soir je regarde au travers !

Dans les premiers vers (28-33) se prolonge le doute du faune, quand le silence du paysage le convainc presque que les nymphes dont il croit se souvenir n'ont existé que dans son imagination. *Hola!* est un cri de saisissement : le faune *est-il la proie d'un désir si trouble qu'il croie aux ivresses de sa sève,* c'est-à-dire qu'il attribue une réalité aux fantasmes de son rut ? Mais alors, ce qu'il croit avoir vécu avec ces nymphes n'a pas existé, et il est donc *pur,* lui, faune ! Il n'en revient pas ; et du coup *tout sur la terre* lui semble *obscur.* Comment savoir ? Il se rend soudain compte, comiquement, que ce qu'on fait avec les femmes ne laisse pas de *preuves* [2] ; il souhaiterait *que les baisers aient leur blessure,* pour qu'on sache au moins à quoi s'en tenir. Ces vers sont, aux dépens du faune, d'un irrésistible humour : que deviendra-t-il si l'évidence qui gouverne toute sa vie porte le sceau de l'énigme et du désarroi. Heureusement ce trouble ne dure pas ; au moment où il gémit de ne pas savoir, *il sait* en un éclair : comme il le souhaitait, il a une preuve, une morsure au doigt. Le doute s'est enfui ; il invoque triomphalement Pan : sa véracité est établie, sa virilité hors de soupçon (vers 41). Dans les vers qui suivent (43-49), il se retourne vers le décor champêtre qui a *conspiré* contre lui, le *bois* voisin, qui, il s'en rend compte à présent, a dissimulé *la fuite* des nymphes, les *lys* qui ont vu le rapt

2. On a noté au passage, vers 36, l'archaïsme « treuves » pour « trouves » : rusticité ou facétie pédante, chez cet étrange faune ?

et n'ont pas voulu en témoigner ; il raille leur *pudique,* c'est-à-dire hypocrite silence ; il menace nénuphars et vignes de représailles faunesques (vers 44-49) : tout cela pour se résoudre en fin de compte à un majestueux dédain.

Après ce morceau de bravoure bucolique, il annonce (vers 50-57) qu'il va revivre en imagination son aventure : ces *perfides,* dont il déteste en réalité la trahison, il va les *idolâtrer* en peinture et jouir de *leur ombre,* ce qu'il peut faire *sans frein* n'ayant plus besoin de leur consentement. L'usage de la jouissance imaginaire comme remède à la frustration réelle est chose ancienne, et ne manque pas d'apologistes ; le faune en parle ici avec une merveilleuse et précise compétence, et l'illustre par la belle comparaison des raisins qui, leur suc épuisé, offrent encore leur transparence. Jean-Jacques Rousseau est allé encore plus loin que lui quand il a écrit : « Le pays des chimères est en ce monde le seul digne d'être habité [3] » ; mais le faune n'affecte pas comme lui le dégoût des réalités, si rarement véridique ; il fanfaronne un peu, mais on sait bien — et il sait qu'on le sait — qu'il aimerait mieux les nymphes que leur image. Ses doutes dissipés, il ne lui reste d'autre idéalisme que la capacité de jouir des images, et la gloire, comme il dit, d'*écarter le regret par le rêve* [4].

Les deux dernières versions de cette page se signalent principalement par le fait que la morsure au doigt n'y apparaît plus, et que la réalité de l'aventure du faune n'y est donc pas formellement établie. Progrès dans l'idéalité du faune ? Oui et non. Ces deux versions étant plutôt deux variantes successives, à un an de distance, d'une même version nouvelle, il serait superflu de les reproduire toutes les deux et de commenter leurs moindres différences. Voici l'épisode dans son texte définitif (B2, publié en 1876) ; nous ferons état des particularités de B1, manuscrit de 1875, si le commentaire l'exige :

---

3. J.-J. ROUSSEAU, *La Nouvelle Héloïse,* partie VI, lettre VIII, § 16 ; et *ibid.* : « L'homme [...] a reçu du ciel une force consolante qui rapproche de lui tout ce qu'il désire, qui le soumet à son imagination, qui le lui rend présent et sensible, qui le lui livre en quelque sorte, et pour lui rendre cette imaginaire propriété plus douce, la modifie au gré de sa passion. » Rousseau n'a pas toujours parlé avec tant d'optimisme du secours de l'imagination.

4. *Versification* : nombreux vers de rythme double, soit vers 30, 40, 42, 55, 56, de formules rythmiques diverses ; deux ternaires francs (césures médianes nulles), à savoir vers 29, 51 (ce dernier commençant par un rejet, mais avec second hémistiche consistant) ; nombreux enjambements : redoublés aux vers 38-39-40, simples aux vers 42-43, 48-49, 50-51, 56-57), en général vite rattrapés par le rythme régulier.

32 [...] Inerte, tout brûle dans l'heure fauve
Sans marquer par quel art ensemble détala
Trop d'hymen souhaité de qui cherche le *la* :
35 Alors m'éveillerai-je à la ferveur première,
Droit et seul, sous un flot antique de lumière,
Lys ! et l'un de vous tous pour l'ingénuité.

Autre que ce doux rien par leur lèvre ébruité,
Le baiser, qui tout bas des perfides assure,
40 Mon sein, vierge de preuve, atteste une morsure
Mystérieuse, due à quelque auguste dent ;
Mais bast ! arcane tel élut pour confident
Le jonc vaste et jumeau dont sous l'azur on joue :
Qui, détournant à soi le trouble de la joue,
45 Rêve, dans un solo long, que nous amusions
La beauté d'alentour par des confusions
Fausses entre elle-même et notre chant crédule ;
Et de faire aussi haut que l'amour se module
Évanouir du songe ordinaire de dos
50 Ou de flanc pur suivis avec des regards clos,
Une sonore, vaine et monotone ligne.
Tâche donc, instrument des fuites, ô maligne
Syrinx, de refleurir aux lacs où tu m'attends !
Moi, de ma rumeur fier, je vais parler longtemps
55 Des déesses ; et, par d'idolâtres peintures,
À leur ombre enlever encore des ceintures :
Ainsi, quand des raisins j'ai sucé la clarté,
Pour bannir un regret par ma feinte écarté,
Rieur, j'élève au ciel d'été la grappe vide
60 Et, soufflant dans ses peaux lumineuses, avide
D'ivresse, jusqu'au soir je regarde au travers.

Le début de l'épisode nous montre Mallarmé, d'une version à l'autre, en veine croissante d'humour. Dans A, le faune disait seulement : « s'envola la troupe par ma flûte effarouchée », expression qui n'échappe à la prose que par une double inversion, et le très léger humour de l' « envol » des nymphes. B1 et B2 corsent progressivement le propos : ce qui s'envola n'est plus une troupe de femmes, c'est « tant d'*hymen* par mon art effarouché » (B1, vers 34) ; « hymen » semble ici un équivalent de « virginité », surtout avec *effarouché* comme épithète ; « par mon art », remplaçant « par ma flûte », met une note d'emphase humoristique ; l'expression entière vise à une forte ironie. Ce n'est encore rien en comparaison du texte final (version B2 ci-dessus, vers 34-35), où

« s'envola » fait place à *détala*, expression sensiblement plus irrévérente, et où *hymen* (« hymen *souhaité* ») semble cette fois plutôt
pris au sens de « mariage », tout en s'appliquant hardiment à des
ébats qui n'auraient rien eu de conjugal ; avec les nymphes
fuyardes « détalent » autant d'occasions de « mariages », souhai-
tées et perdues ! Et ce que Mallarmé ajoute en 1876 vaut tout le
reste ; il ne dit plus « tant d'hymen », mais *trop* d'hymen : non
que les nymphes aient été trop nombreuses ; c'est le souhait qui
était excessif, venant « *de qui cherche le la* » ; il faut entendre :
« femmes ou musique, c'est l'un ou l'autre, il faut choisir », et
sous-entendre, dans l'esprit du faune qui se gourmande lui-
même, plutôt « maudite flûte ! » que « maudites femmes ! ». Après
ces vers, les deux dernières versions développent curieusement le
« Serais-je pur ? » de la première, avec une sorte d'entraînement
d'imagination. Cette conversion hypothétique à la pureté est
vécue sur le mode interrogatif, le faune paraissant vaguement
tenté par cette image édénique de lui-même : *s'éveillant à la ferveur première, droit et seul* (et non plus couché et en compagnie),
baigné d'*antique lumière,* pareil aux *lys* à qui il s'adresse, et
ingénu comme eux (B2, vers 35-37) [5].

Fidèle au schéma du scénario de A, les deux versions B passent
de la rêverie de pureté au regret que l'amour charnel ne laisse pas
de preuve. Mais le faune ne rêve plus d'une blessure du baiser laissant sa marque : ni ce souhait ni la découverte d'une morsure probante ne subsistent dans le nouveau texte. Le faune traite le baiser
comme une futilité, un *doux rien,* à peine publié par le *bruit* d'une
lèvre, et moyen de *perfidie,* en tant qu'il inspire l'assurance de
l'amour, mais *tout bas,* dans un chuchotement aisé à renier. *Autre
que le baiser,* le faune (se proclamant curieusement *vierge de preuve*)
prétend porter dans son sein une morsure surnaturelle (vers 40),

> Mystérieuse, due à quelque auguste dent.

---

5. Ces vers dans B1 (vers 34-37 là aussi) me semblent signifier sensiblement la
même chose que dans B2 ; dans les deux cas, ce réveil à la pureté est donné pour
hypothétique, il ne s'accomplit pas ; la *langueur première* (propre au règne des sens)
dont le faune envisage dans B1 de s'éveiller, et la *ferveur première* (édénique) à
laquelle il se voit s'éveillant dans B2 sont les deux pôles d'une même métamorphose.
Tout au plus peut-on dire que B2 évoque davantage l'accomplissement de la métamorphose ; mais le vrai problème est de savoir si le faune va l'entreprendre vraiment.

Mais, arrivé à ce point extrême, où il a recours, pour expliquer ce qu'il ressent, à une transcendance, il s'avise soudain qu'il fait fausse route. Il s'agit bien d'une frontière où l'amour de la femme touche à autre chose : il invoquait quelque dieu, mais il divaguait sans doute, et c'est assez! Tel est le sens du « *Mais bast!* », qui coupe brusquement son élan [6] :

> Mais bast! arcane tel élut pour confident
> Le jonc vaste et jumeau dont sous l'azur on joue.

Assez donc! *Arcane tel*, dit le faune, est affaire entre moi et ma flûte; et il quitte la métaphysique pour la musique. Il va donner de son art, où réside le mystère, une définition positive et critique, fondée sur son expérience. La séance de flûte évoquée au vers 43 va nous révéler ses secrets : la flûte reçoit la *confidence* du faune en *détournant à soi le trouble de sa joue*; il ne faut pas s'étonner que la joue ait été choisie comme révélatrice de trouble : c'est ce qu'elle est selon l'expérience commune, et c'est par elle que l'homme émeut la flûte, par le contact et par le souffle qui vient d'elle. De ce souffle la flûte fait un *rêve* : une musique, un *solo long* pour *amuser la beauté*, c'est-à-dire les belles, *d'alentour*. « Amuser », c'est ici « faire illusion », « tromper » [7]; cette musique solitaire et prolongée de pseudo-Narcisse est une manœuvre de séduction [8].

6. « Bast! » s'écrivait autrefois « baste! », et dérive, croit-on, de l'espagnol ou de l'italien « basta! » très usité encore dans ces deux langues avec le même sens : « C'est assez! » — Même rupture dans B1 avec « Mais non! ».

7. « Amuser », au sens de « distraire pour tromper », est courant en français : on amuse un ennemi par des feintes, un créancier par des promesses. En ce sens, « amuser » et « abuser » sont frères.

8. L'histoire de ce vers 45 est intéressante d'un autre point de vue, purement formel. Nous en avons trois versions successives; dans B1 (1875) :

> Rêve avec un duo / que nous amusi-ons,

vers coupé classiquement sur la fin du mot « duo », fortement accentué, mais dont le second hémistiche suppose une diérèse dans son dernier mot « amusi-ons », diérèse qui n'est pas admise dans ces terminaisons verbales où *ions, iez* sont des diphtongues; — dans B2 (1876), ce vers devient :

> Rêve, en un long solo, / que nous amusi-ons,

variante qui a la même structure classique que la variante précédente, avec le même inconvénient de la diérèse fautive; — enfin, dans une version de B2 (parue en 1893 dans *VEP*) on lit :

> Rêve, dans un solo / long //, que nous amusions;

dans cette variante la diérèse est évitée, ce qui affaiblit la rime avec « confusi-on »

Il faut prendre bien garde à la construction de la phrase. Le
« rêve de la flûte est *que nous amusions* la beauté », etc. (vers 45-
47), *et de faire* [...] *évanouir*, etc. (vers 48-61) [9]. Il convient de
considérer successivement ces deux ensembles. Le premier développe la nature de la tromperie : il s'agit d'amuser la beauté
féminine *par des confusions fausses entre elle-même et notre chant*,
autrement dit de proclamer une équivalence frauduleuse [10] entre
elle et le chant qui prétend la figurer. Le sens de cette entreprise
est claire pour qui connaît la poétique de suggestion et de sublimation que professe Mallarmé. On peut se demander si le *on*
(vers 43), le *nous* (vers 45), le *notre* (vers 47), qui semblent ne pas
évoquer seulement l'expérience du faune, ne concernent pas
toute la corporation des faunes musiciens [11]. Cette lecture
paraît confirmée par le passé du verbe « *élut* (toujours) *pour
confident* » (la flûte) [12]. D'autre part, tout en décriant les fausses
prétentions de la musique de flûte à être l'image du beau féminin, le faune prend lui aussi à son compte cette espèce de mystification quand il emploie le « nous » et le « notre ». Il finit cependant par préciser : en croyant tromper, la flûte se trompe, car les
femmes ne la croient pas ; le faune s'illusionne sans doute aussi,
il se figure ce qui n'est pas : mais il le sait, et il proclame sa lucidité, d'un seul mot final (vers 47), quand il qualifie le chant de
crédule.

Le second rêve de la flûte est d'opérer elle-même l'équation
qu'elle annonce entre un corps de femme et un chant de flûte, *de*

(diérèse obligée dans les substantifs en « -ion » ou « -sion », par respect de l'étymologie latine, qui la comporte) ; mais d'autre part dans ce nouveau libellé du vers, la
césure classique sur « solo », affaiblie, est concurrencée par l'accent plus fort de
« long », et le rythme binaire (6 + 6) par un rythme ternaire (1 + 6 + 5) assez rare.
Cette variante de *VEP*, maintenue ensuite, se lit dans l'édition Deman et les éditions
courantes. Mallarmé, on le voit, joue librement avec le respect et la transgression des
règles classiques. Il s'est décidé, finalement, pour le « solo long », deux fois accentué,
groupe sémantique et musical de grand effet (Verlaine l'avait précédé dans l'emploi
de ce groupe, en un poème célèbre). — Mallarmé a osé une autre fois, dans sa *Prose
pour des Esseintes* la rime « vision — devisions » avec diérèse indue de la terminaison
verbale.

9. Cette double construction de certains verbes de tendance, avec *que* et le subjonctif ou *de* et l'infinitif, ou en usant successivement des deux régimes, est bien
connue en français ; ainsi « je souhaite *qu'il fasse* beau et *d'avoir* de bonnes vacances ».

10. « Confusions fausses », au vers 45, n'est pas un pléonasme. Il y a des confusions ou équivalences fondées ; d'autres, comme celles-ci, plus ou moins frauduleuses.
Le texte de ce vers est différent en B1, et moins intéressant.

11. À moins que ces pluriels ne désignent le couple du faune et de la flûte.

12. Ce type de prétérit est d'usage en latin et en grec ; il n'est pas sans avoir eu un
écho dans le français classique.

faire [...] *évanouir du songe* [...] *de dos ou de flanc* [...] *une ligne.* C'est la démarche même de son art que le faune décrit ici : la transmutation des formes féminines en une ligne mélodique. Cette métamorphose du réel en sa figure raréfiée aura lieu, *aussi haut que l'amour se module*, étant lui-même déjà musique ; plutôt d'ailleurs que d'une métamorphose, il s'agit d'un *évanouissement* à partir *du songe ordinaire* de dos ou de flanc pur qu'on suivait (et savourait) *avec des regards clos.* Le dernier vers énonce le résultat de cette alchimie idéalisante ; et il est difficile d'attribuer une valeur laudative aux trois épithètes qui qualifient la ligne mélodique obtenue : *sonore,* c'est un fait (du bruit, dit le faune, sans plus), *vaine* (sans consistance ni efficacité) et *monotone* (engendrant l'ennui par comparaison avec la variété des formes dont elle se prétend l'équivalent) [13]. Il ne me paraît pas possible de penser que Mallarmé ait voulu faire ici un éloge soutenu de l'idéalisme en art. Il est clair qu'il a fait cet éloge en de nombreux endroits de son œuvre, et qu'il professait et pratiquait cette doctrine. Mais son idéalisme est une insatisfaction qui peut se résoudre en humour.

Mallarmé a fait son héros assez artiste au sens où il l'entend, assez capable de mêler rêve et réalité, pour pouvoir se demander si son aventure a été vécue ou rêvée. Quoique personne, en l'écoutant parler, ne puisse douter de sa passion pour les femmes réelles, nous savons qu'il se contente, au besoin, de jouir en imagination de ce qu'il ne peut posséder. Dans les dernières versions de son poème, Mallarmé a laissé sans solution le doute de son faune sur la réalité des nymphes, et le fond de son scénario contient une indécision de principe, quoi qu'on veuille supposer. C'est déjà aller loin dans l'idéalisation du personnage : mais dans ces larges concessions au peu de réalité poétique, Mallarmé a quand même voulu représenter un faune selon sa nature de faune, et de ce fait en contestation avec sa flûte. Il a mis dans la bouche de ce faune musicien une protestation faunesque contre l'inconsistance de la musique, une satire de l'art déréalisant, telle qu'il est tenté lui-même de la faire quand il est, comme son Pitre, en veine de révolte. « Un faune est un faune » n'est pas la seule leçon du poème ; Mallarmé est lui aussi Mallarmé, et il se

---

13. B2, vers 51. — Dans le même vers, B1 était beaucoup moins agressif : « Une *pure, suave* et *monotone* ligne. » La disposition satirique de Mallarmé s'est accentuée entre les deux versions.

trouve qu'ils fraternisent, et que celui des deux qui a inventé l'autre avait besoin de lui pour sa propre vérité.

Voyons pour finir le dernier mot du faune à sa flûte. Dans la version A, le faune, ayant découvert qu'il a été mordu au doigt, pense surtout, comme on l'a vu (vers 42-49 de cette version), à invectiver les arbres et le paysage, complices de la fuite des nymphes. Cette séquence a été supprimée dans les deux dernières versions. Leurs additions avaient porté plus haut le niveau du poème, et la Flûte, notamment, y avait pris une valeur symbolique. Aussi est-ce à elle que le faune pense alors, et, significativement, pour la maudire (vers 52-53). Il l'appelle *maligne syrinx, instrument des fuites* : bouffée de colère rétrospective contre celle qui a fait *fuir* la troupe des nymphes [14]; il souhaite sarcastiquement à ce roseau de *refleurir* là où il l'a laissé, au bord des lacs, lorsqu'il le jeta pour courir sus aux fugitives; or la flûte ne refleurira jamais, et elle pourra, si *elle l'attend* comme il le dit, l'attendre longtemps. À cet endroit, les versions B1 et B2 reprennent la version A. Toutes trois exposent la détermination de faune de ne plus se soucier des nymphes, et son projet de jouir encore de son aventure en imagination (vers 54-61 dans B2).

Toute la seconde moitié du poème est occupée par le récit du faune (B2, vers 63-92), puis par la rêverie finale (B2, vers 93-110) qui aboutit à sa sieste [15].

---

14. « Instrument des fuites » est une sorte de jeu de mots : la flûte est *instrument* de musique, mais elle a surtout *instrumenté* par son bruit subit la fuite de la troupe féminine; l'apostrophe équivaut en somme à « Toi qui n'es bonne qu'à mettre en fuite les femmes (au lieu de les séduire) ». Certains veulent y voir aussi une allusion à la fonction que le faune vient d'attribuer à la flûte : elle organise pour l'artiste la fuite loin du réel. Cette lecture est ingénieuse, mais la mauvaise humeur du faune et le contexte inclinent à préférer la première. Je ne crois pas qu'on puisse accepter à la fois deux interprétations aussi différentes. — B1, au vers 52, dit : « Tâche, *noble* instrument des fuites, ô maligne », etc. « Noble », ironique? ou reste de révérence pour « le jonc vaste et jumeau »?

15. *Versification* : La dernière version de cette page du *Faune* a été très notablement régularisée du point de vue rythmique, à la faveur de la refonte totale des vers 31 à 53; on y trouve en tout cinq vers à rythme double, aux vers 36, 45, 52, 55, 59; trois enjambements aux vers 40-41, 52-53, 60-61.

TOAST FUNÈBRE

Ô de notre bonheur, toi, le fatal emblème!

Salut de la démence et libation blême,
Ne crois pas qu'au magique espoir du corridor
J'offre ma coupe vide où souffre un monstre d'or!
5 Ton apparition ne va pas me suffire :
Car je t'ai mis, moi-même, en un lieu de porphyre.
Le rite est pour les mains d'éteindre le flambeau
Contre le fer épais des portes du tombeau :
Et l'on ignore mal, élu pour notre fête
10 Très simple de chanter l'absence du poète,
Que ce beau monument l'enferme tout entier :
Si ce n'est que la gloire ardente du métier,
Jusqu'à l'heure commune et vile de la cendre,
Par le carreau qu'allume un soir fier d'y descendre,
15 Retourne vers les feux du pur soleil mortel!

Magnifique, total et solitaire, tel
Tremble de s'exhaler le faux orgueil des hommes.
Cette foule hagarde! elle annonce : Nous sommes
La triste opacité de nos spectres futurs.
20 Mais le blason des deuils épars sur de vains murs,
J'ai méprisé l'horreur lucide d'une larme,
Quand, sourd même à mon vers sacré qui ne l'alarme,
Quelqu'un de ces passants, fier, aveugle et muet,
Hôte de son linceul vague, se transmuait
25 En le vierge héros de l'attente posthume.

Vaste gouffre apporté dans l'amas de la brume
Par l'irascible vent des mots qu'il n'a pas dits,
Le néant à cet Homme aboli de jadis :
« Souvenir d'horizons, qu'est-ce, ô toi, que la Terre ? »
30   Hurle ce songe ; et, voix dont la clarté s'altère,
L'espace a pour jouet ce cri : « Je ne sais pas ! »

Le Maître, par un œil profond, a, sur ses pas,
Apaisé de l'éden l'inquiète merveille
Dont le frisson final, dans sa voix seule, éveille
35   Pour la Rose et le Lys le mystère d'un nom.
Est-il de ce destin rien qui demeure, non ?
Ô vous tous, oubliez une croyance sombre.
Le splendide génie éternel n'a pas d'ombre.
Moi, de votre désir soucieux, je veux voir
40   À qui s'évanouit, hier, dans le devoir
Idéal que nous font les jardins de cet astre,
Survivre pour l'honneur du tranquille désastre
Une agitation solennelle par l'air
De paroles, pourpre ivre et grand calice clair,
45   Que, pluie et diamant, le regard diaphane
Resté là sur ces fleurs dont nulle ne se fane,
Isole parmi l'heure et le rayon du jour !

C'est de nos vrais bosquets déjà tout le séjour,
Où le poète pur a pour geste humble et large
50   De l'interdire au rêve, ennemi de sa charge :
Afin que le matin de son repos altier,
Quand la mort ancienne est comme pour Gautier
De n'ouvrir pas les yeux sacrés et de se taire,
Surgisse, de l'allée ornement tributaire,
55   Le sépulcre solide où gît tout ce qui nuit,
Et l'avare silence et la massive nuit.

Ms. autographe Lemerre, 1873 ; jeu d'épreuves corrigées, 1873 ; publié dans *Le Tombeau de Théophile Gautier*, Paris, Lemerre, 1873 ; *Rev. Ind. 1887* ; Deman. Texte ci-dessus : Deman, sauf la séparation entre les deux dernières parties.

Ce poème est, parmi ceux de Mallarmé, un des plus célèbres et des plus commentés. Mallarmé l'a écrit pour *Le Tombeau de Théophile Gautier*, recueil collectif auquel collaborèrent, en hommage funèbre à Gautier, plus de quatre-vingts poètes de ce temps-là, illustres ou aujourd'hui oubliés. Gautier était mort le 23 octobre 1872. La première idée de cet hommage appartint, dès novembre, à Glatigny [1]. Catulle Mendès, qui avait été le gendre de Gautier, projeta de donner au recueil la forme d'un repas funèbre, où chacun des participants prendrait à son tour la parole pour dire un poème en l'honneur du Maître défunt, en l'interpellant à la deuxième personne et en célébrant une de ses qualités maîtresses [2]. Ni ce cadre ni cette distribution des sujets ne semblent avoir été en fin de compte respectés. Mallarmé, pourtant, après avoir conçu un autre projet, sur lequel nous ne savons rien de précis [3], se conforma pour sa part à ce plan : de là la forme de « toast funèbre » du poème, l'apostrophe au mort (« Ô toi ») du premier vers, et la célébration de la faculté de voir et de nommer, comme éminemment propre à Gautier, qui est la pensée fondamentale du poème.

Mallarmé utilise ici, une fois encore, l'alexandrin couplé, mais sur un ton nouveau : il se propose de faire un véritable discours, dénonçant l'immortalité de l'âme, et réduisant la survie du Poète à celle de son verbe. Ce projet philosophico-didactique

1. Voir sa lettre à Banville, du 5 novembre 1872, *Corr.*, t. XI, p. 24, n. 3.
2. Voir la lettre de Mendès à François Coppée, [1872], dans Gardner DAVIES, *Les « Tombeaux » de Mallarmé*, Paris, 1950, p. 14.
3. Voir la lettre de Mallarmé à un destinataire non connu (Mendès ?) [hiver 1872], *Corr.*, t. XI, pp. 24-25 : « J'abandonne mon premier projet (automne, maison de Neuilly). »

impliqué dans le *Toast* le rend naturellement tout différent
d'une effusion lyrique. Mais les quatre parties qui, après le
premier vers, le constituent dans sa présentation initiale [4] et
n'en comportent pas moins chacune une longue séquence de
vers continus, conforme aux habitudes prises antérieurement
par le poète [5]. Cette allure musicale atténue le caractère fortement rhétorique du poème : équilibre unique, et dont on ne
voit pas d'autre exemple chez Mallarmé. Une autre particularité de ce poème-plaidoyer est de se ressentir fortement du
projet de Mallarmé, déjà avancé à cette date, d'incliner vers
l'énigme sa langue poétique. Mais tout discours qui vise à
convaincre est tenu d'être clair : obligation d'autant plus justi-
fiée ici que Gautier avait toujours prôné les formes nettes et le
style lumineux. Or il est indéniable que Mallarmé dans ce
poème n'a pas su ou voulu allier la clarté à la passion de
convaincre. Efforçons-nous donc d'élucider ce poème aux
visées contradictoires : hymne et discours persuasif, harangue
et énigme, poème tendu de toutes les façons, mais en fin de
compte équilibré et achevé de tout côté.

Le premier vers, toast symbolique détaché en tête du poème,
annonce, en même temps que l'hommage, la portée que Mallarmé entend lui donner. En appelant Gautier *emblème de notre
bonheur*, il en fait un type, une figure du Poète : car tel est le
« nous » impliqué dans « *notre* bonheur », et ce « bonheur » est
entendu, non au sens de « félicité », mais de « chance » [6]. Il va
donc célébrer un privilège des poètes, qui intéresse, en même
temps que le maître disparu, toute la corporation poétique présente à la cérémonie. Pourquoi *fatal* emblème ? sans doute, parce
que le bonheur dont Gautier est le symbole, la gloire poétique,
ne s'épanouit que par la mort. Le vers, tel qu'il est, n'en a pas
moins l'air d'une énigme, par la conjonction paradoxale de l'heureuse fortune et de la fatalité. Tout le poème va développer cette
pensée à double face.

I. Ne crois pas, dit Mallarmé à Gautier, que *j'offre ma coupe* à

4. Les deux dernières parties ont été réunies dans l'édition photo-lithographiée des
Poésies en 1887, et le sont restées dans l'édition définitive.
5. Une séquence continue de 9 vers à la fin de la 1ʳᵉ partie; deux de 6 vers à la fin
de la 2ᵉ; une de 9 vers à la 3ᵉ; toute la 4ᵉ partie, 9 vers, ne fait qu'une seule phrase.
6. « Heur », qui avait eu ce sens, est sorti de l'usage; « bonheur » n'est plus très
employé dans cette acception.

ton âme immortelle [7]. En effet, la coupe de ce toast n'est pas offerte *au magique espoir du corridor* : expression sarcastique pour désigner la foi dans l'immortalité, comme si cette foi conduisait nécessairement à attendre le retour des morts par ce chemin domestique [8]. On a remarqué avec raison que le mort reparaissant — ou la morte — est un des thèmes obsédants de Mallarmé, et qu'il s'y complaisait ; mais l'obsession survivait chez lui à une croyance perdue, et cette perte pouvait à l'occasion donner lieu à un athéisme offensif. On sait que la rupture avec la foi religieuse s'est faite chez Mallarmé en 1866 et dans les années suivantes, au cours d'une longue crise liée à son expérience poétique. C'est alors un temps de poèmes et d'imaginations dominés par un sentiment d'absence et de néant [9]. On pourrait être tenté de rattacher le *Toast* à cette famille d'écrits. Il en diffère toutefois sensiblement, en ce qu'il ne relève en rien d'une métaphysique du non-être. Il contient une profession de foi antispiritualiste des plus simples et des plus populaires, encouragée et fortifiée par la célébration d'une valeur terrestre, la poésie.

Les vers 2 à 4, où cette pensée s'exprime si franchement, demandent explication. Comment situer grammaticalement le *salut* et la *libation* du second vers ? Ce sont, peut-on dire, des appositions anticipées, placées avant ce qu'elles qualifient. Est-ce ici la *coupe* du vers suivant qui est qualifiée d'avance salut et libation ? Bien plutôt l'action exprimée par « j'offre ma coupe », car c'est cette offrande qui a qualité de salut ou de libation. Elle serait un *salut de la démence*, s'il la faisait dans l'espoir de provoquer une apparition de Gautier, et une *libation blême*, c'est-à-dire morbide. Mais il supplie Gautier de *ne pas croire* qu'il se livre à un tel exercice. D'ailleurs sa coupe est *vide* : il la lève pour honorer Gautier, mais son vide proclame que rien n'est réellement offert ni demandé à Gautier mort, ni à aucun dieu. Le *monstre d'or* qui *souffre* et, suppose-t-on, se tord au fond de la

7. C'est ce que faisait Victor Hugo, spiritualiste, dans sa contribution mémorable au même *Tombeau*, en tête du recueil : « Va chercher le vrai, toi qui sus trouver le beau... Tu vas voir l'absolu, le réel, le sublime. »
8. Ce corridor est le même que le *couloir* dans le sonnet où il est dit de la maison d'un défunt qu'elle « Ne serait pas même chauffée — S'il survenait par le couloir » (sonnets de 1887, III). Cette équation de l'Âme immortelle et du Revenant atteste quelque irritation, due peut-être à la vogue du spiritisme.
9. Ainsi le « Sonnet en -*x* » [1868], les deux sonnets *De l'orient passé des Temps...* et *Alternative* [1868-1869?] ; *Igitur* [1868-1870] peut être situé dans cette lignée.

coupe a mis au supplice les commentateurs : ne peut-on voir dans cette décoration supposée un symbole d'art légendaire et de souffrance, une image de la poésie telle que peuvent l'aimer, après Gautier, Mallarmé et ses amis présents ? Le mot *d'apparition*, au vers 4, désigne expressément ce que Mallarmé a voulu ridiculiser au vers précédent : une apparition, qui, même si elle se produisait, ne saurait *suffire* à rien prouver, illusoire à coup sûr, dès lors qu'on sait où on a *mis soi-même* le cadavre, *dans un lieu de porphyre* qui l'enferme. Mallarmé affecte de tenir pour seule vraie la lourde fatalité terrestre, confirmée par le *rite* des *mains éteignant le flambeau* funèbre, dernier signe de vie, *contre le fer épais des portes du tombeau* (vers 7-8). Mais il sait qu'on va lui objecter l'immatérialité de l'âme, contre laquelle aucune prison ne vaut, et il s'empresse de nier une telle exception à la loi de nature sur le même ton de brutale évidence : *le monument enferme tout entier* le mort, rien ne saurait en échapper (vers 11). Qui prétendrait *l'ignorer* ? c'est difficile [10], surtout quand on a été *élu* pour être invité à *cette fête très simple*, qui consiste à *chanter* poétiquement *l'absence*, indiscutable, et non la chimérique survie, de Gautier (vers 9-10).

Il est malgré tout impossible, dans ce type de fête, de ne pas célébrer de quelque façon la persistance du défunt au-delà de la mort, ne serait-ce que dans sa trace terrestre. Comment l'éviter, quand le mort est un poète illustre ? de là la réserve qui surgit aussitôt après le vers 11 : Gautier est enfermé tout entier dans la tombe, *si ce n'est que* (vers 12). Quelle va être cette exception à sa prison ? Quand peut-il ressortir, certes non pour aboutir à un corridor, mais à quoi ? La phrase, dans sa charpente essentielle, dit : *Si ce n'est que la gloire [...] du métier [...] retourne vers les feux du soleil* (vers 12 et 15) ; et l'on peut voir là une expression métaphorique équivalent à : « si ce n'est que sa gloire de poète retourne briller à la lumière ». L'idée est en effet commune, depuis l'Antiquité, qui oppose à l'homme mortel la gloire qui lui survit ; Mallarmé a voulu renouveler cette idée par une figuration qui mette en plus sensible contraste la prison funèbre et la lumière solaire ; il a fait mieux : il a représenté l'action métaphorique par laquelle le défunt est censé remonter vers l'astre. Il a imaginé le moment

10. « On ignore *mal* » : on ignore difficilement.

où le rayon du soleil couchant [11] vient allumer le *carreau* du monument funéraire et attirer la *gloire ardente*, elle aussi, qui y gît, tout l'honneur de cette union étant moins pour ce rayon *du soir, fier d'y descendre*, que pour la gloire qui monte vers lui. Ici c'est le poète qui semble sacrer le soleil couchant.

Ce qu'il faut remarquer surtout dans ces vers 12-13, c'est le soin que Mallarmé a pris, tout en admettant une ascension posthume du défunt, d'en écarter toute interprétation spiritualiste. Un tel malentendu détruirait tout le sens de son poème, et il pouvait le craindre, vu que, dès l'Antiquité païenne, l'ambition humaine de survivre par la gloire est invoquée comme argument en faveur d'une survie réelle de l'âme : pourquoi souhaiterait-on être loué par la postérité, si on ne devait pas, au-delà de la mort, connaître ces louanges et en jouir ? Et d'ailleurs : l'inspiration divine du Poète, qui fait la pérennité de l'œuvre, ne peut animer qu'une âme elle-même immortelle, et qui sait qu'elle l'est. Aussi Mallarmé a-t-il écarté de ces vers le mot « inspiration », n'acceptant que celui de *métier* : domaine d'excellence acquise et de rayonnement confraternel, privilège de tout l'être vivant plutôt que du pur esprit qu'on suppose séparable du corps. Il se trouve qu'en exaltant le métier, Mallarmé va dans le sens de Gautier, dont la poésie sympathise étroitement avec les arts plastiques. D'autre part, le rôle du soleil comme agent de la gloire poétique pouvait donner lieu encore à un autre malentendu spiritualisant, du fait qu'une tradition consacrée fait de cet astre matériel un symbole de la lumière divine. Le symbolisme romantique dès ses débuts use de cette figure, employée en poésie moderne bien avant lui [12]. Mallarmé, qui ne l'ignore pas, ne veut pour image de la gloire de Gautier que le *pur soleil mortel*, expression fortement significative, qui nous maintient dans notre sphère et n'en veut pas connaître d'autre. D'ailleurs, avant même cette évocation, l'incise du vers 13 claironne sans ambiguïté l'intention

11. Le soleil n'est nommé qu'à la fin des quatre vers ; en attendant, il n'est évoqué qu'indirectement par le verbe *allume* et le mot *soir*, qui à eux deux suggèrent un soleil couchant.

12. La dualité de notre soleil astral et du Soleil spirituel (ou Dieu) est évoquée en maints endroits des *Méditations* de Lamartine : ainsi dans *L'Isolement*, strophe x (l'au-delà défini « Lieu où *Le vrai soleil* éclaire *d'autres cieux* ») ; dans *La Foi*, vers 167 (« Soleil mystérieux, flambeau d'une autre sphère ») ; dans *La Providence à l'homme*, strophe 14 (c'est Dieu lui-même qui parle, et qui établit la relation symbolique des deux lumièrres) : « Ce soleil éclatant, *ombre de ma lumière*. » On sait que Lamartine était un des poètes familiers de Mallarmé adolescent.

antispiritualiste du poème, par l'image d'un monde voué tout entier à la mort, Terre, Humanité et Poète inclus. La glorieuse survie de Gautier, loin d'être sans fin, trouvera sa limite dans *l'heure* cosmique *de la cendre*. Le privilège du poète sera alors anéanti par la catastrophe *commune* [13]; commune et *vile*, parce qu'elle mettra tout au même niveau, anéantissant jusqu'aux privilèges, tout relatifs, de l'esprit.

II. Les deux pensées fondamentales du poème ainsi posées, refus de l'immortalité céleste et privilège de pérennité poétique, Mallarmé va décrire avec une sorte de mépris douloureux la condition d'un mort vulgaire, en vaine attente d'immortalité substantielle selon la religion. Il faut se ranger de toute évidence à l'avis de ceux qui ont pensé que ces vers, loin de vouloir décrire Gautier, le délaissent momentanément pour considérer le type opposé au sien. Il est logique que l'auteur, ayant rejeté, au nom de Gautier et en son honneur, les vues communes sur la mort, envisage l'homme de la *foule* (vers 18) et sa posture face à la mort. Mallarmé a dérouté ses exégètes en commençant cette nouvelle partie du poème (vers 16-17) par une claironnante série d'adjectifs qui semblent concerner encore Gautier et en faire le héros de ce qu'il va dire. Dans le vers 16, *tel* résume les trois adjectifs qui le précèdent et sert d'attribut récapitulatif au substantif *orgueil*, rejeté lui-même après le verbe. Cette tournure inversée est parfaitement française; c'est comme si Victor Hugo, au lieu d'écrire : « Booz était bon maître et fidèle parent », avait écrit : « Bon maître et fidèle parent, tel était Booz. » La difficulté réside moins dans cette inversion que dans le fait que la copule qui joint ici les attributs au sujet n'est pas, comme d'ordinaire dans les phrases de ce type, l'affirmatif verbe « être » mais une locution verbale de sens négatif, « tremble de s'exhaler », qui désoriente la lecture immédiate. Si l'on rétablit dans leur ordre normal les éléments de la phrase (en éliminant *tel*, devenu inutile) on a : « *Le faux orgueil des hommes tremble de s'exhaler magnifique, total et solitaire* », et l'on comprend qu'un orgueil dévoyé tremble d'assumer cette triple et glorieuse qualification : *magnifique* (excluant toute conscience de misère), *total* (refusant quelque défaillance ou prosternation que ce soit), et *solitaire* (se sachant sans appui, stoïque). Mais Mallarmé a mis le sceau à

13. Ce mot dit beaucoup plus que la variante (« *l'heure dernière* »), qui la précédait dans *Le Tombeau* imprimé.

l'obscurité de ces deux vers en écrivant, non « tremble d'être », mais tremble de *s'exhaler* : on ne s'attend pas à des attributs allant avec ce verbe; rien pourtant ne les exclut [14]. Pourquoi Mallarmé a-t-il imaginé l'orgueil « s'exhalant »? Par allusion aux « bouffées » qui, selon l'imagerie traditionnelle, manifestent l'orgueil, et ici à l'ultime de ces bouffées qui, s'exhalant avec le dernier souffle de vie, définit son vœu suprême. Comment donc entend se conduire cet orgueil défaillant des hommes, qualifié de *faux* et né d'un *tremblement*?

Voici donc (vers 18-19) la *foule hagarde* de ces hommes et sa lamentable profession de foi : elle place toute son espérance dans ses *spectres futurs*, âmes désincarnées auxquelles l'immortalité est promise, et elle déprécie sa nature terrestre comme une *triste opacité*, misérable préface à la transparence supposée qui suivra la mort. Après cette définition fortement ironique de l'espérance d'immortalité, le poète imagine la mort d'un de ces hommes en particulier. Le *blason des deuils* (la tapisserie noire avec l'écusson à initiale) étant *épars sur de vains murs* [15], Mallarmé *a méprisé*, en cette circonstance, de verser la *larme* habituelle, qui, de sa part, ne pourrait être que d'*horreur*, de dégoût *lucide*, excluant la sympathie pour ce mort dont il va dire la pitoyable attitude (vers 20-21) [16]; le voici maintenant (vers 22-25) dans sa prétendue métamorphose en immortel. Il est appelé assez dédaigneusement *quelqu'un de ces passants*, quoique la triple étiquette *fier, aveugle et muet* en fasse un personnage assez impressionnant; mais nous savons que chez lui la fierté est jactance vide d'immortalité; et surtout la cécité et le mutisme qui le distinguent sont, dans la pensée du poème, les deux maux majeurs dont Gautier, prince de la vision et de la parole, est loué d'avoir été exempt. Ce mort, aveugle et muet, est *sourd* aussi, et le poète s'est imaginé le haranguant vainement, sans l'ébranler : l'autorité *sacrée* du vers ne réussit pas à *l'alarmer*. Il est tout occupé à une étrange opéra-

---

14. On écrit : « un parfum s'exhalait subtil »; un adjectif, mi-attribut, mi-apposition, est devenu possible presque après tout verbe : « elle s'accouda rêveuse au balcon ». Pourquoi pas : « un orgueil s'exhale magnifique » ou, ici, « tremble de s'exhaler magnifique, total », etc.?

15. « Le blason [...] épars » : il faut entendre « le blason *étant* épars » (proposition participiale de circonstance); « vains murs », comme on dirait « vains » espoirs : il n'y a pas de réalité dans ce qu'ils semblent promettre.

16. Le manuscrit porte « j'ai *prolongé* » au lieu de « j'ai méprisé », ce qui fait un sens tout différent : dans cette première variante, la larme était versée et se prolongeait dans l'horreur; Mallarmé a préféré la peindre absente.

tion : dans son *linceul vague*, il se *transmue* en *vierge héros*, rendu à la pureté originelle. Héros de quoi ? Goûtons l'ironie : héros d'une *attente posthume*, qui risque de durer longtemps.

Suit un grand scénario d'outre-tombe (vers 26-31), où le mort, déjà inexistant — il est dit *cet homme aboli de jadis*, alors qu'il vient à peine de mourir —, va signifier lui-même sa nullité. Le Néant va l'interpeller, et, de même qu'on demande à l'étranger nouvellement arrivé de nous renseigner sur son pays, va s'enquérir auprès de lui de ce qu'est la Terre. Les deux vers qui introduisent ce dialogue situent l'apparition du Néant : *dans l'amas de la brume* de l'au-delà, un *vaste gouffre* [17] apporté par le mort, plus précisément par *l'irascible vent des mots* que le mort *n'a pas dits*, n'a pas su dire, n'étant pas poète. Ainsi la parole poétique est tenue pour le seul moyen de conserver quelque sorte d'être au-delà de la mort. Dans ce que *le néant* (dit) *à cet Homme* [18], l'apostrophe *ô toi* devrait être normalement en tête, et *souvenirs d'horizons* à la fin, après *qu'est-ce que la Terre ?*, le questionneur, par cette apposition au mot « terre », formulant ce qu'il croit savoir lui-même, plus ou moins vaguement, de cette terre dont il s'enquiert [19]. La question, nous est-il dit, est le *hurlement* de *ce songe* (autre nom du néant interrogateur) ; et le très lamentable défunt, qui n'est plus un moi, mais une *voix dont la clarté s'altère*, un *cri* dont *l'espace se joue*, ne peut que balbutier : *Je ne sais pas*, ne pouvant se souvenir de ce qu'il n'a su ni voir ni nommer. Il ne sera plus question de lui. Nous allons revenir à Gautier, et mieux comprendre, par comparaison, ses privilèges et ceux de la poésie [20].

III. Voici le Maître dans l'exercice de son auguste fonction. Le monde sensible dont il a la charge, *éden* virtuel, *merveille*, mais *inquiète*, est une foison de beautés qui ignore sa loi, qui ne sent qu'anxieusement son être : le Poète s'y est promené et à chaque pas [21] il a, *par un œil profond, apaisé* cette inquiétude ; les choses ont trouvé leur paix dans ce pénétrant regard, et senti *le fris-*

17. « Vaste gouffre », au vers 26, est une apposition anticipée au « néant » du vers 28 ; cette construction semble la seule possible.
18. Vers 28 : le verbe « dire » est souvent sous-entendu dans les reproductions de dialogues.
19. Le texte portait d'abord, dans ce vers 29 : « *Spectacle et paradis*, qu'est-ce, ô toi, que la terre ? »
20. Je garde la division en deux de cette fin.
21. Cette promenade aux effets magiques du poète parmi les fleurs n'est représentée dans le texte que par les mots *sur ses pas*.

son final de leur trouble *dans sa voix seule*; car Gautier n'a pas seulement regardé, il a parlé, nommant les fleurs, dotant *la rose et le lys du mystère d'un nom* (vers 32-35). Ces vers font écho à la théorie fort ancienne d'une langue primitive de l'humanité, dont le verbe poétique est jusqu'à nos jours l'héritier, et dont les mots n'étaient pas, comme aujourd'hui, des signes arbitraires et conventionnels des choses, mais en quelque sorte leur fidèle et nécessaire image, participant en tout point de leur nature. C'est ainsi que l'authentique parole poétique fait exister à proprement parler les choses dont elle parle. Mallarmé écarte sans doute en pensée le fondement divin sur lequel cette théorie fait reposer d'ordinaire la vertu métaphysique du langage humain [22]. Mais il est difficile que ce privilège des poètes, même soustrait à la sphère surnaturelle, ne garde pas de son origine quelque chose de surprenant pour la raison. C'est pourquoi Mallarmé, malgré son refus du surnaturel, nous invite, quand Gautier nomme *la rose ou le lys*, à nous incliner devant le *mystère d'un nom*.

On risque de le prendre au mot, et d'en conclure à quelque effluve d'immortalité réelle dans la fonction qu'il vient lui-même d'attribuer au Poète. De là le vers qui suit aussitôt (vers 36), et où il prend les devants sur une possible objection, ou plutôt une supplique, des poètes rassemblés devant lui. Il emprunte leur voix quand il demande si d'un si haut *destin* il n'est vraiment « *rien qui demeure, non ?* ». Il faut convenir que sa réponse à cette question est catégoriquement négative quant à une survie substantielle. Il qualifie de *croyance sombre* la foi dans l'immortalité, si souvent tenue pour une lumineuse consolation [23], tout en exaltant *le splendide génie éternel*, mais éternel *sans ombre*, c'est-à-dire sans double ou spectre posthume [24] (vers 37-38).

Ayant ainsi renouvelé sa profession de foi négative, il va déve-

22. On cite parfois *Genèse*, II, 19-20, où Dieu mène les animaux à Adam pour qu'il les nomme, ce qui semble donner aux noms primitifs un patronage divin; mais les théoriciens naturalistes et positifs de l'origine des langues invoquent au contraire ces mêmes versets pour soutenir que Dieu, renonçant à créer lui-même les noms, en a laissé le soin à l'homme.

23. Le manuscrit disait : « *Ô nous tous! bannissons une* », etc. ; puis, Mallarmé, ne voulant décidément pas s'inclure parmi les nostalgiques de la survie céleste, a mis en surcharge la 2ᵉ personne au lieu de la 1ʳᵉ : « *Ô vous tous! bannissez* », etc. Enfin, il a trouvé sans doute qu'*oublier* une croyance était plus radical que la bannir.

24. On remarquera l'équivoque de « sans ombre », qui nie le fantôme du mort, mais qui veut dire aussi « sans obscurité », « purement lumineux ». — « Éternel », par la gloire : hyperbole provocante.

lopper, pour accéder au *désir* de ses auditeurs, ce qu'il a déjà
laissé entrevoir touchant le destin du poète après sa mort (vers
39-47). La charpente de la phrase dans ces vers se dessine fort
bien. Nous lisons : *Moi [...] je veux voir à qui s'évanouit hier [...]*
survivre [...] une agitation [...] de paroles [...] que [...] le regard [...]
resté là [...] isole. Il suffit de suivre dans leur ordre ces points
forts accompagnés de ce qui tient à chacun d'eux. Gautier s'est
évanoui hier, tandis qu'il remplissait le *devoir que nous font*, à
nous poètes, les *jardins* de la Terre. Le métier du poète est donc
un *devoir* en même temps qu'un bonheur ou un privilège ; et un
devoir *idéal*, c'est-à-dire, à sa façon, sacré. Mallarmé souhaite
voir [...] survivre à Gautier [25] les *jardins* terrestres transfigurés
par son regard, autrement dit ses poèmes. Il souhaite cette survivance, comme seule propre à *honorer le tranquille désastre* d'une
vie rendue au néant avec sérénité. La permanence du génie au-
delà de la mort réside donc dans le Jardin terrestre idéalisé par
lui : fleurs, paroles qui les nomment, regard qui ne les quitte
plus, et les empêche de se faner jamais. Ces vers admirables
(vers 43-47) représentent le balancement sur sa tige de la rose et
du lys — *pourpre ivre et grand calice clair* — comme *une agitation*
solennelle par l'air de paroles, et supposent que *le regard diaphane*
du poète, *resté là sur ces fleurs*, comme une *pluie* éternisée en *dia-*
mant, les *isole* au sein de la nature changeante, de *l'heure* et du
rayon du jour variable [26].

IV. Dans la phrase finale qui commence ici, l'exemple de Gautier va fournir une leçon qui vaut pour toute la corporation poétique [27]. Ce Jardin du monde, « apaisé » dans l'œuvre, est le
paradis des poètes. *C'est déjà* (dès ce monde-ci) *tout le séjour* (il
n'y en a pas d'autre) *de nos vrais bosquets* (les bosquets mythiques
des Champs-Élysées n'existent à l'état de vérité que dans ceux-
là). Ce séjour, le poète *pur* (purement poète, exempt de contami-
nation étrangère) a *pour geste humble* (il ne vise pas au ciel) *et*

25. « Survivre à qui s'évanouit » est l'objet d'une forte inversion : *à qui s'évanouit*
(vers 40), *survivre* (vers 42).
26. La syntaxe féconde de ces vers n'offre pas de grande difficulté. Ce qui survit à
la mort de Gautier est une *agitation de paroles* ; *pourpre* et *calice* sont des appositions à
paroles et des antécédents du *que* qui suit : (paroles) que [...] *le regard* [...] *isole* ; *pluie* et
diamant sont des appositions anticipées à *regard* ; *resté là* et sa suite développent
regard ; *isole* est suivi de ses compléments circonstanciels. Noter toujours l'action de
la poésie de Gautier comme Regard et Parole.
27. Ce changement de perspective est confirmé au vers 52 par *comme pour Gautier*,
qui situe désormais le Maître comme un exemple pour « nous ».

large (mais il embrasse l'infini du monde sensible) *de l'interdire au rêve* (aux imaginations spiritualistes) *ennemi de sa charge* (ruineuses à la fonction poétique). Cette dernière partie évoque donc dans ses premiers vers le poète en vie, présent dans les « bosquets » *où* (vers 49) il exerce sa garde et qu'il protège du « rêve », autrement dit dont il écarte toute pensée dissolvante. Mais cette vigilance, nous est-il dit, a en vue sa gloire future, *afin que* (vers 51), au lendemain de sa mort [28], *surgisse le sépulcre*, comme pour prendre, semble-t-il, sa suite en tant que gardien. Comment ? La mort consiste principalement, chez un poète, comme on le voit bien pour Gautier, dans le fait *de n'ouvrir pas les yeux* [29] *[...] et de se taire* : on a déjà vu, et Mallarmé répète, que voir et nommer sont les deux excellences de la poésie, qui est lumière et parole. Si les « fleurs » que le Poète a laissées après lui l'attestent, rien ne le confirmera mieux que *le sépulcre solide* qui tient enfermé sans retour *tout ce qui nuit*, à savoir les puissances opposées à la poésie : *le silence* dans la bouche fermée du mort, et *la nuit* dans ses yeux aveugles [30]. Aussi le sépulcre est-il *l'ornement tributaire*, c'est-à-dire complémentaire et dépendant, *de l'allée* fleurie : les fleurs sont la Beauté, soustraite à la mort dans l'œuvre du poète ; et le sépulcre, prison de la mort, éternise leur vie. Il n'empêche que le poème finit sur « ce qui nuit ». Le dernier vers est bâti sur deux évocations sinistres (quoique masquées par l'abstraction du « silence » et de la « nuit ») de l'intérieur du sépulcre. Les adjectifs qui accompagnent ces deux mots, *avare* et *massive*, et qui évoquent une double inflexibilité, aggravent ce point d'orgue final, qui interdit d'ignorer la nature funèbre du sujet.

Au terme de cette lecture, il apparaît bien que Mallarmé donne au Poète, en dédommagement de la chimérique immortalité de l'âme, qu'il lui refuse, la gloire durable de ses œuvres. Telle est du moins la substance logique de son admirable dis-

28. C'est ce que veut dire *le matin de son repos* ; *altier*, notation mi-sereine, mi-stoïque, selon l'esprit du poème.
29. « Les yeux *sacrés* », dit le texte : sacrés, car c'est par eux que le poète contemple et poétise.
30. Le couple vision-parole, ou son contraire obscurité-silence, survenant à plusieurs reprises dans le poème (vers 32 et 35, 44-45, 53, 56), empêche de considérer la poétique de Mallarmé comme purement idéaliste. Il arrive chez lui qu'un sens idéal, comme ici, reste inséparable et inséparé des sensations sur lesquelles il s'appuie : ici un jardin de fleurs vivantes et un cercueil.

cours. Cette façon de voir, en elle-même, n'a rien de foncièrement originale; c'est, depuis toujours, celle de l'humanisme profane. Même réduite à sa plus simple expression, et sans
l'accompagnement de l'éloquence mallarméenne, elle semble à
ceux qui l'adoptent la seule qui soit proportionnée aux pouvoirs
de l'humanité. Cependant Mallarmé a ceci de particulier, qu'il
ne l'applique qu'au Poète. N'importe quelle œuvre d'homme,
évidemment, n'inscrit pas son auteur dans le souvenir de
l'humanité; mais il y a bien d'autres moyens d'acquérir une
gloire « éternelle » que la poésie ou l'art. Pourquoi ce privilège
du Poète?

Il semble que Mallarmé, définissant surtout le Poète comme
celui qui voit et qui nomme les objets du monde, attache à
cette définition un destin particulier. Il est vrai que tous les
hommes voient et donnent des noms aux choses, mais le Poète
possède ces facultés à un degré exceptionnel : il est le seul à
voir vraiment et à nommer dignement ce qu'il voit, non selon
l'utile, mais selon le beau, en sorte que cette Beauté, qui défie
le temps, prolonge sa mémoire. C'est qu'il ne l'a pas, à proprement parler, saisie ou captée dans le monde; c'est son opération qui l'a fait naître : que serait la beauté, si lui n'était pas
là pour la voir et la dire? Dans cette conception, la gloire du
Poète ne consiste pas, comme celle de tout homme mémorable
à quelque titre que ce soit, dans le souvenir qu'on garde de
lui, mais dans le caractère intrinsèquement extra-temporel
qu'on suppose à ses créations, et auquel il participe lui-même
par-delà sa propre mort. On peut douter que ce privilège en
soit un : que m'importe cette perennité, si je dois, de toute
façon, cesser d'exister? Mallarmé, bien sûr, n'ignore pas cette
objection. Mais ce qu'il veut sauver, c'est la dignité de
l'homme : croire en ce qui n'est pas est pitoyable; pleurer de
ce qui nous manque l'est davantage encore; ce qu'il proclame,
c'est une sorte de défi, fondé sur l'étendue réelle de nos pouvoirs et l'espèce de revanche qu'ils nous permettent sur « tout
ce qui nuit ».

Mallarmé se garde d'aller trop loin dans ce sens, de crainte de
rejoindre, par un autre biais, les illusions qu'il condamne, et de
faire aboutir l'idéalisme poétique à une nouvelle ontologie. C'est
ici que peut nous éclairer la comparaison du *Toast* avec la *Prose
pour des Esseintes*. L'idée d'un Jardin transfiguré par la poésie,

comme figure d'un Idéal supérieur au réel brut, est au cœur des
deux poèmes, peut-être proches aussi l'un de l'autre par la
date [31]. Les deux jardins diffèrent pourtant en ceci : dans celui
du *Toast*, les fleurs sont le monde sensible, vu et nommé par le
Poète, et il est bien entendu — l'affirmer solennellement est
l'objet principal du poème — qu'il n'y en a pas d'autre que
celui-là. Le Poète, homme aux pouvoirs de qui tout homme peut
participer à quelque degré, est Celui qui institue les fleurs en
beauté. Dans la *Prose* au contraire les Fleurs transnaturelles
sont révélées au Poète, et leur apparition semble excéder la
capacité humaine, puisqu'elle prive de parole le Poète et sa
Muse, et qu'au sortir de leur extase ils ne s'attribuent d'autre
tâche que de traduire en mots ce qui est apparemment au-dessus
du langage. La Beauté, que les Fleurs incarnent, est exaltée semblablement ici et là ; mais dans le *Toast*, le Beau est tout entier
du domaine de l'homme, et à sa mesure ; les Fleurs de la *Prose*
sont quelque chose d'extérieur et de supérieur à lui, dont l'être
dépasse le sien. C'est là toute la distance entre humanisme et
mystique.

Dira-t-on que nous avons dans le *Toast* un Mallarmé volontairement accommodé à Gautier, et le vrai Mallarmé dans sa
Prose? Ce serait conclure bien imprudemment. Il serait plus
vrai de dire que Mallarmé est tenté par une mystique de la
poésie, sans vouloir pourtant y céder. La *Prose* semble dire le
contraire du *Toast*, mais à bien la lire, la transcendance des
Fleurs y est affirmée de façon bien indécise et problématique,
comme quelque chose qu'on est irrité de voir nier grossière-
ment, mais qu'on est bien embarrassé d'établir. Il est odieux
de dire que l'île où ces Fleurs grandissent n'a pas de nom
connu, et il est ridicule de chercher cette île sur la mer ; cet
autre monde ne peut, bien évidemment, s'appréhender dans
celui-ci. La *Prose* n'en situe pas moins toute la poésie dans le
Poète et dans sa Muse, plus assurée encore à cet égard que
lui ; et le pays des Fleurs qui ne se peuvent nommer, ce non-
Pays, ce lieu de nul climat et de nul aïeul, étranger à l'espace
et au temps, comment est-il finalement représenté dans la
Prose? Le croirait-on? par un Sépulcre où une Poésie morte,

31. Certains font remonter la *Prose*, publiée en 1885, à quelques années seulement
après 1873, date du *Toast* (voir Carl P. BARBIER, *Documents Stéphane Mallarmé*, t. I,
Paris, Nizet, 1968, p. 17 et suiv.).

ignorée de tous, est enfermée! Ne faut-il pas comprendre que ce poème, tenté par une mystique que l'idéalisme prudent du *Toast* excluait, aboutit en fait, dans la souveraine et secrète ironie de Mallarmé, à la rejeter [32] ?

---

32. *Versification* : ce poème philosophique est d'une métrique relativement austère ; pas un seul vers où la césure classique soit anéantie ; de nombreux vers sont susceptibles d'un découpage ternaire (vers 3, 12, 14, 21, 22, 24, 32, 38, 53), mais l'accent de la sixième syllabe y subsiste sans peine (césure médiane située dans presque tous les cas entre nom et adjectif (voir l'Appendice, « Réflexions sur la métrique de Mallarmé », C2b) ; trois enjambements, vers 9-10, 40-41, 43-44 (mise en valeur rhétorique des rejets).

« *Quand l'ombre menaça...* »

Quand l'ombre menaça de la fatale loi
Tel vieux Rêve, désir et mal de mes vertèbres,
Affligé de périr sous les plafonds funèbres
4   Il a ployé son aile indubitable en moi.

Luxe, ô salle d'ébène où, pour séduire un roi,
Se tordent dans leur mort des guirlandes célèbres,
Vous n'êtes qu'un orgueil menti par les ténèbres
8   Aux yeux du solitaire ébloui de sa foi.

Oui, je sais qu'au lointain de cette nuit, la Terre
Jette d'un grand éclat l'insolite mystère
11   Sous les siècles hideux qui l'obscurcissent moins.

L'espace à soi pareil qu'il s'accroisse ou se nie
Roule dans cet ennui des feux vils pour témoins
14   Que s'est d'un astre en fête allumé le génie.

Publié par Verlaine, *Les Poètes maudits*, dans *Lutèce*, 24-30 novembre 1883; *Les Poètes maudits*, Paris, 1884; *Le Scapin*, 16 octobre 1886; *Écrits sur l'Art*, 7 mars 1887; *Rev. Ind. 1887*; *AVP*; Deman. Titre : *Cette nuit* jusqu'en mars 1887; puis sans titre. Texte ci-dessus : ponctué selon *BM*.

Ce sonnet, dont nous n'avons pas de manuscrit antérieur à sa publication en 1883, semble avoir été composé bien avant cette date. Il se rapproche par la pensée du *Toast funèbre* de 1873, prenant à l'égard de Dieu la même position que le *Toast* contre l'immortalité de l'âme. Sa relative ancienneté semble confirmée par Mallarmé lui-même qui, en envoyant à Verlaine le groupe de ses poèmes destinés à paraître dans *Les Poètes maudits*, lui écrit : « Les vers que je vous envoie là sont anciens [1]. » Il s'agissait notamment du *Tombeau d'Edgar Poe*, qui date de 1876, mais aussi de *Sainte* et de *Don du poème*, qui sont de 1865, époque où Mallarmé éprouvait déjà la perte de foi si fortement remémorée dans le premier quatrain de notre sonnet. Son style, d'autre part, bien différent de celui du *Toast*, est énergique et sobre, et ce qu'il peut avoir d'obscurité ne doit rien à une recherche de vocabulaire ni de syntaxe, mais seulement au caractère à dessein distant et peu prolixe que Mallarmé a voulu donner à cette grave profession de foi. Ce style se rapprocherait plutôt de celui du *Tombeau d'Edgar Poe*. Mais aucun de ces rapprochements n'autorise à trancher la question de date. Il semble en tout cas risqué de faire remonter trop loin « *Quand l'ombre menaça...* » : les désespoirs absolus du Mallarmé des années 1860 et la situation sans issue que disent alors ses poèmes semblent ici relativement surmontés; il proclame au moins une nouvelle *foi* remplaçant l'ancienne, ce à quoi il n'avait guère songé d'abord, et qui devait nourrir ensuite, toute sa vie, sa réflexion.

Le titre que porta d'abord le sonnet, *Cette nuit*, laisse supposer

1. Lettre du 3 novembre 1883 à Verlaine, dans *Corr.*, t. II, p. 248 (lettre déjà citée à propos d'*Apparition*).

que Mallarmé retrace une méditation nocturne, vécue sous le ciel étoilé, et qui le conduisit, non à célébrer, comme on fait d'ordinaire, le Dieu supposé de cet univers, mais à le désavouer formellement. Mallarmé a-t-il vécu réellement « cette nuit » ? Ou bien l'allégorie d'une telle nuit résume-t-elle figurativement la longue crise qui a abouti chez lui au rejet de Dieu ? En tout cas, *l'ombre* et *les plafonds* sont donnés d'emblée, dès le premier quatrain, comme étant le décor dans lequel *la fatale loi* menaça un jour *le Rêve*. Si la foi menacée est appelée « Rêve », c'est sans doute parce qu'au temps de cet ultime ébranlement, la religion de Mallarmé n'était plus vécue en termes de stricte orthodoxie catholique, mais déjà selon l'Idéal romantique, postulat de valeur transcendante non résolu en dogmes et inséparable du Rêve poétique. Dans le vocabulaire de Mallarmé, le « Rêve », surtout avec une majuscule, est cette sorte de religion ou de foi inhérente, selon le romantisme, à l'exercice de la poésie. C'est ce Rêve lumineux qui se heurte à la loi fatale de l'ombre (Nuit ou Néant). *Tel vieux rêve* : l'expression est modeste dans l'indéfini « tel », ambitieuse dans « vieux », qui fait du Rêve l'objet d'une foi immémoriale. Mallarmé le qualifie *désir et mal*, parce qu'il est à la fois insurmontable et toujours frustré, et qu'il est congénital à l'être humain comme des *vertèbres* qu'il faut mouvoir et que le mouvement torture. Le quatrain décrit un moment décisif : le Rêve condamné à *périr* s'est avoué vaincu ; comme un oiseau à qui des *plafonds funèbres* signifient sa prison, il a *ployé son aile*. Il y a cependant, dans cette défaite, encore un défi. Le Rêve, menacé, a renoncé à contester la « fatale loi », mais il ne s'est pas renié : car sa légitimité est *indubitable*, et, *plongeant* l'aile dans l'espace intérieur, il va y retrouver ce qui lui est refusé au-dehors.

Aussi le second quatrain va-t-il apostropher l'ennemi et proclamer sa déchéance. Le décor du drame s'y révèle dans sa double nature : les « plafonds funèbres » du quatrain précédent suggéraient un château clos dans son « ombre » ; nous allons découvrir que ce château est la figure du cosmos nocturne et de son prétendu Seigneur. Et c'est dans ce double cadre de sombre légende royale et de mythe métaphysique que Dieu va être disqualifié. *Luxe, salle d'ébène* où trône *un roi*, puis ballet d'étoiles, *guirlandes* d'astres *célèbres*, mais déjà éteints ou en voie d'extinction, bayadères de néant *se tordant dans leur mort pour séduire* le

fabuleux despote : terrible parodie de la biblique royauté céleste
et du *Caeli enarrant gloriam Dei*. Tout cela n'est pas, n'est
— c'est ici surtout que ce sonnet fait écho au *Toast funèbre* —
qu'un orgueil menti par les ténèbres[2] : le mensonge d'un faux
orgueil s'exaltant dans l'idée d'un Dieu, comme, selon le *Toast*,
dans la prétention à l'immortalité. Au dernier vers du quatrain,
reparaît et se redéploie dans une nouvelle direction, l'aile ployée
mais invaincue du vers 4 : essor du *moi* pensant dans l'annonce
d'une *foi*. *Moi* par nature solitaire, qui trouve en lui-même une
certitude *éblouissante*, balayeuse des ténèbres de sa fausse
défaite. Le mot « solitaire » ne doit pas étonner, ni s'entendre en
un sens d'abandon : il définit le mode nécessaire d'apparition de
cette foi, sa naissance au sein d'une conscience individuelle, et
proclame son évidence pour toute conscience semblable.

Les tercets développent cette foi : science en même temps que
foi, et non postulat aveugle : tel est le sens du *Oui, je sais*, affirmation d'une entière certitude[3]. L'invention rhétorique principale de ces tercets est une sorte de déplacement spatial de la
perspective. Celui qui parle dans ce sonnet est évidemment un
habitant de la Terre, et il feint soudain de parler du fond de
l'espace enténébré, et d'apercevoir *au lointain de cette nuit* la planète sacrée, sanctuaire de sa croyance, et le *grand éclat* de
lumière qu'elle *jette* : éclat *insolite*, parce qu'il est unique, dans
l'infinité de la nuit, et *mystérieux* parce qu'il émane d'un être fait
de matière[4]. L'espèce de sacralisation de la Terre qui marque ce
premier tercet fait penser à certains aspects de la religion positi-
viste, et aux tendances analogues de l'imagination humanitaire
à glorifier ou vitaliser la nature en tant que compagne et habi-
tacle de l'homme : duo, sans Dieu, de l'Homme et de sa planète ;
et, dans ce duo, primauté de l'esprit humain : c'est lui qui, dans
l'histoire de la Terre, se mesure progressivement à Dieu. On ne
peut donc être surpris de voir cette perspective de progrès histo-

2. « Menti par les ténèbres » = proclamé mensongèrement par les ténèbres :
emploi passif du verbe « mentir », contraire à tout usage, mais saisissant comme un
défi, et sans obscurité.
3. Il faut se garder de l'interpréter au sens restrictif, fréquent en français, où
« Oui, je sais » exprime une concession (« Oui, je reconnais que »).
4. Ceci est vrai de la terre comme planète, et de l'homme comme être vivant ; Mallarmé a évoqué ailleurs ce mystère, à un moment où il n'en avait pas encore tiré
toutes les conséquences : « Nous ne sommes que de vaines formes de la matière, —
mais bien sublimes pour avoir inventé Dieu et notre âme », etc. (lettre à Cazalis, 21
ou 28 avril 1866, *DSM*, p. 308).

rique surgir en quelques mots au vers 11 de notre sonnet. Celui qui parle se détache du présent pour considérer la Terre du fond du temps, comme il l'a fait du fond de l'espace. Il suppose les siècles passés toujours subsistant dans le temps, et la Terre qu'ils couvraient de ténèbres leur imposant l'éclat de sa lumière [5] : victoire progressive, puisque de ces *siècles* qui furent *hideux* il est dit seulement qu'ils *obscurcissent moins* notre planète. Ces quelques mots suffisent pour que nous reconnaissions, dans la lumière que le sonnet célèbre, une figure des Lumières, et en Mallarmé, avec toutes les différences qu'on voudra, un adepte de cette tradition.

Le dernier tercet ouvre une autre perspective : il met au-dessus de l'immensité spatiale, signe traditionnel de la grandeur divine, le *génie* terrestre, c'est-à-dire humain. *L'espace* à soi pareil, si illimité qu'il puisse être, n'est en effet qu'une monotone répétition de lui-même ; *qu'il s'accroisse* à l'infini ou *se nie* jusqu'à zéro, il n'est qu'ennui ; les étoiles qu'il *roule dans cet ennui,* ces *feux vils* n'ont d'autre raison d'être que de *témoigner* ; ils signalent l'avènement de la Terre, *astre en fête,* et du génie qui *s'allume* en elle, au sein d'une nuit universelle. Ces vers développent une variante atypique du thème qui oppose, à la puissance de l'univers matériel et à la faiblesse de l'homme en ce domaine, la supériorité (connaissance, volonté et droit) inhérente à l'esprit. Tel est en effet le thème du « roseau pensant » de Pascal, qu'on a voulu quelquefois retrouver dans ce sonnet. Mais la disposition des éléments du thème est toute différente chez Pascal, pour qui l'esprit de l'homme a son origine et son appui en Dieu ; aussi n'exalte-t-il l'esprit de l'homme que pour le ramener à cette source salutaire. Pour Mallarmé, qui pose d'emblée le prétendu Dieu comme une figure du Néant, l'esprit est le privilège de l'homme, et c'est pour séparer l'homme de Dieu qu'il glorifie le génie [6].

5. C'est dans un telle perspective que la Terre jette son éclat *sous* les siècles hideux (considérés comme survivant au-dessus d'elle). Mallarmé, dans les versions antérieures, avait dit : *pour* les siècles (« pour » = à l'intention de, au défi de).

6. *Versification* : ce sonnet appelle peu de commentaires quant à sa métrique ; il est, dans ce domaine, strictement classique, sans variation de rythme ni enjambement. Dans un tel sujet, Mallarmé n'a voulu intéresser que par la grandeur, en parole comme en pensée.

LE TOMBEAU D'EDGAR POE

Tel qu'en Lui-même enfin l'éternité le change,
Le Poète suscite avec un glaive nu
Son siècle épouvanté de n'avoir pas connu
4   Que la mort triomphait dans cette voix étrange!

Eux, comme un vil sursaut d'hydre oyant jadis l'ange
Donner un sens plus pur aux mots de la tribu
Proclamèrent très haut le sortilège bu
8   Dans le flot sans honneur de quelque noir mélange.

Du sol et de la nue hostiles, ô grief!
Si notre idée avec ne sculpte un bas-relief
11   Dont la tombe de Poe éblouissante s'orne

Calme bloc ici-bas chu d'un désastre obscur
Que ce granit du moins montre à jamais sa borne
14   Aux noirs vols du Blasphème épars dans le futur.

2 mss. autographes envoyés en 1876 en Amérique; première publication dans *Edgar Allan Poe, A Memorial Volume*, Sara Sigourney Rice, Baltimore, 1877; ms. autographe, vers 1878-1880; publication par Verlaine dans *Les Poètes maudits* (article de *Lutèce*, fin 1883, et volume, 1884); *Le Décadent littéraire*, 28 août 1886; *Rev. Ind. 1887*; *Les Poèmes d'Edgar Poe*, Deman, 1888 (réédition, 1889); *V et P*; Deman. Texte ci-dessus : Deman.

Ce sonnet a été écrit, à l'occasion de l'inauguration du tombeau d'Edgar Poe à Baltimore, sur l'invitation de Miss Sara Sigourney Rice, qui présidait le comité organisateur [1]. Les diverses versions que nous avons de ce *Tombeau* présentent quelques variantes jusqu'à celle des *Poètes maudits,* où il semble avoir trouvé son texte définitif ; à partir de 1884, on n'enregistre plus, entre les nombreuses publications du sonnet, que des variations typographiques ou de ponctuation. Ce poème est un des plus fameux de Mallarmé et des plus souvent cités et commentés. Il passa pour obscur dans les années 1880, quoiqu'il soit fort clair, en fait, à condition de prêter un peu d'attention à ce qu'il dit. La lecture du sonnet nous est facilitée, s'il en était besoin, par le fait que Mallarmé en a écrit lui-même une traduction mot à mot en anglais à l'intention de Mrs. Sarah Helen Whitman, autrefois la fiancée de Poe, qui avait entrepris de traduire le *Tombeau* en vers anglais [2]. Il

1. Mallarmé s'est trompé en écrivant par deux fois que son poème avait été récité à la cérémonie d'inauguration (dans les « scolies » de ses *Poèmes d'Edgar Poe,* 1888 : voir *Œ. Pl.,* p. 224 ; et dans la « bibliographie » qui clôt l'édition Deman des *Poésies :* voir *Œ. Pl.,* p. 78). En fait, il envoya le sonnet à Baltimore en octobre 1876 (voir sa lettre à Mrs. Witman, *Corr.,* t. II, p. 131), alors que le tombeau avait été inauguré en novembre 1875 ; Miss Rice publia le sonnet dans le *Memorial Volume* qu'elle fit paraître fin 1876 (sous la date de 1877). Cette version du sonnet est reproduite dans *Œ. Pl.,* p. 1493, et aux notes des éditions Austin et Marchal.
2. Ce mot à mot anglais de Mallarmé sur *Le Tombeau d'Edgar Poe* est resté longtemps inconnu en France, où il n'a été reproduit qu'en 1949 avec les notes dont Mallarmé l'avait accompagné (voir Charles CHASSÉ, *Revue de Littérature comparée,* 1939, article reproduit dans *Les Clefs de Mallarmé,* Paris, 1954, pp. 103-104). On peut le lire aujourd'hui dans *Corr.,* t. II, pp. 154-155, et dans les éditions récentes des *Poésies.* Mrs. Whitman ne fit aucun usage du mot à mot de Mallarmé ; avant de le lui demander, elle avait déjà fait sa traduction en vers anglais, et Mallarmé la convainquit de la garder telle qu'elle était ; il l'a reproduite aux « scolies » de ses *Poèmes d'Edgar Poe* (voir *Œ. Pl.,* p. 224).

n'y a pas d'autre exemple d'éclaircissements aussi détaillés donnés, par Mallarmé lui-même, sur une de ses poésies.

Le premier vers du sonnet est devenu presque proverbial en français, au moins dans la population lettrée ou demi-lettrée. Il a grande allure, et semble dire ce qu'on a souvent dit, que les poètes ne gagnent l'éternité du renom que par leur mort; mais il le dit avec une majesté qui impose un arrière-sens métaphysique : le moi mal défini dans les vicissitudes de la vie ne s'affirme qu'une fois délivré du temps; le mort domine de son autorité le vivant. Il ne s'agit donc pas ici de consécration, mais de revanche : le mort surgit le *glaive nu*, en punisseur; il *suscite*[3] ceux qui l'ont méconnu, à savoir, sauf quelques exceptions, *son siècle* tout entier, *épouvanté* de n'avoir pas *connu* dès son vivant que c'était *la mort* qui *triomphait*[4] *dans l'étrangeté de sa voix.* Le poète était donc, du temps même où il vivait, et dans sa littérature (ici dite « sa voix ») le Porte-Parole de la Mort, et méconnu comme tel. Cette méconnaissance, par la foule, de ce messager du Néant est détaillée dans le second quatrain. *Eux* reprend, sur le mode méprisant, « son siècle ». Le *vil sursaut* du vers 5 n'est pas celui que pourrait provoquer en eux le « glaive nu » du poète mort qui les « suscite »; car ce que ce quatrain rétrospectif réprouve, c'est leur réaction, quand il vivait; ils avaient, face à lui et sa poésie, *comme un vil sursaut d'hydre oyant jadis l'ange,* c'est-à-dire les contorsions d'un monstre entendant la voix d'un ange dans quelque mythe ancien où ils seraient aux prises. Nous sommes parfaitement dispensés de nous demander qui, dans la mémoire de Mallarmé, est l'ange, qui l'hydre. Les sources de ce scénario bâti en deux vers pour son sonnet et situées dans un vague « jadis » lui étaient peut-être aussi difficiles à préciser qu'à nous. Il nous est moins indifférent d'y reconnaître un scénario de linguiste; cet ange ne relève plus du tout de la Mort, mais de la civilisation, plus précisément de la poésie civilisatrice; il réforme la sémantique routinière de *la tribu*, et, en *purifiant le sens des mots*, il purifie les mœurs : cette doctrine, d'une grande diffusion dans la philosophie poétique du romantisme, et suscep-

---

3. « Susciter » a ici le sens du latin *suscitare*, « faire se lever pour une lutte »; il a, à l'origine, ce sens en français aussi.
4. Dans les versions anciennes : « que la mort *s'exaltait* dans cette voix étrange »; il est beaucoup plus impressionnant qu'une puissance mythique tonne ou *triomphe* dans la voix de son prophète.

tible d'orientations diverses, n'est qu'effleurée ici, en vue de montrer la foule sous un jour odieux : ce que symbolisent les sursauts de l'hydre, ce sont les assauts calomnieux du public américain contre Poe; ces gens-là ont *proclamé très haut* que *le sortilège* de sa poésie était *bu dans le flot sans honneur de quelque noir mélange*. Quoique la poétique de Mallarmé n'exclue pas la périphrase, celle-ci en particulier ne relève pas de son style : voyons-y bien évidemment une caricature, sur le mode néoclassique français, du genre d'éloquence qu'il attribue, dans la réprobation de l'alcool, aux bien-pensants américains [5].

Le premier tercet reprend, dans une phrase exclamative, le conflit de la foule et du poète, sous les symboles, peu clairs à première vue, du *sol* (monde terre à terre) et de la *nue* (monde aérien de la pensée et de la poésie). Mallarmé ne pouvait dire « la terre et le ciel », antithèse rebattue et relevant d'un spiritualisme qu'il ne professait plus [6]. Mais ce vers 9, tel qu'il est, n'est pas facilement compris : l'idée d'une lutte entre deux entités opposées, qui est bien celle de Mallarmé, n'y est pas clairement formulée. Le groupe « sol-éther » ou « sol-nue » ne représente pas du tout nécessairement une antithèse conflictive; le pluriel *hostiles* encore moins. « Hostiles » au pluriel évoque une hostilité commune à plusieurs et solidaire, jamais une hostilité réciproque [7]. Quant au mot *grief*, on s'épuise à lui chercher un sens dans ce contexte. « Grief » en vieux français signifie « dommage », « tort (fait à quelqu'un) »; de ce sens dérive la seule acception courante de « grief » en français moderne : « sujet de plainte contre quelqu'un ». Le mot ainsi entendu n'impose nullement l'idée d'une lutte ouverte. En fait, ce vers s'était obscurci en cours de route, et l'histoire de son obscurcissement est des plus instructives. Dans la version autographe apparemment la plus ancienne du *Tombeau*, donnée vers 1876 à John H. Ingram, Mallarmé avait écrit : « Du sol et de l'éther *ô le double grief*! », rédaction qui, pouvant évoquer un

---

5. Mallarmé, ayant traduit ce vers mot à mot, ajoute sans façon « means in plain prose : charged him with always being drunk ». Quel « exégète » des *Poésies* oserait aujourd'hui l'imiter ?

6. Les versions anciennes disent : « Du sol et de *l'éther* », etc.; Mallarmé ne s'est décidé pour *la nue*, selon les relevés de variantes de l'édition *BM* (p. 275, n° 101.3), que dans la version publiée par Verlaine en 1883-1884.

7. On ne dit pas : « Pierre et Paul sont hostiles » pour dire qu'ils sont en conflit; personne ne comprendrait; on demanderait : « Hostiles à qui ? » Et il faudrait répondre : « hostiles l'un à l'autre », « ennemis ».

grief réciproque, dessinait davantage un conflit, et permettait d'éclairer l'ensemble du vers. Mais cette version n'a été connue qu'en 1963. L'autre autographe de 1876 (celui de Miss Rice, publié dans le *Memorial Volume*) porte déjà au vers 9 : « Du ciel et de l'éther *hostiles ô grief* ! » Cette variante obscurcissait tout le vers par la suppression du mot « double », et plus encore par l'addition, non moins impropre, du mot « hostiles ». C'est pourquoi Mallarmé jugea prudent, contre son habitude, d'éclairer Mrs. Whitman sur ce qu'il avait voulu dire ; dans son mot à mot anglais, il traduit ainsi le vers 9 : « *Of the soil and the ether which are enemies, o struggle* ! », remplaçant en anglais par des mots propres les deux mots qui faisaient énigme en français. Dans un autre sonnet anglais, traduit du *Tombeau* par Mrs. Moulton, la même année 1877, avec les conseils de Mallarmé, le vers 9 est celui-ci : « Oh *struggle* that the earth with Heaven maintains ! » [8]. Le mot à mot de Mallarmé et, accessoirement, ce sonnet anglais coupent court aux discussions des commentateurs et nous renseignent catégoriquement sur le sens du vers, livré pour une fois par son auteur.

Quoi qu'il en soit de la genèse du vers 9, il claironne en tête des tercets cette lutte entre la basse humanité et les hauts représentants de l'esprit, dont les quatrains montraient un épisode mémorable dans la vie et la mort d'Edgar Poe. Grammaticalement, il est fait d'un nom au vocatif précédé par inversion de ses deux compléments ; on a, en rétablissant l'ordre usuel : « *ô grief du sol et de la nue hostiles !* » On pourrait se croire devant une sorte de proposition exclamative indépendante, sans verbe. En fait, cette lutte mémorable est le complément anticipé de la proposition qui suit, et qu'il faut lire : *Si notre idée avec* cette lutte (représentée dans ses épi-

8. Mrs. Louise Chandler Moulton, femme de lettres américaine, séjourna à Paris en 1876-1877 ; elle vit Mallarmé et lui remit une traduction du *Tombeau d'Edgar Poe* en un sonnet anglais, beaucoup plus fidèle à l'original que le poème de Mrs. Whitman. Il est à supposer que Mallarmé lui donna de vive voix des conseils pour sa traduction et qu'elle accepta docilement ses explications sur « grief » = *struggle* ; le duo Terre-Ciel est apparemment sa façon à elle de comprendre Mallarmé, qui était trop poli pour la contrarier. Mallarmé a publié son sonnet en 1888 avec celui de Mrs. Whitman (voir *Œ. Pl.*, p. 225). On peut se demander pourquoi Mallarmé n'a pas adopté « ennemis », qui faisait aussi bien son vers. L'a-t-il trouvé trop clair ? A-t-il cédé à quelque préférence « magique » ou « incantatoire » ? Peut-être : « hostile » porte la charge du latin *hostilis*, qui évoque des armées en opération, tandis qu'*inimicus* a surtout une portée privée.

sodes) *ne sculpte un bas-relief dont la tombe de Poe éblouissante s'orne [...], que ce granit du moins*, etc. (souhait compensant l'absence du bas-relief) [9]. C'est un fait que le tombeau de Poe ne porte pas de bas-relief; Mallarmé part de ce regret, et en tête de cette phrase *si [...] ne* a la valeur de *puisque [...] ne [...] pas*. Quelle vertu prêter à cette tombe sans bas-relief, sur le mode optatif à défaut de mieux? *Que ce granit du moins...* « Ce granit » est le monument qui surmonte à Baltimore la tombe de Poe; Mallarmé n'aimait pas ce monument et ne l'a pas caché; il affectait même d'y voir, au-delà de la piété des initiateurs du projet, une dernière marque de malveillance de l'Amérique : « C'était un bloc de basalte [10] que l'Amérique appuya sur l'ombre légère du Poète, pour sa sécurité qu'elle ne ressortît jamais. » Ces lignes peuvent se lire dans la « bibliographie » de l'édition Deman des *Poésies*. Il avait dit la même chose, et pire, dans les « scolies » de ses *Poèmes d'Edgar Poe* : on a, « sous le couvert d'un inutile et retardataire tombeau, roulé là une pierre immense, informe, lourde, déprécatoire, comme pour bien boucher l'endroit d'où s'exhalerait vers le ciel, ainsi qu'une pestilence, la juste revendication d'une existence de poète par tous interdite [11] ». Trouvant le tombeau laid et l'hommage douteux, il a voulu imaginer grandiose, sur le mode effrayant, ce qui n'était peut-être que banal, et le sacraliser à ce titre. C'est à quoi il s'emploie superbement dans son dernier tercet.

L'intention du tercet (le souhait qu'il exprime) n'apparaît que dans son deuxième vers. Le premier, apposition anticipée au granit qui vient ensuite, se déroule, magnifique, alors qu'on soupçonne seulement de quoi il s'agit, la *tombe* de Poe ayant seule été nommée jusqu'ici sans mention du monument. Ce vers est assez généralement considéré comme une périphrase (pour désigner un aérolithe), ce qui n'est pas l'estimer très haut, vu le peu de crédit dont jouit la périphrase depuis 1830.

9. « Avec », plus un complément sous-entendu, ou exprimé antérieurement, est un tour très usité en français familier (ainsi, par exemple : « Cette histoire, si on ne peut pas faire un roman avec, qu'on en tire au moins une leçon », construction analogue à celle des vers 9-11 de notre sonnet. — « S'orne » est évidemment un subjonctif (= « puisse s'orner »).

10. Le basalte est imaginaire : c'est du granit, surmonté de marbre noir (voir CHASSÉ, art. cité, p. 106).

11. *Œ. Pl.*, p. 226.

Mais il y a périphrase et périphrase, et un simple aérolithe est peu de chose au regard de ce vers grandiose; un *désastre obscur* évoque un bouleversement dans la création qui parle à l'esprit humain et le tient en suspens [12]. Voici maintenant le rôle déprécatoire, comme dit Mallarmé, qu'il prête généreusement au monument : il écartera, par la redoutable étrangeté dont il est revêtu, *borne* sombre et épouvantail sacré, les *blasphèmes* qui ne manqueront pas de se reproduire *dans le futur* contre Poe ou contre la poésie. On peut dire de ce vers la même chose que du vers 12, quoiqu'il soit triomphalement clair. Les insultes à la poésie sont dites *blasphèmes*, par excellence, dès lors qu'on la tient comme la seule forme du divin. Le symbole qui les figure comme des oiseaux sinistres emplit le vers sans que les oiseaux soient nommés; les six mots de ce vers final, pensée et figure à la fois, sont aimantés ensemble comme un mot unique.

Ce sonnet, en même temps qu'apologie funèbre d'Edgar Poe, est aussi une profession de foi touchant le Poète et sa situation parmi les hommes. Tel n'est pas le cas des autres « tombeaux », plus tardifs, de Mallarmé, ceux de Baudelaire et de Verlaine, qui retracent un être, une sensibilité et des prédilections de goût et de caractère, sans plaider la cause du Poète comme type. À cet égard, *Le Tombeau d'Edgar Poe* continue à sa date, à propos du poète américain, la philosophie générale que professaient les premiers grands poèmes, *Les Fenêtres*, *L'Azur* : l'horreur du Poète pour le réel et pour l'humanité vulgaire, et le sceau de supériorité attaché à la vocation poétique — supériorité amère et séparée, puisque la mission poétique apparaît en Poe comme une sorte de sacerdoce de la Mort. On peut voir dans cette investiture funèbre qui ouvre solennellement le sonnet le rappel — inévitable — d'un caractère particulier de l'œuvre de Poe et de son esprit. Cependant, le ton de prédication du sonnet entier établit entre

12. Il y a dans ce vers un charme singulier dont la cause échappe. Son premier hémistiche a déjà une sorte de résonance métaphysique que confirme aussitôt le *désastre obscur*; à cette grandiose évocation mêle son ironique lourdeur un participe sorti d'usage; et six accents, trois par hémistiche, scandent pesamment le vers. Je donne ces impressions pour ce qu'elles valent. Le fait est que ce vers est un de ceux qu'on trouve beaux avant de savoir de quoi ils parlent, et plus beaux quand on le sait. — On a souvent remarqué que Mallarmé, dans un « médaillon » sur Poe, a imaginé Poe lui-même comme une sorte d'aérolithe mystérieusement projeté parmi nous.

le poète mort et son laudateur une solidarité profonde, et pas seulement circonstancielle, que le lecteur est invité à partager. Le ministère du Poète peut-il être de se faire auprès des vivants l'interprète de la Mort, et de les fustiger depuis l'Au-delà ? On touche ici du doigt les contradictions de ce sacerdoce sans espoir, plus convaincant comme humeur que comme pensée [13].

13. *Versification* : sonnet strictement régulier lui aussi ; les deux quatrains forment deux phrases accomplies ; les deux tercets, les deux parties successives d'une même phrase ; le vers 10 est le seul qu'on puisse trouver peu classique, mais comment le construire sinon en 6+6 ? ; « avec » à la césure (vers 10) ne la dessert en rien, car il est ici adverbe, et fortement accentué.

SONNET

2 novembre 1877

— « Sur les bois oubliés quand passe l'hiver sombre,
Tu te plains, ô captif solitaire du seuil,
Que ce sépulcre à deux qui sera notre orgueil
4   Hélas ! du manque seul des lourds bouquets s'encombre.

Sans écouter Minuit qui jeta son vain nombre,
Une veille t'exalte à ne pas fermer l'œil
Avant que dans les bras de l'ancien fauteuil
8   Le suprême tison n'ait éclairé mon Ombre.

Qui veut souvent avoir la Visite ne doit
Par trop de fleurs charger la pierre que mon doigt
11   Soulève avec l'ennui d'une force défunte.

Âme au si clair foyer tremblante de m'asseoir,
Pour revivre il suffit qu'à tes lèvres j'emprunte
14   Le souffle de mon nom murmuré tout un soir. »

(Pour votre chère morte, son ami)

Ms. autographe unique ; première publication dans l'édition *NRF* des *Poésies*, 1913 ; reproduit dans *Œ. Pl.* et dans les éditions ultérieures des *Poésies*.

Ce n'est pas Mallarmé qui parle dans ces vers, c'est quelqu'un d'autre, comme le signalent le tiret initial et les guillemets ; une femme défunte s'adresse à son mari survivant : ce mari est le *tu* du sonnet, et la dédicace ajoutée *in fine* s'adresse aussi à lui : Mallarmé a été, dit-il, l'ami de la morte, et parle *pour* elle, c'est-à-dire à sa place et comme par sa bouche. Quel était ce couple ? En 1945, les éditeurs des *Œuvres complètes* disent l'ignorer, et regrettent que Geneviève Mallarmé et son mari, qui ont fait connaître ce sonnet, n'aient pas dit qui en était l'héroïne [1]. Le savaient-ils ? On le suppose. Cependant, un des deux éditeurs des *Œuvres*, Henri Mondor, avait précédemment mentionné, à titre d'hypothèse, les noms d'Ettie et de Maspero [2]. Ettie Yapp était une jeune fille anglaise, fille du correspondant parisien d'un journal britannique, dont la famille résidait à Paris dans les années 1860 [3]. Elle était, vers 1862, n'ayant pas vingt ans, et dans les années suivantes, l'amie d'un petit groupe de poètes et d'artistes à peine plus âgés qu'elle, qui subissait son charme. Mallarmé et son ami Cazalis la connurent alors ; Cazalis s'éprit d'elle et fut pendant plusieurs années son fiancé ; nous savons que Mallarmé sympathisait avec l'amour de ce couple ami, qu'il le vivait pour ainsi dire en tiers. Cazalis rompit en 1868 les longues fiançailles, et cette rupture fut pour Mallarmé une sorte d'épreuve. Il resta son ami et celui d'Ettie, qui, aimée par le

---

1. Voir *Œ. Pl.*, p. 1491.
2. Voir Henri MONDOR, *Vie de Mallarmé*, p. 395.
3. Sur Ettie Yapp, tout ce que nous savons est rassemblé dans l'article de Lawrence JOSEPH, *Mallarmé et son amie anglaise*, publié dans la *Revue d'histoire littéraire de la France*, juillet-septembre 1965, pp. 457-478.

jeune Gaston Maspero, futur maître de l'égyptologie au Collège de France, l'épousa en 1871. Elle devait mourir deux ans après. D'un faisceau de vraisemblances diverses est née la conviction, générale aujourd'hui, que c'est de ce couple qu'il s'agit dans notre sonnet. On fait état, notamment, d'une tradition familiale selon laquelle Maspero, accablé par son deuil, s'adonna un temps au spiritisme pour essayer de communiquer avec sa femme morte [4], situation longuement évoquée dans le sonnet. Nous ne savons pour ainsi dire rien des relations de Mallarmé avec Maspero vers 1877, date du sonnet. Maspero fréquentait, paraît-il, les mardis du poète vers 1875 [5]. On peut supposer que Mallarmé a appris, par un ami commun ou par Maspero lui-même, qu'il déplorait de n'avoir pu fleurir, cette année, la tombe de sa femme le jour des Morts [6]. De là est née l'idée du sonnet : Mallarmé a imaginé une réponse de la morte destinée à consoler son mari et à le conseiller. C'est lui, bien sûr, qui imagine ce discours d'Ettie morte, où sa voix et celle qu'il prête à la morte se mêlent subtilement.

Le premier vers du sonnet le situe dans un cadre hivernal : les bois sont oubliés (expression hyperbolique du fait que personne n'y vient quand l'hiver passe sur eux). Le reste du quatrain rapporte une plainte du destinataire du sonnet, à laquelle toute la suite du poème est destinée à répondre. Cloîtré chez lui, il a laissé sans fleurs la tombe de sa femme (en ce jour des Morts qu'évoque la date du sonnet). C'est ce que disent le *captif solitaire du seuil* et le *manque des bouquets* (vers 2-4). On ne peut appeler « captif du seuil » que celui qui ne peut le franchir pour sortir [7]. Le *sépulcre à deux qui fera notre orgueil* peut surprendre ; il est difficile de croire, comme on verra plus loin, que Mallarmé ait voulu évoquer une sépulture magnifique ; l'orgueil qui présidera à la réunion future des époux dans ce sépulcre à deux, où

4. Voir L. Joseph, art. cité, p. 477.
5. Voir H. Mondor, *Vie de Mallarmé*, p. 367.
6. Pourquoi ne l'a-t-il pas pu ? Certainement pas à cause de l'impossibilité de trouver des fleurs en hiver : tout le monde sait que la France entière fleurit ses tombes le jour des Morts. Le sonnet dit la raison : il ne pouvait sortir de chez lui. Pourquoi ? La question est sans intérêt ; si Mallarmé a su pourquoi, il a jugé inutile de le dire. On peut être retenu chez soi pour les raisons les plus diverses.
7. Je ne crois pas que « captif du seuil » puisse signifier que le mari déplore de ne pouvoir franchir le seuil de la tombe pour rejoindre sa femme. L'expression « enfermé dehors » existe bien en français populaire, mais « dehors » en est le mot décisif ; il n'y a ici aucune indication analogue.

nul tiers ne sera admis, est un orgueil de sentiment, celui qui naît d'un amour exclusif et inaltérable, que ce tombeau proclamera. Je ne vois pas non plus, je l'avoue, comment le *manque [...] des lourds bouquets* pourrait signifier autre chose que leur absence [8]. L'emploi d'un verbe comme *encombrer* à propos de bouquets manquants peut troubler un instant le lecteur ; mais il faut comprendre que ce verbe s'applique, en imagination, aux « lourds bouquets » qui d'ordinaire encombraient réellement cette tombe, et qui aujourd'hui l'encombrent de leur manque seul [9]. Le vers qui déplore ce manque « voit » les bouquets présents selon son désir, et dans le même instant les sait absents. Ce vers n'est pas, comme on le dit souvent, un exemple de fâcheuse préciosité mallarméenne, mais la vive expérience d'un désir frustré. Bien lu, ce beau vers est pathétique, non précieux.

Le reste du sonnet répond avec une parfaite cohérence logique à la plainte évoquée dans le premier quatrain. « Tu te plains, lui disait-elle, de n'avoir pu encombrer de fleurs la tombe de ton épouse. » Le second quatrain continue : « (Or) tu souhaites (d'autre part) recevoir ma visite. » « (Mais), objecte le premier tercet, trop de fleurs, en pesant sur ma pierre, m'empêcheraient de sortir vers toi (félicite-toi donc, au lieu de t'en plaindre, de ne l'avoir pas fleurie). » Et le dernier tercet conclut : « Songe plutôt à la façon dont tu peux me faire venir à toi. »

Voici donc, au second quatrain, le veuf chez lui, dans une longue veillée d'attente ; il laisse passer minuit sans écouter ses douze coups, *vain nombre,* car il ne compte pas sur cette heure fatidique pour lui ramener sa femme, mais plutôt sur son obstination dans l'attente : il *veille* donc, *sans fermer l'œil, dans l'exaltation* [10], et il ne se relâchera pas de cette veille avant que sa femme ne lui apparaisse. Ettie et Mallarmé qui la fait parler évoquent cette apparition sous la forme où le mari est supposé

8. « Manque de » signifie toujours en français « absence (déplorée) de quelque chose », ici « absence des lourds bouquets (coutumiers et regrettés) ».

9. Je ne pense pas qu'on puisse interpréter le « manque » des bouquets en tant que « présence vaine », comme on l'a fait, sans se placer à une distance de la langue qui contredit absolument la pratique mallarméenne.

10. On peut être surpris de la construction du verbe « exalter » (d'ordinaire employé absolument) avec *à* et l'infinitif. Mallarmé a apparemment pris pour modèle le régime des verbes voisins, « inciter » ou « exciter *à* », tout en leur préférant « exalter », qui dit mieux l'état d'esprit de son personnage. — Noter d'autre part l'emploi de « ne pas fermer l'œil », désignation familière de l'insomnie, au sens d'une veille toute volontaire.

l'attendre : *l'ancien fauteuil* et *le suprême tison* sont les deux pôles de l'événement [11]. Cependant le sonnet ne dit que l'attente de l'apparition, non l'apparition elle-même, qui reste hypothétique, comme si dans ces vers la piété conjugale et l'amitié s'accordaient seulement pour fournir au veuf la représentation achevée de son rêve.

La morte ne veut pas contrarier ce rêve. Elle acquiesce, dans le tercet qui suit, quand elle avertit son mari de ne pas

> Par trop de fleurs charger la pierre que mon doigt
> Soulève avec l'ennui d'une force défunte.

Mais la beauté funèbre de ces vers avertit aussi l'époux qu'il n'aura plus jamais sa femme de jadis. En évoquant son apparition, elle s'appelait déjà elle-même *mon Ombre*; elle parle ici d'*ennui*, mot qui dit l'absence de tout désir, et de *force défunte*. Et quand elle évoque la Visite, elle se représente toute vacillante :

> Âme au si clair foyer tremblante de s'asseoir;

la lumière est son ennemie, le lieu où elle a vécu la fait trembler. Est-il possible, à vrai dire, qu'elle y reparaisse, et que la Visite l'y ramène? Ce qu'elle suggère à son mari est autre :

> Pour revivre il suffit qu'à tes lèvres j'emprunte
> Le souffle de mon nom murmuré tout un soir.

Elle revivrait à un tel appel, mais dans quel sens l'entend-elle, ou Mallarmé pour elle? et que conseillent-ils au mari solitaire d'espérer? Revivra-t-elle, comme il l'espère, dans sa forme visible, ou comme être reprenant vie dans sa mémoire et, à l'appel de son nom, communiquant de nouveau avec lui? Quoi qu'on décide, la beauté de ces tercets, en tout cas, se situe au-delà de tout commentaire.

On se demande pourquoi Mallarmé n'a jamais publié ce poème. Il a paru pour la première fois, par les soins de ses héri-

---

11. « L'ancien fauteuil », fauteuil d'antiquaire? on dit plutôt, dans ce cas, « fauteuil ancien »; il s'agit ici, je crois, du fauteuil d'autrefois, du temps révolu où la morte vivait et s'y asseyait habituellement. — « Le suprême tison » : suprême, au sens de dernier, et décisif (*cf.* « la suprême épreuve », « le suprême effort »). Le moment où cet ultime tison jettera sa dernière lueur est le moment culminant de la veillée, celui où la morte doit apparaître.

tiers, dans l'édition *NRF* des *Poésies*. De son vivant, il n'en avait jamais parlé, et son entourage n'en a transmis aucun écho. Un sort pareil pour un tel sonnet étonne; il y faut une raison sérieuse. Mallarmé, qui, en 1877, avait depuis longtemps rejeté toute croyance surnaturelle, a-t-il craint de passer pour acquis au spiritisme, s'il publiait le poème? Cette raison ne me paraît pas suffisante à elle seule pour expliquer le sacrifice d'un poème comme celui-là [12]. Un motif plus impérieux a dû agir. Si Mallarmé publiait le sonnet, le couple dont il taisait le nom serait aussitôt identifié dans le milieu d'écrivains et poètes où il vivait et que Maspero fréquentait. Comment livrer aux commentaires publics les secrets d'un deuil conjugal? Cette impossibilité devint plus évidente dans les années 1880, quand Maspero se fut remarié. On peut aller plus loin. A-t-il vraiment envoyé le sonnet à Maspero, comme le fait croire la dédicace? On ne l'a pas trouvé, que nous sachions, dans ses papiers. S'il l'a reçu, il a pu, en remerciant Mallarmé, lui demander de ne pas le publier. Si Mallarmé ne le lui a jamais envoyé, c'est qu'il aura jugé, à la réflexion, indiscrète son intervention entre les époux, et qu'il s'est contenté de la satisfaction qu'il avait pu trouver lui-même à s'identifier avec Ettie. Naturellement, il ne l'a pas détruit, espérant bien qu'il paraîtrait un jour.

Note additionnelle sur le « sépulcre à deux ». Quelqu'un a-t-il jamais cherché à en savoir davantage sur le sépulcre à deux, si glorieusement évoqué au vers 3 du sonnet? Je n'ai rien rencontré dans ce que j'ai pu lire concernant Mallarmé, et ce poème en particulier, qui trahisse la moindre curiosité à propos de cette sépulture. Ayant appris qu'elle se trouvait au Père-Lachaise, je suis allé la voir par un beau matin de janvier, très ensoleillé et lumineux, en compagnie de mon ami Lawrence Joseph, déjà cité dans ce volume. Nous nous sommes trouvés devant une tombe de pierre grise [13] aux noms en partie effacés, et de largeur suffisante pour un seul cercueil à la fois. Selon les renseignements

12. Mallarmé fut marqué dans son adolescence par la mort de sa jeune sœur Maria en 1857. Il avait écrit l'année suivante, étant encore au collège, une longue composition en prose où il faisait réapparaître une jeune fille morte. Mais ce passé mallarméen était ignoré en 1877, et ce conte des *Trois Cigognes* ne fut publié qu'en 1944 par Mondor dans son *Mallarmé plus intime*.
13. 69e division, 2e ligne en face de la 68e division, 6e tombe en partant de la 70e division.

donnés par l'administration du cimetière, la sépulture a été achetée le 22 septembre 1873, dix jours après la mort d'Ettie. Elle y a été inhumée en décembre, après un séjour provisoire du corps au cimetière Montmartre. Plusieurs noms sont gravés dans la pierre : le premier, difficilement lisible, doit être celui d'Ettie ; suivent deux noms, ceux d'Eugène Bazil, inhumé en 1887, et d'Adélaïde Bazil, inhumée en 1917 (mère de Gaston Maspero). Entre-temps, Gaston Maspero, mort en 1916, avait été, selon les archives du cimetière, inhumé aussi dans cette tombe, quoique son nom n'y figure pas, et de là transféré au cimetière Montparnasse en 1919. Au bas de cette liste, on a gravé plus récemment et très lisiblement « Ettie Maspero (1846-1873) », inscription due sans doute à un des descendants d'Ettie [14]. Gaston Maspero s'était remarié au début des années 1880, après dix ans de veuvage ; la tombe du cimetière Montparnasse renferme avec lui sa seconde femme et leur descendance. Il est bien évident que le « sépulcre à deux » est un de ces projets émouvants que la vie déjoue de son plein droit, mais dont la poésie a prolongé en ce cas le souvenir.

Je veux dire un mot pour finir de la curieuse découverte que nous avons faite pendant notre visite à la tombe d'Ettie Yapp. Au plus haut de la dalle, et posé sur elle, se trouve une sorte de caisson de pierre destiné à recevoir de la terre et des fleurs. Il repose sur quatre pieds de pierre hauts de quelques centimètres, qui créent un jour entre le fond du caisson et la dalle. Cet espace est très peu éclairé. Mais Lawrence Joseph a aperçu quelques caractères gravés sur la dalle à cet endroit ; nous y avons distingué clairement, à la lumière d'un briquet, l'inscription suivante, sur deux lignes : MA SPERO, en italien « Mais j'espère ». Gaston Maspero, d'origine lombarde, a-t-il gravé (ou fait graver) en tête de la tombe ce jeu de mots sur son nom de famille, en témoignage de ses espérances spirites ? L'inscription n'a pu être faite en tout cas quand le caisson était déjà là ; il a peut-être été mis plus tard à cet endroit pour la cacher.

Je veux remercier Mlle Christine Delangle, archiviste du Collège de France, et M. Braux, attaché culturel au cimetière du Père-Lachaise, qui m'ont obligeamment aidé dans cette recherche. Je tiens surtout à dire ici ma reconnaissance toute

---

14. Un dernier nom figure sur la dalle, après celui-là : « Janina Tuwan (1907-1959) ».

particulière à M. François Maspero, éditeur et écrivain, petit-fils en droite ligne de Gaston Maspero, pour la libéralité avec laquelle il m'a d'emblée renseigné sur la tombe du Père-Lachaise et sur l'histoire de sa famille, rendant la suite de mon enquête possible [15].

---

15. *Versification* : il y a peu de chose à dire sur la versification de ce sonnet. Mallarmé n'a voulu se permettre, dans un sujet où régnait une émotion si singulière, que quelques modulations : une velléité ternaire se perçoit, plus ou moins marquée, aux vers 2, 9, et surtout 10.

PROSE

(Pour des Esseintes)

Hyperbole! de ma mémoire
Triomphalement ne sais-tu
Te lever, aujourd'hui grimoire
4   Dans un livre de fer vêtu :

Car j'installe, par la science,
L'hymne des cœurs spirituels
En l'œuvre de ma patience,
8   Atlas, herbiers et rituels.

Nous promenions notre visage
(Nous fûmes deux, je le maintiens)
Sur maints charmes de paysage,
12   Ô sœur, y comparant les tiens.

L'ère d'autorité se trouble
Lorsque, sans nul motif, on dit
De ce midi que notre double
16   Inconscience approfondit

Que, sol des cent iris, son site,
Ils savent s'il a bien été,
Ne porte pas de nom que cite
20   L'or de la trompette d'Été.

Oui, dans une île que l'air charge
De vue et non de visions
Toute fleur s'étalait plus large
24   Sans que nous en devisions,

Telles, immenses, que chacune
Ordinairement se para
D'un lucide contour, lacune,
28   Qui des jardins la sépara.

Gloire du long désir, Idées
Tout en moi s'exaltait de voir
La famille des iridées
32   Surgir à ce nouveau devoir,

Mais cette sœur sensée et tendre
Ne porta son regard plus loin
Que sourire et, comme à l'entendre
36   J'occupe mon antique soin.

Oh! sache l'Esprit de litige,
À cette heure où nous nous taisons,
Que de lis multiples la tige
40   Grandissait trop pour nos raisons

Et non comme pleure la rive,
Quand son jeu monotone ment
À vouloir que l'ampleur arrive
44   Parmi mon jeune étonnement

D'ouïr tout le ciel et la carte
Sans fin attestés sur mes pas,
Par le flot même qui s'écarte,
48   Que ce pays n'exista pas.

L'enfant abdique son extase
Et docte déjà par chemins
Elle dit le mot : Anastase !
52 Né pour d'éternels parchemins,

Avant qu'un sépulcre ne rie
Sous aucun climat, son aïeul,
De porter ce nom : Pulchérie !
56 Caché par le trop grand glaïeul.

Ms. autographe dit Ms. Mondor (où manquent les deux derniers quatrains) peut-être antérieur de plus de dix ans à la première publication ; une copie moins ancienne, complète, de la main de Luigi Gualdo ; publication dans *La Revue Indépendante* de 1885 ; *Rev. Ind. 1887* ; *V et P* ; Deman. Texte ci-dessus : Deman, sauf que j'ai mis une virgule à la fin du vers 24 : elle y est nécessaire et figure dans le ms. et la copie : elle a été ensuite remplacée par un point, je ne sais pourquoi.

À la mémoire de mon frère Georges

Une foule de commentateurs ont tenté, depuis plusieurs générations, d'interpréter ce difficile poème de Mallarmé [1]. En l'essayant après eux, je devrais rendre à chacun la part qui lui est due dans l'éclaircissement progressif de cette œuvre mémorable. Mais, ne pouvant le faire sans surcharger à l'excès ces pages, je tiens à leur adresser, à tous ensemble, l'hommage que leur doit quiconque s'efforce de continuer leur œuvre. Ce que j'apporte ne prétend être qu'un complément à leurs découvertes, une pierre nouvelle à un édifice qui se construit depuis un siècle. Tous ceux qui ont participé à cette œuvre critique savent qu'elle s'accomplit sous le signe de la sympathie et de la plausibilité plutôt que de la certitude. Sympathie, non seulement entre les commentateurs, mais entre eux et celui qu'ils commentent; il n'y a nul sacrilège, quoi qu'en disent les paresseux et les idolâtres, à vouloir déchiffrer une énigme poétique, qui ne s'accomplit que dans ce dévoilement, quand l'obscur et le lumineux ne font plus qu'un, et configurent ensemble la même merveille. On ne profane donc pas Mallarmé en tâchant de

1. *Prose pour des Esseintes*, paru pour la première fois en janvier 1885, n'a subi par la suite que quelques variantes insignifiantes d'orthographe et de ponctuation. Mais les deux versions manuscrites, certainement antérieures, présentent d'importantes différences avec le texte définitif : la copie autographe a été pubiée et commentée par Henri MONDOR dans *Le Figaro littéraire* du 25 décembre 1954 (article repris dans *Autres précisions sur Mallarmé*, Paris, 1961, p. 139 et suiv.); la copie Gualdo a été publiée et commentée par Carl P. BARBIER, *Documents Stéphane Mallarmé*, t. I, Paris, Nizet, 1968, pp. 9-39. Ces deux versions manuscrites ne portent ni le titre *Prose* ni la dédicace *pour des Esseintes*. Sauf indication contraire, c'est le texte imprimé que je cite.

comprendre ce qu'il nous dit : on ne le rend clair, c'est vrai, que moyennant un langage prosaïquement et diligemment inférieur au sien, mais heureusement éphémère : cet échafaudage critique, ayant fait sa tâche, est oublié, et le poème se lit désormais dans sa plénitude.

*

La *Prose pour des Esseintes* est, pour l'essentiel, le récit d'une apparition surnaturelle du Beau poétique, entremêlée de justifications polémiques, et conduisant, de la part du Poète, au choix d'une conduite, ainsi qu'à une définition de sa condition et de sa tâche. Mais cette définition, point d'aboutissement du poème selon l'ordre des moments et des raisons, est offerte d'emblée dans les deux premières strophes, comme une sorte de devise lyrique permanente du Poète, que le poème, en tant que récit, illustrera.

(Strophes I-II). La première strophe oppose *l'hyperbole* (l'illumination hyperbolique), dont le poète a fait l'expérience, à la mémoire, qui ne peut en confier à l'écrit que le souvenir. Cette mémoire, dans les versions manuscrites du poème, était dite d'abord *indéfinissable* comme l'expérience qu'elle retrace ; elle était sollicitée seulement de *rêver* cette hyperbole [2], et non de la faire *se lever* de son sein : deux appels analogues — le plus récent, plus enthousiaste, imaginant même un surgissement *triomphal*, mais l'un et l'autre incertains de leur résultat, comme l'indique la tournure interrogative commune. Car il y aura, entre l'hyperbole vécue et sa version écrite, qui est dite ici *grimoire*, une chute de valeur ; ce qui a été révélé se résoudra en un texte, de lecture laborieuse et de vertu obscure : l'élan de l'hyperbole se verra emprisonné dans un *livre*, et un livre renforcé de *ferrures*. La deuxième strophe évoque la même mutation, en relation cette fois avec le travail du poète. *L'hymne des cœurs spirituels* est un chant religieux qui célèbre l'idéal, et se trouve *installé*, moyennant *science* et *patience*, dans une œuvre fixe, à laquelle est prêté le caractère des classifications abstraites ou

2. Version du ms. Mondor : *Indéfinissable, ô Mémoire, — Par ce midi, ne rêves-tu — L'Hyperbole, aujourd'hui grimoire — Dans un livre de fer vêtu ?* Copie Gualdo : même texte, sauf un point final au lieu du point d'interrogation.

mortes (classification des lieux, *atlas*; des plantes, *herbiers*; des adorations, *rituels*).

Mais s'il est vrai que ces deux strophes approfondissent la vieille antithèse de l'inspiration et du travail en poésie (plus philosophiquement : de ce qui nous dépasse et du langage par lequel nous essayons d'en donner l'idée), elles ne le font pas sans une certaine ambiguïté annonciatrice de compromis, puisqu'il est demandé à l'Hyperbole de se lever de nouveau alors qu'on la dit déjà grimoire, et puisque ce que le poète installe doctement dans son œuvre, c'est bien malgré tout, selon sa propre phrase, une élévation de nature mystique. Et il faut ajouter qu'« hyperbole » et « hymne », en leur sens strict, se réfèrent au langage et non à l'être : une hyperbole est une expression qui excède son objet, et non une réalité qui excède nos moyens d'expression [3]; et l'hymne qui exalte une transcendance est célébration verbale, et non théophanie. Ainsi ces deux strophes peuvent vouloir dire déjà, comme par la force des choses, que nous ne pouvons signifier que par le langage ce qui est au-delà de lui [4]. Mais venons-en au récit.

(Strophe III). Le narrateur et une compagne, qu'il nomme sa *sœur*, promenaient donc *leur visage* (figure plus entière de leur être que ne serait leur seul regard [5]) *par maints charmes de paysage* (expression qui évoque la séduction des sites plutôt que les sites eux-mêmes [6], et fait penser en outre, selon l'étymologie du mot « charme », à une séduction de nature magique); et ils *comparaient* ces charmes à ceux de ladite « sœur ». Ces comparaisons ou correspondances, surtout mettant en affinité un lieu et une

3. Il en est déjà ainsi en grec, où le mot désigne essentiellement une action humaine (lancer au-delà, franchir, exagérer en acte ou en parole) et non, que je sache, la démesure d'une réalité. L'usage français, né du vocabulaire de la rhétorique, réduit le sens du mot au domaine de l'exagération verbale.

4. Remarquons la curieuse variante des versions manuscrites au vers 2 : *Par ce midi, ne rêves-tu*, où est appelé « midi » le moment où le poète écrit sur la foi de sa mémoire. Or Mallarmé supprima ensuite « midi » à cet endroit et décida d'appliquer ce mot à l'illumination ineffable elle-même (vers 15 de la version définitive; voir plus loin) : signe, semble-t-il, d'une certaine équivalence des deux moments qu'en principe il oppose l'un à l'autre.

5. Selon l'usage ordinaire, on « promène ses regards » sur un spectacle, un paysage, etc.

6. On dirait, en style commun : « maints paysages charmants »; « charme », du latin *carmen*, « sortilège », « chant magique », a gardé quelque chose de ce sens; l'adjectif « charmant », à peu près plus rien.

femme aimée, étaient un motif poétique bien connu [7]. Mais on
peut difficilement rendre compte du sens intime de cette strophe
sans se demander qui est cette sœur qui accompagne le poète, et
quelle portée il faut donner au jeu de comparaison entre les
charmes du paysage et les siens. Est-ce une femme réelle, et la
comparaison un exercice de dévotion amoureuse? Ou une
femme allégorique? et devons-nous chercher à ces vers un sens
moins ordinaire? L'affirmation catégorique «Nous fûmes
deux» semblerait faire pencher la balance en faveur de la première hypothèse. Mais nous ne connaissons pas à Mallarmé de
compagne capable de tenir le rôle que celle-ci joue dans la suite
du poème : compagne d'extase, puis animatrice d'action poétique. D'ailleurs, que nous importe? Les poètes ont souvent joué
sur l'ambiguïté qui nous arrête; et depuis longtemps ils ont pris
l'habitude de mêler à la figure féminine réelle qu'ils célèbrent
une figure idéale qui la sublime et l'éclipse.

Pour prendre des exemples relativement proches de Mallarmé, celle que Vigny nomme Eva, femme réelle ou non, est
avant tout une représentation allégorique du Féminin et du
Poétique, confondus dans un charme indistinct. Nous ne savons
guère quels originaux ont pu fournir à Musset la figure de sa
Muse, et si elle n'est pas seulement un Esprit de poésie à figuration féminine, à la fois déesse, amante, amie, sœur et mère [8]. La
«sœur» de Mallarmé pourrait être une figure du même ordre.
Comme il ne dit rien d'elle qui puisse départager les auteurs
d'hypothèses allégoriques plus précises, il est sage de s'en tenir,
pour la qualifier, à la donnée la plus traditionnelle, celle qui peut
aller sans dire. La sœur spirituelle du poète, dont nous verrons
qu'il suit si volontiers le conseil, mérite certainement, quelle
qu'elle puisse être, d'être nommée sa Muse. Plusieurs commentateurs ont cité avec grand à-propos ce mot de Mallarmé
dans sa conférence sur Villiers : «Celle, la Muse, pas autre que
notre propre âme, divinisée [9]!» Et nous comprenons que compa-

7. Ainsi Baudelaire, dans son *Invitation au voyage*. Le ms. Mondor porte au dernier
vers de la strophe (vers 12 du poème) : *Aurais-je su dire : les siens!* Cette variante,
plus timide dans sa forme, va plus loin dans son sens, puisqu'elle identifie au lieu de
seulement comparer. — La copie Gualdo a le même texte, sauf la variante *les tiens!*
8. «Ô ma fleur! ô mon immortelle! [...] — C'est toi, ma maîtresse et ma sœur»
(Nuit de Mai) ; «Ma fidèle amie! [...] ma gloire et mon amour! [...] ma mère et ma
nourrice!» *(Nuit d'Août)* ; et, à travers toutes ces qualités, elle est toujours conseillère
de sagesse et de poésie.
9. Mallarmé, *Œ. Pl.*, p. 503.

rer aux charmes de cette Muse, poésie vivante et double intime
du poète, les beautés de l'univers sensible, c'est exercer, dans sa
vertu symbolique, le métier même de poésie. Telle était donc,
admettons-le, la promenade par laquelle a débuté, sur le mode
d'une recherche quotidienne, l'aventure du poète.

Ce commentaire ne rend pas compte du second vers de la
strophe, qui ne peut se passer d'explication. Mallarmé, qui
jusqu'ici n'a usé que de la première personne du singulier
(vers 1, 5, 7), vient de dire « nous » (vers 9), et il lui faut justifier
ce pluriel : c'est ce qu'il fait par la parenthèse « Nous fûmes
deux », aussi claire que possible. On a beaucoup commenté et
glosé cette dualité, et très peu la fin du vers ; or « je le maintiens » a de quoi intriguer : ces mots supposent que ce qui vient
d'être affirmé l'avait déjà été précédemment, sans impressionner
suffisamment les auditeurs. Ils constituent la première note
polémique du poème [10]. Le poète *maintient*, à l'intention des distraits ou des malveillants, quelque chose qui lui importe : ils
furent deux. Et en quoi cette dualité importe-t-elle ? C'est qu'un
seul témoin pourrait ne pas faire foi ; l'adage nous vient du droit
romain : *testis unus, testis nullus* ; il faut au moins deux témoins
pour établir la vérité : le poète répète à ceux qui ont mis en question son récit que cette condition est remplie. Il est sans doute
abusif d'invoquer comme second témoin une compagne d'aussi
peu de réalité que celle-là. Mais quoi ? réelle ? irréelle ? des profanes peuvent-ils en juger ? et un poète, familier de la plus haute
Vérité, peut bien valoir un couple ordinaire. C'est ici sans doute
le premier trait d'humour d'un poème qui en contiendra tant
d'autres. Cependant l'esprit de polémique s'est si bien emparé
du poète, qu'il interrompt sa narration pour dire leur fait à ces
négateurs avec qui, depuis son aventure, il a déjà eu maille à
partir.

(Strophes IV-V). Ces deux strophes ont embarrassé tous les
commentateurs et découragé plusieurs d'entre eux. Nous discer-
nons mal, dans ces vers, les positions en présence : les vers 13-14
posent comme adversaires, dans le démêlé qui émeut le poète,
l'ère d'autorité, autrement dit l'autorité traditionnelle, et un *on*

---

10. Le vers est identique partout, à une différence près de ponctuation dans les
versions manuscrites, qui portent l'une et l'autre « Nous fûmes deux ! je le maintiens », accentuant ainsi l'énergie de la déclaration.

qui la trouble par ses propos, mais de quel côté le narrateur se
situe-t-il ? Influencés par l'attitude romantique de révolte contre
les règles et la routine académiques, et par la gloire particulière
de Mallarmé en tant que poète novateur, les commentateurs ont
presque unanimement répugné à l'imaginer dans le camp de
l'autorité. Mais, d'autre part, comment l'associer à cet « on »
qui, déclare formellement le texte, parle *sans nul motif* ? Cette
expression n'est susceptible d'aucune interprétation sympathique, quelque effort qu'on veuille dépenser à cette fin ; personne ne qualifie de la sorte ceux dont il partage la façon de penser. Force nous est donc d'admettre que Mallarmé, en cette
occurrence, est de ceux qui déplorent que l'autorité soit troublée.
Il a affaire à des douteurs, et il leur fait le reproche ordinaire : ils
ébranlent arbitrairement des vérités vénérables.

Le XIXe siècle a communément exalté la liberté contre l'autorité ; mais une autre paire de concepts court parallèlement à
celle-là : celle qui met en opposition le bienfait des croyances
assurées avec les incertitudes et les désordres de l'esprit critique. Il n'est pas de méditation romantique ou humanitaire
qui ne connaisse, au moins comme une étape, cette attitude de
pensée : l'ère d'autorité peut être le temps du consensus et des
convictions fécondes ; l'ère de la libre discussion, celui du
désarroi. On connaît la distinction que faisaient les saint-
simoniens entre les époques organiques et les époques critiques, tout à l'avantage des premières. Comme eux, et comme
beaucoup d'autres, Mallarmé, dans plusieurs de ses écrits en
prose, a essayé de construire les croyances collectives de l'avenir [11]. En tout cas, comme tous les poètes de son siècle, il
tenait une certaine transcendance de l'Idéal pour une évidence
non sujette à la critique. En cette matière, le principe d'autorité pouvait, avec une pointe de paradoxe, lui paraître légitime. Il n'avait pas osé d'emblée cette bravade : les versions
manuscrites portent, au lieu de « l'ère d'autorité », *l'ère d'infinité* [12], ce qui n'a pas grand sens peut-être ; mais cette variante
aurait dû avertir les commentateurs que Mallarmé entendait
désigner à cet endroit quelque chose dont il se réclamait lui-

11. C'est sans doute un aspect jusqu'ici trop négligé de sa pensée. C'est à cet ordre
d'idées que nous devons probablement l'étrange expression « l'ère d'autorité », qui
place le débat sur le plan d'un déroulement historique par époques.
12. Cette variante est commune aux deux versions manuscrites.

même : en effet, l'infini, comme l'idéal, est, sans discussion, dans le surnaturalisme poétique du XIXᵉ siècle, le principe de toute poésie. Il semble donc qu'il faille comprendre les vers 13-14 de la façon suivante : « L'ère des croyances indiscutées est ébranlée lorsqu'on dit, sans raison aucune (par pur parti pris de critique négative) », etc.

Voyons maintenant la suite, c'est-à-dire le propos prêté aux négateurs (c'est eux que le « on » du vers 15 désigne) : si nous considérons la charpente grammaticale des six vers suivants, les négateurs disent *de ce midi [...] que [...] son site [...] ne porte pas de nom* [13]. « Ce midi » peut désigner soit l'heure effective de l'événement dont on discute, soit bien plutôt son caractère de moment culminant, soit la coïncidence des deux, peu importe : c'est en tout cas, par métaphore, l'événement lui-même, ainsi glorifié en quelque sorte par le narrateur [14]. Il a été vécu par le couple dans une sorte d'absence au monde réel, *d'inconscience double* (et doublement probante) qui, loin d'être une vague hébétude, *approfondissait* l'expérience. Le *site* de ce midi, le lieu où il s'est manifesté, est un *sol* porteur *de cent iris* [15] : l'événement fut donc l'apparition, perçue par le couple dans une sorte d'état second, d'un parterre d'iris foisonnants [16]. Ce qu'on allègue contre le narrateur, c'est que ce site n'a pas de nom connu, de nom, disaient les versions manuscrites, « *que cite entre tous ses fastes, l'Été* » : expression plus claire que celle qui a prévalu ensuite; ce lieu, disaient selon cette variante les sceptiques, n'est pas cité dans les annales d'événements mémorables [17] des pays ou saisons de lumière. Mallarmé a raffiné ensuite, à son habitude, remplaçant les

13. Construction fréquente en français; ainsi : « On dit de cet homme que sa fortune est immense » = « on dit que la fortune de cet homme est immense »; ici : « on dit que le site de ce midi ne porte pas de nom », etc.

14. Les versions manuscrites, au lieu de « ce midi », disent « ce climat » qui évoque seulement un lieu ou une atmosphère particulière : c'est qu'elles avaient employé plus haut « ce midi » (voir note 4 ci-dessus).

15. « Sol » est une apposition anticipée à « site » : construction fréquente dans la langue littéraire, et dont Mallarmé en particulier fait grand usage; l'ordre usuel serait ici : « son site, sol des cent iris ».

16. Le poète veut-il parler d'un rêve au cours d'une sieste, d'un état de voyance, d'une simple perception ravissant l'esprit? Il ne le dit pas, et nous n'avons pas à le dire pour lui : il a vu, et rien de plus. Ou du moins il dit qu'il a vu : car rien ne prouve absolument que le poème raconte ou interprète une expérience réelle : les commentateurs supposent en général à la *Prose* quelque fondement biographique ou onirique; mais ce pourrait être aussi bien une fiction pure, symbole de la suréminence du monde idéal, et racontée comme un fait vécu.

17. C'est proprement le sens du mot « fastes ».

archives de l'Été par sa *trompette* annonciatrice, dont la voix *d'or*, selon ses contradicteurs, ne publie pas, parmi tant de noms de lieux illustres, celui de la merveille prétendue.

Reste à expliquer le vers 18 : nouvelle parenthèse, ironique celle-là, qui met en doute la compétence des douteurs. *Ils* (reprise et équivalent du « on » du vers 14) *savent*, dit le poète, *s'il* (le site) *a bien été* : c'est, en réalité, dire qu'ils ne le savent pas, et n'ont aucun moyen de se prononcer sur son existence[18]. On remarque que les contradicteurs du poète sont censés nier seulement que le « site » évoqué par lui ait un nom : et c'est un point que Mallarmé devrait leur accorder, puisqu'il se montre lui-même incapable de le nommer. Mais il sait que ses adversaires, en niant le *nom*, entendent nier l'existence de ce « site » : et c'est pourquoi il ne s'en tient pas strictement à leur propos, mais dénonce leur pensée, qui met en doute si le sol des cent iris « a bien été ». Son argumentation, ainsi entendue, tend à suggérer que des réalités d'un certain ordre peuvent exister, même si elles ne se laissent pas nommer. On voit donc apparaître dans ces deux strophes un problème différent de celui que posaient les deux premières. Il ne s'agit plus de l'antithèse de l'illumination vécue et du poème écrit, mais de savoir si ce qui nous illumine est doué d'être, ou n'existe que dans la représentation subjective du poète. Cette question, dans l'aventure qui est racontée ici, est celle qui, en fait, apparaît la première. Le rapport de l'illumination au poème qui est issu d'elle ne sera évoqué qu'ensuite, nous le verrons, comme conclusion ou solution pratique de l'aventure, et c'est à ce titre qu'il a occupé, par anticipation, le Prélude du poème. Voici maintenant la description de la merveille.

(Strophes VI-VII). Sur un *oui* péremptoire, le récit commencé reprend. Le « site » était une île, non une île brumeuse que son air chargerait de *visions*, mais une île, au contraire, dont l'espace

18. Cette tournure ironique est commune en français comme dans bien d'autres langues. Ainsi : « Il sait si j'ai bien acheté ce tableau », dit sur un certain ton, signifie clairement pour les auditeurs : (Il le nie, mais) « il n'en sait rien » (et n'est pas qualifié pour le savoir). Les deux versions manuscrites disent : *Ils savent s'il a, certes, été*, expression analogue, quoique moins naturelle, surtout dans cet ordre; « certe(s) » devrait être plutôt contigu à « ils savent » pour bien marquer l'ironie : « certe(s) ils savent », etc.; on dirait plus familièrement : « bien sûr ils savent ».

limpide donne carrière à la *vue* de ce qui existe [19] : or le poète et sa compagne y ont vu *toute fleur s'étaler plus large* [20], suspendant le dialogue de poésie symbolique auquel se livraient jusque-là les deux promeneurs : ils ne *devisent* plus, ils contemplent. Ces fleurs *immenses*, nous dit la strophe suivante, sont entourées d'une auréole, *parure* distinctive, non ornement d'occasion, mais attribut *ordinaire* [21]. Cette auréole, *contour lucide*, c'est-à-dire « lumineux » selon l'étymologie latine, mais aussi « intelligent », « clairvoyant » selon le sens français, atteste la nature autre, spirituelle, de ces fleurs ; elle établit, entre elles et le monde banal des *jardins*, une solution de continuité, une *lacune séparatrice* [22]. Ce qui suit va décrire, dans les strophes VIII et IX, l'effet de cette sorte de révélation sur les deux spectateurs.

(Strophes VIII-IX). Le poète, à l'évocation des fleurs fabuleuses, revit son émotion ; tout en lui, *désir* de l'Idéal, *longuement* et *glorieusement* nourri, intuitions spirituelles ou *Idées* [23] — cœur et pensée —, *s'exaltait* à la fois [24]. Quelle que soit la gravité de cet hymne à l'idéal contemplé, on ne peut se dispenser de remarquer que c'est au moment où il atteint ce sommet que le poète multiplie les rimes acrobatiques, traditionnellement douées, en poésie française, d'une vertu humoristique. Dans les deux strophes précédentes et dans celle-ci, qui constituent, à elles trois, le moment hymnique de *Prose*, quatre rimes (sur les six que comportent ces

19. Il est difficile d'entendre autrement l'antithèse « vue » — « visions ». Des « visions » au pluriel, comme ici, sont proprement, en français familier, des hallucinations.

20. Ou même s'élargir sans cesse, si l'on se rapporte au « grandissait » du vers 40.

21. Il faut interpréter, je pense, « ordinairement se para » comme paradoxe verbal, ou en termes de rhétorique, alliance de mots ; la parure qui, par définition, interrompt l'usage quotidien, est au contraire, chez ces fleurs, un caractère permanent.

22. Les versions manuscrites, au vers 28, portent (au lieu de : « des jardins la sépara ») « *du jour pur* (ms. Mondor), *d'un jour pur* (copie Gualdo) la sépara » : ces variantes désignent apparemment la « pure » (et simple) lumière du jour, distincte de celle, spirituelle, de l'auréole ; *d'un* pour *du*, dans la copie, est sans doute une erreur.

23. Le vers, tel que le donnent les versions manuscrites, est différent : *Obsession! Désir, idées*. La nuance maladive d' « obsession » est étrangère à l'esprit du poème ; elle fait penser à l'accent exprès morbide, poësque, que Mallarmé avait donné au désir d'idéal dans *l'Azur*, poème antérieur de vingt ans à notre *Prose* ; et l'oreille risque d'entendre fâcheusement « obsession des iridées », qui brouillerait le sens.

24. Les versions manuscrites, au lieu de « s'exaltait », disent *triomphait* ; Mallarmé, en fin de compte, a transporté la notion de triomphe dans le contexte de la première strophe (vers 2).

douze vers) ont un franc caractère de calembour : un membre de phrase, embrassant des mots entiers, y revient d'un vers à l'autre, phonétiquement identique, sous deux formes et deux sens différents : vers 22-24, *de visions* — *devisions* (avec, pour les besoins du calembour, une diérèse irrégulière, au second vers, de la désinence verbale *-ions*, qui accentue l'effet); vers 26-28, *se para* — *sépara* (avec identité phonétique imparfaite pour la première syllabe : même remarque); vers 29-31, *désir, Idées* — *des iridées* (calembour parfait, entrelacé à un plus modeste); vers 30-32, *de voir* — *devoir* [25]. Il semble que Mallarmé ait voulu marquer d'une note de prouesse poétique un récit qu'il savait lui-même difficile à accréditer. Il n'ignore pas qu'il raconte une aventure stupéfiante, et ses rimes nous laissent entendre qu'il le sait. Nos remarques sur la versification de ces strophes valent, à quelque degré, pour l'ensemble du poème [26]. Il n'est pas possible d'ignorer, dans une lecture de *Prose*, une modalité aussi patente du texte, ni de la juger sans importance.

Pour en revenir à notre strophe, Mallarmé peut-il révéler à ses lecteurs, sans les convier à une haute gaîté poétique, que le merveilleux événement, sujet du poème, est le *surgissement* d'une *famille* botanique à une tâche spirituelle, à un *devoir* d'apparition illuminante, devoir *nouveau* (jusque-là insoupçonné en effet) de ce groupe végétal? Car c'est bien la famille des iridées qui est appelée à ce devoir, et non, quoi qu'on en dise, le Poète, qui se borne ici à contempler, à s'exalter et à se taire, en présence d'un sacre extérieur à lui [27]. La Fleur est investie en effet d'un rôle incomparablement plus haut que celui de l'adorateur à qui elle ôte l'usage de la parole. Il est exclu que Mallarmé puisse croire,

25. Il y a, ailleurs dans le poème, deux autres rimes-calembours du même genre : aux vers 50-52; *par chemins* — *parchemins*; et, vers 42-44, mono*tone ment* — *jeune étonnement*.

26. *La Prose* est, dans l'ensemble, rimée richement; sur les vingt-huit rimes du poème, on en compte douze ordinaires (partant de la seule dernière voyelle tonique; mais neuf d'entre elles avec la consonne d'appui, donc en principe « riches »); neuf embrassant deux syllabes; sept, trois ou quatre syllabes; en somme seize rimes exceptionnellement riches sur vingt-huit. On a vu que six de ces rimes sont, par-dessus le marché, du type calembour; et toutes les six sont dotées, pour surcroît de luxe, d'une consonne d'appui.

27. Les versions manuscrites ne laissent pas de doute là-dessus; elles disent l'une et l'autre : « Tout en moi s'exaltait de voir — La famille des iridées — *Connaître* le nouveau devoir »; « connaître » elle-même et non proclamer pour le poète. Le cas est tout différent, en effet, de celui de *Toast funèbre*, dont on le rapproche souvent (voir le commentaire de ce poème).

autrement que par décision poétique, à la transcendance et au ministère spirituel d'un parterre de fleurs. Mais, précisément, il prétend bien ici proclamer une foi, et non développer une figure, et affecte d'exiger qu'on le croie. La conviction réelle de Mallarmé, dans *Prose*, a toutes chances de se situer à distance assez lointaine du discours; et c'est peut-être cette distance que trahit l'humour de son verbe. En tout cas, lorsqu'il se tourne vers son *alter ego* féminin, il trouve cette compagne sensiblement moins exaltée que lui par cette prétendue théophanie florale. Mais il la reconnaît sensée, s'avouant implicitement lui-même hors de sens; et *tendre*, parce qu'elle se soucie, sans le contredire, de lui montrer une voie plus sage; elle ne le suit pas dans la chimère de vivre l'absolu, elle *porte son regard moins loin*; elle retient ce regard entre elle et lui, et *sourit* [28]; et ce sourire silencieux de la Muse, gardien du secret de poésie, est le même qu'il s'efforce depuis toujours d'entendre : *soin antique*, souci aussi ancien que le poète et peut-être que la poésie elle-même [29]. Dans le tête-à-tête muet qui suspend alors l'action, le poète ne sait plus s'il est témoin mystique, ou consultant d'un oracle à la mesure humaine.

Alors qu'il remémore ce moment critique de son aventure, l'idée lui vient qu'en avouant que ni lui ni sa compagne ne peuvent dire mot, il amoindrit son autorité aux yeux des sceptiques; et le souvenir de ce qu'il a raconté le possédant encore, il sent le besoin d'en réaffirmer la validité; mais, comme on va voir, le ton et le degré d'assurance de sa polémique ne sont plus tout à fait les mêmes.

---

28. Variante, significative, des versions manuscrites : « ne porta ses regards plus loin — Que *moi-même* » (la Muse se soucie moins de l'être de la Beauté que du salut et de la dignité du Poète).

29. Le « comme » du vers 35 peut faire difficulté; il exprime une comparaison complexe, qu'on peut développer ainsi : l'Amie du poète se borne à sourire et *à se montrer telle que* depuis toujours il s'efforce de l'entendre (je souligne les mots que remplace l'elliptique « comme »; « entendre », évidemment, au sens de « comprendre »). Il est possible que l'étrange virgule placée avant ce « comme » ait pour fonction, par une légère suspension de voix, d'annoncer l'ellipse qui suit. — La pensée des vers 35-36 est absente des versions manuscrites qui disent à cet endroit : « Ne porta ses regards plus loin — Que moi-même — *et, tels, les lui rendre — Devenait mon unique soin* » (le poète semblait préférer, un peu vite et platement, sa compagne féminine à l'Idéal). Mais peut-être voulait-il dire qu'il se sentait obligé de répondre au dévouement de la Muse par un égal dévouement à la Poésie effective, qu'elle symbolise.

(Strophes X-XI-XII). L'adversaire, *l'Esprit de litige*, est bien cet esprit critique, chicaneur par principe, qui s'attaque à toute croyance positive : cette strope X confirme en cela la strophe IV. Le vers qui suit pose une question délicate; le présent de *nous nous taisons* déconcerte : il est évident qu'au moment où il écrit, alignant strophe après strophe, le poète ne se tait plus; ce présent a paru si mal venu que l'auteur de la copie manuscrite a préféré écrire : « À cette heure où nous nous *taisions* », mettant le verbe en harmonie temporelle avec *grandissait*, qui se lit deux vers plus loin. Mais il faut récuser cette leçon, certainement fautive puisqu'elle attente à la rime, que l'insolite *taisons* adopté par Mallarmé a justement pour avantage d'assurer en dépit de l'apparente logique des temps [30]. Il faut, semble-t-il, pour justifier ce présent, supposer que « se taire » est pris ici au sens de « ne pas pouvoir fournir d'argumentation rationnelle » : les deux témoins sont incapables de rien dire qui rende leur récit plausible; et cette incapacité, due au caractère même de l'événement, dure encore aujourd'hui : *la multiplicité* des lis et le *grandissement* démesuré de leurs tiges [31], qui leur ôtaient sur le moment l'usage de leurs *raisons* (discours et arguments probants), continuent aujourd'hui leurs effets [32].

Les négateurs sont avertis, en tout cas, que l'événement se situe hors du cadre rationnel. Mais le ton de cet avertissement attire l'attention. *Sache*, etc., est une formule impérative, voire autoritaire; mais le *Oh!* qui précède en atténue sensiblement l'effet, et communique à toute la tirade un accent de prière, ou au moins d'appel à la bonne foi de l'adversaire, bien différent du ton sarcastique de la diatribe précédente (strophes IV-V). Cette strophe X est, en somme, assez claire; mais elle est liée par la syntaxe aux deux suivantes, qui le

30. Entendons bien que Mallarmé n'est pas homme à employer un présent pour un passé uniquement pour les besoins de la rime; son présent a le sens d'un présent, nécessairement.

31. Les lis ont remplacé ici les iris : fleurs parentes, comme le glaïeul du dernier vers. On peut noter, ici encore, que c'est une dilatation spatiale qui confond la raison : tel est le caractère de la merveille dans tout le poème; voir les vers 23 et 25.

32. On a pensé aussi à un usage de « taisons » comme présent historique ou de narration, contemporain des émotions évoquées dans les strophes précédentes; mais un tel emploi, dans une incidente, violente trop l'usage; et il faudrait supposer, du même coup, que *à cette heure* signifie « à cette heure-là », ce qui est difficile à admettre : cette locution désigne toujours cette heure-*ci*, l'heure présente où l'on parle, notamment dans le vieux langage populaire (« à c't'heure », parfois transcrit « asteure »), au sens indubitable de « maintenant ».

sont moins. Il ne semble pas possible d'attribuer à ces douze vers d'autre construction interne que celle-ci : « *Sache l'Esprit de litige [...] que [...] la tige grandissait trop, [...] et non [...] que ce pays n'exista pas* »; la phrase ainsi construite réaffirme donc l'existence du « pays ». Tout le texte compris entre « et non » et le vers 48 est une longue incidente qui attribue l'explication malveillante du « silence » des deux témoins à *la rive*, c'est-à-dire aux gens qui, étant restés sur le rivage, n'ont pu voir l'île aux fleurs. Mais l'attitude négative de ces riverains est en même temps lamentation : la « rive » *pleure* tout en niant. Ces gens ne sont donc pas des incrédules satisfaits comme ceux à qui le poète semblait s'en prendre dans sa première polémique, mais des amants déçus de l'Idéal : amants qui peut-être ne savent assez mesurer la distance qui nous sépare de lui, et qui, du fait qu'ils ne peuvent en avoir l'effective possession, en proclament amèrement l'inexistence.

Cependant l'idée nous vient aussitôt que Mallarmé, précisément, ressemble plus d'une fois à ceux-là. L'idéal, comme illusion reconnue, et sujet de déploration, est un thème habituel dans les générations littéraires du Second Empire; et Mallarmé, dans ses premiers grands poèmes, *Le Sonneur*, *Les Fenêtres*, *L'Azur*, a déjà poussé à l'extrême ce qu'on pourrait appeler une Lamentation sur l'Idéal absent, tendanciellement identifié à un Non-Être. Mais il est de fait qu'une autre logique contredit ou corrige celle-là dans son œuvre. L'Idéal, même chimérique, est pour lui la source de toute valeur, et notamment la source glorieuse de l'art et de la poésie. De sorte que, placé en face de ceux qu'une frustration inévitable conduit au sarcasme et au désespoir, il est tenté de prendre une attitude plus positive, d'affirmer, à la limite, que l'Idéal existe, qu'une évidence invincible empêche de lui refuser l'être. C'est ce que dit, exceptionnellement dans l'œuvre de Mallarmé, la *Prose pour des Esseintes* : l'Idéal est une chimère, mais cette chimère transcende à nos yeux le monde réel, et en ce sens elle *est* plus que lui. *Être*, depuis l'ébranlement de l'ancienne ontologie, peut signifier bien des choses; et il est difficile d'affirmer une transcendance sans emprunter le langage de l'être. C'est parce que Mallarmé éprouve cette ambiguïté qu'il a suspendu aux rimes de son poème un humour par lequel on peut dire qu'il met en question sa propre foi tout en s'entêtant à la proclamer [33].

Il argumente contre la pleureuse « rive » en la montrant en action. Elle se fourvoie dans un *jeu monotone* : une suite de tests géographiques par lesquels elle prétend obtenir la confirmation visible de l'existence de l'île aux iris ; ce jeu, assuré d'un échec répété, *ment à vouloir* (c'est-à-dire fausse la vérité en voulant) [34] *que l'ampleur arrive* par lui ; l'ampleur (« l'ampleur de l'île », selon les versions manuscrites) [35], c'est le miracle spatial des fleurs immenses, ici abstrait de son support et réduit à un concept, pour ridiculiser davantage le « jeu » de la quête « topographique » : chercher sur la mer ce qui est décrit comme une île peut passer pour raisonnable ; mais naviguer en quête de l'« ampleur » est une entreprise proprement désespérée. Ce changement dans la dénomination de la merveille peut faire soupçonner que Mallarmé doute fort lui-même qu'on retrouve l'île nulle part. C'est bien, en tout cas, à une recherche maritime que se livrent ses contradicteurs. Ces riverains, selon le scénario de vérification qu'il leur prête, ont pris un bateau et naviguent pour situer l'île. Il les accompagne ; et ce qui est remarquable, c'est qu'il semble pris au jeu des vérificateurs, puisque, tout en censurant leur projet, il réagit lui-même par une surprise naïve au résultat négatif de la quête : c'est, dit-il, avec un *jeune étonne-*

---

33. En fait, cette hésitation caractérise dès son origine l'ontologie romantique — esthétique autant qu'ontologie — et la double religion d'un Dieu tenu pour réel et d'un Idéal reconnu problématique. On n'a pas assez remarqué que, dans les deux endroits du poème où Mallarmé affirme la réalité du « site » ou du « pays » des fleurs merveilleuses, à savoir au vers 18 (« il a été ») et au vers 48 (il est faux de dire qu'il « n'exista pas »), il emploie un temps passé, valable seulement pour le moment de l'apparition, et non un présent de permanence ou d'éternité objectives : il ne dit pas « il est », « il existe ». Cette nuance atteste bien la timidité de l'ontologie mallarméenne et rend téméraire toute interprétation proprement « platonicienne » de la *Prose*.

34. « Ment à vouloir » a beaucoup gêné les exégètes. Il faut sans doute rattacher cette expression à la tournure française qui emploie la préposition *à*, suivie de l'infinitif, avec un sens voisin de « à force de » ; ainsi : « il s'épuise à travailler », « il se rend odieux à vouloir toujours avoir raison », etc. Ce curieux *à* causal se retrouve à peu près ici : « ment à vouloir » = « ment *du fait de vouloir* ».

35. La variante des versions manuscrites aux vers 42-44 *(Car le jeu monotone ment — Pour qui l'ampleur de l'île arrive — Seul)* a, dans une forme moins heureuse, le même sens ; il faut construire, je pense : (le jeu ment) *pour qui seul* (est prétendue pouvoir) arrive(r) l'ampleur, etc. Les partisans de ce jeu croient qu'une méthode positive de vérification est *seule* susceptible de donner un résultat. — « Jour » pour « jeu » au vers 42, dans la copie Gualdo, ne saurait être qu'une erreur de copiste. — Un *jeune* étonnement est, évidemment, un étonnement naïf.

ment, qu'il la voit se dérouler en vain. Les navigateurs qui l'entourent situent tous les lieux traversés selon les astres du *ciel* et les indications de *la carte,* et ne voient *attestées sans fin* que les données connues [36] : il le leur *ouït* dire, et le *flot qui s'écarte* sans cesse devant l'étrave du bateau n'offre de toute évidence l'obstacle d'aucune île. Ainsi cette épreuve dont il niait le bien-fondé le laisse malgré tout un peu penaud. Il n'en maintient pas moins sa position en bouclant la phrase par la complétive longtemps attendue : *que ce pays n'exista pas.* Rappelons qu'elle exprime l'opinion de ses adversaires, et qu'elle est commandée, sept vers plus haut, par un *non* qui, répudiant cette opinion, établit au contraire que, selon le poète, le pays exista bien. Au moins en est-il ainsi selon la stricte syntaxe, et la phrase n'est-elle susceptible d'aucun autre sens : car le « non » du début annule la négation finale. Mais ce « non » si lointain risque d'avoir été oublié entre-temps, et le claironnant « n'exista pas », mettant fin à une phrase d'une signification aussi peu évidente, n'est pas sans étourdir l'auditeur, et même le lecteur : c'est si vrai qu'il a trompé d'estimables commentateurs, qui ont mis au compte de Mallarmé lui-même ce « n'exista pas », dont on trouve d'ailleurs, nous le savons, plus d'un équivalent dans d'autres endroits de son œuvre. Mais ce poème-ci affecte d'un bout à l'autre de combattre une telle négation, et Mallarmé a certainement conçu sa *Prose* conséquente avec elle-même. Quant à supposer le contenu et la construction des strophes XI et XII exempts de toute malice, c'est peut-être une autre affaire. Mais venons-en à la conclusion du poème.

(Strophes XIII-XIV). Ces deux dernières strophes [37] ont ceci de particulier qu'elles abritent certainement une plaisanterie,

36. *Sur mes pas* (vers 46) est une façon de parler quand il s'agit de navigation ; les versions manuscrites ont *sur nos pas* (ms. Mondor) ou *sous nos pas* (copie Gualdo) : le pluriel « nos », commun aux deux, marque, mieux que le « mes » de la version définitive, qu'il s'agit d'une expédition à laquelle Mallarmé et ses adversaires participent ensemble. Cependant, la leçon Gualdo, « *sous* nos pas », ne peut être retenue : elle signifie « là où nous posons le pied » (ainsi « la neige fond sous nos pas », « des fleurs naissent sous les pas de Vénus »), tandis que « *sur* nos pas » veut dire « à mesure que nous avançons » (ainsi par exemple : « les incidents se multipliaient sur nos pas »), ce qui est bien le sens du texte.
37. Rappelons qu'elles manquent dans le ms. Mondor (soit que le poème, quand Mallarmé l'y transcrivit, ne les comportât pas, ou que ce manuscrit, tel que nous l'avons, soit incomplet). La copie Gualdo les a, avec de fortes variantes dans l'avant-dernière.

quoique Mallarmé ne nous mette pas en état de la comprendre, contrairement à la loi ordinaire de son obscurité, qui est de porter en elle-même les moyens de l'éclaircissement. Mallarmé ne pouvait ignorer qu'Anastase et Pulchérie nous seraient incompréhensibles. La présence dans *Prose* de ces deux noms de souverains byzantins, qui sont aussi en France, et étaient déjà au temps de Mallarmé, des prénoms tenus pour ridicules, confirme que Mallarmé, lors de la composition de ce poème, était en veine de gaîté, comme nous l'avons senti à plusieurs reprises. On admet d'ordinaire qu'Anastase, en accord avec son étymologie, est, dans la bouche de la compagne et conseillère du poète, un mot d'ordre de surgissement poétique, repris du vers 3 [38]; et que Pulchérie, selon l'origine latine de ce nom, est ici une allégorie de la Beauté. Le sens figuré de ces deux noms est très vraisemblablement celui-là. Mais Mallarmé n'était pas obligé d'exprimer sa pensée de cette façon-là. Pourquoi a-t-il pensé à Anastase et à Pulchérie? S'il y a été poussé par quelque raison particulière, nous ignorons cette raison, sur laquelle personne ne nous a éclairés jusqu'à ce jour [39].

Que disent ces strophes finales? Le temps présent y reparaît, mettant fin à la fois au récit et au débat par l'évocation d'un fait actuel, qui les conclut l'un et l'autre : la décision oraculaire de la Muse. Elle *abdique son extase*, ce qui veut dire qu'elle a partagé, à sa façon retenue, l'émotion de son compagnon, mais qu'elle croit le moment venu de regagner le réel, dans un renoncement nécessaire. Elle prescrit quelque chose de plus modeste que l'oraison mystique et muette à la Beauté : une levée, et un *cheminement*, dont elle donne aussitôt l'exemple, et qui doit conduire, lui aussi, vers une *éternité* de la poésie, dans *l'écrit*. Dans cette conclusion du poème, la question qui vient donc au premier plan, confirmant l'annonce faite au début, est celle des rapports entre l'illumination et la parole : le débat sur l'ontologie du Beau s'efface. Quelle que puisse être la portée métaphysique de l'expérience

38. « Levée » ou « résurrection » si c'est le grec *anastasis*; si on y voit un nom d'homme (?), *Anastasios*; *anastasis* est plus probable, puisque Mallarmé écrit « le mot », et non « le nom ».
39. Certains, partant de l'hypothèse selon laquelle les deux dernières strophes ont été ajoutées au dernier moment au poème, après la publication par Huysmans de son *À rebours*, ont pensé pouvoir mettre en rapport l'emploi de ces deux noms byzantins par Mallarmé avec le « byzantinisme » que Huysmans lui attribue dans son livre. Mais une telle allusion avait-elle des chances d'être reconnue par Huysmans? par le public? Anastase et Pulchérie ont causé une perplexité générale.

poétique, l'essentiel est de ne pas la laisser perdre. Et de ce point de vue, l'opposition entre l'extase et le poème gagne à ne pas être approfondie. Elle était atténuée dans la version manuscrite qui disait :

> Ce fut de la finale extase
> Le sens, quand, grave et par chemin.
> Elle dit ce terme : Anasthase!
> Gravé sur quelque parchemin [40].

Dans cette première rédaction ne se proclamait nulle abdication entre l'extase et le poème, mais au contraire la fidélité du poème au *sens* même de l'extase et à la leçon qu'elle implique. On voit que Mallarmé hésitait sur le degré d'écart à établir entre l'Absolu poétique et l'œuvre du poète. Il était naturel de réduire cet écart à l'endroit où la *Prose* va célébrer, en même temps que l'être de la Beauté, le devoir humain de la servir. Mais Mallarmé, précisément en cette occasion, a cru finalement nécessaire de laisser paraître, entre un terme et l'autre, l'irréductible hiérarchie. Dans la rédaction définitive des vers 49-50 :

> L'enfant abdique son extase
> Et docte déjà par chemins
> Elle dit, — etc.,

il fait écho à l'antithèse que posent également, dans leur dernier texte, les deux strophes d'introduction : le mot *docte* rappelle la *science* du vers 5, alors que le manuscrit, au vers 50, qualifiait de *grave* la compagne du poète comme si l'impression de l'extase se prolongeait encore en elle.

Le poème, mis sous le signe de l'intellect lucide et savant, est-il donc un pis-aller ? Oui, en principe. Mais l'humain et le plus qu'humain sont en compétition dans cette surprenante *Prose*. Car l'absolue poésie est sans vertu, si elle interdit la parole et l'écrit qui la font survivre. C'est ce que dit la dernière strophe, déjà telle quelle dans le manuscrit. La conduite de la Muse semble bien répondre à une urgence : elle a à peine pris son parti qu'elle est *déjà* en route; il lui faut agir *avant qu'*il ne soit trop tard. Que craint-elle ? Ce que figure le symbole du

---

40. Copie Gualdo, strophe XIII. Le ms. Mondor, comme il a été dit, ne porte ni cette strophe ni la suivante.

sépulcre où gît la Beauté morte : morte et ignorée, car *le trop grand glaïeul cache son nom*. Cette fleur dont nous avons vu l'apothéose a, pour finir, ce rôle funèbre : sa fâcheuse immensité voue la Beauté au néant. Le sépulcre ennemi *rirait* de la voir morte, trahie par l'excès de révérence de ses adorateurs. C'est ce que la Muse entend empêcher. Car de cette beauté non célébrée, non reconnue par le langage humain, et annulée par son immensité, ce serait vraiment le cas de dire qu'elle n'existe en aucune manière ; son tombeau, lui-même sans existence, n'aurait place *sous aucun climat, son aïeul*, autrement dit en aucun lieu ni enchaînement temporel [41]. La *Prose* ne conteste pas l'équation Beauté-Infinité ; elle persifle ceux qui, s'en tenant là, enferment l'idée du beau dans un absolu qui est, humainement, un nonêtre. C'est ainsi que *la Prose pour des Esseintes*, poème d'une théophanie de l'Absolu poétique, ironise et conclut, humainement, à une poésie non séparable du langage [42].

POST-SCRIPTUM. Je voudrais ajouter deux compléments au commentaire ci-dessus.

1. Je n'ai considéré la *Prose pour des Esseintes* que du point de vue du sens, en m'abstenant, comme je l'ai fait ailleurs, de vouloir y éclaircir les voies et moyens de la réussite poétique. D'une part, considérant comme hasardeux d'expliquer les beautés d'un

---

41. Ce vers 54 a torturé la critique. Il faut, je crois, entendre « son aïeul » comme apposition à « climat ». La tournure qui donne une apposition (ou un attribut) à un nom affecté d'un vocable négatif n'est pas exclue en français ; ainsi : « il n'a aucun ami navigateur » ; mais l'addition d'un possessif gênerait ; on ne dirait pas « il n'a aucun ami *son conseiller* » ; il faudrait alors une construction mieux articulée : « il n'a aucun ami (qui soit) son conseiller ». Mallarmé ne s'en soucie pas ; s'appuyant sur une tournure usuelle, il l'applique dans des circonstances grammaticales où l'usage y répugne. Lisons donc « sous aucun climat *qui soit son aïeul* » ; mais c'est ici une métaphore déroutante : il n'est pas courant qu'un climat soit envisagé comme aïeul. Cependant un « climat » (autrement dit, au vieux sens littéraire de ce mot, un pays) peut situer un être comme le fait son ascendance ; pour l'inexistant sépulcre de la Beauté, comme pour la Beauté en soi et dans son absolu, il n'est pas de lieu qui les identifie ni leur serve d'ancêtre. On comprend aisément et d'emblée le vers si l'on remplace l'apposition par un adjectif : « sous aucun climat *ancestral* » *(nullo sub avito caelo)*.

42. *Versification* : poème strophique en quatrains octosyllabiques à rimes croisées — à la fois lyrique, narratif et polémique, familier et de haute philosophie poétique. Enjambements très peu nombreux et sans rudesse, vers 2-3, 15-16, 34-35. On constatera l'extrême variété dans la distribution des accents intérieurs, comme c'est la loi de ce mètre court qui serait insupportable avec un rythme fixe ; Mallarmé use dans les cinquante-six vers de ce poème d'une quinzaine de formules rythmiques à un ou deux accents ; rythme toujours léger (accents peu appuyés, sauf en fin de vers). On a remarqué l'exceptionnelle richesse des rimes.

poème avant d'en avoir compris la signification, j'ai cru convenable d'aller au plus pressé. D'autre part, je crains que le mérite d'un poème dans l'ordre de l'invention et de l'élocution, qui fait — bien sûr — une part considérable de sa valeur, n'échappe, par décret de nature, à l'analyse critique. Le beau en poésie a peut-être ses lois et ses critères, mais les efforts qu'on a, de tout temps, dépensés à les découvrir, et que notre époque a multipliés sous diverses étiquettes doctrinales, ne me paraissent pas avoir apporté de grandes lumières sur l'essentiel. Même si des constantes formelles du beau poétique peuvent être définies, et permettent de constater dans ce domaine des traditions et des usages apparemment impérieux, ces découvertes restent à la surface du problème. Si nous avions vraiment la clef de la réussite en poésie, comme en d'autres arts — construction navale, agriculture, ou plus simplement art de tuer ou d'incendier —, les connaisseurs seraient de ce fait capables en poésie, comme ils le sont dans ces diverses techniques, de produire des chefs-d'œuvre. Nos analyses de la forme poétique nous ont si rarement jusqu'ici procuré le pouvoir créateur, qu'on peut dire, même si ce mot choque, que le *secret* de la beauté poétique nous est encore inconnu. Il est permis de s'en affliger ou de s'en réjouir, de prévoir un progrès futur installant notre connaissance en ce domaine ou, tout aussi bien, de ne pas le croire probable. Il me semble, en tout cas, que, jusqu'à nouvel ordre, une approche empirique, d'intuition et de sympathie, en promettant moins, donne plus qu'aucun système quand il s'agit de juger un poème.

La *Prose* est, de toute évidence, un beau poème. Mais pourquoi? Le génie propre à Mallarmé dans l'invention et la combinaison des métaphores s'y manifeste moins qu'ailleurs. Mettons à part le thème central des Fleurs, qu'on peut considérer si l'on veut comme symbolique, quoique Mallarmé affecte de ne pas le tenir pour tel, mais le donne plutôt pour « allégorique de lui-même », selon l'expression qu'il applique à un autre de ses poèmes [43] : les fleurs de la *Prose* sont en effet, par leur nature infinie, un cas de l'Infinité elle-même et, par leur beauté, un exemple de Beauté; elles ne signifient pas par ressemblance à

---

43. Le fameux sonnet en -*x*, est intitulé, dans le manuscrit primitif (1868), *Sonnet allégorique de lui-même* (voir ci-dessus).

autre chose. L'allégorie véritable, à deux termes, n'apparaît proprement qu'avec le sépulcre de la dernière strophe, figure de la Beauté égalée au Néant ; et elle est, en soi, l'obscurité de sa présentation mise à part, d'ordre assez commun. Autrement, tout le matériel du poème est donné pour *réel*, et se situe dans la vie même du poète : le grimoire du début n'est qu'un nom tendancieux du livre ; l'assimilation de l'univers inclus dans ce livre aux atlas, herbiers et rituels est à peine métaphorique, puisque la poésie utilise et embrasse toutes choses ; l'argumentation contre les sceptiques et le récit de l'événement merveilleux sont tour à tour dialectiques, descriptifs, lyriques, non symboliques ; la Navigation tragi-comique des strophes XI et XII n'est pas donnée pour une fiction, figurant une impossibilité ; elle est racontée comme une entreprise réelle vécue par le narrateur. Les seuls mots ayant une valeur explicitement symbolique sont *l'or de la trompette d'Été* au vers 20, les *chemins* au vers 50, et peut-être le *midi* du vers 15. On conviendra que, pour Mallarmé, c'est peu. Il a voulu que les fleurs auto-signifiantes fussent réelles, et il a dit à cette fin les avoir vues lui-même et en avoir été bouleversé ; par ses protestations de véracité et son ton pathétique, il nous a presque convaincus de le croire. Or, la foi véritable étant exclue, la *Prose* a toutes chances d'être malgré tout une fiction sensible signifiant une pensée, c'est-à-dire un symbole, quoique non avoué. Ce caractère ironique de réalité imposé à un récit symbolique, en abolissant la frontière du sensible et du spirituel, est sans doute un des principaux moyens de prestige du poème. Constatons alors que Mallarmé a réussi là où plus d'un autre aurait échoué.

Il est plus facile d'analyser les procédés poétiques de mise en œuvre et d'élocution que d'en expliquer le succès ou l'échec. Ils ne se réduisent pas au symbole et à ses variétés. L'élocution, dans la *Prose*, est éminemment poétique d'un bout à l'autre, mais moyennant d'autres figures ou tropes que la métaphore. Les commentateurs le savent, qui les relèvent et en rendent compte, sans avoir besoin de les nommer. Mais au-delà de toute la machinerie des moyens de style, on bute toujours sur un charme qui défie l'analyse. Pour n'évoquer que le degré le plus extrême et énigmatique de ce charme, saluons dans notre *Prose* l'irrésistible séduction de certaines combinaisons de mots : séduction indépendante, je ne dis pas du sens de ces mots eux-mêmes, mais de la pensée à l'expression de laquelle ils sont censés concourir; car le charme agit sans qu'on ait même saisi cette pensée, et, après qu'on croit l'avoir saisie, agit encore avec elle et la fait rayonner. Ainsi les strophes IV et V, qui retentissent comme des oracles et s'inscrivent victorieusement dans la mémoire avant qu'on ne les ait comprises, et sans qu'aucune analyse des moyens employés nous éclaire sur ce résultat [44]. Il faut, parlant de Mallarmé — et sans doute de tout poète —, prendre acte d'un pouvoir merveilleux de la parole dont ceux mêmes qui en disposent ne sauraient rendre compte.

2. Rien n'a été dit, dans le commentaire ci-dessus de la *Prose*, du titre et de la dédicace du poème. En ce qui concerne la dédicace *pour des Esseintes*, elle a longtemps paru suggérer une relation étroite entre l'intention du poème et l'*À rebours* de Huysmans, dont des Esseintes est le héros; à cette relation, la critique mallarméenne s'est souvent efforcée de donner corps. Mallarmé avait semblé la confirmer quand il écrivait, dans la « bibliographie » de la dernière édition de ses *Poésies*, à l'article qui concerne notre poème : « Prose, pour des Esseintes : *il l'eût, peut-être, insérée, ainsi qu'on lit en l'À rebours de notre Huysmans.* » Mais, considérée sans préjugé, cette note ne dit nullement que la *Prose* ait été *écrite pour* des Esseintes ou sous son inspiration, mais que des Esseintes l'aurait peut-être *insérée* dans la plaquette anthologique réunissant des pièces de divers auteurs (dont Mallarmé lui-même), qu'il avait fait établir pour son usage, « ainsi qu'on lit » dans *À rebours* [45], et que c'est dans cette pensée qu'il la lui destine. L'apparition de versions manuscrites de la *Prose*, assurément antérieures à la publication du poème en janvier 1885, et qui n'ont ni le titre ni la dédicace, a accentué les doutes quant à sa relation avec le roman de Huysmans; la date de ces versions manuscrites faisant problème, celle de la composition de la *Prose* devient également incertaine. Or, c'est seulement si on situe cette date de composition après le printemps de 1894, où parut *À rebours*, que Mallarmé a pu écrire son poème en

44. De même, les tercets du sonnet de la Mandore; il y a bien d'autres exemples. La poésie de Mallarmé, même non comprise, semble s'apprendre par cœur plus vite qu'aucune autre, à l'âge mûr même, et au-delà.

45. Sur cette anthologie de des Esseintes, voir *À rebours*, édition Marc Fumaroli, Paris, Gallimard, « collection Folio », 1977, pp. 329-330 (je citerai désormais le roman dans cette édition).

pensant à des Esseintes; si on la situe avant ce printemps, voire avant octobre 1882, où Huysmans lia connaissance avec lui en lui faisant part de son projet de roman, Mallarmé a dû concevoir sa *Prose* indépendamment de *À rebours* et de Huysmans, et le titre et la dédicace seraient, dans cette hypothèse, une addition de dernière heure sans rapport aucun avec l'esprit du poème, leur absence dans les manuscrits prenant alors tout son sens. Les arguments ne manquent pas en faveur de cette dernière hypothèse; la première a pour elle les échos du roman qu'on a cru pouvoir déceler dans le poème [46].

Il n'y a rien dans la correspondance échangée entre les deux auteurs, au temps de *À rebours* et de la *Prose* ni plus tard, qui atteste une influence du roman sur le poème. Mallarmé a approuvé le projet d'un livre où ses œuvres devaient être mentionnées et louées. Cette approbation et son jugement sur *À rebours*, une fois le roman paru, témoignent de son intérêt et de sa sympathie sur le plan des idées communes à l'avant-garde littéraire du temps: aristocratisme misanthropique, dégoût des platitudes contemporaines, prédilection pour le rare et l'inconnu. Mais ces thèmes, qui restent en deçà de l'originalité de Mallarmé, sont totalement absents de la *Prose*. Les éloges qu'il fait de *À rebours* relèvent de cet esprit d'époque, qui ne l'engage pas trop, de sa supérieure bienveillance et de sa gratitude. Quant à Huysmans, il est trop clair que Mallarmé et sa poésie sont hors de sa portée; remerciant Mallarmé pour l'envoi de sa *Prose*, il appelle le poème « ce délicieux et artificiel voyage qui manque dans *À rebours*, mais que vous avez si terriblement guilloché dans la *Revue Indépendante* pour des Esseintes [47] ».

La *Prose*, autant que nous en puissions juger, se ressent-elle

46. Pour cette discussion, voir Henri MONDOR, *Autres précisions sur Mallarmé*, pp. 140-141; Lloyd James AUSTIN, dans *Mercure de France*, 1er janvier 1955, et *Forum for Modern Language Studies*, juillet 1966, pp. 200-202; C.P. BARBIER, *Documents Stéphane Mallarmé*, t. I, p. 17 et suiv. (p. 31, il fait remonter la composition de la *Prose* « au moins aux années 1870 »).

47. Lettre à Mallarmé du 14 janvier 1885, citée dans Mallarmé, *Corr.*, t. II, p. 262, n. 2. Voir également, *ibid*, p. 234, n. 1, la lettre de Huysmans du 27 octobre 1882; celles de Mallarmé du 29 octobre 1880, *ibid.*, pp. 233-235, et du 18 mai 1884, *ibid.*, pp. 261-262. La correspondance entre les deux écrivains et leurs relations amicales ont duré jusqu'à la mort de Mallarmé; Mallarmé a continué à faire grand cas d'*À rebours* après sa publication, mais sans le mettre en rapport avec sa *Prose* (voir *Corr.*, t. V, supplément au t. II, p. 260, n. 1: témoignage de Léopold Dauphin, vers l'été 1884; *ibid.*, t. IV. p. 517, lettre de Mallarmé du 8 juin 1887).

vraiment d'une hypothétique lecture de *À rebours*? En appelant la *Prose* un voyage artificiel, Huysmans pense sûrement
au voyage imaginaire de son héros en Angleterre, quand, se
grisant de sensations maritimes et britanniques dans une
librairie et des tavernes anglaises sur le chemin de la gare
Saint-Lazare, il juge désormais inutile de traverser la Manche
comme il s'y disposait (*À rebours*, chap. XI) : cette facétie a pu
amuser Mallarmé, mais quel rapport avec le voyage dans l'île
aux cent iris, que raconte la *Prose*? On rapproche aussi les
fleurs hors nature de la *Prose* de celles que rassemble des
Esseintes (*À rebours*, chap. VIII) : mais pourquoi ces fleurs-
monstres, peu communes en effet, mais surtout fortement
repoussantes, devraient-elles avoir suggéré à Mallarmé l'idée
de ses divines iridées? Un seul détail mérite davantage
l'attention ; des Esseintes frissonne d'émotion sympathique en
entendant lire un passage de Flaubert : « Je cherche des parfums nouveaux, des *fleurs plus larges*, des plaisirs inexplorés »
(dialogue de la Chimère et du Sphinx dans *La Tentation de
saint Antoine*). Ce passage a-t-il inspiré le vers 21 de la *Prose*
(« Toute *fleur* s'étalait *plus large* »)? Ce n'est qu'une possibilité ; il y en deux autres : une lecture antérieure de Flaubert
par Mallarmé, très vraisemblable en soi, et la coïncidence fortuite, qui est une des constantes de ce monde, et à ne pas
exclure ici, s'agissant de trois mots des plus usuels. Ajoutons
que l'esprit, sinon la lettre, des deux passages est tout différent : inassouvissement, de type baudelairien, chez Flaubert
et dans *À rebours*; extase dans la *Prose*.

Posons une dernière question : Mallarmé a certainement
voulu plaire à Huysmans en dédiant le poème à son héros ;
mais jusqu'où s'étend exactement cette complaisance? Huysmans prête à Mallarmé des « finesses byzantines ». La *Prose*
fut-elle, pour lui donner raison, un poème « byzantin »? On n'a
pu y trouver de byzantin que les noms d'Anastase et de Pulchérie, dont nul ne sait bien l'intention. Clin d'œil complice à
Huysmans? Il faut beaucoup d'imagination pour le supposer [48]. Une marotte plus grave de Huysmans est celle de la
« décadence » : il en fait un usage intempérant, diatribe et dithy-
rambe mêlés, combinant le répugnant et le délicieux dans ce

48. Voir n. 39.

qui fut sa marche oblique vers la religion [49]. Quoi de plus éloigné de Mallarmé ? En fait d'évocation décadente, on ne trouve
chez lui, vingt ans avant, qu'une allusion mélancolique à la
décadence latine, symbole de chute, automne, deuil, et non,
comme chez Huysmans, de plus ou moins prestigieuse
décomposition : on peut lire ce passage dans son poème en
prose intitulé *Plainte d'automne* [50]. Mais il n'y a aucun indice
qu'il ait pensé écrire un poème « décadent » en écrivant la
Prose pour des Esseintes. Huysmans écrit hardiment, à propos
des écrits antérieurs de Mallarmé : « La décadence d'une littérature [...] à son lit de mort, s'était incarnée en Mallarmé de la
façon la plus consommée et la plus exquise [51]. » Mais il se
trouve que nous savons ce que Mallarmé pensait sur ce sujet,
d'abord par son distique :

> J'ai mal à la dent
> D'être décadent [52] !

c'est-à-dire d'être tenu pour tel ; et mieux encore par une lettre
de lui, de vingt mois seulement postérieure à la *Prose*. Comme on
lui demandait la permission de publier deux de ses écrits dans
une revue intitulée *La Décadence*, il n'y consentit qu'en ajoutant :
« Mais quel titre abominable que *La Décadence*, et comme il
serait temps de renoncer à tout ce qui y ressemble [53] ! » Somme
toute, s'il est toujours permis de spéculer sur l'influence possible
de Huysmans et de son roman sur la *Prose*, rien n'oblige, quelle
que soit la date de composition du poème, à considérer cette
influence comme réelle.

Reste le titre, *Prose*, qui, ajouté à un certain moment avec la
dédicace, semble destiné à répondre aux goûts de des Esseintes
et de son créateur. On a pensé au sens liturgique du mot
« prose », qui désigne, dans le rituel catholique, des poésies
latines rimées. Des Esseintes fait grand cas de cette poésie de

49. Voici quelques-uns des termes qu'il emploie pour définir la décadence latine ou
moderne : « déliquescence » (*À rebours*, pp. 121, 306), « faisandage » (pp. 121, 317),
« corruption charmante » (p. 317), « élégances moribondes » (p. 310), « délicieux
miasmes » (p. 322), « délicate gloire des choses faisandées » (lettre à Mallarmé, sans
doute de 1882, *Corr.*, t. II, p. 237, en note).
50. Mallarmé, *Œ, Pl.*, p. 270.
51. *À rebours*, p. 331-332.
52. *Œ. Pl.*, p. 167 (date ?).
53. Lettre de Léo d'Orfer, du 29 septembre 1886, *Corr.*, t. III, p. 62.

basse époque; cependant, ce n'est pas le mot « prose » qui est, dans *À rebours*, appliqué à ces productions chrétiennes, mais seulement, à l'occasion, le mot « hymne », son équivalent liturgique [54], que Mallarmé emploie aussi au 6e vers de la *Prose* pour désigner son poème, quand il l'appelle

L'hymne des cœurs spirituels.

On peut alléguer que la *Prose* est bien un poème de magnification, conformément à la nature du genre, mais il faut convenir qu'elle ressemble bien peu, par le ton, à une prose latine [55]. On préférera peut-être une autre explication du titre adopté par Mallarmé. L'anthologie constituée par des Esseintes, dans laquelle Mallarmé, on l'a vu, espérait qu'il eût inséré la pièce qu'il lui dédie, était un recueil de poèmes en prose de Baudelaire, Aloysius Bertrand, Villiers de l'Isle-Adam et Mallarmé lui-même. Et il est dit avec insistance dans *À rebours* que des Esseintes préférait le poème en prose à toute autre forme littéraire [56]. Ne serait-ce pas pour faire rétrospectivement place à son poème dans le recueil de des Esseintes, comme il déclare le souhaiter, que Mallarmé le baptise « prose », s'autorisant du caractère relativement familier de ce poème narratif, circonstanciel, polémique? Ce ne serait pas sans humour. Tout est incertain dans ce qu'on peut dire de ce titre; mais le point, en vérité, importe peu.

54. Ou du moins le nom du genre dont la « prose » est une espèce; ainsi selon le dictionnaire de Godefroy : « Prose », « hymne latine rimée »; de même Littré, Darmesteter : « Hymne », au sens religieux, est féminin; mais dans *Prose*, vers 6, on ne peut savoir quel genre Mallarmé lui prête.

55. Comparer avec le *Franciscae meae laudes* de Baudelaire, pastiche profane de la « prose » sur le modèle métrique du *Dies irae*. Mallarmé dans sa jeunesse avait écrit un poème érotique sur le même rythme, intitulé *Mysticis umbraculis* et sous-titré *Prose des fous* (p. 22 des *Œuvres complètes* : deux tercets monorimes d'alexandrins français).

56. *À rebours*, pp. 329-331.

« *Le vierge, le vivace...* »
(Sonnet du Cygne)

Le vierge, le vivace et le bel aujourd'hui
Va-t-il nous déchirer avec un coup d'aile ivre
Ce lac dur oublié que hante sous le givre
4   Le transparent glacier des vols qui n'ont pas fui!

Un cygne d'autrefois se souvient que c'est lui
Magnifique mais qui sans espoir se délivre
Pour n'avoir pas chanté la région où vivre
8   Quand du stérile hiver a resplendi l'ennui.

Tout son col secouera cette blanche agonie
Par l'espace infligée à l'oiseau qui le nie,
11   Mais non l'horreur du sol où le plumage est pris.

Fantôme qu'à ce lieu son pur éclat assigne,
Il s'immobilise au songe froid de mépris
14   Que vêt parmi l'exil inutile le Cygne.

Ms. autographe, vers 1885; publié dans *La Revue Indépendante*, mars 1885; *Rev. Ind. 1887*; *AVP*; *V et P*; Deman. Texte ci-dessus, inchangé depuis 1887.

On discute sur la date de composition de ce sonnet très fameux. Comme il représente le drame de l'Idéal dans sa version tragique, surtout propre aux années de crise que Mallarmé traversa pendant la composition d'*Hérodiade*, et comme quelques thèmes d'*Hérodiade* y reparaissent (notamment une certaine horreur du gel), on s'est demandé s'il ne datait pas des environs de 1870 plutôt que du temps de sa première publication. Mais nous n'avons aucune version du *Cygne* antérieure à celle de 1885 ni différente d'elle. S'il remonte à 1870 ou au-delà, il inaugure, dans l'œuvre de Mallarmé, la série des grands sonnets d'alexandrins, de type français par la distribution des rimes et par la division des six derniers vers en deux tercets de diction séparée. S'il date de 1885, il se situe dans la période de plus forte production des sonnets de cette série[1]. La triple épithète du premier vers, très hugolienne, est très étrangère à la maturité mallarméenne. En revanche, la gravité sereine du ton et l'objectivité stricte d'une représentation symbolique dont le sens n'est pas dit plaident plutôt pour 1885 que pour 1870. Renonçons donc à connaître l'histoire du *Cygne* et tenons-le pour un témoin de la pensée constante de Mallarmé touchant la relation du Poète avec l'Idéal.

Le sens général du sonnet n'est pas douteux. Un cygne pris depuis longtemps dans la glace d'un lac reprend conscience de

---

1. Les deux sonnets de ce type les plus anciens sont *Le Tombeau d'Edgar Poe* (1876) et « *Sur les bois oubliés...* » (1877); huit autres sont du même type entre 1883 et 1887; puis trois autres, entre 1893 et 1898. Les sonnets écrits en alexandrins avant cette période (sept, de 1862 à 1871) sont tous de disposition « irrégulière »; de même ceux de l'adolescence (voir *BM*, pp. 76-80).

lui-même et fait un vain effort pour se délivrer, puis prend stoï-
quement et dédaigneusement parti de son « exil ». Aucune indication n'apparaît dans le texte du sonnet, qui oblige à interpréter symboliquement le drame dont ce cygne est le héros.
Mais le vol entravé, l'élan, la rechute et la résignation méprri-
sante sont, pour qui connaît Mallarmé, d'évidentes figures de
la condition du Poète. Il y a donc bien ici symbole, rapproche-
ment métaphorique de deux entités différentes, Cygne et Poète.
La tradition du symbole littéraire comparait les deux termes en
deux discours successifs, dont le second dévoilait la signification du premier. Mallarmé avait, au début des années 1860, usé
de cette forme traditionnelle dans *Le Sonneur* et *Les Fenêtres*;
puis il y répugna, et choisit, comme on a vu, des symboles dont
les deux termes fussent si naturellement suggestifs l'un de
l'autre, qu'il pût remplacer les deux discours par un seul; il y
entremêlait figurant et figuré, faisant prévaloir l'évidence de
leur similitude sur tout projet de comparaison rhétorique : ainsi
azur et idéal dans *L'Azur*, pitre et poète dans *Le Pitre châtié*,
nouveau-né et poème nouvellement éclos dans *Don du poème*,
chambre vide et néant dans le « Sonnet en *-x* ». Cette façon
d'esquiver le double discours comparatif est un des moyens
dont Mallarmé use pour n'être pas trop clair, la pensée qui est,
malgré tout, l'âme du symbole n'étant qu'à demi dite. Quand
les deux pôles du symbole sont, par nature, trop différents pour
permettre l'équivoque, il adopte une solution plus radicale : il
ne parlera que du figurant, le Cygne; le figuré, le Poète, restera
innommé, reconnaissable seulement à quelque qualification
insolite où l'homme efface l'oiseau. Le *Cygne* est le premier cas,
dans la poésie de Mallarmé, d'un symbole ainsi traité. Un
exemple plus frappant de la même technique va apparaître en
1887, quand Mallarmé, dans *« Surgi de la croupe et du bond »*,
fera d'un vase sans fleur le symbole d'une communication
impossible entre les esprits, quoiqu'il ne soit dit mot d'autre
chose que du seul vase.

On peut distinguer deux mouvements dans ce sonnet : le premier, qui occupe les onze premiers vers (quatrains et premier
tercet), raconte un drame; le second, dans le tercet final, proclame un mépris. Le récit du drame enlace avec une souplesse
musicale l'aventure physique du cygne, seule dite, et sa signification implicite en tant que symbole. Suivons la première filière,

celle de l'oiseau. Dans le premier quatrain, il n'est pas nommé, mais seulement suggéré par *le coup d'aile ivre* qui doit *déchirer* la glace d'un lac, laquelle n'est pas nommée non plus, mais évoquée seulement par l'épithète *dur*, accolée au lac. Les *vols qui n'ont pas fui* suggèrent de même un oiseau prisonnier de cette glace ; ces vols sans essor sont devenus eux-mêmes un *transparent glacier* qui *hante* le lac gelé et se confond avec lui. On peut admirer la façon dont cette suite d'allusions et d'images aboutit à la stupéfiante beauté du vers 4. Le second quatrain nomme enfin le *cygne*, et évoque conjointement son élan et son impuissance. Le présent du verbe *se délivre* semble dire une délivrance effective, mais *sans espoir* la nie d'avance : nous vivons l'instant où l'éclair illusoire de la délivrance n'annule pas la certitude de l'échec. Au premier vers du tercet suivant le cygne est, pour la première fois, physiquement décrit : il a la tête et le cou libres et peut les *secouer*, mais sans échapper à la *blanche agonie* qui l'environne, car *le plumage* des ailes *est pris*, et le maintient au sol.

À ce récit tout objectif sont liées constamment les harmoniques spirituelles, qui dépassent la condition de l'oiseau. Tout d'abord, dès le *nous* du premier vers, une émotion sympathique, qui parcourt tout le texte, semble associer au sort du cygne celui de l'auteur et de ses lecteurs. Mais surtout l'aventure même de l'oiseau est traitée à plus d'un égard dans une perspective humaine. Ainsi, dans les quatrains, l'amnésie prêtée au cygne comme un autre aspect de son immobilisation, et figurée déjà au vers 3 par l'épithète du lac, *oublié*, trahit un démêlé avec le temps où nous reconnaissons la forme que prend souvent chez Mallarmé le sentiment de l'impuissance poétique : emprise du passé, désir « ivre » de s'évader dans un *aujourd'hui vierge et vivace*. Cet aujourd'hui est nommé avant le cygne dans le sonnet, et c'est, significativement, à lui qu'est prêté d'abord le *coup d'aile* attendu. Le superbe début du second quatrain,

> Un cygne d'autrefois se souvient que c'est lui
> Magnifique,

apparaît chargé de sens humain. Aux vers 7 et 8, l'infortune du cygne est donnée pour la conséquence d'une faute : à l'arrivée de l'hiver, il n'a *pas chanté*[2] *la région où vivre*; ce manque de foi ou d'élan lui a valu sa prison hivernale. Il s'agit donc d'une migration manquée, qui l'a mis à la merci du gel[3]. Cette affabulation, qui implique une culpabilité, a pour héros un homme et non un oiseau : de fait, tous les éléments figuratifs de l'exil mallarméen sont réunis dans le dernier vers du quatrain,

> Quand du stérile hiver a resplendi l'ennui :

hiver, ciel resplendissant, stérilité, ennui. La plainte sur l'oiseau gelé dit le poète maudit et impuissant; le Midi rêvé de l'oiseau migrateur est l'Idéal inaccessible à l'homme et au poète; *l'horreur du sol* figure l'horrible emprise du Réel. Il n'est pas rare que l'Ennui baudelairien fasse son *mea culpa*, et Mallarmé a suivi, semble-t-il, cet exemple dans *Le Sonneur* de 1862 et 1866, mais il n'est pas question ici de péché au sens chrétien; Mallarmé soupçonne que la torture de l'idéal est autant une volonté de désespoir qu'une destinée, et que celui qui souffre de ce mal ne fait qu'un avec lui et ne souhaite pas vraiment s'en délivrer. Le symbolisme humain du cygne n'apparaît pas moins dans le premier tercet que dans les quatrains, l'*agonie* de l'oiseau y est supposée

> Par l'espace infligée à l'oiseau qui le nie,

et l'on pourrait interpréter ce conflit du cygne avec l'*espace* comme impliqué dans la condition de toute créature volante : l'oiseau *nie* par son vol un espace qui se voudrait inviolable, et qui le punit en se faisant pour lui prison. Mais on ne peut oublier que l'infranchissable espace est, dans le romantisme pessimiste, une des figures de l'Idéal mortifiant, ainsi que l'atteste le choix fréquent d'Icare comme héros. L'Idéal a l'espace insondable pour symbole quand il tient le poète à distance, l'accule au blasphème et l'en punit lui aussi, par l'impuissance poétique. Et son arme symbolique est la pesanteur, image de la Réalité

---

2. Il ne faut pas penser ici au fameux « chant du cygne » au moment de sa mort, qui est une légende; et il ne s'agit pas ici de mort, mais de migration. Les cygnes, d'ailleurs, ne chantent pas, et le cri de leurs diverses espèces est généralement peu apprécié.
3. Les cygnes de nos lacs n'émigrent pas, mais la migration est de règle dans des espèces sauvages et Mallarmé le savait sans doute.

tyrannique : ici l'horreur du sol, dont la mention suit aussitôt celle de l'espace punisseur.

L'échec consommé donne lieu à un retournement de position chez le héros, que proclame le dernier tercet. Le frisson de l'espérance s'est évanoui ; le Cygne ou le Poète sont rentrés dans leur permanente infortune. Mais *le songe froid de mépris* et *l'exil inutile* concernent surtout le poète : c'est lui qui méprise ce qui le condamne, c'est pour lui que l'inutilité peut être une gloire. Le mépris écarte le soupçon de dépit qui s'attache à tout parti pris de solitude ; l'inutilité est, dans le romatisme misanthropique, la couronne provocante du Poète et de l'Artiste. Tel est le sens global, évident, de ce dernier tercet, dont l'élucidation littérale pose plus d'une question. Le premier vers,

> Fantôme qu'à ce lieu son pur éclat assigne,

est tout entier une apposition anticipée au sujet *il* (le cygne ou le poète) de la proposition principale qui occupe le second vers. Le héros du sonnet n'est appelé « fantôme » que par hyperbole : ce mot désigne ici une sorte d'absence en vie, un minimum d'être, destination idéale du poète, que toute existence pesante déshonorerait. La relative, qui dépend immédiatement de ce mot, est fortement ambiguë dans l'emploi du possessif « *son* » (« son éclat »), qui peut renvoyer à « fantôme » ou à « lieu » ; on peut comprendre soit que le pur éclat du fantôme l'assigne à ce lieu (c'est-à-dire, pour le poète, que sa nature à la fois fantomatique et lumineuse l'assigne à cette glace transparente comme habitant prédestiné), soit que le pur éclat de ce lieu l'assigne comme résidence au fantôme. On choisira la lecture qu'on voudra : elles ont pratiquement la même signification, impliquant toutes deux la parfaite convenance du « fantôme » et du « lieu », d'accord avec la hautaine acceptation du Cygne-Poète[4]. La proposition relative du dernier vers représente *le songe froid de*

---

4. Si Mallarmé avait écrit cette phrase selon l'ordre usuel des mots, à savoir : « fantôme que son pur éclat assigne à ce lieu », la première lecture serait seule possible ; par l'inversion qui a permis ce très beau vers, il a créé l'ambiguïté du sens, « fantôme » et « lieu » pouvant être affectés l'un et l'autre d'un « pur éclat ». On peut éclairer la discussion en imaginant deux phrases construites dans l'ordre du vers de Mallarmé, mais chacune dans un texte qui impose une lecture à l'exclusion de l'autre. Ainsi : « *Voyageur* qu'à ce lieu *ses* souvenirs ramènent », et : « Voyageur qu'à ce *lieu ses* beaux sites ramènent » (puisse-t-on me pardonner mes alexandrins ! grammaticalement, le premier est tout de même plus plausible que le second).

mépris, où le héros s'immobilise, comme un *vêtement* dont s'enveloppe, dans une attitude définitive, le Cygne, nommé finalement, avec sa majuscule, comme la glorieuse figure du Poète.

On a souvent commenté la versification particulière de ce sonnet, où la dernière voyelle tonique de chaque vers (12ᵉ syllabe de l'alexandrin) est toujours un *i*. Les sept rimes différentes du sonnet, distribuées selon la formule régulière, et partagées en masculines et féminines, relèvent toutes de cette voyelle commune. Je ne sais absolument pas quelle vertu attribuer — affective ou autre — au *i* parmi les voyelles. Simplement, le *i* français est aigu et bref dans les finales dites masculines, un peu moins aigu et plus long dans les prétendues féminines. Il en résulte dans ce sonnet une certaine monotonie, par le retour du même son *i* aux fins de vers, mais variée légèrement par l'alternance des *i* plus longs et plus brefs (longs dans huit vers, bref dans six). On remarquera aussi, dans l'intérieur des vers, plus d'une demi-douzaine de *i* (accentués plus ou moins) à des fins de mots [5].

---

5. *Versification* : il n'y a guère d'autre particularité que celle des rimes dans ce sonnet pathétique, plus qu'aux trois quarts régulier par le rythme : les vers 6 et 14 sont de ceux qui relèguent à l'arrière-plan la césure médiane; seul l'avant-dernier est exclusivement ternaire, et de formule peu usitée.

« *M'introduire dans ton histoire...* »

M'introduire dans ton histoire
C'est en héros effarouché
S'il a du talon nu touché
4   Quelque gazon du territoire

À des glaciers attentatoire
Je ne sais le naïf péché
Que tu n'auras pas empêché
8   De rire très haut sa victoire

Dis si je ne suis pas joyeux
Tonnerre et rubis aux moyeux
11   De voir en l'air que ce feu troue

Avec des royaumes épars
Comme mourir pourpre la roue
14   Du seul vespéral de mes chars

Pas de ms.; publié dans *La Vogue*, 13-20 juin 1886; *Rev. Ind. 1887*; *V et P*; Deman.
Pas de variantes dans tous ces textes (premier poème non ponctué de Mallarmé;
Deman seul ajoute un point final).

Ce sonnet est un de ceux que Mallarmé écrivit, entre 1885 et 1890, à l'adresse de Méry Laurent ou à son sujet. Les quatrains sont la plainte, irrévérente et ironique, d'un soupirant mécontent du peu qui lui est accordé. Le premier vers dit le vœu du soupirant. « M'introduire dans ton histoire » est une expression, si on la lit sans arrière-pensée, plutôt pompeuse, avec intention de raillerie : ce que l'amant désire, est-ce vraiment figurer dans l'histoire de la dame (si tant est qu'on l'écrive jamais), ou s'introduire dans ses faveurs ? Personne n'a de doute à ce sujet. On peut s'en tenir là. Certains, cependant, se fondant sur le sens d'*introduire*, qui n'est pas toujours figuré, et sur le vague possible du mot *histoire* dans la langue familière, pensent que Mallarmé a porté plus loin la double entente dans ce passage. J'avoue que je n'imagine pas Mallarmé donnant droit de cité dans ses Poésies à ce genre d'équivoque. Ce premier vers est lié au second par une syntaxe tout à fait cavalière : « M'introduire [...], *c'est en héros* ». Ce que Mallarmé veut dire, c'est : « M'introduire [...], je ne peux le faire qu'en héros » (effarouché, etc.). Cette tournure oppose à l'apparence d'une situation favorable une réalité toute contraire ; ici, à l'entrée d'un *héros* en territoire conquis, la timidité dudit héros, *effarouché* au moindre incident. Notre « héros » ne mérite guère ce nom. Les héros, en terre conquise, ne se font pas scrupule de marcher avec leurs bottes sur *le gazon* du territoire ; ce héros-ci n'y hasarde que le *talon nu* [1], et en *touchant* à peine le sol. Autrement dit, ses audaces

---

1. Le « talon nu » est chez Mallarmé une image fréquente pour évoquer l'innocence.

d'amant le terrifient lui-même[2]; et il l'avoue, satirisant sa propre lâcheté autant que les rigueurs de la dame, qui vont occuper le quatrain suivant.

Au second quatrain, ne considérons pour le moment que les vers 6 et 7, soit :

> Je ne sais le naïf péché
> Que tu n'auras pas empêché

Ces vers sont clairs, sauf que nous dirions plutôt : « Je ne sais *quel* naïf péché tu n'*as* pas empêché » (je supprime, pour le moment, le futur antérieur, temps délicat à manier), ce qui veut certainement dire : « Je ne sais quel péché, si naïf qu'il soit, tu n'as pas empêché ». Autrement dit : « tu les as empêchés tous, même les plus innocents ». Considérons maintenant l'ensemble du quatrain. Il n'est pas dit explicitement que la dame ait effectivement empêché les innocents péchés[3] tentés à son encontre : il est dit qu'elle les a « empêchés *de rire très haut* leur *victoire* », c'est-à-dire qu'elle n'a pu supporter que le peu de plaisir qu'elle donnait ou qu'elle laissait prendre pût en rien avoir l'air d'un triomphe viril; un air de pénitence convenait mieux au prétendant[4]. Quant au futur antérieur du texte, il place la pensée à un moment final où le bilan de la conduite de cette dame pourra se faire : « (À ce moment-là, que) n'*auras-tu pas empêché*[5]? » Nous sommes maintenant en état d'aborder le premier vers du quatrain; nous comprenons qu'il qualifie avec une exagération ironique l'insignifiant délit : c'est un *attentat*; à quoi? on attendrait : à la pudeur, à l'honnêteté, à l'amitié; mais *à des glaciers* dit, mieux que ces grands mots, ce qui est en cause : c'est la froideur de la dame, comparée non à un glacier, mais à plusieurs. Un attentat contre des glaciers est chose peu commune : cette invention, en tête du quatrain, étonne, mais elle l'ouvre par un vers singulièrement beau, au-delà de son sens; en relisant, on saisit l'humour, mais le beau vers est toujours là. À quoi se rap-

---

2. « Effarouché », saisi de peur vive.
3. Les péchés innocents sont choses de l'Éden pour Mallarmé. On pense aussi à Baudelaire célébrant les « amours enfantines » : « L'innocent paradis, plein de plaisirs furtifs » *(Moesta et erranbunda)*.
4. Le mot « rire », chez Mallarmé, signale souvent le succès du désir.
5. La tournure est usuelle : ainsi, en sermonnant quelqu'un : « Quelles bêtises n'auras-tu pas faites? » (= « tu les auras faites toutes » quand on fera le bilan de ta conduite).

porte, grammaticalement, ce vers, en tant qu'apposition anticipée ? Probablement au mot *péché* du vers suivant (c'est lui qui est « attentatoire »). On pourrait dire aussi au *je* qui ouvre ce vers (et alors c'est l'amant qui serait ainsi qualifié). Le sens, dans les deux cas, est en fait le même.

Les tercets semblent passer à tout autre chose. Ils décrivent un spectacle de feu dans le ciel, avec un grand luxe de métaphores, sans dire de quoi il s'agit ; nous savons seulement, dès le début, que ce spectacle est pour le poète une occasion de joie. Rien ne nous est dit du lien logique qui peut relier cette joie à l'espèce de mortification des quatrains. Mais comme le poète adresse ce discours à la même femme dont il se plaignait dans les quatrains (« *Dis* si je ne suis pas joyeux », etc.), on peut conjecturer que la joie dont il l'informe est une revanche du triste régime qu'elle lui impose : dans ce cas, « dis si je ne suis pas joyeux » doit s'entendre comme « dis si je (n'ai pas le droit) d'être joyeux » ; et le texte continuant, au vers 11 (en sautant l'appositif vers 10), « *(joyeux) de voir* », etc., on conclut que ce que le poète voit remplace ce que la dame lui a refusé : un spectacle de feu lui fait oublier les glaciers ; empêché de *rire*, il trouve la joie ailleurs. Cette interprétation souvent adoptée me paraît la seule plausible. Mais quel est ce spectacle, et comment compense-t-il la privation d'amour ? Ici deux lectures s'opposent ; on peut penser à un coucher de soleil, ou bien à un feu d'artifice nocturne. *En l'air* (vers 11) favorise plutôt l'idée d'un feu d'artifice ; « *que ce feu troue* » fait aussi penser à la propulsion violente du feu d'artifice plutôt qu'aux langueurs du couchant ; il en est de même du *tonnerre* qui n'a pas lieu d'être évoqué à propos d'un coucher de soleil. Les *royaumes épars* sont plausibles dans les deux cas, un feu d'artifice et un soleil couchant pouvant comporter l'un et l'autre, à distance de leur zone centrale, des mises à feu secondaires. C'est la métaphore du *char* (et, qui plus est, *vespéral*), nommé solennellement pour clore le poème (et préévoqué par les mots *moyeux* et *roue*), qui nous oblige à voir ici plutôt un coucher de soleil.

La phrase qui occupe les deux tercets comporte, aux vers 10 et 12, deux membres de phrase relativement indépendants, qu'il faut rattacher correctement à la charpente principale constituée par les vers 9, 11 et 13 (« *Dis si je ne suis pas joyeux [...] de voir [...] mourir la roue* »). « Tonnerre et rubis aux moyeux » est une anticipation qui ne peut concerner que la roue nommée plus loin : *moyeux, roue* et *char* (vers 10, 12 et 13) composent une représentation progressive de véhicule roulant, qui domine les tercets. En prose on dirait : « Dis si je ne suis pas joyeux de voir mourir, tonnerre et rubis aux moyeux, la roue », etc. [6]. Tel serait l'usage ; nous savons que Mallarmé aime à le bousculer pour substituer à la clarté du sens une nouvelle disposition « magique » des mots. Ce motif joue ici comme ailleurs, mais je crois en voir un autre, plus particulier : l'anticipation de « tonnerre et rubis aux moyeux », venant immédiatement après le mot « joyeux », semble identifier la joie du poète à la roue et au char qu'il ne nomme pas encore. Plus d'un lecteur s'imaginera, à première lecture, le poète rutilant de feu *(rubis)* et de fracas *(tonnerre)*. Il comprendra ensuite qu'il s'était trop pressé, mais il gardera quelque chose de sa première impression, et non à tort : car les tercets disent bien, essentiellement, une communion du poète avec le char du soleil couchant.

Un autre membre de phrase relativement indépendant se trouve au vers 12 : *Avec des royaumes épars* est aussi un complément d'accompagnement (le mot *avec* le désigne comme tel), à rattacher au verbe *mourir*. Nous avons déjà dit un mot de ces « royaumes épars », expression magnificente pour désigner, autour de la « roue » centrale, d'autres îlots de lumière dans le ciel. Mais ce sont les deux derniers vers qui disent l'essentiel : la roue mourante du char solaire. Dans l'expression « (voir) mourir la roue » se sont ajoutés deux mots supplémentaires : le premier, *comme*, souligne la valeur approximative du verbe [7] : il marque ici le caractère métaphorique ou mythique de « mourir »; le second, *pourpre*, attribut (accolé à « mourir ») de « la roue », veut marquer une violente intensité de couleur dans cette roue mourante : notation peu commune, à laquelle il faut donner tout son sens. Ce que voit le poète dans cette lumière du couchant, c'est le moment où la plus grande violence du rouge pourpre va défaillir et s'éteindre : l'image, en somme, d'un orgasme, où le désir meurt en s'assouvissant. Autrement dit, le poète trouve, en s'identifiant au soleil couchant, ce que la dame lui refusait. Il a

---

6. Cette sorte de complément circonstanciel, qu'on peut dire d'accompagnement, est usuel en français : « Le cheval courait, *crinière au vent* ».

7. « Comme » s'emploie dans cette intention, surtout avec des adjectifs : « il était comme fou », mais aussi avec des verbes : « je l'ai vu comme ressusciter ».

pris soin de rappeler au dernier vers qu'entre le char solaire et lui il y a étroite liaison : si le poème ne le dit pas lui-même monté sur ce char pour en vivre le triomphal épuisement, il dit du moins que ce char est le sien. Le dernier vers mérite l'attention : « le seul de mes chars » n'a de sens que comme une plaisanterie, où « mes chars » ne serait qu'une redondance, pour ne pas avouer nettement qu'il n'a que celui-là ; l'addition de l'adjectif *vespéral* ne change rien à cette lecture ; Mallarmé ne prétend nullement sous-entendre qu'outre ce seul vespéral parmi ses chars il en possède d'autres non vespéraux. Quel sens aurait cette prétention ? « Le seul de mes chars » est une expression facétieuse pour n'en désigner qu'un, et « vespéral » qualifie celui-là. Il faut donc entendre : « le seul, vespéral, de mes chars ». Cependant ce vers est indiscutablement beau, et une fois de plus on se demande pourquoi. Est-ce parce que le poète, dans les quelques syllabes où il avoue qu'il ne possède aucune voiture réelle, introduit un mot qui fait sienne, mythiquement, la plus prestigieuse de toutes ? C'est possible, mais il reste à dire pourquoi le vers n'est beau que dit d'un trait : la moindre virgule, c'est un fait, le détruit.

La distribution des rimes dans les tercets de ce sonnet appelle quelques remarques. Elle est conforme au type tenu en France pour régulier à l'époque de Mallarmé (CCD, EDE). Il n'y a pas à se demander les raisons de ce choix : Mallarmé, depuis *Le Tombeau d'Edgar Poe*, s'est rangé à cette « règle » (exception faite des sonnets où il a choisi le type dit élisabéthain). Dans les tercets de ce sonnet-ci, cette disposition des rimes, qui commence par un distique (deux vers rimant ensemble), lui a permis de placer d'emblée, comme nous avons vu, son « Tonnerre et rubis aux moyeux » à une place significative. Chose plus remarquable, les mots dans ces tercets se déroulent, comme si souvent chez Mallarmé, avec un tel air de nécessité et de bonheur dans leur succession qu'ils semblent apparaître par leur propre vertu et se passer de logique, quoique la contrainte et le sens y soient. L'ordre des vers dans ces tercets ne répond pas à la syntaxe en vigueur, mais il ne peut être modifié sans grave dommage. Il se trouve que ces six vers sont six unités relativement indépendantes, et on peut être tenté d'en modifier l'ordre. Le développement du sens et la loi d'alternance des rimes masculines et féminines ne donnent à cette expérience qu'une marge assez étroite, mais, au lieu de CCD, EDE, des formules comme CCD, EED (en grande faveur, si je ne me trompe, chez du Bellay et Ronsard, et se survivant jusque chez Hérédia), voire CCD, DEE (trois distiques), ou même CDE, CDE, sont applicables à la succession des vers de notre sonnet sans manquer à la loi d'alternance. Qu'on essaie ; on percevra la différence avec les tercets tels qu'ils sont. Mallarmé, ayant projeté ce sonnet selon une disposition donnée, l'a imposée aux mots ; et les mots, forts de ce qu'ils sont comme de ce qu'il leur fait dire, nous l'imposent. De pareils textes n'expliquent pas le « mystère » du poème ; ils nous le rendent palpable [8].

8. *Versification* : sonnet octosyllabique de type français ; rimes riches ; rythme sans incident. Ici comme en beaucoup d'autres poèmes de Mallarmé, la structure formelle est aussi traditionnelle que le contenu et l'élocution le sont peu. Les tercets liés en une même phrase, dont ils développent deux membres, sont fréquents chez Mallarmé.

« *Mes bouquins refermés...* »

Mes bouquins refermés sur le nom de Paphos,
Il m'amuse d'élire avec le seul génie
Une ruine, par mille écumes bénie
4   Sous l'hyacinthe, au loin, de ses jours triomphaux.

Coure le froid avec ses silences de faulx,
Je n'y hululerai pas de vide nénie
Si ce très blanc ébat au ras du sol dénie
8   À tout site l'honneur du paysage faux.

Ma faim qui d'aucuns fruits ici ne se régale
Trouve en leur docte manque une saveur égale :
11   Qu'un éclate de chair humain et parfumant !

Le pied sur quelque guivre où notre amour tisonne,
Je pense plus longtemps peut-être éperdûment
14   À l'autre, au sein brûlé de l'antique amazone.

Pas de ms. ; publié dans *La Revue Indépendante*, janvier 1887 ; reproduit dans *Rev. Ind. 1887* ; *AVP* ; *V et P* ; Deman. Texte ci-dessus : Deman.

Le drame de l'Idéal reparaît dans ce poème sous sa forme la plus tendue, quoique l'angoisse y soit contenue et virtuellement sublimée en une sorte de contemplation hautaine. Sur le sens général du sonnet, les commentateurs sont généralement d'accord, mais la lecture littérale du texte ne va pas de soi. Les *bouquins refermés* du premier vers, le *froid* du second quatrain, la *guivre*[1] et l'amour qui *tisonne* du vers 12 suggèrent comme cadre du sonnet une lecture faite un soir d'hiver au coin du feu ; *le nom de Paphos*, lu en dernier lieu, suscite une rêverie qui se prolonge de pensée en pensée. Le poète, à partir de ce nom, *s'amuse à élire, avec le seul génie,* c'est-à-dire hors de toute perception réelle, l'image d'un paysage grec : une *ruine*, de ville ou de temple, au bord de la mer, bénie mille fois par l'écume qui bat ce rivage[2] ; il croit la voir surgir glorieusement

Sous l'hyacinthe au loin de ses jours triomphaux[3].

Paphos, ville chypriote, dut sa renommée dans l'Antiquité au culte d'une déesse analogue à l'Astarté syrienne, que les Grecs identifièrent à leur déesse de l'amour : c'est de l'écume qui entoure Paphos qu'ils firent naître Aphrodite. Mallarmé, en refermant ses bouquins, ne pouvait ignorer le caractère érotique du culte et de la légende de Paphos. C'est pourtant à tout autre

1. « Guivre », serpent (héraldique ou ornemental) ; on suppose, d'après le contexte, qu'il s'agit ici d'un chenet figurant cet animal.
2. Le mouvement, sans cesse repris, de la vague écumante vers le rivage est vu comme une incessante adoration ou bénédiction que la mer dédie à ce lieu.
3. Le mot évoque apparemment ici la couleur bleu foncé ou violette du ciel. (*cf.* les couchants « d'hyacinthe et d'or » de Baudelaire dans son *Invitation au voyage*).

chose que s'attache d'abord sa rêverie : au pouvoir de l'esprit de créer, sans fondement réel, un site idéal.

Le second quatrain fait succéder à la glorieuse rêverie sur Paphos une évocation sarcastique du paysage parisien sévèrement hivernal, contemporain de cette soirée de veille. *Coure*, au vers 5, est un subjonctif de défi : « que *le froid* coure (tant qu'il voudra) [4] ». Le verbe « courir » suggère ici sans le nommer le vent, dont les *silences* dénoncent *a contrario* l'intermittent fracas : silences de *faulx*, qui elle aussi s'abat et siffle par intervalles ; et la comparaison du vent avec la faulx le dit cruellement meurtrier. Le premier vers du quatrain a lancé le défi ; le second accompagne ce défi, comme à l'ordinaire, d'une sorte de serment : « (coure le vent), *je n'y hululerai pas* », etc. Une *nénie* est un chant funèbre ; *hululer* désigne en français le cri des oiseaux de nuit [5] : le poète jure qu'il ne hurlera pas un chant de deuil *vide* (à la fois dépourvu de sens et d'effet) contre l'hiver parisien. La proposition introduite ensuite par *si* (vers 7-8) exprime, sous l'apparence d'une hypothèse, un fait déjà acquis : l'empire de la neige hivernale [6]. La neige, innommée, est signifiée par une périphrase énigmatique : *ce très blanc ébat au ras du sol*. Mallarmé appelle souvent « ébat(s) » le battement d'ailes des oiseaux (vers 7) ; mais ce ne peut être le cas ici ; on suppose qu'il s'agit, analogiquement, des flocons de neige poussés en vols périodiques au ras du sol par les rafales du vent. Cet ébat neigeux, est-il dit, *dénie* (refuse, c'est-à-dire empêche d'accorder) *à tout site* (réel et présent) l'*honneur* (variante rhétorique de « la beauté »), (privilège) *du paysage faux* : « faux » (pour « imaginaire » ou « irréel ») est un adjectif provocant, qui situe l'Idéal aux antipodes du réel et le tient pour « mensonge » (« glorieux mensonge » déjà selon une lettre de jeunesse : *Corr.*, t. I, p. 208, avril 1866). Tel est le sens littéral du quatrain. Mais quelle en est la pensée, autrement dit l'intention ?

Que signifie ce refus, si appuyé, de déplorer l'antinomie du Réel et de l'Idéal ? On pourrait trouver naturel, devant l'abîme qui les sépare, ce « hululement » funèbre que Mallarmé jure de

---

4. « Coure le froid » : ce subjonctif non précédé de « que » et suivi de son sujet est une tournure admise en français pour quelques verbes comme « vienne », « puisse », « sache », etc.

5. Ce mot, qu'on écrit parfois « ululer », est un latinisme, doublet savant de « hurler ».

6. « Si », à cet endroit, a en fait la valeur de « du fait que », « en constatant que ».

ne pas faire entendre : plus d'un poète s'adonne sans répugnance à ce genre de déploration ; mais nous sommes ici à la pointe de la philosophie poétique de Mallarmé : la plainte supposerait à ses yeux le vœu d'une réconciliation de la réalité et de la poésie, illusion absurde, souhait sacrilège. On se souvient en quels termes, dès 1863, Mallarmé avait blâmé Baudelaire de s'être plaint qu'en notre monde l'action ne soit pas « la sœur du rêve [7] ». Pour lui, tout compromis du Rêve avec l'action serait une déchéance. Plus près de notre sonnet, un passage inspiré du même esprit peut se lire dans la *Prose pour des Esseintes* : ayant vu l'Île aux cent iris incommensurables, il se moque des gens de la rive qui *pleurent* parce qu'on ne peut pas leur localiser l'île merveilleuse dans le monde réel [8] : c'est à ce genre de lamentation qu'il refuse, dans « *Mes bouquins refermés...* », de s'abandonner ; l'Idéal n'est pas à portée de la main, et n'y sera jamais.

Nous revenons avec les tercets à la relative clarté d'élocution du premier quatrain. La question, quant à eux, est moins d'éclairer ce qu'ils disent que d'apercevoir le lien qui unit cette deuxième partie du sonnet à la première. Le poète fait d'abord une comparaison entre des fruits réels et des fruits manquants et déclare trouver la même saveur aux seconds qu'aux premiers (vers 9-10). Puis, passant du fruit à un sein de femme, réel et présent, il dit s'intéresser davantage au sein absent de l'amazone antique [9]. Tel est, réduit à sa plus simple expression, le contenu de ces tercets. On aperçoit sans peine que les tercets reprennent l'affirmation des quatrains, selon laquelle l'objet imaginaire est comparable ou préférable à l'objet réel. Mais dans le cas du paysage fictif de Paphos, l'imagination joue en faveur du plaisir : c'est là proprement l'idéalisme du faune, c'est-à-dire d'une imagination sensuelle qui remédie comme elle peut au réel frustrateur. Les tercets, au contraire, supposent des fruits présents dont le poète dédaignerait la saveur, se sentant capable de la trouver égale dans le *manque* de fruits, et non dans leur représentation imaginaire. Moyennant la transition, au quatrain précédent, d'un farouche dédain du réel, le poète s'engage, avec les tercets, dans la voie d'un idéalisme proprement ascétique.

---

7. Voir le commentaire des *Fenêtres*, note 5 et le texte.
8. *Prose pour des Esseintes*, strophe XI.
9. On sait que ces femmes guerrières, selon les légendes grecques, se privaient d'un sein en le coupant, le comprimant ou le brûlant, pour pouvoir mieux se servir de leur arc.

C'est dans ce sens qu'il faut entendre, je pense, les vers 9-10 :

> Ma faim qui d'aucuns [10] fruits ici ne se régale
> Trouve en leur docte manque une saveur égale.

Comprenons : « Ma faim (d'idéal) d'aucuns fruits ici (dans ce monde réel) ne se régale (ne se satisfait) »; mais c'est le *docte manque* qui est dans notre distique la pensée dominante. Mallarmé semble envisager une sublimation savante, intellectuelle, du Réel en Idée, de la possession en contemplation. Son originalité consiste dans l'emploi du mot *manque* pour désigner le résultat de cette sublimation. L'idée du fruit est pour lui le manque de tous fruits réels, leur absence. L'exemple, plus fameux, de la fleur idéale, dite « l'absente de tous bouquets [11] », atteste chez Mallarmé cette même doctrine, où le refus du réel aboutit à la seule « magie » du Mot-Idée, résidu du deuil de l'être. On se trompe quand on oublie que la sublimation du réel en idée est, en essence et d'abord, chez Mallarmé, un drame.

Les choses se corsent quand on passe du rejet de la gourmandise à celui de la sensualité charnelle, et des fruits aux appas du corps féminin. Ce glissement, Mallarmé l'opère au vers 11 du sonnet, où le mot *un*, qui d'abord a l'air, dans le contexte, de signifier « un » (fruit), se révèle soudain comme désignant un sein de femme, considéré dans sa pleine réalité. Il n'est ni dit ni suggéré que ce sein soit hostile ni interdit à la main du poète; et pourtant il le méprise d'emblée, il ne l'évoque, sans le nommer, que pour lui lancer le même type de défi qu'à la sombre tempête de neige : « Qu'un éclate de chair [12] humain et parfumant! » *Humain* évoque ici, comme *parfumant*, une vertu tentatrice possible, mais aussitôt répudiée. On se rappellera à cette occasion sur quel ton, dans *Les Fenêtres*, plus de vingt-cinq ans avant, il avait traité « la mère allaitant ses petits »; l'humain fut toujours pour lui trop humain, et n'entre pas, comme tel, dans sa notion de l'Idéal. Il tient, non moins curieusement, à nous faire savoir

---

10. « Aucun » s'est employé au pluriel jusque dans la langue classique.
11. Voir l'Introduction, note 34 et le texte.
12. « Éclate de chair », comme on dit « éclater », ou plutôt « éclatant » de beauté, de vie, mais non de chair; sans doute Mallarmé a-t-il, dans ce cas, employé hyperboliquement « éclater » pour « se gonfler ».

qu'il est en compagnie de la dame au beau sein dédaigné [13], avant de lancer son trait final : il « pense plus longtemps peut-être éperdûment » (l'expression, qui tremble un peu avec *peut-être*, n'en est pas moins fervente) « à l'autre, au sein brûlé d'une antique amazone ». Ce *sein brûlé* de la légende est un sujet de rêverie plus surprenant encore que le manque de fruits.

L'abrupt crescendo d'imaginations de plus en plus insolites qui compose le sonnet a sans doute été calculé, ou du moins ressenti de façon consciente par l'auteur. Les dictionnaires de mythologie attribuent aux amazones la fondation de plusieurs villes, et font figurer Paphos parmi elles. On peut imaginer, si l'on veut, que l'Amazone fondatrice et le sein brûlé, autre élément traditionnel des légendes, se trouvaient dans les livres que Mallarmé a lus ce jour-là, et que c'est ainsi que Paphos et une amazone se sont rencontrées dans son sonnet. Mais nous n'en possédons aucune preuve. En tout cas, il faut être bien naïf, devant la pensée finale du sonnet, qui préfère le sein consumé d'une amazone au sein vivant de l'amie, pour parler seulement d'esthétique idéaliste. Cet ultime défi, qui passe les autres, est un défi aux sources de la vie ; c'est le cri d'un être que l'humanité scandalise. C'est ici que la psychologie voudrait exercer ses droits : quel mal essentiel dicte ces défis, et quelle faiblesse cachent-ils ? Mais comment répondre à ces questions, quand Mallarmé, enfermé dans une ironique sérénité et dans un verbe impassible, s'est mis à l'abri de toute curiosité ?

Mallarmé a voulu que, dans l'ordre de ses Poésies, ce sonnet fût le dernier, et c'est à cette place en effet qu'il figure dans tous ses recueils de vers, et dans l'édition posthume de 1899, comme dans les éditions courantes parues depuis. Ce sonnet datait de 1887, et était loin d'être le dernier venu de ses poèmes. Il est vrai que Mallarmé n'affectionnait pas l'ordre chronologique dans les livres de poésie, mais on a peine à croire qu'il ait constamment choisi ce poème pour clore l'ensemble de son œuvre poétique s'il

13. C'est ce que semble dire le vers 12, dans son second hémistiche. Pour le mot « tisonner » Littré donne la signification suivante : « remuer les tisons *sans besoin* » ; tisonner, c'est donc s'entretenir à remuer inutilement les tisons ; et sans doute, par extension, passer son temps à rêver au coin du feu. Le mot ne s'emploie plus guère aujourd'hui, et seulement au sens matériel de raviver des tisons déclinants. Le poète, en somme, a tenu à indiquer, à cet endroit décisif où il va faire surgir l'amazone au sein brûlé, qu'il est auprès du foyer avec son amie, et qu'ils y vivent côte à côte leur paisible amour.

ne lui trouvait un titre décisif à occuper cette place. Peut-être voulut-il signifier que l'Idéal sans être, auquel plus d'un poème de sa maturité avait donné une signification de beauté ou d'humour, avait gardé pour lui sa cruauté foncière. Il voulut sans doute faire entendre en donnant pour point final à son œuvre [14]

> L'autre, le sein brûlé d'une antique amazone,

que la pente essentielle de son esprit était, comme il l'avait dit jadis dans *Les Fenêtres*, de « tourner le dos à la vie », c'est-à-dire de désavouer passionnément, sous l'apparence du dédain, les sources naturelles de bonheur de notre espèce.

14. *Versification* : sonnet d'alexandrins, type français régulier ; les vers 3, 5 et 6 sont décidément ternaires (césure médiane nulle, formules ternaires diverses) ; dans le vers 6, la force expressive de l'accent propre à la négation « pas », en septième syllabe, tire le vers vers un découpage 5 + 7, très insolite ; les tercets sont bien dédoublés et richement rimés.

« *La chevelure vol...* »

La chevelure vol d'une flamme à l'extrême
Occident de désirs pour la tout éployer
Se pose (je dirais mourir un diadème)
4   Vers le front couronné son ancien foyer

Mais sans or soupirer que cette vive nue
L'ignition du feu toujours intérieur
Originellement la seule continue
8   Dans le joyau de l'œil véridique ou rieur

Une nudité de héros tendre diffame
Celle qui ne mouvant astre ni feux au doigt
Rien qu'à simplifier avec gloire la femme
12   Accomplit par son chef fulgurante l'exploit

De semer de rubis le doute qu'elle écorche
14   Ainsi qu'une joyeuse et tutélaire torche

Ms. autographe, vers juillet 1887; 1re publication, comme partie intégrante du poème en prose intitulé *La Déclaration foraine*, dans *L'Art et la mode*, 12 août 1887; ms. autographe du sonnet vers 1887-1888; autre ms. autographe, vers 1888; publication du sonnet dans *Le Faune*, n° 1 (Valence), 20 mars 1889; publication de *La Déclaration foraine*, comprenant le sonnet, dans *La Jeune Belgique*, février 1890, et dans les recueils mallarméens intitulés *Pages*, 1891, et *Divagations*, 1897; publication du sonnet dans Deman. Texte ci-dessus : Deman (mais sans point final).

Ce qui distingue surtout ce sonnet de tous les autres, est qu'il a été publié d'abord au sein d'un récit en prose, et lié étroitement au scénario de ce récit. Le fait que Mallarmé l'ait souvent copié (voire publié) seul ne change rien à cette liaison, sans laquelle il est inintelligible. Quant à imaginer que le poème a deux sens, l'un dans *La Déclaration foraine*, et l'autre quand on le lit seul, et qu'il a été écrit avec cette double intention, rien ne me paraît y autoriser.

Voici comment le récit en prose conduit au sonnet. Le poète, au cours d'une promenade en voiture à la tombée du jour, en compagnie d'une dame, est entraîné dans une banlieue, parmi le fracas d'une foire ; la dame souhaite descendre avec lui, et ils arrivent devant une baraque sans enseigne et d'aspect misérable, dont la porte a pour rideau la toile décousue d'un matelas. Tandis que le poète se demande quel espoir a pu pousser le possesseur de cette baraque vide à venir tenter sa chance dans cette foire, soudain la dame est prise d'un caprice : « Battez la caisse, propose en altesse Madame », s'adressant au vieux forain, qui pour lui obéir se lève du tambour sur lequel il était assis. La dame, sans répondre aux questions de son ami, s'engouffre dans la baraque ; la foule s'amasse au son du tambour ; le poète, requis par l'événement, invite le public à entrer en ne payant qu'un sou, remet le produit de la recette au vieillard et rejoint la foule à l'intérieur : « À hauteur du genou, elle émergeait, sur une table, des cent têtes », éclairée par un jet de lumière électrique, sans changement de sa toilette ni mise en scène aucune. Il comprend aussitôt que sa beauté rémunère suffisamment le sou versé, et du même coup prend conscience de son devoir : il doit

conjurer la déception qui risque de se produire, quand on s'aper-
cevra que rien n'a été montré de proprement spectaculaire ; le
seul moyen d'y parer, pense-t-il, est « de recourir à quelque puissance absolue, comme d'une Métaphore ». Il faut donc « vite,
dégoiser », faire appel, pour rassurer ceux qui ont payé, « à l'évidence, même ardue, impliquée en la parole », de « présomptions
exactes et supérieures ». Ce recours à la parole, le poète l'opère
après un coup d'œil à la chevelure de son amie et à son « chapeau en crêpe de même ton que la statuaire robe se relevant,
avance au spectateur, sur un pied comme le reste hortensia » : il
récite donc le sonnet, qui prend place ici dans son récit, puis aide
la dame à redescendre de sa table. Il se sent désormais de plain-
pied avec l'entendement des visiteurs, quoiqu'ils n'aient pu, évidemment, comprendre le poème, et il profite de cet accord supposé, tandis que la dame se hâte déjà vers la sortie, pour couper
court à leur ébahissement par quelques mots de discours. Il souligne le naturel du spectacle et sa parfaite conformité « à l'un des
motifs primordiaux de la femme », que la toilette exprime ; il
conclut en prétendant constater la « sympathique approbation »
des auditeurs. Plusieurs en effet expriment leur accord par des
interjections, voire des applaudissements, et tout le monde
s'achemine vers la sortie [1]. Il faut dire que le sonnet se présente
comme un des moins immédiatement compréhensibles, et les
commentateurs auraient été dans le cas d'y perdre leur latin si
la prose qui précède ne les avait aidés. Le récit fait en effet
connaître les circonstances qui ont abouti à une exhibition
publique de l'héroïne, en toilette de ville ; il renseigne sur la
nature du public, sur le lieu du spectacle, ainsi que sur l'intention qui y a présidé et sur les conclusions que ses auteurs en
tirent, toutes choses dont le sonnet ne dit mot [2].

Le premier quatrain représente un double mouvement de la
chevelure féminine, se déployant *à l'extrême occident* et revenant
se poser en *couronne* sur *le front*. Comme nous savons que la
dame, debout et se donnant à contempler sur sa table, n'a

1. On peut lire *La Déclaration foraine* dans *Œ. Pl.*, pp. 279 et suiv., ou dans une édition des *Divagations*.
2. Mallarmé, en publiant le sonnet seul, se rendait certainement compte qu'il
serait d'une interprétation difficile. Il aurait pu renvoyer le lecteur à *La Déclaration
foraine*, mais c'était reconnaître l'obscurité du poème ; nous savons qu'il répugnait à
un tel aveu. Ce sonnet ne figure pas parmi ceux auxquels il a consacré une note dans
la « bibliographie » de l'édition Deman.

ménagé aucune mise en scène, force nous est de considérer comme une représentation purement imaginaire le mouvement que le poète prête à sa chevelure en une sorte de rêverie préalable. C'est le moment où la chevelure *se pose* (verbe au présent) qui marque le retour au réel et la coïncidence entre ce que le poète célèbre et ce que le public voit. On a généralement aperçu, dans le *vol* supposé de la chevelure, l'image d'une trajectoire solaire (vol d'une *flamme* vers l'extrême *occident*) : on sait que la chevelure et le coucher du soleil sont deux obsessions de Mallarmé, ici appariées en image l'une de l'autre, moyennant la luminosité fabuleuse prêtée à la chevelure. Mais le fait que l'« extrême occident » ici évoqué soit un occident *de désirs* nous transporte à un autre niveau d'imagination. L'*extrême* occident des désirs peut s'entendre, non comme leur déclin, mais, à l'image du coucher solaire, comme un moment de paroxysme et d'achèvement : une courbe érotique semble ici suggérée, en même temps que le parcours solaire. Le front sur lequel la chevelure revient se poser est *son ancien foyer* parce qu'on suppose que c'est lui qui l'a fait précédemment flamber et s'envoler. Dans ce moment de retour au repos et au réel, le poète croit voir *mourir* [3] (s'évanouir) le *diadème* de feu, pour faire place à la *couronne* des cheveux.

Ce que dit le second quatrain, c'est que le feu n'est pas éteint pour autant. Le premier vers du quatrain a beaucoup exercé les commentateurs. Voici, je crois, comment cette énigme a été enfin résolue. *Sans or soupirer* est une construction calquée sur « sans bourse délier », « sans mot dire », « sans coup férir » (« sans », plus substantif complément d'objet du verbe qui suit, plus verbe transitif à l'infinitif). *Or* est ici le nom du métal précieux, complément de *soupirer*. L'expression est suivie ici d'un *que*, sur le modèle d'un tour usuel, par exemple : « sans réclamer (autre chose) *que* son droit ». Lisons donc « sans soupirer (d'autre) or *que* cette vive nue ». Le vers n'en est pas plus clair : il nous reste encore à expliquer la double métaphore dont il est fait. Peut-on soupirer de l'or ? Oui, si cet or est, figurativement, la couleur d'une chevelure et si cette chevelure est dite *vive nue*,

---

3. On remarque la tournure tout à fait insolite « je dirais mourir un diadème ». Le tour usuel serait : « on dirait que meurt un diadème » auquel Mallarmé substitue « *je dirais* » (que, etc.), subjectivation déjà peu habituelle, à laquelle il amalgame une autre construction, celle de « je crois voir *mourir un diadème* », avec subordonnée infinitive.

autrement dit vivant nuage (doré) : c'est ce que « soupire »
désormais, après avoir exhalé une flamme vers l'extrême
occident, cette *ignition du feu toujours intérieur, originellement la
seule* (vers 6-7) ; elle *continue* [4] au dedans, visible seulement *dans
le joyau de l'œil*, y faisant rayonner la vérité ou le rire (vers 8).
En somme, le deuxième quatrain vante au public, appelé à
contempler une femme immobile et habillée de pied en cap, ce
qu'il peut voir de sa beauté, l'or des cheveux et le joyau de l'œil :
de quoi le convaincre qu'il n'a pas payé pour rien

Ce qu'il y a de plus clair dans le troisième quatrain, c'est
l'éloge de l'héroïne qui a eu l'idée de cette exhibition, et qui se
fait admirer sans faire étinceler à ses doigts *astre ni feux* (vers
10) [5], en se refusant à user des artifices de séduction offerts aux
sens, sur lesquels comptaient peut-être ses spectateurs : *rien
qu'à* [6] *simplifier* (idéaliser) glorieusement *la femme* (vers 11) elle
accomplit (un *exploit*). Nous verrons lequel ; il nous faut revenir
au vers 9, que nous avons négligé pour aller d'abord à ce qui
semblait moins obscur. Ce vers introduisait, avant de glorifier
l'héroïne, l'idée d'une « diffamation » dont elle serait l'objet. Est
donnée ici, pour coupable d'une telle diffamation, *une nudité de
héros tendre*, et l'on s'est naturellement demandé qui pouvait être
ce « héros ». On a pensé à Mallarmé lui-même : solution dépourvue de toute plausibilité, alors que nous le voyons occupé, au
contraire, à gagner à son amie la révérence du public. Personne,
que je sache, n'a évoqué le « tourlourou [7] » du récit en prose, tout
jeune militaire en tenue de sortie : c'est bien probablement lui
que désigne le « héros » du sonnet [8]. Dans *La Déclaration foraine*,
Mallarmé écrit qu'au moment où son amie et lui allaient suivre
la foule sortant de la baraque ils furent retardés par « l'attente

4. Il faut construire, bien sûr, « l'ignition du feu continue » (verbe « continuer », et
non adjectif, féminin de « continu »).
5. Plusieurs versions ont à cet endroit « *bagues* ni feux », ce qui dispense de commentaire.
6. On dit usuellement : « Rien qu'*en* simplifiant » ; mais on dit aussi : « rien qu'*à*
regarder, j'ai appris ».
7. « Tourlourou », d'après le *Dictionnaire général de la langue française* de Hatzfeld
et Darmesteter, contemporain de Mallarmé, est un néologisme populaire pour désigner un fantassin. Mallarmé emploie aussi ce mot dans *Petit Air (guerrier)*, voir plus
loin : là aussi le tourlourou est ganté de blanc. Le mot désignait, je crois, une jeune
recrue ; il a été, depuis, remplacé par d'autres du même genre.
8. « Héros » est une façon de désigner ironiquement tout militaire ; témoin le
« héros », conquérant vite effarouché, que nous avons vu dans « *M'introduire dans ton
histoire... »*.

en gants blancs encore d'un enfantin tourlourou qui les rêvait dégourdir à l'estimation d'une jarretière hautaine ». *Estimation* est ici, bien sûr, l'équivalent, comiquement sublimé, de « palpation » [9]. Mallarmé parle moins explicitement de ce personnage dans son sonnet, mais ce qu'il laisse entendre est pire : si le héros y est supposé *tendre*, l'évocation de sa *nudité*, et le fait qu'elle soit de nature à *diffamer* l'héroïne, dénoncent à n'en pas douter l'effet physique de sa concupiscence [10]. Mallarmé a mis dans cette indication une forte charge de comique, quoique enfouie dans une accumulation d'à-peu-près sémantiques. L'« enfantin tourlourou » a lui aussi, en somme, communié avec le spectacle qu'on lui offrait, mais à sa façon et dans un comble de malentendu [11].

La dame, nous est-il dit (vers 12), a accompli son exploit *par son chef fulgurante* [12] : nous revenons, en cette fin de sonnet, à la chevelure et à son lumineux pouvoir ; et l'*exploit* accompli est une victoire sur *le doute* [13]. Nous savons quel doute : le poète, dans le récit qu'il nous a fait, nous a assez dit combien il craignait la perplexité et le désappointement des spectateurs ; à ce point de son sonnet, la dame a convaincu le public qu'on ne se moque pas de lui. Il n'est pas courant de dire qu'on *écorche* un doute, mais on dit bien qu'on l'« ébranle » : les deux verbes signifient un commencement de destruction. D'autre part, le doute, dès lors qu'on l'« écorche », est repré-

9. Le texte dit, littéralement, que le tourlourou rêve de dégourdir *ses gants* : expression raccourcie comiquement, car on suppose bien qu'il les aurait ôtés pour réaliser son rêve.

10. Mallarmé a multiplié en cet endroit les voiles du langage approximatif : deux métonymies accumulées dans le mot *nudité* (l'abstrait pour le concret, et le tout pour la partie) ; une autre (de l'effet pour la cause), qui dit la dame en danger d'être *diffamée* pour signifier l'insolence du désir qui la prend pour objet.

11. Dans *La Déclaration foraine*, la phrase relative au tourlourou vient après le sonnet, au moment où tout le monde quitte la baraque. Nous sommes donc obligés de supposer que Mallarmé s'est déjà aperçu de la présence du jeune soldat et qu'il a conjecturé son excitation érotique en improvisant le sonnet, puisqu'il y loge déjà un vers le concernant. Mais, en fait, la convention selon laquelle le sonnet a été improvisé au cours de la séance foraine ne peut être prise au sérieux : comment improviserait-on un tel sonnet ? Il ne faut même pas se demander lequel, du récit ou du sonnet, a été fait avant ou après l'autre : nous n'en savons rien ; nous savons seulement, par le résultat, qu'ils ont été faits pour aller ensemble.

12. On attendrait « par son chef fulgurant », mais le vers serait faux ; il faut donc ponctuer mentalement « accomplit par son chef, fulgurante, l'exploit », etc. Il y a, pour le sens, avantage dans ce féminin, qui fait de la fulguration comme un attribut de la femme tout entière.

13. La construction est limpide : la dame « accomplit l'*exploit de semer de rubis le doute* », etc.

senté comme un personnage, une entité charnelle en tout cas : ses écorchures saignent et la lumière fulgurante de la chevelure fait scintiller ces gouttes de sang comme des *rubis* qu'elle sèmerait sur ce doute vaincu et illuminé. Des analogies de cette sorte, aussi inattendues, et s'aggravant par l'accumulation, ne répondent pas au goût habituel. Mais Mallarmé ne justifie ce qui semble avoir été cherché trop loin qu'en allant plus loin encore : ici, au Doute semé d'écorchures-rubis, il fait succéder (vers 14) la Dame-*torche* [14] : torche par la verticalité de sa stature et le feu de sa tête, torche *joyeuse*, puisqu'elle dissipe le doute, torche de fête qui brandit en son sommet la révélation indubitable de la beauté, et *tutélaire* parce que cette révélation est l'essentiel réconfort de l'humanité.

Ce dernier vers a quelque chose de triomphal, qui ne tient pas seulement au succès de la dame dans le « numéro » dont elle a eu l'idée. C'est une autre réussite que le sonnet proclame, touchant une réconciliation possible de la Poésie et de ceux qui l'aiment avec la Foule, dans le culte commun de l'essentielle beauté. Il semble que l'accord ait pu être obtenu, entre le poète, la dame et son public forain, sur cette pensée centrale, proclamée au vers 11 du sonnet. Mais elle est encadrée, dans les quatrains et dans le distique, d'un tel foisonnement de profondeur métaphorique, resté évidemment impénétrable aux auditeurs, qu'on est tenté de parler plutôt d'un essai humoristique et cordial de fausse entente. Il faut lire dans *La Déclaration foraine* le dialogue du poète et de son amie, de nouveau seuls. Les deux interlocuteurs ne sont pas assez naïfs pour croire que l'accord qu'ils ont constaté soit plus qu'un semblant chétif de solution, en attendant un mieux hypothétique, et ils n'ont garde d'effacer ou de renier l'humour du sonnet et de l'épisode tout entier. Aussi toute la moralité qu'ils vont tirer de cette expérience concerne-t-elle plutôt le bienfait de la présence d'une foule que sa participation réelle à la poésie : prémice à longue distance, ironique mais nullement dérisoire, de la plénitude rêvée des célébrations futures. La dame fait observer au poète qu'il n'aurait pas écrit son sonnet s'il ne s'était senti sous la pression ins-

---

14. La torche est suggérée depuis le vers 12, par la tête fulgurante, mais son nom n'apparaîtra que pour clore le sonnet (même procédé que dans le sonnet du Cygne, et les trois sonnets de 1887).

tante d'un public; le poète lui répond qu'elle non plus n'aurait
pas vécu son rôle ni compris le sonnet sans la présence atten-
tive de ce public. Tous deux sont tributaires d'un auditoire.
Pour le Poète et pour son entourage, il faut qu'une Foule soit.
On peut mesurer à cet aveu la profonde sociabilité de Mallarmé et de son admiratrice, en dépit de toutes les tentations
contraires. L'ironie n'en a pas moins le dernier mot. Ils
confessent d'une même voix, dans leur for intérieur, leur
dépendance, mais sur le mode hypothétique : « Peut-être,
avoua notre pensée, dans un enjouement de souffle nocturne
la même » [15].

15. *Versification* : sonnet d'alexandrins de type dit élisabéthain (voir l'Appendice,
« Remarques sur la métrique », E2c); après ce sonnet, Mallarmé ne publia plus d'élisabéthains qu'en vers courts. Le premier vers est d'un rythme double (ses quatrième,
sixième et neuvième syllabes peuvent toutes les trois être accentuées), et il est suivi
d'un enjambement entre adjectif et nom; le troisième vers est rythmé comme le premier; le neuvième est un ternaire décidé : sa sixième syllabe est la préposition « de »;
le reste des vers est de structure classique. Le distique forme comme la « pointe » du
sonnet.

Les poètes romantiques, qui croyaient en Dieu et en un avenir providentiel de l'humanité, diluaient parfois l'objet de leur vaste culte sous le nom d' « Idéal », sans toutefois vouloir se séparer vraiment de l'ontologie traditionnelle. Ce vocable évasif devait faire carrière après eux. Quand, à partir du milieu du siècle, une marche arrière générale sembla condamner la foi romantique, l'Idéal se sépara davantage de l'être; on ne le nomma plus qu'avec amertume; on ne le célébra que comme une chimère hors d'atteinte. Persistant comme objet d'un désir, mais réputé inaccessible, il ne fut plus, tendanciellement, que le rêve de l'homme : un enthousiasme subjectif, encore absolu d'intention, mais suspendu entre la terre vile et le ciel ironique, et persistant désespérément à imaginer un infini absent. Tel est l' « Idéal rongeur » de Baudelaire, l' « Idéal cruel » de Mallarmé à ses débuts [1]. Mais pour Mallarmé l'Idéal finit par être décidément *ce qui n'est pas,* tout ce qu'on nomme de ce nom n'ayant lieu que dans l'idée et dans la parole, à la fois vaines et glorieuses : c'est ce que dit toute sa poésie. Son originalité est de n'avoir pas seulement vécu cette pensée, mais d'en avoir tiré les conséquences dans sa doctrine de poète et dans son usage même de la parole poétique. Nous allons essayer de lire, dans cette perspective, les trois sonnets octosyllabiques qu'il a publiés en 1887 comme formant un ensemble [2], et qui sont parmi les poèmes les plus graves et les plus riches de sens de son œuvre.

1. Baudelaire, dans le sonnet de *L'Aube spirituelle*; Mallarmé, dans *L'Azur.*
2. Ils datent sans doute, au moins sous la forme où nous les avons, de peu avant cette première publication, et leur texte n'a pas changé depuis, mis à part quelques détails de ponctuation généralement sans conséquence. Je les donne et les commente dans l'ordre où Mallarmé les a mis.

Pas de ms.; publications des trois sonnets dans *La Revue Indépendante*, janvier 1887; reproduits dans *Rev. Ind. 1887*; *V et P*; Deman. Pas de variantes.

I

Tout Orgueil fume-t-il du soir,
Torche dans un branle étouffée
Sans que l'immortelle bouffée
4   Ne puisse à l'abandon surseoir!

La chambre ancienne de l'hoir
De maint riche mais chu trophée
Ne serait pas même chauffée
8   S'il survenait par le couloir.

Affres du passé nécessaires
Agrippant comme avec des serres
11   Le sépulcre de désaveu,

Sous un marbre lourd qu'elle isole
Ne s'allume pas d'autre feu
14   Que la fulgurante console.

Le premier vers de ce sonnet est fait de trois mots très usuels, mais sa construction déconcerte. *Orgueil* est une métaphore courante du triomphe et de la force; *soir*, du déclin. Le vers dit apparemment que toute grandeur a sa décadence. Mais comment entendre le verbe qui joint les deux mots? *Fumer du...*, si l'on cherche à ce tour des exemples dans l'usage commun, appelle aussitôt « fumer du tabac, du haschisch, etc. », à l'exclusion, semble-t-il, de toute autre possibilité. Il faudrait donc entendre que toute gloire exhale de la décadence[3]. En outre, la référence implicite au fumeur évoque une respiration qui, en attisant un feu, le rapproche de sa consomption : telle est la splendeur de l'orgueil, se consumant elle-même et produisant son propre crépuscule. Le vers ainsi lu peut surprendre comme métaphore; comme syntaxe, il est irréprochable. Il suffit d'admettre que le soir, grammaticalement le combustible (comme le tabac quand on le fume), est, pour le sens, la fumée qui s'en exhale : cette liberté ne doit pas trop surprendre en poésie, si même elle n'est pas déjà cataloguée et n'a pas son nom parmi les figures de la rhétorique classique. Le ton fondamental, dès ce début, est donc celui d'une rêverie sur la loi universelle de déchéance, formulée en exclamation triste. La fumée, évoquée très métaphoriquement au premier vers, est plus explicitement présente au deuxième, dans la torche qu'on étouffe en l'agitant dans l'air : autre figure de lumière mourante. *Torche* est une apposition à *orgueil*, mot qui domine cette première phrase en tant que sujet de sa proposition principale; il la domine aussi

3. Dans notre lecture, *du* est ce que nous appelons un article partitif; et *du soir*, complément d'objet direct de *fume-t-il*.

pour le sens, et la *bouffée* du vers suivant, se rapportant de nouveau à lui, doit être entendue comme bouffée d'orgueil, selon une
expression commune, particulièrement applicable à cet orgueil
fumeur, l'*immortelle bouffée* de l'orgueil humain étant ce souffle
qu'on prétend impérissable, l'âme en un mot que l'homme
s'attribue[4]. Or cette âme prétendue ne saurait prolonger son
existence au-delà de la mort : elle ne peut *surseoir à l'abandon*,
nom pathétique de ce par quoi finit toute vie.

Le ton change au second quatrain, descendant d'un degré.
L'hoir est héritier, défunt lui-même, de quelque antique famille ;
sa chambre est ornée de *maint trophée* ancestral, *riche mais chu* :
« chu », mot navrant, mais aussi suranné et prêtant à sourire,
comme *hoir*. Contrastant avec cet usage de mots anciens, mais
concourant au même effet, la prose moderne éclate dans les deux
derniers vers du quatrain : la chambre *ne serait pas même chauffée*
pour le noble défunt, *s'il survenait par le couloir* : formule quelque
peu ironique, car les défunts, traditionnellement, « reviennent » ;
ils ne « surviennent » pas comme font les vivants, et on ne les
croit pas obligés d'emprunter les couloirs pour nous visiter[5].

L'absence de feu va reparaître sur un mode plus grave dans
les tercets, sous la forme d'un éclair de lumière sur un métal
froid, chétif substitut de la vie éteinte. Les vers 13-14 reprennent
en effet le vers 7 : nul chauffage dans la chambre — pas d'autre
feu que la fulguration d'une console. Une console, en ameuble-
ment, est un support plus ou moins ouvragé, joignant oblique-
ment un mur à une table ou tablette horizontale placée contre ce
mur[6]. Une console ne peut fulgurer, comme l'imagine Mallarmé,
que par l'effet de quelque rayon lumineux frappant le vernis de
son bois, ou plus vraisemblablement ses garnitures de cuivre.
L'association d'idées désolantes, qui va d'un feu absent à un feu
illusoire, aurait été aisément saisie si elle s'était développée d'un
seul tenant, le reflet de lumière suivant immédiatement le
manque de chauffage, autrement dit si les quatrains s'étaient
continués par le second tercet. Et l'on n'aurait pas eu de peine à
comprendre que le *marbre lourd* dont il est question au début de

4. L'*anima* est bien, étymologiquement, le souffle.
5. Sauf dans une conception puérile de la survie et des fantômes. Nous avons vu
que la croyance en l'immortalité de l'âme est dite, dans le *Toast funèbre*, « magique
espoir du corridor » avec la même nuance de dérision.
6. Dans l'usage courant, on appelle souvent « console » l'ensemble du meuble, support et table. Mallarmé emploie ici le mot dans son sens précis.

ce tercet était la table supportée et comme isolée par la *console*[7].
Mais Mallarmé avait autre chose à dire. Il ne lui suffisait pas
qu'un froid reflet fût, tristement, le seul feu d'une chambre glacée; il entendait faire de ce reflet *fulgurant*, c'est-à-dire violent et
rapide comme l'éclair, la métaphore d'une poussée d'angoisse où
culminerait le sens douloureux de son sonnet. Ainsi la fulguration de la console devenait doublement significative: en tant
qu'unique feu de la chambre, elle confirme le froid du second
quatrain; en tant qu'angoisse ou *affres*, elle figure à son
paroxysme l'essentielle détresse qui est le sujet du poème. Mallarmé, au lieu de développer ces deux significations l'une après
l'autre, a introduit les éléments de la seconde pensée avant
d'avoir mené la première à son terme. Il a coupé en deux la
séquence « pas de feu — sauf la console » par un discours sur
une angoisse, suffisamment long pour que le lien des deux tronçons ainsi séparés ne pût plus être saisi d'emblée. Être aisément
compris au fil d'une audition ou d'une lecture n'était pas un
mérite souhaitable à ses yeux; toute communication facile en littérature lui paraissait vulgaire, quoique la communication res-
tât naturellement son but ultime quand il écrivait. Dans notre
sonnet, en faisant aller de pair deux symbolisations, l'une
s'interposant dans le cours de l'autre, il créait une sorte d'oracle
poétique riche de relations internes et au premier regard énigmatique, qui lui paraissait plus digne du nom de poème qu'une
œuvre, quelle qu'elle fût, aussitôt comprise. Le mot clef du
double symbole, le nom de l'objet deux fois signifiant, ne devait
être articulé que le dernier du poème. Ce mode de composition
semble contrarier le caractère successif de toute parole: car il ne
suffit pas d'entendre se dérouler un poème ainsi construit pour
savoir ce qu'il dit, ni même de le lire une fois; il est fait pour être
lu, relu, et encore relu, comme si on tournait en rond dans son
texte, éclairant son commencement par sa fin. En fait, cette
sorte d'altération de l'ordre naturel du discours, qui mobilise
l'attention et retarde l'effet, n'est pas un procédé inconnu, à
beaucoup près, en littérature. Mallarmé le porte à un degré inu-
sité, mais son poème n'en reste pas moins successif, car on ne
doit le lire plusieurs fois que pour pouvoir le dire enfin en pleine
possession de son sens et de sa progression.

7. Il est facile de constater, en essayant une lecture du sonnet dans cet ordre,
combien il gagne, en clarté s'entend, à cet attentat.

Pour en revenir à notre sonnet, force nous est d'observer que le symbole Affres-Console, déroutant par le fait qu'il s'interpose longuement dans un ordre de pensées différent, fait aussi difficulté par la façon dont il est lui-même formulé et construit. Le mot *affres*, qui l'introduit soudain, n'étonne pas, vu le sens général des quatrains qui le précèdent : on perçoit que le poète est en train de passer d'une méditation amère ou ironique à un accès de vive angoisse. Mais on ne peut savoir encore que ces « affres » sont une apposition métaphorique anticipée à la « console » du dernier vers, et que l'angoisse dont il est question a accès dans le poème parce qu'un sursaut de la lumière sur un objet a semblé la figurer. Cette relation symbolique n'est pas discutable à la relecture, mais on ne peut dire qu'elle nous ait été rendue aisément visible. Ce n'est pas que l'apposition-métaphore, même précédant le nom qui la commande, soit inusuelle en littérature. Témoin, entre tant d'exemples possibles, Hugo :

> Rare étoile éclairant les vivants dans leurs routes,
> La vérité brillait au fond des sombres voûtes [8].

Le tour est ici parfaitement clair, du fait que l'apposition-métaphore avec ses dépendances n'occupe qu'un alexandrin, et que le mot qui la commande, sujet de la phrase, vient aussitôt après pour l'éclairer. Dans les tercets de Mallarmé, ce mot clef — console — n'apparaît que six vers plus loin, non pas en tête, mais à la fin du membre principal de la phrase, et pour clore une tournure complexe. Et ce n'est pas tout : les deux termes de l'apposition ne coïncident pas réellement, comme ils le devraient, avec ceux de la métaphore, car ce qui figure les affres, ce n'est pas à proprement parler la console ; c'est son épithète, *fulgurante*, ou plutôt le substantif qui y est implicitement contenu, « fulguration » ; seule en effet cette fulguration peut se comparer à un éclair d'angoisse. Mallarmé, en somme, emprunte un tour de phrase à l'usage commun, mais en l'entourant de circonstances qui empêchent de le reconnaître facilement.

Ce qui précède ne concerne que la charpente du symbole

---

8. *La Légende des siècles*, dans « La Vision de Dante », section XVI, avant-dernière strophe. — Ce tour, évidemment ignoré de la langue parlée, jouit aujourd'hui d'une immense faveur dans la presse et la littérature de vulgarisation : « Paradis du nomade, l'oasis apparaît enfin... », « benjamin des équidés, le cheval... », etc.

affres-console; il y a des incidentes qui compliquent le cas et ralentissent encore la lecture. Les affres sont dites *affres du passé*, et il faut comprendre que l'angoisse qu'elles désignent est mémoire, horreur rétrospective du temps spoliateur; et elles sont *nécessaires*, c'est-à-dire revêtues elles-mêmes de la nécessité qu'elles maudissent. En outre, elles prennent figure de geste désespéré, *agrippant [...] le sépulcre de désaveu* : effort convulsif pour retenir la puissance funèbre qui renie toutes choses. La mort est ici *désaveu*, comme tout à l'heure *abandon*; elle n'est pas, comme dans la pensée commune, ce par quoi nous quittons tout, mais ce par quoi tout nous quitte : fuyarde à laquelle on se cramponne pour l'arrêter, et qui pourrait sembler mal représentée par la pierre immobile, si l'on ne pensait aussi au geste instinctif du vivant s'*agrippant* à la tombe comme pour lui reprendre un mort qu'elle vient d'engloutir. Cependant ce sépulcre, où nous pouvons, à ce niveau du sonnet, voir seulement une allégorie de la mort sans recours, est déjà en réalité une première désignation allusive de l'objet-symbole vers quoi tend le discours : il est la table de marbre de cette console dont le nom n'a pas encore été prononcé. De même, on pourrait croire que l'agrippement *comme avec des serres* n'est que l'image d'un mouvement violent de l'âme : on ignore encore que ces serres désignent l'attache de la console à la table qu'elle supporte, attache qui peut ressembler à une patte d'oiseau serrant sa proie, ou la représenter. Le dernier vers découvrira tout.

Dans la chambre déchue d'un mort, une console supportant une table de marbre a soudain lancé un fulgurant reflet, seul feu de cette chambre qui n'en a pas d'autre; et cet éclair, atteignant la table à l'endroit où la console la saisit, a figuré le mouvement d'une main agrippant un marbre tombal, dans un sursaut d'angoisse devant la fatalité de la mort. C'est là le résidu prosaïque de ce que dit le sonnet. Tout poème, de n'importe quel auteur, peut prêter à pareille réduction, qui l'appauvrit et pour ainsi dire l'annule comme poème. La différence est que Mallarmé exige cette réduction pour être compris, parce qu'il y a chez lui, inhérente à la parole poétique, une volonté d'obscurcissement. Il n'est évidemment pas question ici de discuter la poétique de Mallarmé. Aux yeux de certains, elle tourne le dos à la définition même de la poésie, qui consiste dans la transparence et l'immédiat pouvoir d'émotion de la parole. D'autres veulent au contraire, en poésie, une parole rare et difficile, un charme dont les approches soient fermées au profane, et ne cèdent qu'à un long exercice de l'intelligence et de la sympathie. Il y a, apparemment, plusieurs demeures dans la maison de Poésie : c'est un fait que Mallarmé, pratiqué quelque temps, et tant que dure l'impression, fait trouver vulgaire toute autre poésie ; mais c'est un fait aussi qu'il était lui-même grand admirateur de Hugo, Baudelaire et Verlaine.

Ce sonnet, si remarquable dans sa forme, pourrait paraître quelconque dans sa pensée, si l'on n'y voyait que le thème de la fatalité du temps et de la mort, si obsédant dans le lyrisme romantique, dont Mallarmé est l'héritier tardif. Mais le romantisme vivait généralement la pensée de la mort dans un contexte spiritualiste, et le sonnet de Mallarmé repousse précisément toute idée d'immortalité ou de survie. Les quatrains, qui posent le thème, tournent en dérision « l'immortelle bouffée », et « le couloir » que ne semblent pouvoir éviter les âmes visiteuses. C'est cette prise de position philosophique qui donne à tout le sonnet sa douleur, à la fois torturée et glacée. On peut dire même que l'étrange structure du sonnet confirme, d'une certaine façon, la métaphysique qui est professée. Dans la mise en œuvre d'un symbole, l'ordre usuel consiste à montrer l'objet d'abord et à ne dévoiler sa signification figurée qu'après. L'ordre inverse pratiqué par Mallarmé dans ses tercets, outre l'obscurcissement qu'il produit, a cet autre effet, qu'il finit le poème par un objet, non par une pensée. L'éclair de la console, montré le dernier, annule tout ce dont il a été la figure : il est le monde non humain, non pensant, qui a le dernier mot. En somme la technique même de Mallarmé met ici en forme sa négation de l'âme. À cette négation, les deux sonnets suivants vont en ajouter deux autres.

II

Surgi de la croupe et du bond
D'une verrerie éphémère
Sans fleurir la veillée amère
4   Le col ignoré s'interrompt.

Je crois bien que deux bouches n'ont
Bu, ni son amant ni ma mère,
Jamais à la même Chimère,
8   Moi, sylphe de ce froid plafond !

Le pur vase d'aucun breuvage
Que l'inexhaustible veuvage
11 Agonise mais ne consent,

Naïf baiser des plus funèbres !
À rien expirer annonçant
14 Une rose dans les ténèbres.

On passe, avec ce deuxième sonnet, du débat de l'homme avec la mort à sa relation non moins dramatique avec son prochain. C'est ici l'échange spirituel avec autrui, et non plus le vœu d'immortalité, qui est donné pour vain. Selon une technique qui semble plus classique que celle du premier sonnet, l'objet symbolique, un vase de verre dont le col ne porte aucune fleur, est donné dès le début, et ce que le poète entend lui faire signifier n'est découvert que peu à peu. Mais, d'un autre biais, la construction du symbole contredit gravement l'usage : ce sens, qu'on devine progressivement, reste jusqu'au bout informulé. C'est que l'impossibilité de communiquer ne saurait se signifier explicitement sans se démentir ; une telle pensée doit refuser l'expression ; une telle douleur ment si elle se donne à connaître. Beaucoup d'autres pourtant l'ont exprimée sans songer à cette logique, soit tentation rhétorique et routine, soit qu'ils aient sondé moins complètement que Mallarmé le mal de la solitude. Cet exemple, en tout cas, peut donner à réfléchir sur les motivations profondes de l'obscurité mallarméenne. L'hermétisme de sa technique manifeste une existence séparée.

Le sonnet précédent finissait en objet ; celui-ci, plus « objectif » encore et moins prodigue d'humanité, est tout entier objet. Le vase est décrit plastiquement dans les premiers vers, avec sa *croupe* ronde et le *bond* élancé de sa forme vers le col ; mais ce col, aussitôt *surgi*, s'évanouit dans une absence de fleur qui rend *la veillée amère* (indication nocturne et allusion à une hypothétique assistance que cette absence décevrait). Il est à remarquer que non seulement le vase est *ignoré* faute de la fleur qui signalerait sa présence, mais que de ce fait il n'est pas complet ; plus précisément il est dit qu'il *s'interrompt* : tournure réfléchie qui suggère vaguement dans cet objet une intention, « s'interrompre » étant principalement, en français, le fait d'une personne qui s'arrête volontairement de parler ou d'agir. Mais avant que nous n'en sachions davantage, voici que le second quatrain semble passer à tout autre chose. Le *Je* par lequel il commence ferait croire que le poète prend la parole ; mais on saura au terme du quatrain que celui qui parle est un sylphe, apparemment peint au plafond. C'est en tout cas ce qui est dit ; quant à savoir si, comme certains l'ont pensé, ce sylphe représente le poète lui-même, c'est une curiosité seconde, à laquelle rien n'invite dans le texte [9]. Un *sylphe* donc, être mobile et voluptueux selon la tradition, est ici réduit en peinture et attaché à un *froid plafond*, et, de cette plate prison, émet une pensée négative : à savoir, que deux êtres n'ont sans doute jamais partagé la même chimère ; et il donne pour exemple de l'universelle fausse entente sa propre mère avec son amant [10]. L'évocation de *deux bouches* fait qu'on imagine — peut-être arbitrairement — ce couple uni par le baiser, et se leurrant, dans l'amour, d'une illusoire communion. Cependant le texte évoque l'Idéal — la *Chimère* — sous quelque forme qu'on prétende y aspirer ensemble, et le doute du sylphe frappe, par-delà l'amour, toute union d'âmes. Ce quatrain, qui semble au premier abord sans lien avec le premier, en éclaire le sens. Par la bouche ironique de ce sylphe, qui parle volontiers là où Mallarmé préfère se taire, nous apprenons à voir, dans le vase qui ne s'achève pas en fleur, l'image d'une communication non réalisée.

C'est ce que développent les tercets. Le vase y figure décidément une volonté ; et le fait que la fleur lui manque, un refus. Il acquiert, justement pour s'être « interrompu », une valeur spirituelle : il devient *le pur vase d'aucun breuvage*, pur en raison de sa vacuité même, qui exclut toute relation à autrui ; car cette solitude volontaire est préférable à l'impureté d'une fausse commu-

9. Il est extrêmement peu probable, pour peu qu'on y pense, que Mallarmé ait voulu se représenter dans un personnage aussi peu gêné de parler d'un amant de sa mère ; il a seulement prêté à ce personnage une pensée sienne touchant la solitude des êtres, en l'assaisonnant des impertinences d'un sylphe. Certains ont voulu aussi, on ne sait pourquoi, que dans le premier sonnet l'« hoir » revenant ne fût autre que Mallarmé.

10. « Ni *son* amant ni ma mère » est, bien sûr, une construction insolite ; les deux membres de phrase devraient être inversés pour que l'emploi du possessif soit possible : ce sont là les grâces d'un poète qui aime, en petit comme en grand, faire travailler son lecteur.

nion. On aura noté que Mallarmé a soudain oublié le vase à
fleur pour un vase à liquide, un flacon; il est vrai que fleur et
breuvage ont la même valeur symbolique, étant deux façons
pour le vase de communiquer avec le dehors [11]. Le vase ne
contient, nous est-il dit, aucun autre breuvage *que* son vide,
lequel est ici nommé *veuvage*: à la fois écho étymologique
(« veuf » et « vide » sont tous deux dérivés du latin *viduus*) et
indication d'un deuil, d'une solitude douloureuse même si elle
est tenue pour vertu. Si un tel vide est déclaré *inexhaustible*, c'est
que la vertu d'une solitude assumée est hors d'atteinte et toujours entière, alors qu'une conduite de communion, plénitude
apparente, est toujours précaire et épuisable. Le vide du vase
apparaît donc comme un stoïcisme, sous la typique formule
selon laquelle le vase *agonise, mais ne consent*. Ne consent à quoi ?
À produire à son sommet cette rose qui y manque, et à laquelle
revient la fin du poème, en la nommant cette fois expressément.

Son nom n'est articulé qu'au dernier vers; auparavant s'interpose au vers 12 un nouvel exemple, assez bref celui-là, d'apposition-métaphore anticipée, dans le mot *baiser*. Ce mot devance, en
tant qu'apposition, non un substantif, mais l'action évoquée par
l'ensemble des deux vers suivants, et à laquelle le vase ne
consent pas : l'expiration, à défaut de fleur, d'un parfum *annonçant* au moins — simulant, à la faveur de l'obscurité — la fleur
absente. Ce souffle serait comme un baiser au public; et ce baiser, qui rappelle celui qu'échangeaient en vain les parents du
sylphe, serait aussi *naïf*, dans son optimisme, que le leur : naïf, si
celui qui le donne croit à sa vertu; et s'il sait à quoi s'en tenir,
funèbre, comme la simulation dérisoire d'un impossible
accomplissement. La substitution à la fleur de son seul parfum
répond bien à la prédilection de Mallarmé pour toute désignation subtilisante; mais, en outre, dans le cas de ce vase, l'exhalai-
son d'un parfum en guise de fleur est chose plausible et souvent
imaginée : d'où le pouvoir de ces vers, dont le dernier tourne en
beauté toute l'amertume du poème. Ces deux vers n'en disent
pas moins le refus d'un simulacre et, dans les ténèbres soudain
révélées de la chambre, ils donnent une figure absolue de
l'incommunication des esprits.

On peut se demander à propos de ce sonnet, avec plus de rai-

---

11. Le breuvage de ce vers 9 fait sans doute écho, dans le jeu d'images du sonnet,
aux vers 6 et 7 qui montrent les humains *buvant* à la chimère.

son que pour le précédent, si Mallarmé n'a pas pensé surtout, en l'écrivant, à la condition particulière du poète. Il est certain qu'après le « coucher du soleil romantique » poètes et artistes se sont déclarés décidément étrangers à la foule, maudits et voués à assumer héroïquement leur solitude ; chez Mallarmé, une certaine idée du silence comme degré suprême de la poésie ou de la musique a été la forme hyperbolique de cette espèce d'exil. Une pensée-limite de cette sorte — bien entendu non réellement praticable pour qui, par profession, parle — est mise en œuvre dans notre sonnet. Il nous fait entrevoir chez Mallarmé, dans l'obscurité volontaire de la parole poétique, un signal de séparation et une sorte d'approche asymptotique du silence. Cependant, les mêmes générations postromantiques, en même temps qu'elles proclamaient l'exil du poète au sein de l'humanité, étendaient à tous les hommes l'impossibilité de « boire à la même chimère » ; l'impénétrabilité de deux consciences l'une à l'autre, en tant que loi générale, est à cette époque une pensée obsédante, contre laquelle il n'y a plus de recours, philosophique ni théologique, qui vaille. Aussi peut-on penser que Mallarmé s'est exprimé ici autant comme homme que comme poète, une solitude insurmontable n'affectant le poète comme poète que parce qu'elle est la loi de l'homme comme homme, dès qu'il sort du langage journalier et du commerce des services.

De quelque façon qu'on mesure la portée humaine du sonnet, il montre bien en tout cas que la poésie de Mallarmé et sa doctrine poétique ne posent pas seulement des problèmes d'esthétique spéculative. La logique qui conduit Mallarmé à un art solitaire tient à une perte de confiance métaphysique : les choses étant muettes, et les hommes sourds, l'esprit, qui ne croit plus pouvoir émettre de signes que pour lui-même, est conduit vers le soliloque. Mallarmé, nous le savons, a vécu ce drame dans l'angoisse et dans l'effort ; le sonnet que nous venons de commenter le dit assez. S'il en était autrement, les hautes joies de l'art et le dédain tranquille du public régleraient tout. Au contraire, une sorte d'amertume et de deuil héroïque ont envahi la pensée poétique quand la matière humanitaire lui a semblé hors d'usage ; et l'aristocratisme esthétique des poètes semble bien n'avoir été alors que le faux remède d'une douleur mal surmontée. Voir dans la *recherche* mallarméenne l'effet d'une simple exigence d'art, ce serait en ignorer l'essentielle nature.

III

Une dentelle s'abolit
Dans le doute du Jeu suprême
À n'entr'ouvrir comme un blasphème
4   Qu'absence éternelle de lit.

Cet unanime blanc conflit
D'une guirlande avec la même
Enfui contre la vitre blême
8   Flotte moins qu'il n'ensevelit.

Mais, chez qui du rêve se dore
Tristement dort une mandore
11   Au creux néant musicien

Telle que vers quelque fenêtre
Selon nul ventre que le sien
14   Filial on aurait pu naître.

Ce troisième sonnet passe pour le plus difficile. Au moins n'y a-t-il pas de doute sur son sens général. Les quatrains, de l'avis de tous, décrivent un rideau de dentelle flottant à la fenêtre d'une chambre sans lit ; le *blasphème* que le poète voit attaché à cette image tient à ce qu'elle figure, par le lit absent, un refus de la procréation humaine. Quoiqu'un tel refus ne soit formulé expressément ni ici ni dans le reste du sonnet, on le conjecture d'après les tercets, qui évoquent comme ventre maternel de rêve celui d'un instrument de musique de forme arrondie, et imaginent un fils pouvant naître de ce ventre plutôt que de tout autre. La bizarrerie de cette imagination a été plus d'une fois remarquée par les mallarméens ; elle est plus surprenante encore que la transfiguration, au sonnet précédent, d'un vase sans fleur en héros de solitude ; elle ne parvient à convaincre, ou presque — poétiquement s'entend — que grâce à l'arabesque merveilleusement musicale des six octosyllabes qui la développent, et à l'humour sous-jacent dont on peut légitimement la croire empreinte. Cependant l'idée de ce sonnet, si étrangement qu'elle soit mise en œuvre, prolonge bien celles des deux précédents : tour à tour ont été niées l'âme immortelle et la communion avec le prochain ; maintenant, le lien de l'enfant à ses parents, attache fondamentale de l'identité humaine, auquel est opposée une idéale génération par l'opération du rêve et de la musique.

La clarté du thème général laisse intactes les difficultés de détail. La dentelle, *à n'entr'ouvrir qu'absence de lit*, c'est-à-dire du fait qu'en s'entrouvrant elle ne découvre que cette absence, *s'abolit* dans sa fonction, annule en somme sa définition, qui est de voiler l'union d'un couple ou une naissance ; ce mouvement de la dentelle est tenu pour *blasphématoire*, car si l'absence d'un lit dans une chambre n'a en soi rien de sacrilège, il est question ici d'une absence *éternelle*, d'une absence dont la portée est métaphysique : le voilage s'entrouvrant et l'absence de lit qu'il révèle apparaissent, non comme des faits contingents, mais comme une sorte d'emblème qui nie, sous l'aspect de l'éternité, une loi de génération inscrite dans l'ordre sacré du monde. L'extrême raccourci de l'expression peut surprendre; *entr'ouvrir comme un blasphème l'absence de lit* résulte d'une double et violente ellipse : « entrouvrir » l'absence de lit pour « découvrir en s'entrouvrant » une telle absence; et découvrir « comme un blasphème » pour découvrir, par une action qu'on peut considérer « comme un blasphème [12] ». La formule, ramassée en quelques mots, n'outrepasse pas exagérément les licences ordinaires du langage rapide, ni n'obscurcit vraiment le sens [13].

Le second quatrain, dans ce sonnet comme dans les deux précédents, marque un moment de détente : ce sont des variations sur le mouvement du rideau de dentelle, qui confirment sa démission. Ce pur rideau, détaché de son emploi traditionnel, qui ne veut être que rideau et jouer avec soi seul, *cet unanime blanc conflit d'une guirlande avec la même*, est décrit avec toute la complaisance que Mallarmé peut mettre à représenter les

12. On peut aussi entendre : découvrir, spectacle qui est en soi « comme un blasphème », l'absence de lit. Le raccourci, en fait, permet d'attacher le blasphème à la fois à l'entrouverture de la dentelle et à ce qu'elle laisse voir en s'entrouvrant, l'ensemble constituant un seul événement.

13. Je ne veux parler qu'ici du deuxième vers, n'étant pas en mesure de l'interpréter avec certitude. Ce *Jeu suprême*, avec sa majuscule et son épithète, a exercé l'imagination des commentateurs. Voici les deux lectures les plus fréquemment adoptées : selon les uns, il s'agit du Jeu cosmique de la Nuit et du Jour, le *doute* désignant l'incertaine transition de l'aube; et le vers marque le moment où, à la clarté naissante, l'absence de lit dans la chambre devient visible dans l'ouverture du rideau; — selon les autres, le Jeu suprême est celui qui procrée, auguste lui aussi à sa façon, et le doute est celui qui fait juger peu probable, du fait de l'absence de lit, que ce jeu ait été joué ici. Grammaticalement, dire « le doute du Jeu » (cosmique) pour « le moment où l'issue de ce Jeu est douteuse » serait une espèce de trope mallarméen à la rigueur possible; et, pour le sens, la vitre *blême* qui est évoquée plus loin pourrait confirmer que la scène se situe à l'aube. Que « le doute du Jeu » puisse au contraire signifier « le doute qu'il y ait eu Jeu (procréateur) » me paraît moins plausible; et quant au sens, il devrait y avoir, dans cette lecture, non doute, sans doute, mais plutôt négation, constatation que la chose n'a pas eu lieu. Préférons donc, sous toutes réserves, la première interprétation. On nous renvoie d'ailleurs à des passages de l'œuvre de Mallarmé qui attestent son intérêt pour la succession du Jour et de la Nuit et leur mythologie. Mais les références à d'autres endroits de l'œuvre, pour éclaircir les difficultés d'un poème donné, ont si souvent égaré les commentateurs de Mallarmé qu'on hésite à se fier à ce type de preuve.

choses inutiles, surtout si, comme ici, leur inutilité porte en elle quelque sens grave. Ce rideau déserteur, *enfui contre la vitre*, comme ayant décidé d'ignorer l'intérieur de la chambre, *flotte* en l'air, au lieu de tomber pour voiler ; il flotte, nous est-il dit, *plus qu'il n'ensevelit*. Ce verbe étonne, ayant étymologiquement et dans son usage français un sens funèbre. Le voilage est tissu comme le linceul, mais qu'enstvelirait-il ? « Ensevelir » ne peut être ici que métaphorique, au sens, qu'il a aussi, de « cacher jalousement, secrètement ». C'est cette fonction presque sacramentelle que renie le rideau en veine d'évasion flottante, sans que rien n'indique que Mallarmé l'en désapprouve.

La filiation naturelle étant supposée abolie, par quoi la remplacer ? La pensée commune ne voit d'autre alternative à la naissance humaine que la nature angélique ; et c'est bien ce dont Mallarmé semble avoir rêvé longtemps dans son adolescence, comme l'atteste fortement la poésie de sa première maturité. Anges gardiens, défuntes reparaissant en robes célestes, musiques du ciel et instruments de jadis, palmes, ailes en forme de harpes, séraphins en pleurs l'archet aux doigts peuplèrent longtemps son univers imaginaire, transposant en délices une obsession de source funèbre. La naissance au sein d'une mandore mythique est une variante de ce complexe, dépouillée de l'imagerie catholique de l'adolescence et devenue, si l'on peut dire, hérétique. Du complexe primitif ne persiste que l'élément musical qui n'évoque plus le ciel des anges, mais celui de l'art. C'est celui dont la mandore est le symbole, et où l'on se purifie de la terre, humanité et parenté incluses. Il faut seulement se garder d'attribuer à Mallarmé une ontologie du Beau qui récréerait un lieu réel d'immortalité [14].

La construction grammaticale des deux premiers vers des tercets fait sérieusement problème : rêve, maturation, tristesse, sommeil y sont évoqués ou nommés à propos de la mandore, mais dans une syntaxe problématique. D'abord, comment entendre *du rêve se dore* ? Certains y ont vu une inversion de « se dore du rêve », mais une telle expression semble peu plausible : on pourrait concevoir que quelqu'un se dore *de* rêve (se revête ou s'enduise de rêve, comme d'une dorure), mais difficilement *du*

---

14. La transcendance du Beau est chez Mallarmé une transcendance sans être. Les éléments de la discussion se trouvent surtout dans le *Toast funèbre* et la *Prose pour des Esseintes*.

rêve [15]. Si « rêve » n'est pas complément, il faut qu'il soit sujet du verbe, et Mallarmé a écrit que « du rêve se dore », avec *du* partitif, comme on pourrait dire que *du* blé se dore, c'est-à-dire mûrit, tel étant alors nécessairement le sens du verbe « se dorer ». Mais la difficulté majeure est dans le *chez qui*, que l'on peut, dans la phrase telle qu'elle est, construire de différentes façons. On suppose, comme antécédent à « qui », un pronom démonstratif non exprimé quand on lit : « chez (celui) qui se dore du rêve ». Ayant rejeté cette lecture, il nous faut supposer un autre type d'ellipse et lire : « (chez celui) chez qui du rêve se dore (= mûrit) [16] ». Cette lecture, plus plausible que la première, évoque comme elle un personnage adonné au rêve : c'est chez lui que dort la mandore. Certainement pas chez lui au sens propre, dans sa maison, où une mandore, ornement réel, lui donnerait l'occasion d'une rêverie de naissance fantastique. Car il faudrait alors dédoubler le lieu du sonnet, solution peu plausible vu les habitudes de Mallarmé — à moins d'admettre que la chambre même des quatrains est le chez-lui du Rêveur : mais pourquoi ce malheureux habiterait-il une chambre sans lit? Si Rêveur il y a, il convient bien plutôt d'entendre « chez » au sens spirituel : « dans l'âme de » ce Rêveur *tristement dort une mandore* imaginaire, c'est-à-dire l'image latente d'une maternité mythique. Telle est l'interprétation qu'ont retenue les commentateurs les plus attentifs.

Il n'est pas certain pourtant qu'on ne puisse adopter une autre lecture que celle-là. Après tout, le Rêveur qu'elle suppose n'est pas indiscutablement évoqué par le texte; on ne le fait surgir que d'un pronom sous-entendu. On pourrait se passer de lui si l'on donnait pour antécédent à « chez qui » la mandore elle-même, en supposant que Mallarmé ait, en somme, renversé l'ordre normal des deux vers, et en lisant : « Mais tristement dort une *mandore chez qui* du rêve se dore. » Le sens serait plausible, et il serait très logique que le *rêve*

15. La cime d'une montagne se dore *de* soleil, et non *du* soleil (à moins que ce complément ne soit lui-même nettement déterminé : « se dore *du* soleil *matinal*, du soleil *de midi* »). C'est apparemment la règle générale dans ce type de construction : un tonneau se remplit *de* vin, non du vin, ou bien *du* vin *de la vigne voisine*.
16. On dit communément : « Va chez qui t'invite » (= chez celui qui), et aussi : « Va chez qui tu reçois le meilleur accueil » (= chez celui chez qui). Quant au fait que dans le tercet de Mallarmé la relative (chez qui...) précède la principale (dort...), il n'a rien d'inusuel non plus (ainsi « chez qui l'espoir manque, le courage faiblit », ou toute autre phrase du même genre).

soit le fait de la mandore *dormeuse*, et que le mythe d'un enfant à naître mûrisse en elle. Le Rêveur disparu, le poème finirait, comme les deux autres, par un objet réel présent dans la chambre du sonnet, où la mandore se trouverait à pied d'œuvre en quelque sorte pour suppléer le lit absent [17]. Ce qui fait obstacle à cette interprétation, ce n'est pas tant le sens, mais la grammaire : l'inversion supposée sur laquelle elle se fonde semble choquante au regard de l'usage, et il n'est pas certain que Mallarmé ait osé la risquer, quel que soit son goût, bien connu et souvent remarqué, voire sa manie, de l'inversion [18]. Il est à remarquer qu'aucun de ses commentateurs, à ma connaissance, ne l'a supposé : preuve au moins qu'une inversion de cette sorte déroute tout usager du français : mais preuve quant à Mallarmé ? C'est moins sûr [19].

Quelle que soit la multiplicité, et le degré divers de plausibilité, de ces interprétations, il y a entre elles au moins un plus petit dénominateur commun : toutes mettent en rapport, quoique selon des modalités diverses, « rêve » et « mandore » ; et

17. Par exemple, suspendue au mur de la chambre du sonnet, comme ont cru la voir certains commentateurs, quoique dans une lecture d'ensemble qui logiquement l'excluait.

18. Si l'on fait de « une mandore » l'antécédent de « chez qui », le modèle devrait être, par exemple : « Chez qui le vice est inconnu, — Vit un peuple au sein de l'Asie ». Qu'on me pardonne mes octosyllabes, destinés à fournir un modèle aussi proche que possible des deux vers en question, dans un discours plus simple.

19. Voici une autre inversion de Mallarmé, presque aussi attentatoire à l'usage ; on l'a vue dans le premier des trois sonnets de la Chevelure nue ; on y lit : « Aimeraient ce divin linceul — Mes yeux, las de ces sépultures » (le « divin linceul » est une chevelure féminine, préférée aux tentures funèbres du Néant, « ces sépultures »). Ici aussi l'interversion des deux octosyllabes donnerait une phrase claire ; Mallarmé, très certainement pour conserver l'ordonnance des rimes, a renversé au mépris de l'usage l'ordre de sa phrase. On dira qu'il n'en résulte qu'une inversion entre verbe et sujet (« Aimeraient mes yeux » pour « Mes yeux aimeraient »), que l'usage français n'exclut pas. C'est vrai, mais il ne l'admet que dans des cas rares et précisément conditionnés, et la phrase de Mallarmé est à la limite du possible. Or qui hante une frontière peut bien l'avoir quelquefois franchie. — On pourrait invoquer, comme argument en faveur de l'inversion que nous conjecturons concernant la mandore, la virgule qui figure après *mais*, au vers 7 du sonnet, dans sa première publication (*Revue indépendante*, janvier 1887), et qui reparaît au même endroit dans *Vers et prose* (1893, dans la première édition seulement). Dans un texte si rarement ponctué, ce signe pourrait sembler marquer avant la relative un temps d'arrêt, signalant qu'elle va avec ce qui la suit. Cette virgule mérite d'attirer l'attention, même si elle n'est nulle part ailleurs, notamment pas dans *Les Poésies photolithographiées*, de 1887, où le sonnet figure, manuscrit par l'auteur. — En relisant cette discussion, dix ans après, je regrette de ne pas avoir adopté plus catégoriquement la lecture que je proposais, et qui, réflexion faite aujourd'hui, me semble la seule plausible.

aucune, à ce niveau du poème, ne peut évoquer la nature de ce rapport, qui va consister dans la maternité rêvée de l'instrument. Le vers qui suit immédiatement attire l'attention sur l'intérieur de la mandore : l'instrument est *creux*, et c'est par la vertu de ce vide, élevé à la catégorie métaphysique de *néant*, qu'il peut être *musicien* [20]. Dans le fait, les cordes et le bois ne contribuent pas moins à lui donner cette faculté ; mais c'est un postulat de l'esthétique mallarméenne de faire naître le beau où manque le réel : postulat idéaliste si l'on veut, quoique en aucune façon spiritualiste. Et, dans le cas présent, quelle meilleure matrice que ce vide créateur d'art pour une naissance, pure des semences de la chair et du réel ? Le second tercet, continuant la rêverie, évoque un acheminement *vers quelque fenêtre* : fenêtre sans lieu marqué, fenêtre en idée et fenêtre d'idéal, tout autre que la concrète et dramatique fenêtre sur laquelle s'ouvrait le poème. Au vers suivant est nommé le *ventre* de la mandore : métaphore, au niveau immédiat, de la forme de l'objet, et annonce encore voilée de sa maternité virtuelle. Mallarmé aurait introduit plus explicitement l'idée d'une naissance en écrivant : « *de* nul ventre [21] » ; *selon nul ventre* déroute. Il affectionne, on le sait, cette préposition de sens fluide ; il semble qu'elle marque ici une orientation dans l'espace, un chemin de naissance, peut-être surtout une loi « selon » laquelle aurait pu s'opérer une venue au monde : loi préférée à la loi ordinaire, en vertu d'un choix qui n'admet *nul ventre que* celui-là. Ces derniers mots expriment une adhésion fervente, un vœu d'appartenance qui éclate au dernier vers, avec le mot *filial*. Il ne reste plus qu'à articuler, pour clore le sonnet, la parole, jusqu'ici évitée, qui en découvre le sujet : *naître*.

Ce dernier tercet, en développant le sens du symbole, nous montre le poète lui-même comme adepte du rêve étrange qu'il invente ; en le proposant à son lecteur, il le donne assurément pour sien, comme étaient siens les affres du premier sonnet et le

20. Ce vers 11, du point de vue de la grammaire, s'entend comme constituant un complément de qualité de « mandore » (mandore *au* creux néant, comme héron *au* long bec) ; des trois mots qui composent ce complément, *néant* est substantif, *creux* et *musicien* adjectifs.
21. Mallarmé pouvait écrire : « Telle que vers quelque fenêtre *Et de* nul ventre que le sien », etc. On voudra bien m'excuser d'imaginer un texte modifié ; ce *et* est peut-être discutable ; mais ce n'est sûrement pas pour l'éviter qu'il a mis *selon* au lieu de *de*.

refus héroïque du deuxième. Et la nuance affective même de ce rêve nous est donnée : il mûrit *tristement*, en tant qu'idée de ce qui *aurait pu être*, et qui n'est pas. Le sonnet finit sur l'aveu d'une imagination vaine : nostalgie hors du réel, fausse victoire du cœur dont le principe amer ne se laisse pas oublier.

Dans les commentaires qui précèdent, essayant de définir le sens pathétique de quelques positions de pensée de Mallarmé, nous avons dû aborder des problèmes de technique poétique, qu'on peut rencontrer sur son chemin, liés occasionnellement à la pensée de tout poète, mais qui sont, chez celui-là, impossibles à éluder. Nous avons pu constater combien la technique est chez lui influencée, commandée même, par la nature de ses choix métaphysico-affectifs. Le romantisme avait accrédité cette solidarité du technique et du métaphysique par une théorie du symbole. Le symbole — ou la métaphore, ou l'image, ou la comparaison —, de quelque nom qu'on veuille l'appeler, a toujours été une des figures les plus usitées en poésie : elle consiste à faire surgir une ressemblance significative entre deux objets, et plus spécialement entre un objet matériel et un fait spirituel, idée ou sent'ment; et c'est alors surtout qu'on préfère la dénommer « symbole ». Un cas particulier du symbole ainsi entendu est celui où le spirituel figuré par le sensible se situe au niveau de l'Être. Une doctrine théologique médiévale, favorisée sans doute par l'antique habitude d'interpréter symboliquement l'Écriture au-delà de son sens littéral, veut que les objets de la création soient eux-mêmes des figures d'une pensée divine. Selon cette vue, le symbolisme des poètes correspond à la structure même de l'univers. Les succès de la science mécaniste moderne, absolument contraire à une telle conception, mirent cette doctrine en sommeil. Mais elle fut ranimée au XVIIIᵉ siècle par les divers illuminismes, qui presque tous prétendent déchiffrer dans le monde matériel un parallélisme analogique et des correspondances détaillées avec le monde divin. Le romantisme spiritualiste — c'est ce qui nous importe ici — fit généralement sienne cette façon de voir, au moins en principe et non sans quelque indécision de pensée. En un temps où le style métaphorique tendait à devenir l'essentiel de la poésie, ou à se donner pour tel, on se plut à supposer au symbole une valeur ontologique en tant que représentation sensible d'une réalité transcendante. Le style et

la pensée du romantisme furent censés coïncider, à la faveur de
déclarations souvent ambiguës sur la portée métaphysique du
symbole. En fait, cette doctrine fut plus souvent professée que
pratiquée par les poètes de la première moitié du siècle. Les références au divin, qui abondent dans leur poésie, prennent beaucoup plus communément la forme de l'hymne, célébrant plus ou
moins globalement le créateur dans l'univers créé, que celle du
symbole articulé de façon précise. La doctrine surnaturaliste de
l'image persista dans les générations qui suivirent, quoique la
foi en la transcendance du divin eût décliné en même temps que
le « soleil romantique ». Mais, dans cette période comme dans la
précédente, la fastueuse métaphysique qui fait du symbole un
regard jeté sur le secret spirituel des choses inspira surtout des
professions de foi doctrinales, en prose et en vers, et très peu de
poèmes qui la justifient par l'exemple. Comment s'attendrait-on
à la voir pratiquée par Mallarmé, pour qui, ne disons pas Dieu
ni le Ciel, mais l'Idéal même n'est qu'une absence ? Nos trois
sonnets, si riches en symboles, ne témoignent, à partir de notre
monde, en faveur d'aucun autre. La chambre glacée et la console
au feu menteur ne symbolisent pas, elles *montrent* l'abandon
attaché à la mort. La chambre vide de lit exclut de ce fait, et
sans besoin de métaphore, une condition ordinaire de la naissance humaine. La mandore même est donnée pour l'objet plutôt
que pour la figure d'un vœu. Ce sont là des tableaux « allégoriques d'eux-mêmes », et Mallarmé le savait, ayant qualifié de la
sorte un de ses autres sonnets [22]. En fait, ces allégories à une seule
dimension n'en sont pas vraiment ; elles attestent une sorte de
répugnance de Mallarmé pour la dualité de la figure et du sens,
principe du symbole à visée surnaturelle. Non qu'il n'accepte
le plus souvent cette dualité : le soir exhalé par l'Orgueil, la
torche fumante, la fulguration d'un reflet, la dentelle fuyarde
renvoient du physique au moral ; surtout le vase sans fleur signifie autre chose que lui-même. Mais cette dualité de termes, loi
ordinaire du symbole, n'est pas ici une dualité de dimensions
métaphysiques ; elle représente l'humain dans l'objet, sans sortir
du champ de l'existence vécue. En Mallarmé l'homme parle
figurativement de lui-même, et le poète exerce souverainement
le génie subjectif des similitudes, qu'il possède à un plus haut

22. Voir le commentaire du « Sonnet en -*x* ».

degré que le commun des hommes ; en vertu de ce don, usant selon son être du privilège qu'on voudrait attribuer à Dieu, il force l'univers à parler son langage. Mais il n'est pas Dieu, et son langage, s'il est véridique, est celui de la solitude et de l'insatisfaction [23].

23. *Versification* : trois sonnets octosyllabiques de type français, strictement régulier dans la distribution des rimes ; les trois sonnets commencent par un vers masculin, ce qui leur donne une répartition identique des rimes masculines et féminines à travers les quatorze vers du poème. Même structure générale aussi, les quatrains formant dans chaque sonnet deux phrases bien séparées, les deux tercets, au contraire, une seule phrase, mais en deux membres distincts. Élocution et imagerie ultramallarméennes dans une métrique classique (un seul enjambement abrupt, dans le discours irrévérent du sylphe, vers 5-6 du sonnet II). Naturellement, usage varié du rythme octosyllabique. Remarquer l'usage du vers court pour ces sujets particulièrement graves, qui dignifie singulièrement l'octosyllabe.

ÉVENTAIL

de Mademoiselle Mallarmé

Ô rêveuse, pour que je plonge
Au pur délice sans chemin,
Sache, par un subtil mensonge,
4   Garder mon aile dans ta main.

Une fraîcheur de crépuscule
Te vient à chaque battement
Dont le coup prisonnier recule
8   L'horizon délicatement.

Vertige! voici que frissonne
L'espace comme un grand baiser
Qui, fou de naître pour personne,
12   Ne peut jaillir ni s'apaiser.

Sens-tu le paradis farouche
Ainsi qu'un rire enseveli
Se couler du coin de ta bouche
16   Au fond de l'unanime pli!

Le sceptre des rivages roses
Stagnants sur les soirs d'or, ce l'est,
Ce blanc vol fermé que tu poses
20   Contre le feu d'un bracelet.

Original manuscrit sur un éventail, *s.d.*; première publication dans *La Revue critique*, 6 avril 1884; *Le Décadent littéraire*, 9 octobre 1886; *Rev. Ind. 1887*; Deman. Texte ci-dessus : Deman.

Ce poème, qui date au plus tard de 1884, ne présente que quelques variantes jusqu'à 1887, et à partir de là, seulement des changements dans la ponctuation. Le titre du poème fut *Éventail*, jusqu'à l'édition Deman, où il est intitulé : *Autre Éventail — de Mademoiselle Mallarmé*, et se situe après l'*Éventail de Madame Mallarmé*, pourtant sensiblement plus récent, Mallarmé ayant voulu sans doute ménager la préséance de la mère.

Mallarmé met en scène, dans la strophe I, une sorte de trio formé par la jeune fille, l'éventail et lui-même. Selon la fiction créée par le poète, le poème est un discours que l'éventail est censé adresser à la jeune fille. Tandis qu'elle s'évente, *rêveuse*, il lui demande de le *garder dans sa main*. L'image est celle d'une *aile* qu'elle tient captive : mais c'est elle qui la fait battre, et c'est surtout ce mouvement qu'il la prie implicitement de ne pas interrompre, afin qu'il puisse *plonger au pur délice sans chemin* (c'est-à-dire dans une sorte de volupté hors du temps et de l'espace, qui borne tout « chemin »). La jeune fille est invitée, en somme, à se faire sa complice, puisqu'elle ne peut lui procurer l'aide qu'il demande que *par un subtil mensonge* : celui, sans doute, de la main qui feint d'emprisonner cette aile, alors qu'elle lui donne tout son mouvement. L'éventail-oiseau, apparemment exaucé dans sa demande, va tracer les étapes de ce « pur délice », qu'il aspire à partager, nous le voyons aussitôt, avec celle qui le lui dispense : mieux, tout ce qu'il va en dire est supposé éprouvé par elle et la concerne directement, par une deuxième personne sans détours ; c'est en elle qu'il en célèbre les moments successifs (vers 6, 13, 15, 19). La première étape (strophe II) est *une fraîcheur de crépuscule*, à la fois bien-être et défaillance, que la jeune fille sent « lui venir » *à chaque battement*; ces *coups* successifs semblent dilater l'espace, faire *reculer l'horizon délicatement*; si chacun de ces coups est dit *prisonnier*, c'est parce que la main féminine le tient sous sa loi; c'est aussi parce que toute volupté est aussi bien assujettissement qu'envol.

Une progression de cette sorte tend naturellement vers un paroxysme, qui se déclare en effet, mais non pas dans l'éventail quêteur d'extase, lequel semble hors du jeu; pas davantage dans la jeune fille, mais dans cet espace qui lui semblait s'élargir à chaque coup de son éventail; c'est là que culmine l'émoi : « Vertige! voici que frissonne — *L'espace* » (strophe III). Mais ce n'est encore qu'un *vertige*, qu'un *frisson* : *comme un grand baiser*, mais — chose remarquable —, baiser solitaire, sans partenaire ni même destination, et *fou* d'être voué à cet inachèvement, fou de *naître* (seulement naître sans s'accomplir) dans personne. Ce poème qui commençait par une espérance de volupté, aboutit donc à un trouble inassouvi et sans issue, qui ne peut, nous est-il dit avec précision, *jaillir ni s'apaiser* [1]! Mais c'est qu'il appartient à la jeune fille d'achever l'événement qui a été tout entier suspendu à l'action de sa main. C'est ce que nous apprend l'éventail-poète (strophe IV); il croit savoir que l'héroïne a fait une expérience de *paradis*, mais paradis *farouche* c'est-à-dire farouchement secret et ombrageux : nous n'aurons pas, c'est clair, de détails.

Mais ce narrateur, être aérien, perçoit tous les souffles, et il a senti que la jeune fille se défaisait de ce paradis comme d'un *rire* que l'on veut cacher. Le rire est souvent chez Mallarmé le nom de la volupté triomphante : l'héroïne dissipe son rire en le coulant du coin de sa bouche au fond de l'éventail soudain refermé [2]. Nous avons donc le point final, mais ce qui l'a précédé n'est pas clairement dit. L'héroïne du sonnet a-t-elle vécu l'éperdue insatisfaction que la strophe précédente attribuait à l'espace? Il n'est question non plus d'aucune extase entière. Celui qui parle a, conventionnellement, mission et capacité de

---

1. C'est surtout dans cette strophe III que le texte a varié; on lit dans le texte écrit sur l'éventail et dans la première version imprimée les variantes suivantes : au vers 9, *Chaste jeu!* ou *Vaste jeu!* au lieu de *Vertige!* — au vers 11, qui *fier de n'être* pour personne (ou : qui, *de n'être éclos* pour personne).

2. Il n'y a, je crois, rien de métaphysique dans *l'unanime pli*, périphrase énigmatique pour désigner l'éventail; chacun sait que ses nombreux plis se referment d'un seul mouvement de la main, tous ensemble, comme unanimement.

nous informer ; c'est par politesse qu'il emploie l'interrogation :
« *Sens-tu* le paradis farouche... ? » Nous le croyons, et personne
n'attend qu'elle lui réponde ; mais nous n'avons pas le droit de
tout savoir d'elle — et son père non plus. Finalement, le qué-
mandeur du début n'a pas l'air trop déçu : le madrigal par lequel
il clôt le sonnet célèbre le geste gracieux (strophe v) de celle qui,
remettant l'éventail fermé [3] en position verticale contre son bracelet étincelant au soleil, semble tenir un *sceptre* : celui des
rivages roses et des dorures stagnantes du couchant [4]. Ce sonnet
est un bon exemple de ce que Mallarmé peut faire avec le Rien,
ou le presque Rien : non pas Néant, mais Grâce pure [5].

---

3. Nouvelle périphrase de l'éventail, au repos cette fois, et hautement mallarméenne : *ce blanc vol fermé* ; nous y retrouvons l'aile du vers 4.

4. La syntaxe contournée de cette dernière strophe est la condition acrobatique de
la rime-calembour *ce l'est-bracelet*, à laquelle elle aboutit. La charpente du quatrain
serait normalement celle-ci : *ce blanc vol fermé* (= l'éventail), sujet — *est*, verbe — *le
sceptre*, attribut, etc. ; cette proposition, inversée, devient : « le sceptre, ce l'est, ce
blanc vol », etc. C'est comme si l'on disait : « Un chef-d'œuvre, ce(la) l'est, ce
roman », variante emphatique de : « Ce roman est un chef-d'œuvre ». La tournure,
défendable grammaticalement, n'en est pas moins tirée par les cheveux : « ce l'est »
défie l'usage ordinaire et étourdit l'oreille, mais ravit Mallarmé.

5. *Versification* : poème en quatrains octosyllabiques à rimes croisées, forme très
utilisée en France depuis longtemps, en grande vogue dans les générations romantiques ; Mallarmé l'avait employée quelquefois dans sa jeunesse. Il n'y est revenu
que dans la *Prose* et ici. Dans ce poème de sensation, chaque quatrain est un moment
distinct.

ÉVENTAIL

de Madame Mallarmé

Avec comme pour langage
Rien qu'un battement aux cieux
Le futur vers se dégage
4 Du logis très précieux

Aile tout bas la courrière
Cet éventail si c'est lui
Le même par qui derrière
8 Toi quelque miroir a lui

Limpide (où va redescendre
Pourchassée en chaque grain
Un peu d'invisible cendre
12 Seule à me rendre chagrin)

Toujours tel il apparaisse
14 Entre tes mains sans paresse

Original écrit sur un éventail ; première publication dans *La Conque*, 1er juin 1891 ; Deman. Texte ci-dessus : Deman. Pas de variantes, sauf l'addition, pour Deman, des parenthèses aux vers 9 et 12, et, par Deman, d'un point final.

Cet *Éventail*, postérieur de sept ans au précédent, relève aussi de ce genre de modernité légère en poésie, qui avant Mallarmé et au-delà de lui, semble avoir prospéré comme un indispensable complément du lyrisme le plus amer. Elle prend chez Mallarmé un caractère particulier en alliant l'énigme au décor des choses légères. Il faut dire que cet *Éventail*, s'il est plus obscur, est moins évanescent que le précédent : il n'évoque plus un insaisissable et problématique émoi, mais l'inquiétude d'un poète touchant la pureté de sa poésie : à partir d'une métaphore d'envol figurant l'éclosion d'un vers, il prie sa femme de soutenir son inspiration du battement continu de son éventail. On pense à *Don du poème* où, sous une forme différente et plus dramatique, une demande analogue était adressée à Madame Mallarmé. Le côté douloureux de cet appel est ici éludé, du fait qu'il n'est fait que très furtivement allusion aux angoisses de la création ; l'intercession de l'éventail, supposée efficace, suffit à maintenir au niveau de la fantaisie ce qui est une prière. Le sonnet a préoccupé et divisé les commentateurs. Mais Mallarmé n'est jamais si obscur qu'on ne s'accorde au moins sur l'essentiel de ce qu'il dit : le schéma de signification ci-dessus indiqué est généralement admis. Cependant le détail du sonnet fait problème d'un bout à l'autre, et davantage de vers en vers.

Le premier quatrain s'ouvre sur un bloc abrupt de trois mots de liaison, une conjonction entre deux prépositions : *Avec comme pour*, cet entassement a de quoi décourager le lecteur, ou l'avertir à qui il a affaire, s'il l'ignore. On ne peut dire pourtant que ce trio massif viole la langue : « avec pour » est

usuel en français[1]; «avec comme» se dit aussi[2]; «comme»
entre «avec» et «pour» introduit une nuance de comparaison
ou d'approximation, qui est celle du groupe usuel «comme
pour»: et, en effet, on peut n'être pas sûr qu'un battement
puisse tenir lieu de *langage*. Le premier quatrain évoque la
naissance d'un *futur vers* sous la forme de quelque chose qui
n'est pas encore langage, mais *rien que battement* en direction
des *cieux*, expression qui suggère le départ d'un vol d'oiseau
nouveau-né, *se dégageant* du nid. Mais nous sommes avertis
qu'il s'agit de poésie par les mots «futur vers» et par le «langage» que le battement est censé préfigurer; et aussi par *le
logis très précieux* qui, plus qu'un nid d'oiseau désigne le lieu
spirituel, de rare nature, où le vers prend naissance. Ce premier quatrain est complet quant à la grammaire et au sens.

Le deuxième ouvre une seconde phrase, qui occupe tout le
reste du sonnet. Il prolonge dans son vers initial la métaphore
précédente; le «battement» devient *aile tout bas la courrière* (aile
messagère, en sourdine, du futur vers). Mais la métaphore, ainsi
développée, est mise grammaticalement en apposition anticipée
au mot qui supporte un nouveau symbole: l'aile se trouve avoir
été une première désignation aérienne de *l'éventail* qui va la remplacer dans l'imagination du sonnet. Mallarmé fait état de deux
éventails qui n'en font qu'un: le premier (vers 5), *cet éventail*,
l'éventail réel de Mme Mallarmé, celui qu'elle tient à la main au
moment du sonnet et sur lequel ces vers sont ou seront écrits[3];
l'autre (vers 7-8), son reflet dans un miroir. C'est ici que les difficultés commencent. Il ne faut pas s'imaginer Mme Mallarmé
s'éventant devant son miroir, attitude inusuelle[4], mais surtout
incompatible avec le texte, qui dit expressément — et souligne
par un vif rejet — que le miroir *a lui derrière* elle[5]. Voici comment on peut, je crois, disposer la scène: la dame s'évente, sans
doute assise en quelque lieu de la pièce, un miroir à quelque
distance derrière elle la reflète de dos agitant son éventail; le

1. Exemple: Je suis parti *avec pour* tout bagage un sac.
2. Exemple: Il nous a fait faux-bond *avec comme* excuse sa santé.
3. Voir la note bibliographique qui suit le texte de ce sonnet.
4. Il n'est ni logique ni habituel qu'une femme s'évente devant son miroir. Mallarmé a un faible pour ces deux accessoires féminins, éventail et miroir, mais il les
envisage d'ordinaire séparément: dans la vingtaine de quatrains sur des éventails
que contiennent les *Vers de circonstance* publiés en 1920 (reproduits dans Œ. Pl.,
pp. 107-110), pas un n'évoque en même temps un miroir.
5. Vers 7-8: «Le même par qui *derrière* — *Toi* quelque miroir a lui».

poète situé en un point optiquement propice et tourné vers le miroir y voit le dos de sa femme et l'éventail *par qui le miroir luit* à chaque battement. Je ne vois pas quelle autre disposition pourrait s'accorder avec le texte; celle-là a une valeur d'étrangeté : c'est une variante subtile de la situation où l'on voit sans être vu, situation entachée ordinairement de dissimulation; rien de tel ici, mais le couple est néanmoins séparé, tout ce qui s'adresse à la dame, y compris la prière finale, ne pouvant relever, dans cette situation, que du langage intérieur. De ce qui précède il résulte que la proposition conditionnelle *si c'est lui le même* —, etc. est purement rhétorique : il est bien évident que les deux éventails, celui de Mme Mallarmé et celui du miroir sont le même, et Mallarmé le sait bien; mais il souligne, en évoquant leur identité sur le mode hypothétique, qu'il ne voit, au moment où il parle, que l'éventail-reflet.

Le miroir, aussitôt nommé, va occuper le quatrain suivant (vers 9-12). Miroir, est-il dit d'emblée, *limpide*. Mais cette limpidité, dans la parenthèse qui suit, apparaît menacée par *un peu d'invisible cendre*. Le contraste « miroir limpide — cendre ennemie » semble, à toute première vue, concerner la glace du miroir, toujours exposée à la poussière. Mais il faut, chez Mallarmé, se méfier des significations trop immédiatement suggérées par l'assemblage des mots. S'agit-il vraiment de la surface du miroir? ou du spectacle qu'il réfléchit? Ne peut-on pas voir dans la « cendre » du vers 11 cette sorte d'infime poussière qui peuple l'air et que le miroir peut être censé réfléchir par quelque jeu de lumière? L'éventail qu'on voit dans le miroir la *pourchasser en chaque grain* fait une bonne action; on ne peut pas ne pas apercevoir la fonction poétique de cet éventail chasseur de cendre. N'oublions pas que la représentation fondamentale du sonnet est la palpitation vers le ciel du futur vers; l'éventail relaie l'aile dans ce symbolisme; il bat lui aussi dans l'air et contredit la pesanteur. Et c'est en vertu du même symbolisme qu'il est question ici, non simplement de poussière, mais de cendre, image de feu éteint, de déchet mort du feu poétique [6]. Ce

6. On peut, pour ce symbolisme de la cendre, penser à l'un des derniers sonnets de Mallarmé, de même forme que celui-ci et postérieur de quelques années, « *Toute l'âme résumée...* », où la cendre d'un cigare, par opposition à son feu, figure le déchet, dans le vers trop réel, de la création poétique.

« peu d'invisible cendre » figure l'altération, si légère soit-elle, de toute poésie une fois née et intégrée à la matérialité des formes et du langage lui-même. C'est ce peu d'impureté qui suffit à *rendre chagrin* le poète. Si l'éventail de Mme Mallarmé peut délivrer l'air de cette cendre et l'empêcher de retomber, alors il faut souhaiter qu'il ne cesse de battre. Ce sonnet si sévèrement voilé aboutit, dans le distique final, à une claire supplique à l'épouse :

> Toujours tel il apparaisse
> Entre tes mains sans paresse [7].

La demande d'un battement d'éventail (indéfiniment continué) est évidemment de pure fantaisie. Mallarmé attendait-il, comme poète, quelque aide, jamais défaillante, de sa femme? Pour autant que nous le sachions, elle ne participa ni ne s'intéressa sensiblement à ses efforts poétiques. Peut-être comptait-il beaucoup sur sa présence et sa sollicitude. *Don du poème* en 1865 empêche de tenir cet *Éventail* en 1891 pour un pur madrigal. L'idée d'un appui féminin était aussi dans la prière initiale de l'autre *Éventail*, à sa fille, en 1884, prière qui se retrouve ici en fin de sonnet : que ta main ne cesse de m'aider [8]!

7. L'action de l'éventail sur cette cendre ne se conçoit que dans l'air où il la chasse et d'où elle tend à *redescendre*, par un mouvement contraire à l'envol initial du vers en direction du ciel. S'il s'agissait de poussière sur la surface du miroir, il faudrait l'épousseter et non la pourchasser, et nous sortirions, sans que rien dans le texte y oblige, de l'ordre de pensées et du ton qui sont ceux de ce sonnet.

8. *Versification* : sonnet heptasyllabique quant au mètre, et élisabéthain de forme; ce n'est pas le premier à réunir ces deux caractères dans les *Poésies* : il avait été précédé par les deux satiriques *Chansons bas* (1888-1889); mais c'est le premier poème grave de ce type. Ce mètre est léger d'allure, mais non nécessairement réservé à des sujets futiles. Mallarmé a écrit, entre 1891 et sa mort, six sonnets heptasyllabiques, dont cinq élisabéthains. — Seule particularité métrique de celui-ci : un fort rejet entre les vers 7 et 8; rythme intérieur varié comme toujours dans les mètres brefs : pas deux vers consécutifs accentués sur les mêmes syllabes. — Les quatrains 2 et 3 et le distique ne forment qu'une seule phrase (prière à l'Aile).

FEUILLET D'ALBUM

Tout à coup et comme par jeu
Mademoiselle qui voulûtes
Ouïr se révéler un peu
4   Le bois de mes diverses flûtes

Il me semble que cet essai
Tenté devant un paysage
A du bon quand je le cessai
8   Pour vous regarder au visage

Oui ce vain souffle que j'exclus
Jusqu'à la dernière limite
Selon mes quelques doigts perclus
12   Manque de moyens s'il imite

Votre très naturel et clair
14   Rire d'enfant qui charme l'air

Copie de la main de la destinataire du ms. original adressé à elle par l'auteur en 1890; publication dans *La Wallonie*, septembre-décembre 1892, sans titre : ponctuation ajoutée, et une variante, plus division en deux tercets du sixain final; Deman, avec le titre *Feuillet d'Album*. Texte ci-dessus : Deman, moins un point final ajouté par lui.

Voici un sonnet sur un rien, exempt de toute difficulté sinon de tout mallarmisme d'expression. Il fut adressé par Mallarmé à Térèse Roumanille, fille du félibre Joseph Roumanille, avec qui il était entré en relations quand il enseignait à Tournon, puis à Avignon. Elle était née en 1864, la même année que Geneviève Mallarmé. Dans sa « bibliographie » de l'édition Deman, Mallarmé écrit à propos de ce sonnet qu'il « est recopié indiscrètement à l'album de la fille du poète provençal Roumanille, mon vieux camarade : je l'avais admirée, enfant et elle voulut s'en souvenir pour me prier, demoiselle, de quelques vers ». On ne sait quand Térèse Roumanille lui demanda des vers; dans une lettre perdue ? Elle reçut ceux-ci en juillet 1890 et l'en remercia aussitôt[1]. Le sonnet semble évoquer un épisode antérieur où Mallarmé, à la demande de la jeune fille, aurait essayé de lui faire connaître sa poésie. Or il semble bien qu'un tel essai, figuré dans le sonnet par une séance de flûte devant un paysage, n'ait jamais pu avoir lieu[2]. Il faut, je crois, lire le sonnet comme une rêverie qui transfigure l'envoi présent du sonnet lui-même.

Aussi clair qu'on peut le souhaiter, ce poème ne demande aucun commentaire de sens, ni presque de grammaire. C'est un discours de Mallarmé à la jeune fille, qui retrace l'improbable

1. Voir *DSM*, t. III, p. 169, lettre du 16 juillet 1890.
2. Mallarmé a été en relations de voisinage avec les Roumanille de 1864 à 1871, année où il s'établit à Paris, et où la petite Roumanille avait sept ans. Entre 1871 et 1890, la correspondance Mallarmé-Roumanille est extrêmement rare, et il n'y est pas question de Térèse; elle revit Mallarmé à Paris en janvier 1892, alors qu'elle venait de se marier (voir *Corr.*, t. V, p. 32, lettre de Mallarmé du 21 janvier 1892). Dans cet intervalle de presque vingt ans, nous n'avons pas trace d'une rencontre entre elle et Mallarmé. Une telle rencontre a-t-elle eu lieu? C'est bien peu probable.

épisode. Tout au plus peut-on souligner l'humour des quatrains :
dans l'interpellation à la demoiselle [3], dans l'explication de sa
demande par le pur caprice [4], toutes choses qui attestent en
même temps le peu de solennité que le poète attache à la « révélation » de son œuvre [5]. Le premier quatrain commence avec
deux vers intervertis par rapport à l'ordre usuel, selon un procédé cher à Mallarmé, et promus à la beauté poétique par cette
interversion [6]. Il s'achève par un très joli vers qui instaure, pour
le reste du sonnet, la figuration de la poésie par la musique et
une lecture de vers par un récital de flûte. Il nous est découvert
au deuxième quatrain que l'épisode a eu lieu *devant un paysage* :
le flûtiste et la demoiselle tout oreilles sont au centre d'un site
auquel chacun peut prêter les charmes qu'il voudra. Mais à
peine atteint ce degré de poésie, l'enchantement est soudain
rompu par le poète lui-même, que cet essai n'enthousiasme pas.
Un vers sarcastique le dit : l'exercice auquel il a consenti

A du bon quand je le cessai [7].

Il l'a cessé pour *regarder au visage* son auditrice ; ainsi les quatrains semblent finir en madrigal : un poète affecte de mettre un
joli visage au-dessus de tout. Cette interprétation semble
d'autant plus s'imposer que la suite (vers 9-14) va dans le même
sens, selon le thème, très usité dans l'ancienne poésie galante, du
Soupirant « suranné » et de la Jeune Dame.

   Cette lecture, la plus évidente, en laisse apercevoir une autre.
Mallarmé désavoue-t-il son art seulement par convention poétique de galanterie ? Son faune, dont il emprunte ici la flûte, la

---

   3. « Mademoiselle, qui *voulûtes — Ouïr* » (deux archaïsmes semi-comiques, l'un en
fin de vers, l'autre en fort rejet).
   4. « *Tout à coup* et comme par *jeu.* »
   5. « Ouïr *se révéler un peu* », etc.
   6. Tout le premier quatrain est fait d'une apostrophe, antécédent d'une relative
(« Mademoiselle qui », etc.). Le premier vers (adverbe de temps, plus complément de
manière) appartient à la relative, et son anticipation avant le « qui » est anormale ; il
dépend, pour le sens et la grammaire, de *voulûtes.*
   7. « Avoir du bon » est familier ; utilisée comme ici, l'expression relève de l'humour
populaire. Mais on se demande pourquoi Mallarmé emploie le présent (« *a* du bon »)
à propos d'un fait rapporté comme passé (« quand je le *cessai* ») ; il faudrait « *eut* du
bon », variante effectivement adoptée dans la version de *La Wallonie*, sans doute à
l'insu de Mallarmé (?). Il est probable que le groupe trisyllabique « udubon », phonétiquement ingrat, ne lui a pas paru possible. Il est à noter qu'à partir de là tout le
sonnet est au présent, comme si Mallarmé abandonnait la fiction d'une scène passée
pour se livrer à une imagination actuelle.

maudissait et l'oubliait de même, pour repenser aux charmes des nymphes. Ne lui arrive-t-il pas vraiment, à lui aussi, d'être convaincu parfois, avec impatience, que la beauté réelle et sensible vaut plus que la beauté poétique ? Dans le troisième quatrain, Mallarmé justifie son peu d'enthousiasme dans la pratique de son art par la décadence de ses moyens : son souffle est insuffisant, ses doigts perclus [8]. Cette exagération fait sourire, et on pourrait se croire encore dans la rhétorique du madrigal. Mais finalement, la comparaison de sa musique et du rire d'une jeune fille nous ramène à une pensée mallarméenne, étrangère à toute convention : celle qui oppose aux efforts de l'art un paradis antérieur, que l'épithète *naturel* désigne ordinairement chez lui ; le *clair rire d'enfant* et l'*air charmé* appartiennent à cet éden [9].

8. « Ce vain souffle *que j'exclus jusqu'à la dernière limite* » : « que j'expire à fond » (au lieu d'en garder une réserve comme je ferais pour éviter l'essoufflement, si ma capacité respiratoire était suffisante); il décrit un souffle court, impropre à l'usage de la flûte. — « *Selon* mes doigts perclus » : usage mallarméen de « selon ». — « Manque de moyens », verbe principal de la phrase que constituent les six derniers vers; « *s'il imite* » = « s'il essaie d'imiter » : liberté d'emploi légitime, si l'on songe qu'imiter c'est toujours essayer d'imiter. Il faut construire, bien sûr : « Ce vain souffle [...] manque de moyens ».

9. *Versification* : Premier sonnet octosyllabique de type élisabéthain; il y en a deux autres, le *Billet* à Whistler (fin 1890) et « *Au seul souci de voyager...* » (1898). — Ici, abondance de rimes riches allant jusqu'au calembour, d'accord avec le ton du sonnet; variété de rythme intérieur; un seul enjambement notable, dans le distique (entre adjectif et nom). Sixain d'un seul souffle, jusqu'à la « pointe » de la fin.

BILLET

Pas les rafales à propos
De rien comme occuper la rue
Sujette au noir vol de chapeaux;
4 Mais une danseuse apparue

Tourbillon de mousseline ou
Fureur éparses en écumes
Que soulève par son genou
8 Celle même dont nous vécûmes

Pour tout, hormis lui, rebattu
Spirituelle, ivre, immobile
Foudroyer avec le tutu,
12 Sans se faire autrement de bile

Sinon rieur que puisse l'air
14 De sa jupe éventer Whistler.

Publication dans *The Whirlwind*, Londres, 15 novembre 1890, sous le titre *The Whirlwind;* dans *La Wallonie*, novembre 1890, même titre; Deman. Texte ci-dessus : Deman, sauf le titre *Billet à Whistler*, qui n'est pas de Mallarmé, et diminue l'effet du nom de Whistler à la fin du dernier vers.

Ce poème a été écrit par Mallarmé à l'automne 1890 pour répondre à la demande de son ami le peintre américain Whistler, qui faisait paraître à Londres *The Whirlwind (Le Tourbillon)*, revue animée et excentrique selon son propre sous-titre [1]. C'est là que le sonnet parut d'abord. Conçu dans le ton que voulait se donner la revue, il développe figurativement une sorte de profession de foi artiste : une danseuse et son tutu, qui personnifient la revue, y foudroient du vent de leur tourbillon toutes les choses rebattues [2]. Le poème, fait d'une seule phrase, est construit sur une opposition ; c'est la réponse de la revue à qui s'enquerrait du sens de son titre : « (Notre *Whirlwind* n'est) *pas les rafales* (vers 1-3), *mais une danseuse* (vers 4-14) [3]. »

Le Tourbillon du titre n'est donc pas une de ces rafales, qui font dans la rue s'envoler les chapeaux (croquis comique, vers 2-3 : le coup de vent soudain, le *noir vol de chapeaux* comme un vol d'oiseaux). Cette rafale de vent et ces chapeaux envolés figurent autre chose, dont tient absolument à se distinguer la nouvelle revue : à savoir, les campagnes de la presse à sensation, qui *occupent la rue à propos de rien*, et agitent les badauds *sujets à*

---

1. Sur la correspondance entre Whistler et Mallarmé au sujet de ce sonnet, voir *BM*, pp. 385-386.

2. Cette danseuse, avec son tutu professionnel, ne figurait pas vraiment sur la couverture du *Whirlwind*, qui représentait « une jeune fille assise dont les cheveux flottent au vent et qui est entourée d'un grand voile qui tourbillonne dans l'air » (voir l'édition Austin des *Poésies*, p. 174). Quand il écrivit le sonnet, Mallarmé avait-il vu la couverture ?

3. Ces deux propositions principales ont forme elliptique, avec leurs verbes sous-entendus. Ellipse familière.

cette influence [4]. C'est à cette presse que *Whirlwind*, sans la désigner expressément, refuse de ressembler. Au vent, figure immémoriale de tout langage creux, s'oppose donc *une danseuse apparue* : c'est à cette « apparition » que la revue veut se comparer. Le deuxième quatrain développe le symbole dans une phrase très étrangement construite. Le *tourbillon* du vers 5 ne peut être qu'une apposition à la danseuse du vers précédent : elle est, par métonymie, confondue avec le mouvement de sa danse, qui fait d'elle l'image de la revue porteuse du même nom. Ce « tourbillon » occupe les vers 5 et 6 de ses compléments, *de mousseline ou* (de) *fureur* : disparates de sens, unis par *ou*, avec l'ellipse du « de » usuel, disloqués par un fort rejet, ressoudés par un adjectif commun, *éparses en écumes*, nouvelle métaphore, d'un remous de mer écumante ; au vers 7, une relative, dont l'antécédent est le « tourbillon » avec toute sa suite, *que soulève* (au double sens, sans doute, de mouvement vers le haut et de déchaînement) *par son genou* (seule mention charnelle, gracieuse et forte, de la danseuse) *celle même dont nous vécûmes*, allégorie spiritualisante du personnage féminin déjà évoqué. Cette ronde de figures successives, partant de la Danseuse pour aboutir à son énigmatique sublimation, est une sorte de tourbillon verbal qui met la grammaire en déroute : la charpente de la phrase (littéralement, une danseuse-tourbillon que soulève le genou de la même danseuse) défie la logique élémentaire du langage. Cette anomalie n'est supportée que grâce à la distance qui sépare le début du quatrain de l'allégorie finale, et au fait que « celle dont nous vécûmes » est une périphrase, qui masque le cercle vicieux grammatical ; surtout, la cohérence imaginative et affective de cette chorégraphie à sous-entendus spirituels compense l'inconsistance de sa grammaire. C'est pourquoi ce quatrain, en général, n'a pas été trouvé obscur. On a parfois identifié « Celle dont nous vécûmes » (j'use de la majuscule allégorique) comme étant la Poésie ; je préférerais dire la Beauté moderne, rêvée par Baudelaire, et qui est également chère au Poète et au Peintre. Cette soudaine et fervente révélation, à la fin de ce quatrain accidenté, me paraît, je l'avoue, un merveilleux exemple du lyrisme mallarméen.

4. Cet amalgame d'allusions relatives tantôt au vent, tantôt à la presse sensationnelle dont il est l'image est conforme à la pratique mallarméenne du symbole, qui mêle volontiers la chose figurée et sa figure.

Cette Beauté, à la fois parente de l'infini et scandaleuse-
ment quotidienne, habite le troisième quatrain, qui développe
allusivement le programme du *Whirlwind*. La danseuse soulève
son genou *pour tout [...] rebattu [...] foudroyer avec le tutu*.
« Tout rebattu » désigne la banalité universelle, cible essentielle de la nouvelle revue, contre laquelle elle dirigera le vent
de sa jupe. Cependant cette phrase provocante est deux fois
interrompue : une première fois par *hormis lui*, intercalé à
main-forte au sein d'une expression elliptique (« tout rebattu »
pour « tout ce qui est rebattu »); ce « lui » renvoie apparemment au « tutu », comme échappant à la médiocrité générale
dont il est l'exterminateur [5]. Une deuxième incise, plus considérable, interrompt la même séquence juste avant le verbe :
un trio d'adjectifs, attributs anticipés de celle qui foudroie, à
savoir *spirituelle, ivre, immobile;* ils nous apprennent que celle
qu'on nous a montrée tourbillonnant follement est, aussi, *spirituelle* (possédée par l'esprit), comme le laissait entrevoir le
vers 8, qu'elle est *ivre* (d'enthousiasme? du vertige de la
danse?) et surtout que dans cette furieuse agitation elle est
immobile! Ces mots, qui composent l'image d'une extase asso-
ciée à la frénésie, moment culminant du sonnet, suspendent un
instant la descente vers le foudroiement par le *tutu*, désignation enfin véridique de la précédente « mousseline »; ce tutu
sans périphrase semble avoir déclenché l'extrême familiarité
de style du vers suivant,

> Sans se faire autrement de bile,

qui nous fait passer de l'extase et de la foudre à l'insouciance
pure. Cependant le rebondissement de la phrase dans le distique
final introduit, par *sinon que*, une exception à cette absence de
souci. L'héroïne en a un malgré tout, mais qui frise l'imper-
tinence; elle voudrait

> [...] que puisse l'air
> De sa jupe éventer Whistler

---

5. Ou bien à « tourbillon », si loin en arrière? Peut-être. De toute façon le sens
serait le même : c'est l'inspiration de la revue, également figurée par « tourbillon » et
« tutu », qui échappe à la banalité générale.

lui-même! Mallarmé, auteur réel de ce souhait, connaissait Whistler [6]; il fut ravi du distique : « Tout le monde, écrit-il à son ami, est enchanté et nous sommes bien fiers — surtout moi! —... " puisse l'air — De sa jupe éventer Whistler " !... est-ce assez superbe et dandy en même temps [7]! »

6. Le texte dit : « sans se faire de bile, sinon que puisse », etc.; en supposant que « bile » équivaut à « souci », la phrase signifie que *son seul souci est que puisse*, etc. Or un souci peut impliquer un désir ou une crainte; ainsi : mon souci est qu'il guérisse (désir), et : mon souci est qu'il fasse une imprudence (crainte). L'héroïne du sonnet craint-elle ou souhaite-t-elle que l'air de sa jupe évente le patron de la revue? Le caractère *rieur* (vers 13) attribué par elle à cette ventilation (« rieur » est une apposition, quoique bizarrement placée, au mot « air ») suggère qu'il s'agit d'une taquinerie innocente, objet d'un souhait; la réaction de Whistler, qui interprète ainsi le distique, et en est enchanté, confirme cette lecture.

7. *Versification*: sonnet octosyllabique, de type élisabéthain comme le *Feuillet d'Album;* versification assez mouvementée, en relation avec le sujet du poème et sa destination; enjambements provocants : vers 1-2, 5-6, 9-11 (ce dernier « pour tout [...] foudroyer » enjambe deux vers); rimes riches ou davantage (« *écumes* » — *vécûmes*), faisant parfois calembour (« *puiss*(e) *l'air* » — « *Whis*(t)*ler* »). Tout le sonnet est d'une seule phrase, en quatre mouvements liés, finissant sur un éclat de rire. Le sonnet s'achève, comme souvent chez Mallarmé, par le mot principal du sujet : ici le nom de l'inspirateur et destinataire de la pièce.

« *À la nue accablante tu...* »

À la nue accablante tu
Basse de basalte et de laves
À même les échos esclaves
4   Par une trompe sans vertu

Quel sépulcral naufrage (tu
Le sais, écume, mais y baves)
Suprême une entre les épaves
8   Abolit le mât dévêtu

Ou cela que furibond faute
De quelque perdition haute
11   Tout l'abîme vain éployé

Dans le si blanc cheveu qui traîne
Avarement aura noyé
14   Le flanc enfant d'une sirène

Ms. autographe vers 1892 ; ms. autographe vers 1894 ; publication dans *L'Obole lit-téraire*, 15 mai 1894 ; *Pan* (Berlin), n° 1, avril-mai 1895 ; Deman. Texte ci-dessus : Deman, mais sans le point final ajouté par Deman. Quelques variantes de peu d'inté-rêt dans le ms. le plus ancien. Un titre antérieur « Sonnet » biffé par Mallarmé pour Deman.

Ce sonnet, dont on date de 1892 le plus ancien manuscrit autographe, n'a été imprimé pour la première fois que deux ans après [1]. On y a vu longtemps le type même de l'inintelligibilité mallarméenne [2]. En fait ce n'est que l'expression qui en lui déconcerte, la façon de dire, et non l'étrangeté des pensées. Cette rêverie sur un naufrage est à une seule dimension, sans arrière-plan symbolique, ni explicite ni suggéré. La première étape de la rêverie occupe les deux quatrains, faits d'une phrase unique, qu'il faut lire entière pour comprendre ce qu'elle dit. L'obstacle initial réside dans le mot *tu* au bout du premier vers; il faut se rendre compte qu'il s'agit du participe passé du verbe « taire [3] ». Si l'on cherche les liaisons de ce mot dans le quatrain, on trouve un *à* au vers 1 et un *par* au vers 4 qui sont les introducteurs habituels des compléments de ce participe passif; on lit donc : « tu à la nue, etc. par une trompe, etc. », ce qui pour le moment ne fait jaillir aucune lumière. On constate aussi que l'adjectif *basse*, au vers 2, doit se rapporter à *la nue* du vers précédent, l'expression « nuages bas » étant courante en français. On se rend compte surtout que tout ce premier quatrain est fait de compléments du participe « tu », y compris le vers 3 tout

1. Pour son histoire détaillée, voir *BM*, pp. 395-397; et *DSM*, t. II, pp. 31-41 qui donne le texte des deux premiers mss. autographes, et en frontispice du volume une reproduction photographique du texte publié dans *Pan*.
2. Ceux qui déclaraient n'y rien comprendre s'appuyaient volontiers, en ces années-là, sur l'opinion de Tolstoï : voir *DSM*, pp. 37-39.
3. Énigme fragile! Mallarmé a eu la bonté de faire rimer ce « tu » avec son pareil, celui-là sans mystère, quoique suspendu sur un enjambement (vers 5-6) : chacun lit « tu-Le sais » et comprend que c'est le *tu* de la 2e personne; et comme on ne peut faire rimer un mot avec lui-même, il cherche ce que peut être l'autre *tu*, et finit bien par trouver.

entier (complément de lieu ou de manière), et qu'il faut chercher dans la suite du sonnet le substantif auquel se rattache ce « tu ». Nous le trouvons au premier vers du quatrain suivant : *Quel naufrage* [...]. Ce nom est le sujet de la proposition principale qui occupe le second quatrain : verbe et complément au vers 8 : [...] *abolit le mât?* Mallarmé nous dit, on ne peut plus évidemment, que le sujet de son sonnet est un naufrage, et il nous faut, à cette lumière, relire ces deux quatrains, selon la charpente grammaticale suivante : « *Tu à la nue accablante [...] par une trompe sans vertu [...] quel sépulcral naufrage [...] abolit le mât dévêtu?* »

La trompe est dite *sans vertu*, je crois, non parce qu'elle s'est réellement tue, mais parce que son appel a été intercepté en se heurtant *à la nue accablante* et *basse* qui bloque le son ; le vers 2 compare les nuages, dans les compléments métaphoriques de « basse », à une masse minérale, *basalte* et *laves* [4]. Le vers 3 est plus précis encore : il évoque un son de trompe émis *à même les échos esclaves*, c'est-à-dire tout contre l'obstacle [5] et sans liberté d'écho [6]. Le second quatrain éclaire le premier en nommant le naufrage, mais la proposition principale qui apporte cette clarté est une interrogative qui situe le récit dans un ordre de choses problématique, relevant de l'imagination plutôt que de la réalité. *Quel sépulcral naufrage [...]* demande le poète, tout en continuant à décrire ledit naufrage et son dénouement [7]. Nous avons la clef de cette ambiguïté dans la parenthèse des vers 5-6, où nous voyons que l'interrogation s'adresse à une *écume* interpellée

4. « Basse *de* basalte et de laves » : le tour surprend. En fait Mallarmé a appliqué à « bas » le régime de « lourd » ou « chargé », qui se construisent avec « de » : ce faisant il suggère une impénétrable pesanteur.
5. C'est tout à fait le sens de la locution « à même » (ainsi « coucher à même la terre », tout contre elle : idée de contiguïté étroite, sans espace intermédiaire).
6. « Esclaves », enchaînés, emprisonnés ; s'appliquant à des échos : sans l'espace nécessaire pour se déployer. Ce premier quatrain est pétri de figures : *tu*, pour « crié vainement », est une hyperbole ; (crié) *à la nue*, pour (crié) « à un sauveteur éventuel », et intercepté « par la nue », est une forte ellipse ; *basse de basalte et de laves* est à la fois une anomalie de régime avec intention métaphorique de pesanteur et une métaphore minérale ; *à même les échos*, pour « à même la nue, obstacle aux échos », est une autre ellipse ; enfin *échos esclaves* est une métaphore : en tout six figures diverses accumulées en quatre vers. Et l'on ne peut nier que les vers porteurs d'une telle charge se déroulent verbalement, et quand on les a compris, dans la plus parfaite plénitude.
7. *Abolit* : « abolir » est le verbe, cher à Mallarmé, qui dit hyperboliquement la destruction, en la figurant par un néant. — *Dévêtu* (de ses voiles). — *Suprême une entre les épaves*, apposition anticipée à *mât* ; il y avait, dans le manuscrit primitif « la suprême entre les épaves » ; *une* précise le sens de *suprême* « unique et dernière ».

au vocatif, et supposée *savoir* comment y répondre (quoique,
conformément à sa nature d'écume, elle *bave* sur ce naufrage plutôt que d'en discourir). Cette écume, à laquelle Mallarmé
s'adresse selon la figure bien connue sous le nom d'apostrophe, a
toutes chances d'être, dans le sonnet, la seule chose posée comme
réelle : c'est apparemment en l'apercevant dans une mer agitée,
que le poète a conçu l'idée d'une catastrophe antérieure, d'un
« naufrage perdu », comme il en avait déjà imaginé un dans *Brise
marine*, et dont elle serait le seul témoin survivant [8].

Ainsi la trompe impuissante, les épaves, le mât dépouillé et
englouti, et leur « sépulcral » décor nous sont donnés comme une
vaste conjecture rêvée. Cette conjecture n'ayant acquis aucun
caractère de certitude, le rêveur envisage une autre possibilité ;
c'est ce qu'annonce, en tête des tercets, le vers 9 (*Ou cela que*, et
la suite). L'idée d'une tempête est maintenue, mais sans vic-
times, et exaspérée, faute d'une proie digne d'elle. Dans cette
nouvelle hypothèse, la mer en furie est décorée du nom vertigi-
neux d'*abîme*, mais accompagné de l'adjectif *furibond* qui ridi-
culise toute fureur vaine. La tempête déploie d'immenses
moyens [9] dans l'espoir d'obtenir une *perdition haute* [10] et, enragée
de son échec, se dédommage *avarement* en *noyant le flanc enfant
d'une sirène* [11]. Le poète achève ici sa rêverie les yeux toujours
fixés sur son filet d'écume, *le si blanc cheveu qui traîne* à l'endroit
de la noyade supposée. Mais peut-on vraiment noyer une
sirène ? Mallarmé le pensait-il ? On peut en douter, quand on
voit qu'il écrit ailleurs qu'une troupe de sirènes « se noie », pour
dire — ce n'est pas douteux dans ce cas — qu'elles plongent
dans la mer [12]. Il se peut donc bien qu'il ait seulement imaginé la
jeune sirène forcée de plonger pour échapper à la tempête. S'il en

8. Le naufrage de *Brise marine* est imaginé dans le futur, et évoqué comme tel ;
celui-ci est une spéculation sur un passé inconnu. Il faut, bien sûr, dans notre lecture,
considérer *abolit* comme un passé simple, non comme un présent.
9. *L'abîme vain éployé* : faut-il entendre « vain éployé », comme « haut placé »,
« court vêtue », et comprendre « vainement éployé » ; mais l'abîme furibond est,
aussi, *vain* au sens de « vaniteux ».
10. *Perdition*, au sens maritime : « naufrage » ; *haute* : ce qui en soi est désastre est
la stupide gloire de l'abîme.
11. *Avarement*, au sens latin de « avidement », non sans la nuance française, supplémentaire, de « mesquinement », « chichement ». — *Aura noyé*, « a dû noyer »,
emploi usuel du futur antérieur au sens hypothétique, qui confirme la nature conjecturale de cette imagination comme de la précédente.
12. Voir *Salut*, sonnet de même mètre et de même coupe que celui-ci, et écrit
l'année suivante (vers 3-4).

est ainsi, comme je suis tenté de le croire, la rage de l'abîme, impuissante même contre cette chétive et gracieuse créature, n'en est que plus dérisoire.

Ce sonnet renferme-t-il une signification sous-entendue touchant la destinée du Poète ou de l'Œuvre ? Je n'en vois nul indice dans ce texte dépouillé d'apparat symbolique, qui développe sur le mode linéaire une imagination successivement vouée à l'angoisse et à son ironique rejet : seulement une leçon implicite de sagesse émane de la succession des deux tons, un contre-poison peut-être contre l'angoisse, pour un esprit porté à la fois à la tragédie et à une ironique lucidité [13].

---

13. *Versification :* sonnet octosyllabique de type français ; à signaler seulement le rejet spectaculaire du vers 5 au vers 6 (« tu — Le sais), et celui des vers 9-10 (« faute — De »), plus ordinaire. Les deux quatrains ne font qu'une phrase, chose rare, que les tercets font rebondir en une autre.

SALUT

Rien, cette écume, vierge vers
À ne désigner que la coupe;
Telle loin se noie une troupe
4   De sirènes mainte à l'envers.

Nous naviguons, ô mes divers
Amis, moi déjà sur la poupe
Vous l'avant fastueux qui coupe
8   Le flot de foudres et d'hivers;

Une ivresse belle m'engage
Sans craindre même son tangage
11   De porter debout ce salut

Solitude, récif, étoile
À n'importe ce qui valut
14   Le blanc souci de notre toile.

Ms. autographe vers 1893; publication dans *La Plume*, 15 février 1893; ms. autographe vers 1893-1895; Deman. Titre avant Deman: *Toast*. Texte inchangé.

Voici encore un poème qu'on peut appeler « de circonstance », écrit à l'occasion d'un banquet de poètes organisé le 13 février 1893 par *La Plume*, et que Mallarmé présidait. Il le lut « en levant le verre », comme il le dit lui-même dans sa « bibliographie » de l'édition Deman. Il souhaitait qu'il fût placé au début du volume, comme en épigraphe à ses *Poésies*, et en caractères italiques. Ce sonnet, tout occasionnel en tant que « Salut » ou « Toast », contient en même temps, sous le symbole d'une navigation, une idée de la condition du Poète qui en fait une sorte de manifeste confraternel ; à la place où Mallarmé l'a mis, c'est comme s'il dédiait à la corporation poétique son livre tout entier.

Dans le premier vers du sonnet, Mallarmé, levant sa coupe de champagne, qualifiait de « rien » *cette écume*, ce qui va de soi, mais il lui mettait en apposition un *vierge vers* (le poème encore jamais lu qu'il se préparait à dire), ce qui établissait un lien d'identité métaphorique, sous le signe du « rien », entre la mousse du vin et le poème naissant, et permet au vers suivant de s'appliquer également à la mousse et au poème : tous deux sont seulement bons *à désigner la coupe* ; la mousse en dessine le contour circulaire, et le poème ne dit pas autre chose que le toast qu'elle porte. Cette ingénieuse acrobatie verbale accomplie, Mallarmé s'émancipe de l'étroit espace de ces deux vers : associant en idée à la mousse de la coupe celle d'une mer où plonge une troupe de sirènes [1], il se voit avec ses amis naviguant et

---

1. C'est par le mot « telle », pronom de comparaison, que s'établit cette association d'idées : « *telle* (c'est-à-dire semblable à l'*écume* de la coupe, ou du moins produisant dans la mer, par ses ébats, une écume analogue) se noie au loin une troupe de sirènes ». Mallarmé dit figurativement *se noie* pour « plonge et disparaît » : voir le commentaire précédent, note 12.

apercevant de loin ces sirènes, *mainte à l'envers* [2], c'est-à-dire aperçue en cours de plongeon. Il n'est question d'elles que dans ce court instant. Leur rôle est d'introduire la navigation symbolique qui va occuper le reste du sonnet.

Le Voyage en mer, comme image de la vie humaine ou de la carrière poétique, est une figure connue depuis longtemps, abondamment reprise par le romantisme, du *Lac* de Lamartine au *Voyage* de Baudelaire. Mallarmé l'utilise parfois dans ce sens, à l'état pur ou bien selon la variante négative du Naufrage. *Salut*, en accord avec le ton de ce poème de fête, ne contient qu'une allusion au naufrage possible, dans le mot *récif* (vers 12). La Navigation imaginaire est ici mêlée d'allusions cordiales au banquet réel, au champagne, et à l'amitié qui rassemble les âges. C'est ce thème qui paraît d'abord : Mallarmé, qui se tient pour vieux (il venait de passer la cinquantaine), s'est modestement retiré à l'arrière du navire et se laisse conduire par les jeunes, plus aptes à affronter à l'avant [3] les épreuves du voyage [4].

Les tercets en viennent au toast proprement dit, c'est-à-dire au *salut* à la poésie, dicté au poète par *une ivresse belle*, qui ne peut être, vu cette épithète, que l'ivresse ou la ferveur poétique ; il doit, selon l'usage, porter debout ce salut [5], même s'il doit affronter le *tangage* de cette ivresse [6]. La phrase, qui semble s'arrêter en cette fin de tercet, se prolonge au tercet suivant pour dire plus explicitement à quoi s'adresse le salut. La liaison grammaticale d'un tercet à l'autre se fait du vers 11 au vers 13 : *de porter [...] ce salut [...] À [...] ce qui* [7], etc. ; la proposition relative qui suit, et qui doit nous éclairer sur ce que le poète salue, est retardée par l'intercalation du vers

2. « À l'envers », allusion au moment où la sirène, plongeant la tête et le torse en avant, découvre hors de l'eau derrière elle son « envers » (de poisson, non de femme, bien sûr) : précision non dite et facétie implicite.

3. *L'avant fastueux* : en français classique comme en latin, « faste » implique orgueil, ostentation ; en français actuel, c'est une variante forte de « luxe » ou force, sans nuance péjorative essentielle.

4. (Le flot) *de foudres et d'hivers* s'entend au sens propre pour le navigateur ; au figuré, il désigne les tribulations de la carrière poétique, déplorées et célébrées à profusion par le romantisme dans toutes ses époques.

5. (Une ivresse) *m'engage de porter* (vers 9 et 11) : « engager *de* », qui s'employait autrefois à côté de « engager *à* » était déjà vieilli à l'époque de Mallarmé.

6. *Son tangage*, c'est-à-dire le vertige que cette ivresse lui cause : cet emploi du possessif est très inusuel ; « tangage » pour vertige est une référence évidente à la figuration nautique du banquet, comme l' « ivresse », avec le même humour, rappelait la coupe de champagne.

7. *À n'importe ce qui* (= « À tout ce qui »), complément d'attribution du verbe « porter ».

12, par-dessus lequel il nous faut sauter. C'est à la Poésie qu'est dédié, en pensée, le toast de Mallarmé, mais ce qu'il évoque est, plus précisément, la profession poétique, telle que la vivent, avec ses aléas, ceux qui l'entourent ce jour-là. Ce qu'il célèbre, c'est tout ce qui *valut*, c'est-à-dire mérita, leur *souci* et le sien [8], les espoirs et les risques d'une carrière de poète ; mais, ne nommant ni la poésie ni les poètes, il complique ce qui serait déjà une périphrase (« ce qui valut notre souci ») d'une métaphore énigmatique : au lieu de « notre souci »,

Le blanc souci de notre toile

Cette « toile » a toutes les chances d'être la voile de l'imaginaire bateau qui s'est substitué à la salle du banquet ; elle est tenue pour porteuse des soucis d'une navigation qui dépend d'elle. Ce final éclairci, nous pouvons revenir à l'intermédiaire vers 12, triple apposition anticipée à « souci » qui en énumère les aboutissements possibles : *solitude* (au sens propre, échouage en un îlot perdu ; au figuré, solitude humaine du poète, thème mallarméen majeur) ; *récif* (naufrage, échec de la quête poétique) ; *étoile* (astre guidant le navire, idéal orientant la création du poète) [9]. On comprend que Mallarmé ait voulu faire figurer en tête de ses *Poésies* ce *Salut*, non seulement emblème fraternel de la corporation des poètes, mais, dans son dernier tercet, formule résumée de leur destin. La transfiguration d'une salle de banquet en navire chargé de poètes, avec des sirènes plongeant au loin, et Mallarmé la coupe à la main discourant sur l'aventure poétique, au pied d'une voile à l'hypothétique destinée, tout cela est ici singulièrement bien inventé [10].

---

8. « Valoir » signifie « mériter » dans maints emplois usuels : « cela vaut la peine », « cette auberge vaut le voyage », etc.

9. Bel exemple de laconisme métaphorique : un seul mot dit chaque fois en même temps le figurant et le figuré. — Reste à expliquer le *blanc* souci : en fait, c'est la toile-voile qui est blanche, et non le souci ; ce transport d'adjectif est connu en poésie, où c'est une variété de la figure dite hypallage.

10. *Versification* : peu de chose à signaler ; un fort rejet (entre adjectif et nom), aux vers 5-6, peut-être pour donner tout son prix aux mots « amis » ; rythme particulièrement varié (huit formules rythmiques différentes dans les huit vers des quatrains, quelques-unes reparaissant dans les tercets). Comme dans beaucoup d'autres sonnets, les tercets ne font qu'une phrase, mais en deux étapes grammaticales.

REMÉMORATION D'AMIS BELGES

À des heures et sans que tel souffle l'émeuve
Toute la vétusté presque couleur encens
Comme furtive d'elle et visible je sens
4   Que se dévêt pli selon pli la pierre veuve

Flotte ou semble par soi n'apporter une preuve
Sinon d'épandre pour baume antique le temps
Nous immémoriaux quelques-uns si contents
8   Sur la soudaineté de notre amitié neuve

Ô très chers rencontrés en le jamais banal
Bruges multipliant l'aube au défunt canal
11   Avec la promenade éparse de maint cygne

Quand solennellement cette cité m'apprit
Lesquels entre ses fils un autre vol désigne
14   À prompte irradier ainsi qu'aile l'esprit.

Première publication dans *Excelsior ! 1883-1893* (livre d'or du cercle Excelsior), juillet 1893; *L'Art littéraire*, novembre 1893; republié *ibid.*, juillet-août 1894; Deman. Texte ci-dessus : Deman. — Partout sous le titre *Sonnet, à ceux de l'Excelsior* (ce titre modifié seulement pour Deman, tel que ci-dessus); une seule variante de texte.

Le 17 février 1890, Mallarmé avait donné à Bruges sa conférence sur Villiers de l'Isle-Adam; il avait fait la connaissance, à cette occasion, de quelques jeunes poètes, membres du cercle Excelsior de cette ville, qui l'avaient invité. Quand, trois ans plus tard, ils lui demandèrent de contribuer au livre d'or que le Cercle publiait pour célébrer sa dixième année, il leur envoya ce sonnet qui remémorait l'amitié nouée avec eux lors de son passage dans leur ville. Il y célèbre le charme de l'antique Bruges et l'accueil de ses hôtes. Il chercha comment dire ces deux choses à la fois sans banalité, et conçut, à son habitude, une étrange imagination: il vit les monuments et les maisons de Bruges se dépouiller de leur patine comme d'un vêtement et, leur antiquité ayant pris la forme d'un nuage ou d'une vapeur flottante, imprégner l'amitié toute nouvelle entre lui et ses hôtes comme d'un baume d'ancienneté.

La charpente grammaticale des quatrains est celle-ci: *toute la vétusté* (vers 2) [...] *flotte ou semble* (vers 5) [...] *épandre pour baume* [...] *le temps* (vers 6) [...] *sur la soudaineté de notre amitié* (vers 8). Les tercets ne font qu'ajouter à cette phrase un vocatif qui la complète: *Ô très chers* (vers 9), et dont le reste dépend (vers 9-14). L'unique phrase qui constitue tout le sonnet est accompagnée dans chacun de ses éléments principaux de compléments et d'appositions. Dans les quatrains «toute la vétusté [...] flotte» est le groupe dominant (sujet et verbe) de l'unique proposition principale du sonnet. Ce groupe de mots ne signifie rien de clair, mais entre le sujet du vers 2 et le verbe du vers 5 nous aurons l'occasion d'apprendre que cette «vétusté» est celle des édifices de Bruges, et nous saurons comment elle en vient à flotter.

Constater d'abord que le sujet « vétusté » est précédé, au vers 1, de deux compléments de « flotte » : *à des heures*, complément de temps, *et sans que tel souffle l'émeuve* [1], proposition subordonnée de circonstance. Il faut entendre par « tel souffle » « tel (ou tel) souffle de vent » : ce membre de phrase exclut l'explication de l'événement par une influence atmosphérique extérieure. Puis, alors que le lecteur attend encore le verbe principal, Mallarmé introduit aux vers 3 et 4 une chaîne de deux subordonnées anticipées : *comme [...] je sens [...] que se dévêt [...] la pierre*. Cette « pierre » est précédée de deux attributs, *furtive* et *visible*, bien propres à qualifier quelqu'un qui se déshabille en souhaitant échapper aux regards, mais n'y réussit pas ; et, au terme de l'opération, la pierre dévêtue est dite *veuve*, c'est-à-dire séparée du vêtement qu'elle a abandonné [2]. Quant à *d'elle*, c'est un complément de *se dévêt*, qui renvoie au sujet de la principale (la pierre *se dévêt de la vétusté*). L'expression *pli selon pli* suggère les plis d'un vêtement ôté et ceux de l'espèce de nuage ou vapeur dans lequel ce vêtement se transforme. Il faut donc lire en fin de compte : « Toute la vétusté — comme je sens que, furtive et (cependant) visible, la pierre veuve se défait d'elle — flotte », etc. L'ordre usuel des mots rétabli, on voit que la phrase est claire, et la relecture du quatrain, après cette élucidation, le confirme ; ce qui reste inusuel, c'est la représentation qu'il contient.

Une sorte de miracle s'est produit, qui n'a pu échapper au poète ; il le *sent* (vers 3) : l'événement va se développer dans le second quatrain. Mallarmé écrit que la vétusté des pierres, devenue nuage, *semble par soi n'apporter* (auc)*une preuve, sinon*, etc. Une seule preuve donc : une suffit en effet, mais ce n'est pas vraiment une preuve que nous attendons, c'est le *sens* de cet événement fantastique ; et quand Mallarmé poursuit : *sinon d'épandre pour baume antique le temps [...] sur [...] notre amitié*, nous voyons clairement que cette unique « preuve » a été improprement nommée : c'est, en réalité, une cause finale

---

1. On attendrait ici « mouvoir » plutôt qu' « émouvoir » ; mais précisément « émouvoir », en évoquant une sensibilité, spiritualise le mouvement en question.
2. Je ne crois pas qu'il faille donner à « veuve » un sens funèbre. Le *vidua* latin, d'où est dérivé « veuve », peut signifier aussi, hors de toute idée de deuil, « privée de », « séparé de ».

justifiant l'événement, établissant sa raison d'être [3], qui est de transférer l'antiquité des pierres de Bruges sur une amitié, dite au contraire, *soudaine* et *neuve* (vers 8) : éternisation, en somme, d'un présent fugace, la *Vétusté* prêtant son appui à la *Nouveauté* [4]. Le vers 7, que nous avons momentanément négligé pour retrouver la logique du texte, décrivait l'effet bénéfique de ce secours. Grammaticalement, ce vers est un membre de phrase indépendant, sans rapport apparent avec le reste du texte, auquel pourtant le sens semble le relier ; en fait le *nous* initial de ce vers et le *notre* du vers suivant se font écho [5]. Le vers semble vouloir donner une idée de l'espèce d'extase qui s'empare du groupe d'amis, que le « nous » désigne pour la première fois : ils se sentent *immémoriaux*, amis de toujours, voués à une sorte d'éternité dont ils sont seuls, *quelques-uns*, à jouir, et *si contents* d'un tel privilège.

Le premier tercet, vocatif développé, est soudain plus communicatif, plus simplement en rapport avec l'occasion présente. Mallarmé y évoque la promenade qu'il fit avec ses nouveaux amis le long du canal [6]. Ce tercet clair et amical n'en porte pas moins sa marque. Chaque cygne, en apparaissant, jette une lueur blanche : c'est ainsi que, *jamais banal*, Bruges *multiplie l'aube* au défunt canal. Cette galanterie à l'adresse de l'accueillante cité, à la fois métaphore et ellipse puisque le blanc n'y est

3. L'emploi que Mallarmé fait ici du mot « preuve » est en somme un à-peu-près sémantique, procédé ou figure dont il est, seigneurialement, grand usager : « preuve » est pris à cet endroit au sens général d' « éclaircissement », concept global dont la « preuve » n'est qu'une espèce particulière, précisément hors de propos ici, où il s'agit, selon le contexte, d'un mode d'éclaircissement différent. Mallarmé ne l'ignore pas, comme l'atteste le *par soi* du vers 5 : ayant exclu au vers 1 l'action d'une cause extérieure, il sait bien qu'il en faut une « par soi », intérieure, c'est-à-dire impliquant une finalité.

4. Le vers 6, une fois admis le scénario des quatrains, est assez clair. Mallarmé avait d'abord écrit « baume *utile* » ; il a préféré « baume *antique* » pour l'édition Deman, sans doute pour renforcer l'idée d'un temps dilaté. — *Baume*, « substance guérisseuse (des blessures) ou conservatrice des corps morts » : ici le baume confère la durée à une amitié. — *Épandre le temps pour baume* de durée peut paraître étrange, si l'on songe au temps fugitif ; mais il s'agit ici du temps qui dure : la poésie ne prétend pas résoudre ces antinomies, elle s'en nourrit plutôt.

5. C'est comme s'il y avait, en renversant l'ordre des vers 7-8 « ... notre amitié neuve (à) nous immémoriaux », etc. Mallarmé a mis ce vers 7 entre parenthèses dans toutes les éditions antérieures à Deman ; il les a supprimées pour cette édition, sans doute en tant qu'indésirable reste de ponctuation.

6. Cette promenade, traditionnelle pour les visiteurs de Bruges, eut lieu le 17 février 1890, dans l'après-midi qui précéda sa conférence (voir *Corr.*, t. IV, p. 61 et n. 1).

pas nommé, comporte encore, dans la *promenade éparse* de ces oiseaux, un transfert d'adjectif[7]. Le second tercet, consacré à louer, après Bruges, ses poètes, est encore plus mallarméen dans son style. La cité belge lui *a appris solennellement* ce jour-là

Lesquels entre ses fils un autre vol désigne

à [...] irradier [...] l'esprit. Cet *autre vol* (autre que le défilé des cygnes : un envol métaphorique de poètes élus) désigne donc, d'après Mallarmé, les participants à ce vol; cette façon de parler est évidemment inusitée : on dit normalement que des participants sont désignés ou choisis *pour* un vol. D'autre part, les jeunes poètes de Bruges, en même temps que *désignés* pour ce vol, étaient destinés *à* irradier l'esprit. Nous constatons une fois encore que Mallarmé, en écrivant « désigne à irradier », emploie un verbe avec le régime d'un autre (« désigner » avec le régime « à » de « destiner ») dans l'intention d'amalgamer le sens des deux verbes : les élus sont à la fois désignés et voués à un destin. Enfin, dans le dernier vers, l'ordre des mots défie l'usage; on dirait, si on voulait être aussitôt compris : « à irradier l'esprit ainsi qu'(une) aile prompte[8] ». « Irradier l'esprit » relève d'une antique métaphore de l'esprit-lumière[9]; mais on ne sait à quel titre l'*aile* de l'envol s'introduit dans cette figure. Si on lit : « (les poètes font rayonner l'esprit) *ainsi qu'une aile prompte* (rayonne) », on se trouve en présence d'une phrase absurde : une aile ne rayonne pas, et ce que sous-entend cette phrase elliptique est nécessairement autre chose que le mot « rayonne », mettons : « ainsi qu'une aile prompte (bat) »; où se trouve alors l'élément de ressemblance qui doit justifier la métaphore de l'esprit rayonnant comme aile battante ? Comme le texte ne le dit pas, il faut

7. Ce sont les cygnes qui sont *épars*, plutôt que leur promenade. La poésie latine, dont Mallarmé semble souvent imiter les libertés quant à l'ordre des mots et à la brièveté du discours, affectionne cette sorte d'hypallage, dont nous avons déjà vu chez Mallarmé plus d'un exemple. — Le canal *défunt*, « exempt d'activité », « désert » : Bruges était souvent à cette époque, qualifiée de ville morte.
8. C'est surtout la place de *prompte* qui est anormale. Mallarmé, on peut le remarquer ici encore, semble imiter la poésie latine, où cette liberté dans l'ordre des mots et dans la brièveté du discours est habituelle; un groupe de mots disposé comme le dernier vers de notre sonnet n'y serait en rien anormal. Cette sorte d'ordre y était tenu pour un privilège poétique; le latin ne l'admettait pas en prose.
9. « Irradier » est plutôt un verbe intransitif, du type de « rayonner ». Employé ici par Mallarmé comme transitif, il ne peut signifier que « faire rayonner de lumière (l'esprit) ».

le supposer : le battement de l'aile la lance vers le haut, et le rayonnement de l'esprit est aussi une montée vers l'idéal. On définit d'ordinaire la métaphore comme une comparaison sans « comme » ; ici au contraire nous avons bien le « comme » (« ainsi que »), mais c'est la métaphore elle-même qui est occultée dans ce qu'elle a d'essentiel : la relation de similitude qui la fait exister [10].

10. *Versification* : sonnet en alexandrins, de type français ; métrique tourmentée au premier quatrain, dont les vers 1 et 4 sont ternaires sur des formules rythmiques différentes ; autre ternaire au vers 6 (sur formule différente) ; un fort rejet (adjectif –nom) aux vers 9-10, destiné à exalter la ville de Bruges. Le reste du sonnet est régulier. C'est la syntaxe et la symbolique qui rendent ce sonnet ardu, plus que la métrique. Les deux quatrains ne font qu'une phrase assez fortement liée ; les tercets aussi, mais plus dédoublée.

PETIT AIR I

Quelconque une solitude
Sans le cygne ni le quai
Mire sa désuétude
4   Au regard que j'abdiquai

Ici de la gloriole
Haute à ne la pas toucher
Dont maint ciel se bariole
8   Avec les ors de coucher

Mais langoureusement longe
Comme de blanc linge ôté
Tel fugace oiseau si plonge
12   Exultatrice à côté

Dans l'onde toi devenue
14   Ta jubilation nue

Ms. autographe de 1894; publication dans *L'Épreuve*, novembre 1894; deux autres ms. autographes, même année; Deman. — Coquilles çà et là; pas de variante notable.

Mallarmé a écrit, entre 1893 et 1895, trois sonnets auxquels il a donné le même titre de *Petit Air*. Leurs sujets diffèrent, ainsi que leur ton, et aucune relation de pensée ne les lie organiquement l'un à l'autre. Ils ne s'apparentent que par leur mètre, l'heptasyllabe, la disposition élisabéthaine de leurs rimes et la proximité de leurs dates. Mallarmé n'en a admis que deux dans l'édition Deman, où ils figurent, l'un suivant l'autre, avec les numéros I et II. Le troisième, intitulé *Petit Air (guerrier)* n'entra que plus tard dans l'édition des *Poésies*. On le trouvera ici à la suite des deux autres.

Le titre premier du sonnet était *Bain* et devait accompagner l'image d'un couple d'amoureux devant un étang dans un album de « Cantiques d'amour ». C'est ce qui ressort d'un échange de lettres que nous possédons concernant la commande d'un sonnet faite à Mallarmé par l'éditeur de l'album [1]. Le sonnet parut finalement, on l'a vu, dans *L'Épreuve*. *Petit Air I* a passablement embarrassé et divisé les commentateurs. On convient que les premiers vers évoquent un site délaissé et sauvage, puis un coucher de soleil, et les derniers une baigneuse plongeant avec bonheur ; mais le contexte grammatical et métaphorique de ces évidences est difficilement pénétrable. Il s'agit en tout cas d'un poème de genre, sans arrière-plan de pensée spéculative : un exemple de la subtile technique évocatrice de Mallarmé dans le genre qu'on appelait autrefois fugitif.

D'abord, dans les trois premiers vers, un paysage sans éclat. Le premier vers, avec l'évasif *quelconque* en première place, nous

---

1. On peut lire cette correspondance aigre-douce dans l'édition Barbier-Millan des *Poésies*, p. 415.

décourage de lui supposer aucun charme. Ce qu'on appelait jadis un « désert » n'est ici nommé qu'en termes abstraits : *solitude*, puis pour couper court à toute complaisance romantique, *désuétude*, qui évoque abandon et cessation de vie. À un tel degré de distance de l'objet, il n'y aurait même pas suggestion sans le deuxième vers, qui nous apprend qu'il y a là une étendue d'eau ; encore en sommes-nous informés par voie négative, en apprenant ce qui lui manque : c'est une solitude *sans le cygne ni le quai* habituels. Où voit-on d'ordinaire un quai et un cygne ? Je suppose une rivière à cause du quai manquant ; d'autres préféreront un lac, à cause du cygne, d'autres un étang plus banal, à cause du « quelconque » initial. Peu importe. Le fait est que Mallarmé s'est résolument refusé à nous faire voir ce lieu déshérité, pensant peut-être qu'un langage raréfié était sa meilleure figure. L'objet de ces vers, déjà mué en concept, va l'être encore en reflet : cette *solitude mire sa désuétude au regard*[2] du poète[3].

Comment tout ce début se relie-t-il au coucher de soleil qui occupe le quatrain suivant ? La charnière qui les unit se trouve, pour la grammaire et pour le sens, dans ce *regard* où le site se réfléchit, et que le poète dit avoir *abdiqué ici de la gloriole*, ce dernier mot étant, comme la suite le montre, une façon de nommer le soleil couchant. « Abdiquer son regard » est construit ici comme « abdiquer son autorité », et avec le même sens, à savoir « renoncer à l'exercer » ; s'agissant d'un regard, c'est le détacher d'un objet : d'où la construction mallarméenne « abdiquer son regard *de* la gloriole du couchant ». Le paysage se mire dans le regard du poète quand il l'a détaché du couchant pour le porter *ici*[4], dans ce lieu. Et passer de la majesté du couchant à ce site banal, c'est bien, en principe, une abdication. Reste à décider si le soleil couchant en question fait partie du paysage évoqué par le sonnet, c'est-à-dire si le poète n'a eu qu'à baisser les yeux pour passer d'un spectacle à l'autre, ou si la « gloriole » est le Coucher de Soleil en général, thème de prédilection du poète, dont il a

2. On dit plutôt « mirer » ou « se mirer » *dans* : Mallarmé s'appuie, je crois, sur l'analogie d'expressions comme « se regarder *au* miroir » ou « *à* la glace ».
3. Baudelaire avait donné un exemple mémorable de cette attitude en rapport avec un paysage, somptueux celui-là : « Les houles, en roulant les images des cieux, — Mêlaient d'une façon solennelle et mystique — Les tout-puissants accords de leur riche musique — Aux couleurs du couchant reflété par mes yeux » *(La Vie antérieure)*.
4. L'adverbe de lieu « ici » désigne le lieu où l'on va aussi bien que celui où l'on est ; ainsi : « il est venu *d'*Espagne *ici* » ou toute autre phrase analogue.

perdu le goût en faveur de spectacles plus humbles. Il est bien difficile de se prononcer entre ces deux lectures. On peut alléguer, en faveur de la seconde, que le coucher de soleil est ici fort mal traité : la gloire solaire est dite *gloriole*, vanité futile, *haute à ne la pas toucher*, affectant distance et dédain qu'on est tenté de lui rendre; ses couleurs sont comme un fard *dont maint ciel se bariole*, peinturlurage banal en somme, pour lequel *les ors de coucher* sont l'ordinaire palette. Cette évocation toute satirique convient peut-être à un genre de spectacle dont on se déclare lassé et auquel on veut préférer l'humble paysage présent. Cette satire du Soleil couchant prépare la réhabilitation, par l'oiseau et la baigneuse, de la « solitude » si dépourvue d'attraits.

Cette sorte de revanche est annoncée clairement dans le *mais* qui ouvre les tercets. Rien ne mérite l'attention dans ce lieu, *mais* voici, en compensation, une fortuite merveille : l'apparition d'un oiseau fugace, et presque au même instant, le plongeon d'une baigneuse nue. L'oiseau paraît le premier, par les deux mots *langoureusement longe*, au vers 1 du troisième quatrain, et lui-même plus loin, explicitement nommé *tel fugace oiseau.* On dispute sur la construction de ces cinq mots, étant admis qu'ils font un groupe ensemble (le vers 10 n'est qu'une incise au sein du groupe). La place du long adverbe avant le verbe n'étonne pas : ce type d'inversion est familier à Mallarmé; non plus le verbe *longe* placé avant l'*oiseau* son sujet, si c'est bien ainsi que la phrase est faite. Il faut en effet un sujet à *longe*, et aucun autre que l'*oiseau* n'est plausible. Ce ne peut être *solitude*, ni *jubilation* : on fait de telles hypothèses pour pouvoir donner l'*oiseau* comme complément à *longe*, mais qu'est-ce qu'une solitude ou une jubilation longeant un oiseau? et comment longe-t-on un oiseau? *Longe* reste donc sans complément, ce qui est assurément contraire à l'usage actuel [5]. Mais il faut bien admettre que Mallarmé l'a employé ici absolument, puisqu'on ne peut lui assigner de complément sans aboutir à une impasse de grammaire et d'imagination. Si nous acceptons cette construction, nous ne pouvons éviter de constater qu'elle se présente dans un ordre inverse de l'ordre usuel : il faut, pour retrouver cet ordre, ren-

---

5. Je lis à l'article *longer* du Dictionnaire de Darmesteter, l'indication d'un emploi intransitif de ce verbe en vénerie : « un cerf qui longe » est un cerf qui « entraîne fort loin » les chasseurs. Mais Mallarmé a-t-il seulement connu ce sens? On pense bien plutôt au verbe anglais *to lounge*, qui est intransitif et signifie « flâner ».

verser la phrase de bout en bout, et dire : « Tel fugace oiseau
— comme de blanc linge ôté — longe langoureusement [6]. »

Il nous faut maintenant considérer ce que dit la phrase ainsi
construite : c'est surtout le vers 10 qui fait question : comment
entendre la similitude qu'il établit entre le *blanc linge ôté* de la
baigneuse et l'*oiseau* du vers 11 ? *Comme* articule cette ressemblance, et le *de* qui le suit introduit un complément de matière :
un *oiseau de blanc linge* serait une métaphore [7]; un oiseau *comme*
de blanc linge est une comparaison explicite. Dans le scénario du
sonnet, il y a sûrement une femme qui plonge et, visible au bord
de l'eau, le linge blanc qu'elle a ôté pour plonger. Mais l'oiseau
n'a pas le même degré d'existence; il n'est là que comme terme
de comparaison. Le cygne qui manquait au paysage est évoqué
par la blancheur et la forme du linge féminin laissé au bord de
l'eau. Pas de cygne, dit le texte, mais quelque chose qui y ressemble. Il faut convenir, avant d'aller plus loin, que cette lecture
soulève une difficulté : dans l'indication d'une similitude entre
un objet présent et un objet absent, le *comme* s'applique à
l'absent; il faudrait donc « blanc linge (présent et visible) *comme*
oiseau (absent) », et non « oiseau (absent) *comme* blanc linge »,
ainsi que l'écrit Mallarmé. C'est cette tournure insolite qui a pu
faire croire que le sonnet mettait en scène l'apparition d'un
oiseau réel dans le site décrit [8]. Il ne reste donc qu'à admettre
que Mallarmé ait pu dire « un oiseau comme de linge » pour « un
tas de linge ayant l'air d'un oiseau ». Est-ce si impossible ? Ce
tour de passe-passe grammatical, mêlé à des inversions, bénéficie en outre du fait que toute similitude, après tout, est à double
sens : une telle transgression de l'usage, brève comme l'éclair, et
ne créant ni embarras ni laideur verbale, a pu tenter Mallarmé.

Relisons ces trois vers dans leur ordre : au vers 9, réappari-
tion, suggérée, du cygne déclaré absent au vers 2; il n'est pas
nommé, mais c'est lui que le poète, les yeux fixés sur le tas de
« blanc linge », croit apercevoir; il le suppose *longeant*, comme

---

6. Voir, dans *Petit Air II*, un ensemble construit tout à fait de même, avec une
intercalation double (il s'agit aussi d'un oiseau, mais tragique) : « Indomptablement
a dû [...] éclater [...] l'oiseau »; ici « langoureusement longe [...] tel fugace oiseau ».
7. Comparez, dans un style plus usuel, « un nuage d'or », métaphore; « un nuage
comme d'or », comparaison.
8. Je comprends qu'on s'y trompe, ayant admis moi-même dans la première publication de ce commentaire la présence d'un oiseau réel dans le scénario du poème. J'ai
changé d'idée en me rendant compte que le *blanc linge ôté* de la dame a toute raison
de figurer réellement dans la scène, et qu'un oiseau réel survenant n'a rien à y faire.

font les cygnes, longeant *langoureusement* : évocation du mouvement seul, sans besoin de nommer non plus la rive ; perception
instantanée, que dément vite l'immobilité de la forme blanche,
aussitôt reconnue pour ce qu'elle est : c'est (vers 9) le linge ôté
par la baigneuse ; et le même vers prend congé de l'oiseau
fugace [9], qui n'a existé qu'un instant dans la perception du poète.

Avec l'oiseau entrevu va coïncider, pour réhabiliter le site
ingrat, la merveille du bain, introduite par *si plonge*, et qui
occupe les trois derniers vers. Le linge ôté annonçait ce plongeon : les deux actions sont pratiquement simultanées ; en tout
cas, la perception illusoire de l'oiseau et l'espèce de félicité de la
plongeuse se situent dans le même instant — culminant — du
sonnet. C'est ce que dit le *si* de « si plonge » : le linge-oiseau
apparaît en même temps que la dame disparaît dans l'eau. On
peut seulement se demander pourquoi Mallarmé a signifié cette
simultanéité sous forme hypothétique, comme si le scénario
Linge ôté — Plongeon féminin était tout entier imaginaire par
rapport au paysage réel, en tant que rêverie conçue pour l'améliorer [10]. Il ne nous est pas dit que le bain ait effectivement eu
lieu ; et il est pourtant décrit comme délicieux : telles sont les
grâces, strictement évasives, de notre poète. Voici donc le mouvement final (le seul, à vrai dire, premier et dernier de cette histoire). C'est une douzaine de mots qui suivent l'ordre de l'événement plutôt que de la grammaire : d'abord *plonge exultatrice*, qui
dit en deux mots le plongeon, la femme et sa joie ; ensuite *à côté*,
qui dit l'endroit exact de la plongée, tout près du linge-oiseau [11] ;
le sujet du verbe, qui doit en principe nommer la plongeuse,
n'est donné que tout à la fin et ne désigne la dame que par une
qualité abstraite, sa *jubilation* ; mais cette façon de sous-entendre
sa personne est compensée par le *ta* interpellatif qui évoque sa
présence. La phrase, telle qu'elle est : *si plonge exultatrice [...] ta*

9. « Fugace » s'emploie principalement pour qualifier des états psychologiques de
courte durée (perception, pensée, souvenir) ; il s'agirait ici d'une illusion d'optique
d'un instant.

10. On comprend que Mallarmé n'ait pu écrire « quand plonge », groupe phonétique disgracieux ; mais peut-on croire que *si*, dans l'intention de Mallarmé, ne modifie en rien le sens ? Il situe tout le sixain à la limite du réel et de la rêverie pure.

11. Était-il nécessaire de le préciser ? « À côté » pourrait paraître une cheville,
mais cette expression souligne la proximité et la dépendance des deux choses qui
rachètent ensemble la médiocrité du paysage. Je dois avouer que ce curieux heptasyllabe (vers 12) a pour moi un charme inexplicable, que j'attribue, faute de mieux,
au ton contrasté de ses deux moitiés.

jubilation, apparaît assez malvenue, sans qu'on puisse en accuser l'inversion du verbe et du sujet, si fréquente chez Mallarmé; on ne peut dire non plus qu'elle souffre des compléments que Mallarmé y a intercalés, entre verbe et sujet, effaçant leur liaison naturelle : au contraire ces artifices de l'élocution mallarméenne, en déjouant l'attention du lecteur, lui font accepter cette *exultatrice jubilation*, qui ne choque que détachée du reste. Ces deux mots joints peuvent alors passer pour un franc pléonasme; mais séparés, ils désignent deux moments bien distincts de l'action. L'exultation est une joie expansive (dansante, bondissante, selon l'étymologie); elle marque, sitôt le linge ôté, la précipitation joyeuse vers l'eau. La jubilation au sein de l'eau est une joie intime, profonde, continue. Le vers 13, intercalé, bien à sa place, dit ce qui est survenu entre ces deux moments : l'*onde* est *devenue toi* [12]. L'identité du nageur et de l'eau où il est plongé est une figure commune; mais l'identification se fait ici dans un sens inattendu : c'est l'onde qui est envahie par la présence de la baigneuse, au lieu que la baigneuse se fonde métaphoriquement dans l'élément liquide, comme on l'imagine plutôt d'ordinaire. Bien plus, elle *jubile*, signe de forte persistance d'un moi au centre de cette expansion. Et sa jubilation est dite *nue*, par une métaphore qui ne semble qualifier que sa joie (sans déguisement ni retenue) mais n'en désigne pas moins, trop évidemment, son corps sans vêtement dans l'eau. Le sonnet finit ainsi, comme il arrive souvent chez Mallarmé, par le mot pour lequel il était tout entier fait. Et quelle différence, de la plénitude que cette fin proclame à la vaine gloire du couchant [13]!

12. Telle est, me semble-t-il, la seule construction possible pour ces trois mots. — Comment le mot « onde » (pour « eau ») a-t-il survécu au naufrage du style néoclassique? Hugo, grand pourfendeur et caricaturiste, à l'occasion, de ce style dit « perruque », emploie « onde » sans ironie dans de grands poèmes. « Eau », pure voyelle *(ô)* pour l'oreille, transparente comme ce qu'elle nomme, ne suffit pas toujours s'il s'agit d'en évoquer la puissance, ou, comme ici, le mystère.

13. *Versification* : ce sonnet se déroule en une seule phrase, divisée par le *mais* central, et dont la première moitié occupe les quatrains, l'autre le sixain, avec un distique particulièrement chargé d'effet; il porte à lui seul plus de plénitude que les douze autres vers qui cheminent hasardeusement vers lui. On remarque que l'accent intérieur des quatorze heptasyllabes porte diversement, d'un vers à l'autre, sur une des six premières syllabes du vers (surtout la deuxième et la troisième), la septième, finale du vers portant invariablement l'accent principal. — Un fort enjambement-rejet du premier quatrain sur le second, pour le contraste des paysages.

PETIT AIR II

Indomptablement a dû
Comme mon espoir s'y lance
Éclater là-haut perdu
4   Avec furie et silence,

Voix étrangère au bosquet
Ou par nul écho suivie,
L'oiseau qu'on n'ouït jamais
8   Une autre fois en la vie.

Le hagard musicien,
Cela dans le doute expire
Si de mon sein pas du sien
12   A jailli le sanglot pire

Déchiré va-t-il entier
14   Rester sur quelque sentier!

Ms. autographe 1893; ms. autographe vers 1893 pour Deman; première publication dans Deman. Une seule variante au dernier vers.

Ce sonnet est le seul des trois « Petits Airs » où la légèreté du titre et du rythme heptasyllabique soit démentie par un contenu tragique ; mais un drame est pire, chanté fugitivement.

Les deux premiers quatrains forment une seule phrase, dont la proposition en trois tronçons, *a dû [...] éclater [...] l'oiseau*, constitue la charpente. L'oiseau, sujet de cette proposition fortement inversée, n'apparaissant qu'au deuxième quatrain, l'« éclatement » qui est évoqué dans le premier, avec les circonstances qui l'accompagnent, reste en quelque sorte abstrait : nous n'avons que le schéma d'un désastre. Pour connaître d'emblée le protagoniste du sonnet, il faut remettre la proposition d'aplomb, en intervertissant l'ordre des quatrains, c'est-à-dire en lisant le second avant le premier : la victime du désastre est un oiseau d'une nature rare, dont le cri n'est pas celui des autres oiseaux du bosquet, ou du moins ne suscite de leur part aucune réponse, et d'ailleurs ne se fait entendre qu'une unique fois. Connaissant le héros de l'action, nous pouvons mieux comprendre ce que dit de cette action notre premier quatrain. On perçoit dès la première lecture que ladite action a eu (*a dû* avoir, suppose le poète) pour dénouement une explosion catastrophique, mais non pas inattendue et simplement subie ; l'adverbe *indomptablement* signale une volonté, consciente du risque et l'ayant affronté sans faiblir. Sachant qu'il s'agit d'un oiseau, on imagine que cet héroïsme est celui d'un vol vertical continué jusqu'au désastre. L'oiseau éclate donc *là-haut perdu*, soustrait à nos regards par l'infinie altitude, où la furie de son assaut s'est faite soudain *silence* [1]. Il est à remarquer que rien de ce

1. Certains penseront que le chant de l'oiseau mallarméen est silencieux par nature, et non par accident, Mallarmé ayant effectivement donné parfois le silence pour la musique suprême, mais c'est autre chose ici : il s'agit d'une voix et du drame qui la fait taire.

qui est dit de l'oiseau ne peint l'essentiel, à savoir l'élan ascension-
nel farouche qui est le sien. Cette indication n'est donnée que laté-
ralement, dans un vers qui évoque, non plus l'oiseau, mais le poète,
son semblable, les comparant l'un à l'autre : l'oiseau a dû éclater
là-haut, est-il dit, *comme mon espoir s'y lance*. Ce vers, seul entre
huit, suggère la nature symbolique du sonnet : espérance et élan
fou, telle est la disposition commune à l'oiseau et au poète ; d'où
l'on peut penser que le désastre aussi est leur lot à tous deux.

Ce que la diction mallarméenne a d'insolite peut intéresser
l'analyse à deux niveaux : grammaticalement, l'anomalie prend le
plus souvent appui sur un usage linguistique ou rhétorique consacré, dont elle offre une variante inusitée ; poétiquement, cet écart
par rapport à l'usage se révèle toujours doué d'une valeur créatrice. Telle est la singulière inversion qui charpente nos deux quatrains ; la voici complète : *Indomptablement a dû éclater l'oiseau.* Il y
a, en fait, cumul de deux inversions, l'une qui place l'adverbe
avant le verbe, l'autre le sujet après le verbe. La première est des
plus fréquentes dans l'usage ordinaire, elle donne toute sa valeur
à un adverbe expressif [2]. Ici, en outre, l'adverbe intervient non
seulement avant son verbe, mais avant même que nous ne
sachions de qui ni de quoi il est question, et, de cette place initiale,
il répand d'avance sur tout le poème une couleur héroïque. Quant
à l'inversion du sujet et du verbe, elle n'est pas non plus inconnue
en français, quoiqu'elle n'y soit acceptée que dans des cas détermi-
nés par l'usage ; mais, de toute façon, *a dû éclater l'oiseau* serait
exclu [3]. Cette inversion, on l'a vu, entraîne avec elle l'ordre des
deux premiers quatrains. Mais il en résulte un bénéfice poétique
proportionné au degré de l'anomalie : elle permet au poète de donner d'abord, dans son premier quatrain, un énoncé énigmatique et
fulgurant du désastre, accompagné d'une lueur sur son sens
humain, et de ne découvrir qu'ensuite à son lecteur, sur le ton plus
paisible du deuxième quatrain, la face concrète du symbole,
l'oiseau, et quelques-uns de ses attributs. On peut suggérer au lecteur de relire maintenant les deux quatrains tels que Mallarmé les
a disposés, puis en ordre inverse. Il se rendra compte de la perte

2. Ainsi on dira qu'un accusé « infatigablement proclame son innocence » ; qu'un
intrigant « sournoisement a discrédité son rival », etc.
3. On dit bien : « survint la guerre » ; mais non : « commença la guerre » ; on peut
dire : « alors commença la guerre », « alors éclata l'orage » ; en aucun cas, on ne dit de
but en blanc : « éclata l'orage » ; encore moins : « a dû éclater l'orage ».

d'intensité poétique qui résulterait d'une « remise en ordre » logique : c'est littéralement une batterie qui se décharge. Comme quoi l'analyse, loin de tuer la poésie, en souligne les pouvoirs.

Dans le deuxième vers du sonnet, le poète, avons-nous dit, met en parallèle son propre élan avec l'aventure de l'oiseau. Mais la construction grammaticale peut échapper à première vue, et avec elle le sens précis. Un parallèle s'établit normalement en subordonnant à une proposition principale une comparative introduite par « comme » : (l'oiseau) *a dû éclater là-haut — comme mon espoir s'y lance*. Or, ici, la seule corrélation qui apparaît à première vue entre les contenus des deux propositions est celle des deux adverbes de lieu qui désignent le même endroit : d'une part « là-haut », d'autre part « y », qui y renvoie. Mais c'est sur les actions elles-mêmes, c'est-à-dire les verbes, que devrait porter la similitude établie par « comme »; et ces verbes sont « se lancer » et « éclater », qui n'ont en commun, dans les actions qu'ils décrivent, que le fait que la première peut causer la seconde : de sorte que l'équation entre oiseau et poète n'est possible que si l'on fait subir à l'oiseau toute la séquence causale « se lancer — éclater ». Mallarmé ne le fait pas, il use d'une forte ellipse, qu'on peut développer en ces termes : l'oiseau *a dû éclater là-haut* (son espoir s'y étant lancé) *comme mon espoir s'y lance*. Il est certain qu'un tel raccourci est, en soi, une réussite pour Mallarmé; mais l'ellipse a en outre la vertu de ne faire participer le poète au drame que par une plainte furtive, aussitôt dissipée dans la mystification d'une rime-surprise.

Il y a moins à dire du deuxième quatrain, qui se laisse lire. Les allusions symboliques s'y développent. *La voix étrangère au bosquet* rappelle celle de l'ange, dans le *Tombeau d'Edgar Poe*, qui donne « un sens plus pur aux mots de la tribu » : ce sont des métaphores de l'éminente dignité du verbe poétique face au langage de la communauté, et du divorce du poète et de la foule. C'est cette foule que désigne le *bosquet*[4], séjour et habitation commune. Et l'écho qui ne suit pas cette voix est celui qui, dans la société humaine, manque à la parole du poète. Cependant l'oiseau, enfin nommé dans le sonnet, est présenté comme celui

4. On a tort, je crois, de rapprocher quelquefois l'usage fait ici du mot *bosquet*, selon une nuance plutôt péjorative, de celui que Mallarmé en fait, au contraire avec un sens glorieux, dans *Toast funèbre*, où les « vrais bosquets » figurent le royaume idéal de la poésie. C'est le contexte qui donne à un mot sa vraie couleur, et non forcément l'emploi que le poète a pu en faire ailleurs.

qu'on n'ouït jamais une autre fois en la vie : il semble que cet oiseau fabuleux ne chante qu'une fois, en s'élançant vers le ciel pour y trouver la mort ; c'est ce qu'en tout cas dit le texte [5]. L'idée est splendide, mais comment l'appliquer au poète, qui poétise toute sa vie et tente d'atteindre l'idéal en écrivant poème après poème ? Dira-t-on que Mallarmé conçoit toute une carrière poétique comme formant une unique et dramatique tentative d'approche vers l'idéal meurtrier ? Quoi qu'il en soit, l'oiseau figure ici une carrière hyperboliquement pure : au lieu de multiples essais, un seul chant, décisif et fatal ; une sorte de définition absolue du poète, tel qu'on l'imagine en idée, hors des pesanteurs réelles.

La situation du poète, telle qu'elle est symbolisée ici, est celle que Mallarmé, dès ses débuts, a toujours évoquée. Le poète, que le romantisme français représentait comme une sorte d'intercesseur entre le réel et l'idéal, a perdu foi dans cette mission : le réel vil lui répugne, l'idéal cruel le repousse. D'où cet élan vers le haut, irrésistible, loin du bosquet commun et de la terre sans écho, et cet échec, là-haut perdu, cette voix exaspérée où l'indomptable espérance éclate en néant. On comprend qu'un oiseau fou ait été choisi pour figurer cette aventure. Un oiseau tragique, non celui qui, en littérature et en poésie, a coutume de chanter l'ivresse d'amour, la lumière, le bonheur. Mais, déjà vingt ans avant ce sonnet, Mallarmé se faisait du chant d'oiseau une idée pathétique. On aperçoit dans des notes écrites de sa main, retrouvées parmi la collection de ses lettres à son ami Lefébure, et datant de quelques années avant 1870, l'idée que le chant d'oiseau trahit un divorce de l'esprit et de la matière. Il en parle par opposition au chant du grillon, dont le ton unique exprime l'unité heureuse de la terre, matière et esprit à la fois. Il célèbre « cette voix sacrée de la terre ingénue, moins décomposée déjà que celle de l'oiseau, fils des arbres parmi la nuit solaire, et qui a quelque chose des étoiles et de la lune, et un peu de mort [6] ».

Les six derniers vers doivent se lire comme une phrase exclamative renfermant une parenthèse. Un vers au début donne le nom

---

5. *On ouït* peut être aussi bien un présent qu'un passé, sans que le sens de la phrase en soit modifié : il s'agit d'un oiseau, ou d'une sorte d'oiseau, qu'on n'entend jamais (ou qu'on n'a jamais entendu) qu'une unique fois, et pas une autre ; *en la vie*, après *jamais*, est une façon de renforcer la négation (*cf.* la locution courante « jamais de la vie »). Je ne vois aucune raison de penser ici à la légende du cygne qui ne chante qu'avant de mourir ; rien ne la confirme dans les mœurs réelles du cygne ; et rien, dans le texte du sonnet, ne dit que son fantastique oiseau soit un cygne.

6. Voir Henri MONDOR, *Eugène Lefébure*, p. 354.

sujet de la proposition principale, que compléteront les deux derniers vers ; la parenthèse occupe les trois vers intermédiaires. À
l'espèce de définition de l'oiseau qui faisait l'objet du quatrain
précédent, fait suite une nouvelle désignation du héros : *le hagard
musicien* a ceci d'admirable que rien d'ordinaire ne contredit
autant la musique que l'espèce d'égarement que traduit le mot
« hagard » : mais nous savons qu'il s'agit d'une musique d'exception, négatrice du réel et de son ordre [7]. La parenthèse qui s'ouvre
alors évoque un nouveau parallèle — compétition cette fois —
entre l'oiseau musicien et le poète auteur du sonnet. La critique a
quelquefois été arrêtée par la construction de ces trois vers et par
leur sens. Ils se composent d'une principale : *cela dans le doute
expire*, suivie d'une interrogative introduite par *si*. Le tour est lati-
nisant, avec le démonstratif sujet repris directement par la subordonnée [8] (le français moderne dirait au moins : « cela [...], à savoir,
si »), et il s'aggrave d'une singulière périphrase, « *expirer dans le
doute* » pour dire : « prêter au doute, paraître douteux ». Quant à la
subordonnée par *si*, c'est ce qu'on appelle une double interrogative : il s'agit de savoir si le pire sanglot a jailli du sein de
l'oiseau ou de celui du poète, *si de mon sein pas du sien — a jailli le
sanglot pire*. *Cela dans le doute expire* ne va pas de soi ; ce qu'on
pourrait dire de plus approchant, en langage courant, c'est « cela
se perd dans le doute » ; l'expression que Mallarmé emploie ne se
conçoit pas sans une touche d'humour, appropriée à ce débat de
primauté entre l'auteur du sonnet et l'oiseau dont il vient d'inven-
ter l'histoire. D'autre part, on a remarqué que, touchant l'objet du
débat, Mallarmé n'emploie pas la forme normale de l'interrogation double, qui serait « si de mon sein *ou* du sien » ; il écrit « si
de mon sein *pas* du sien » : ce qui, bien compris, semble accorder la
palme à l'oiseau [9]. Mallarmé l'a-t-il réellement voulu ainsi, ou
bien, plus négligemment, a-t-il pensé affirmer sa propre préé-
minence, et non celle de l'oiseau (« *pas* du sien ») ? Cette réclama-
tion pour lui-même du premier rang serait plus plausible. Mais
laissons *expirer* ce débat, et retenons l'essentiel : le *sanglot*, c'est-à-

---

7. Le mot « hagard » me semble employé ici dans son sens habituel et actuel :
« éperdu », « égaré ».
8. *Hoc dubium est, utrum... an...* (« Cela est douteux, à savoir si... ou si... »).
9. La négation, dans une interrogative, suggère en effet une affirmation : ainsi
« Qui sait s'il n'est pas heureux ? » suggère qu'il l'est ; « qui sait s'il est heureux ? »
laisse entendre qu'il ne l'est pas. Pour reprendre plus exactement la tournure
employée par Mallarmé, quand je dis : « Je me demande si c'est la gloire, pas l'argent
qu'il recherche », j'insinue évidemment que c'est l'argent.

dire le spasme par lequel cri et furie s'anéantissent, est commun à l'oiseau et à l'auteur du sonnet, autrement dit l'oiseau tragique est une figure du poète.

Venons-en au distique terminal. Il continue, après la parenthèse, le vers qui la précédait, et a trait à la destinée finale du « hagard musicien ». Observons d'abord que *va-t-il* n'est pas ici interrogatif, mais exclamatif, selon la ponctuation même qui clôt le sonnet : exclamation amère, équivalant à « il va donc rester ! » [10]. Le premier mot du distique, *déchiré*, confirme que l'éclatement du premier quatrain devait s'entendre au sens propre, comme une explosion déchiquetante du corps de l'oiseau ; et ce corps est imaginé ici gisant à terre après sa chute. On pourrait penser que Mallarmé, ayant vu réellement, *sur quelque sentier*, le corps déchiré d'un oiseau, a reconstruit imaginairement son histoire sur les thèmes de l'ascension farouche et du chant foudroyé. Ce qui est dit au début du sonnet, que l'oiseau *a dû éclater là-haut* semble bien indiquer en effet qu'il s'agit d'un oiseau vu à terre, dont le poète tâche de reconstituer l'aventure. Mais une telle hypothèse est contredite par la variante d'un des manuscrits, qui donne au dernier vers, au lieu de *va-t-il [...] rester*, la leçon *va-t-il tomber* [11] : variante absurde si Mallarmé avait vu l'oiseau à terre. Mais nous pouvons corriger notre première hypothèse pour l'accorder à n'importe laquelle des deux variantes : supposons que Mallarmé a vu un oiseau voler éperdument vers le ciel, et qu'il a imaginé ce qui *a dû* lui arriver, et déplorer qu'il soit condamné à *tomber*, et, plus tristement encore, à *rester* déchiqueté à terre.

Le mot *entier*, apparié à *déchiré* de façon assez paradoxale, a embarrassé. À la rigueur, « déchiré entier » pourrait vouloir dire « entièrement déchiré [12] » ; mais la place des deux mots n'autorise guère cette lecture. Il faut plutôt comprendre que l'oiseau déchiré reste tout entier dans sa dépouille et que rien de lui ne survit ailleurs : « entier » nie la survie. C'est ainsi que nous lisons, dans

10. Comme, par exemple, dans « Tout orgueil fume-t-il du soir [...] » (voir le premier des trois sonnets de 1887).

11. Voir *Poésies*, édition *BM*, p. 407, variante du ms. Doucet (la seule pour tout le poème, ponctuation à part).

12. On peut dire qu'un vêtement est « tout déchiré » ; le tour est très commun ; on dirait aussi, pour insister, « tout entier déchiré » ou « déchiré tout entier » ; « déchiré entier » non ; et surtout, il faut, dans ces emplois, que les deux mots soient accolés l'un à l'autre.

Toast funèbre, à propos de Théophile Gautier mort et de son tombeau :

> Que ce beau monument l'enferme tout entier.

Plaidant contre la survie, le poète entend dire que nul double spirituel de Gautier n'a échappé à la sépulture. Mallarmé, dans ce cas, était assuré au moins de la survivance de l'œuvre du mort dans les jardins allégoriques de la poésie. Mais l'oiseau inconnu, qu'en sera-t-il de son chant ? Le souvenir même n'en persistera pas, car il n'a pas frappé les oreilles, et nous ne faisons que l'imaginer. De sorte que l'oiseau du sonnet est le parfait symbole du poète à guignon, sublime et sans écho, figure radicale du pessimisme poétique. Mais, au fond, nul poète pour Mallarmé n'échappe à ce type : tous connaissent la suprême distance qui ne se franchit pas.

Ce *Petit Air* est certes digne d'avoir place dans l'anthologie des figurations postromantiques du Poète, à côté des *Plaintes d'un Icare* de Baudelaire — même envol démesuré, même chute —, ou du *Saut du tremplin* de Banville. Cela dit, si le poème, par son thème profond et par certains de ses caractères, appartient bien à une lignée, il s'y distingue fortement. Tout d'abord, la fable qu'il raconte est étrangère au magasin traditionnel des légendes mythologiques et des scénarios de l'existence moderne : inventée absolument par Mallarmé, fable d'oiseau qui ne doit rien aux mœurs des oiseaux, elle fait agir un héros dont la réalité est plus conjecturée qu'alléguée, et auquel elle attribue allusivement une aventure sans exemple. Et sur cette matière raréfiée, le drame le plus tendu et le plus violent, le symbole métaphysique le plus intense de cette cruauté de l'Idéal, que Mallarmé toute sa vie a tenté d'apprivoiser sans pouvoir jamais cesser de la sentir. Il est ici à peu d'années de sa mort, et le mal si souvent sublimé est toujours vivace [13].

---

13. *Versification* : sonnet heptasyllabique, de type élisabéthain ; les quatrains forment une phrase continue, les tercets une autre. Rimes riches ou très riches, sauf une, qui surprend : « bosquet » — « jamais » ; et elle n'est pas seulement pauvre, ce n'est pas même une rime ; elle est dans toutes les versions connues du sonnet. Nul ne donne l'explication de cette anomalie ; personne, que je sache, ne la signale, sauf Gardner Davies, dans son étude sur ce sonnet (*Synthèses*, revue publiée à Bruxelles, décembre 1967, janvier 1968, p. 56) : il est aussi perplexe que moi. Il n'y a pas d'autre exemple de ce genre de rime dans les *Poésies*. La métrique du sonnet n'appelle pas d'autre remarque.

PETIT AIR (GUERRIER)

Ce me va hormis l'y taire
Que je sente du foyer
Un pantalon militaire
4   À ma jambe rougeoyer

L'invasion je la guette
Avec le vierge courroux
Tout juste de la baguette
8   Au gant blanc des tourlourous

Nue ou d'écorce tenace
Pas pour battre le Teuton
Mais comme une autre menace
12   À la fin que me veut-on

De trancher ras cette ortie
Folle de la sympathie

Publié dans *La Revue blanche* du 1ᵉʳ février 1895; non publié en volume avant 1913, dans l'édition *NRF* des *Poésies*.

Ce sonnet a paru pour la première fois, sous ce titre, dans *La Revue blanche* du 1ᵉʳ février 1895, où Mallarmé commençait, sous le titre général de *Variations sur un sujet*, une série de chroniques mensuelles. Le sonnet figure en épigraphe à la première de ces chroniques, intitulée *L'Action*, laquelle reparut (sans le sonnet) dans le recueil de prose qui a pour titre *Divagations*, en 1897, portant elle-même le nouveau titre de *L'Action restreinte*. Le sonnet ne fut réimprimé qu'en 1913 dans l'édition *NRF* des *Poésies*. Le sujet de la chronique en prose en tête de laquelle il avait figuré en 1895 était le suivant : Mallarmé, ayant reçu plusieurs fois la visite de jeunes littérateurs venus lui confier leur besoin d'agir et lui demander conseil, expose une réponse supposée à cette consultation. En résumé, il croit que la seule façon d'agir, c'est-à-dire de mettre en mouvement les esprits, est, pour un écrivain, d'écrire, de produire, plutôt qu'une littérature militante de type journalistique, une œuvre mûrie, où l'écrivain se fait « de ses maux [...] le spirituel histrion », une œuvre théâtrale en particulier. Il insiste sur le fait que toute tentative de communiquer ouvertement et sans précaution l'idéal à un public est aujourd'hui viciée d'avance par la différence de plan qui sépare le poète de la foule. Cette pensée de séparation aboutit à un refus prudent de l'action impatiente ; c'est ce refus qui s'exprime sous la forme d'une boutade vive et négative dans le sonnet.

On peut dire de ce sonnet que l'accord des commentateurs est à peu près fait sur son sens général : Mallarmé y fait profession d'esprit belliqueux, pour rejeter les importuns qui sollicitent sa sympathie et son action immédiate en faveur de telle ou telle cause. Ce n'est donc pas la pensée de ce sonnet qui produit ici la difficulté, mais principalement sa symbolique et sa syntaxe inusuelles. La profession de foi guerrière occupe le premier quatrain. Son caractère humoristique se déclare aussitôt par une rime-calembour (quatre syllabes sur les sept du vers!) annoncée par un membre de phrase fortement énigmatique : *hormis l'y taire* faisant écho d'avance à *militaire*. Laissons de côté pour un instant ce groupe de mots, qui a passablement embarrassé ou agacé les critiques. Le reste est assez clair. Le poète est assis devant son feu, et les reflets, qui *du foyer, rougeoient à sa jambe*, lui donnent le sentiment de porter un *pantalon militaire*[1]. Il ne s'en déclare pas mécontent; au contraire : c'est ce que dit le *Ce me va* initial[2]. Il affecte donc de se peindre en bourgeois belliqueux de ce temps-là, agitant au coin de son feu des pensées héroïques. Il s'agissait surtout alors de la revanche à prendre sur la Prusse, victorieuse en 1870. C'est peut-être ce contexte implicite qui fournit l'explication de l'obscur *hormis l'y taire*. La revanche devait consister surtout dans la reconquête de l'Alsace et de la Lorraine, dont on attendait l'occasion; or on répétait souvent à propos de ces provinces, à la perte desquelles on ne pouvait se résigner : « Pensons-y toujours, n'en parlons jamais[3]! » Car telle devait être la forme digne de l'esprit de revanche. C'est ce que Mallarmé affecte de ne pas accepter : la revanche, « ce me va », dit-il, mais *à condition de ne pas le taire*, de le crier bien haut[4], — comme s'il se posait en revan-

---

1. C'est le fameux pantalon rouge du soldat français (auquel on ne renonça que pendant la guerre de 1914-1918 en raison de sa funeste visibilité en campagne).
2. *Ce me va* : Mallarmé aime étendre l'usage de *ce*, au-delà de son domaine ordinaire en tant que sujet plus ou moins direct du verbe être (c'est, ce sont, ce fut, etc.). — *Du* foyer : *de* au sens de « venant de ».
3. Recherche faite, ce mot souvent répété transforme et popularise une phrase de Gambetta : « Ne parlons jamais de l'étranger, mais que l'on comprenne bien que nous y pensons toujours » (*Discours et plaidoyers politiques de M. Gambetta, publiés par M. Joseph Reinach*, t. II, Paris, 1887, p. 172, discours du 16 novembre 1871 : l'ensemble de ce discours, qui glorifie la défense de Saint-Quentin, est consacré à la défaite, et à l'espérance d'un relèvement futur; la phrase fut légitimement popularisée comme concernant l'Alsace-Lorraine).
4. Une tournure avec hormis + infinitif serait bien comprise même dans un contexte familier. Reste à expliquer l'*y* de *l'y taire*, indispensable évidemment pour donner la rime-calembour à *militaire*; il n'est pas injustifiable linguistiquement : en effet un *y* pratiquement explétif est fréquent dans la langue populaire, surtout dans les vieilles chansons de style rustique; ainsi « Il y a un coq qui chante [...] — Il *y* demande femme » (Patrice COIRAULT, *Formation de nos chansons folkloriques*, Paris, 1955, t. II, p. 201); « La caille dit dans son latin — Qu'tous ces amants n'*y* valent rien (*ibid.*, p. 358, chanson assez connue); « Ah! je n'*y* dors ni ne sommeille » (Ch. BEAUQUIER, *Chansons populaires de la Franche-Comté*, Paris, 1894, p. 201), etc. Cet *y* populaire, dont les exemples abondent, accentue évidemment l'humour de l'expression mallarméenne.

chard à tapage. Mallarmé, en réalité, ne donnait guère dans cet état d'esprit; au contraire. On connaît de lui, sur les relations franco-allemandes, des déclarations toutes proches de la date du sonnet, qui relèvent plutôt de l'esprit de paix et de conciliation le plus évident [5]. La profession de foi revancharde du premier quatrain ne peut donc être qu'ironique, comme va le confirmer l'image d'une propagation de la flamme militariste par le pantalon. Mallarmé veut dire autre chose que ce qu'il dit.

Le deuxième quatrain continue d'abord sur la même lancée; *l'invasion je la guette* : l'œil fixé sur les hauteurs des Vosges, dans la posture classique, il s'apprête à repousser l'envahisseur; mais tout change dans les vers suivants, quand il décrit le guerrier auquel il s'identifie. Un *vierge courroux* l'anime; et voici l'arme, et celui qui la porte : le courroux, donc, *tout juste de la baguette au gant blanc des tourlourous.* Le « tourlourou », c'était alors le soldat du contingent, ici en tenue de sortie dominicale, très éloigné, avec ses gants blancs, de toute pensée de guerre; et qu'est-ce que cette baguette qu'il tient? Elle est, nous dit le quatrain suivant, *nue ou d'écorce tenace* : c'est, apparemment, celle qu'il vient, se promenant dans les bois, de couper à un arbre, et qu'il peut avoir dénudée ou non de son écorce selon le cas; cette alternative, cheville si l'on veut, atteste un aimable état d'indifférence du militaire aux caractéristiques de son arme : elles lui importent peu pour ce qu'il veut en faire. Voici maintenant cet emploi défini, au moins négativement : *pas pour battre le Teuton,* car il ne s'agissait pas de vraie guerre, *mais comme une autre menace,* animée, on l'a vu, par un *vierge,* autrement dit naïf ou innocent courroux, qui éclate ici, coupant la phrase : *à la fin que me veut-on,* cri d'homme agacé, obsédé par des importuns. Ce sont eux que la baguette menace. Importuns de quelle sorte? Le distique final le dit. Le tourlourou usait de sa baguette pour abattre les orties qui bordaient le chemin de sa promenade; le

5. Voir dans *Le Mercure de France* d'avril 1895, p. 20, sa réponse sympathique à une enquête faite concurremment en France et en Allemagne sur l'opportunité des relations intellectuelles et sociales entre les deux pays et de leur extension; et voir plus particulièrement, sur la question d'Alsace-Lorraine, dans *Empreintes,* nᵒˢ 10-11, septembre-octobre 1952, Bruxelles, éditions L'Écran du monde, p. 21, le texte d'un manuscrit de Mallarmé en réponse à une enquête du *Mercure de France* sur ce sujet en 1897 : dans cette page très modérée, tout en déplorant la perte de ces provinces, il se résigne à la loi absurde de la guerre, et espère que l'Alsace-Lorraine pourra revenir à la France sans recours aux armes; une telle déclaration, à cette époque, le situe comme antirevanchard déclaré.

poète, pour abattre une *ortie folle* du monde moral, *la sympathie,* irritante comme la plante. Ce mot final de sympathie, qui désigne enfin l'ennemi évoqué au long du sonnet, doit s'entendre comme nommant, avec un humour misanthropique, l'appel à fraterniser avec la foule et à agir pour elle.

Ainsi ce sonnet, mis en tête des pages sur *L'Action restreinte,* en annonce sarcastiquement la leçon : que le poète ne se précipite pas dans l'action. Il faut ajouter que le sonnet fait figure de boutade, plus négative que l'article, dans lequel l'inopportunité d'agir, pour l'écrivain, n'est proclamée que comme temporaire, valable pour le présent seul. Citons seulement, pour ne pas trop sortir du strict sujet des présentes pages, ces lignes de *L'Action restreinte* [6] : « On traverse un tunnel — *l'époque* — celui, long le dernier, rampant sous la cité avant la gare toute puissante du virginal palais central, qui couronne. Le souterrain durera, ô impatient, ton recueillement à préparer l'édifice de haut verre, essuyé d'un vol de la Justice [7]. »

6. *L'Action restreinte,* dans *Divagations* (paragraphe 21). Mallarmé avait déjà, dix ans auparavant, développé les mêmes idées dans sa lettre autobiographique à Verlaine du 16 novembre 1885 (*Corr.,* t. II, p. 303) : « Au fond je considère l'époque contemporaine comme un interrègne pour le poète, qui n'a point à s'y mêler : elle est trop en désuétude et en effervescence préparatoire, pour qu'il y ait autre chose à faire qu'à travailler avec mystère en vue de plus tard ou de jamais [...]. » L'avenir est pour Mallarmé l'objet d'une espérance non certaine, mais tenace, ainsi que l'atteste une grande partie de son œuvre en prose (voir Introduction, p. 22).

7. *Versification :* Autre sonnet heptasyllabique et élisabéthain; sauf le premier quatrain, tout le sonnet est une phrase continue; une rime-calembour, plusieurs rimes ultra-riches; rythme relativement monotone : accents intérieurs sur la troisième ou la quatrième syllabe (partageant le vers à peu près par moitié) dans onze vers sur quatorze; ce sonnet tranche à cet égard sur les autres du même mètre.

HOMMAGE

Toute Aurore même gourde
À crisper un poing obscur
Contre des clairons d'azur
4   Embouchés par cette sourde

A le pâtre avec la gourde
Jointe au bâton frappant dur
Le long de son pas futur
8   Tant que la source ample sourde

Par avance ainsi tu vis
Ô solitaire Puvis
11   De Chavannes
               jamais seul

De conduire le temps boire
À la nymphe sans linceul
14   Que lui découvre ta Gloire

Ms. autographe raturé et corrigé ; texte corrigé repris dans la publication *La Plume* du 15 janvier 1895 ; autre ms. autographe 1895 ; copie Geneviève Mallarmé pour Deman. Texte ci-dessus : Deman, sauf le point final ajouté dans cette édition.

Ce sonnet d'hommage parut dans un numéro de *La Plume* consacré à Puvis de Chavannes. Il se distingue, par deux caractères formels, des autres sonnets heptasyllabiques publiés par Mallarmé dans les mêmes années : d'une part, il a le type de structure usité en France (deux quatrains sur les mêmes rimes, et le sixain final divisé en tercets), alors que tous les sonnets écrits par Mallarmé sur le même mètre sont construits sur le type anglais; d'autre part et surtout, la relation symbolique entre deux personnages, qui constitue le poème, se développe ici rhétoriquement en deux parties successives : les quatrains parlent uniquement d'un berger matinal qui conduit son troupeau vers une source; les tercets, d'un peintre qui conduit son époque vers l'avenir. Le premier est l'image du second; un traditionnel *ainsi*, à la charnière des deux parties, nous l'annonce. Mallarmé avait suivi ce mode de composition du poème symbolique au début de sa carrière; il y avait, à la date de cet *Hommage*, plus de trente ans qu'il l'avait abandonné pour mêler, d'emblée et jusqu'au bout, les deux faces d'un symbole. Aucune forme, en poésie, n'est jamais vraiment morte.

Selon l'opinion générale, l'armature des quatrains est faite des quelques mots suivants : *Toute Aurore, même gourde*,[1] *[...] a le pâtre*, qui forment le début des quatrains, tout le reste de ces huit vers n'en étant, grammaticalement, que le développe-

---

1. « Gourd », féminin « gourde », adjectif vieilli : « qui a peine à se mouvoir » (sous l'effet du froid, du sommeil, de la paresse); on emploie aujourd'hui « engourdi ».

ment multiple. On entrevoit le sens de ces mots : « toute aurore, même engourdie, a (possède) *le* pâtre » (celui qui fait toujours exception à l'engourdissement général, et déjà travaille). L'*Aurore*, avec sa majuscule allégorique, est supposée être l'antique déesse aux doigts de rose, chargée d'ouvrir le ciel au char du soleil ; mais les deux mots qui suivent, *même gourde*, font déjà difficulté : comment cette divinité rayonnante peut-elle être imaginée « gourde », sinon parce qu'on transporte sur elle une qualification destinée à l'humanité qu'elle surprend engourdie par le sommeil ? Ce transport d'adjectif est un trope bien connu à propos de saisons [2] ; mais il n'embrasse d'ordinaire que l'espace de quelques mots, auxquels le risque de confusion ne survit pas. Mallarmé, ici, accompagne l'adjectif *gourd*, qui substitue l'idée du dormeur à celle de l'aurore, d'une conséquence qui accentue ce glissement : « (aurore) gourde *à crisper un poing obscur* [3] » ; c'est trop évidemment le dormeur surpris et dérangé dans son sommeil qui crispe le poing [4], un poing *obscur*, enfoui dans la double nuit du lit et de la conscience, et qui menace les *clairons* de l'Aurore. Ces clairons sont inconnus de la tradition mythologique, mais non de la tradition militaire du Réveil obligatoire, auquel cet instrument préside. Mallarmé, revenant à la déesse, prête à l'Aurore une diane [5] transfigurée en sublimes *clairons d'azur* ; son importunité est, en réalité, toute lumière ; mais elle est ressentie comme un fracas par le dormeur qui appelle comiquement la déesse « cette sourde [6] ». Cela dit, il n'en reste pas moins que la construction de ce premier quatrain suppose une ellipse conduite à la limite des règles du jeu, voire au-delà [7].

2. C'est ainsi qu'on dit : « l'hiver frileux », « l'été nonchalant », etc.

3. « *À* crisper » : « à » + infinitif introduit une conséquence = « au point de crisper » ; *cf.* « laid à faire peur », « plein à déborder », etc.

4. Mallarmé a-t-il pensé à l'expression « dormir à poings fermés » ? Le poing, simplement fermé dans la volonté de sommeil, se crispe dans l'irritation du réveil forcé.

5. Rappelons *Le Crépuscule du matin* de Baudelaire : « La diane chantait dans les cours des casernes ».

6. Référence à l'expression usuelle « crier comme un sourd ».

7. En somme, là où la prose dirait : « Toute Aurore, *même si elle n'éclaire que des gens engourdis qui crispent leur poing contre elle*, a au moins un pâtre déjà au travail », Mallarmé a préféré écrire : « Toute aurore, *même assez engourdie pour crisper le poing contre les clairons de l'Aurore*, etc. Ce raccourci, qui aboutit à une phrase contradictoire, défie non seulement la grammaire, mais la logique élémentaire de la parole. L'ellipse ici tend à l'absurde.

Au dormeur rechignant, image de l'humanité commune, s'oppose dans le second quatrain le pâtre matinal déjà à sa besogne : il est en marche, avec une *gourde*[8] et un *bâton*, emblèmes de son métier, vers une source abondante en eau, et ne s'arrêtera pas *tant qu'*il la trouve[9]. Le poète insiste surtout sur sa façon de marcher, le bâton frappant le sol (pour reconnaître le chemin) à l'endroit du prochain pas, ce que dit merveilleusement bien le vers 7 : « le bâton frappant *le long de son pas futur* ». Le bâton frappe *dur*, outil de métier et non canne de promeneur. Et pourquoi « le pas *futur* », expression insolite, sinon parce que « futur » semble marquer une quête, un pari sur l'avenir, et laisse poindre fugitivement la signification symbolique du pâtre ? Il est remarquable que le quatrain consacré au pâtre ne dise rien de son troupeau. Nous pouvons seulement conjecturer que ce berger s'acheminant vers une source y « conduit boire » ses brebis, parce que c'est son office, et parce que dans les tercets (vers 12), c'est une action analogue qui est prêtée à Puvis, dont le pâtre est l'image[10]. Ce berger sans troupeau apparent a tenté les imaginations. Je ne crois pas qu'il soit autre chose qu'un berger, qui doit voir enfin, au bout de sa marche, l'eau sourdre amplement de terre pour son troupeau[11].

Passons aux tercets, et à Puvis : *Par avance ainsi tu vis* établit la similitude des deux héros du symbole, l'un et l'autre tendus vers un but futur ; tous deux *vivent par avance*, à distance de la foule sommeillante. On peut remarquer que cette

8. Plus ordinairement qu'une gourde, le berger porte un sac avec quelque nourriture.

9. *Tant que*, au sens de « jusqu'à ce que » est populaire (« jusqu'à tant que » s'entend encore souvent).

10. Puvis, pâtre spirituel de ses contemporains, « conduit le temps boire » à la source de l'art. Le fait qu'il faille, dans ce sonnet construit sur deux volets distincts, emprunter à ce qui est dit de Puvis pour suppléer ce qui n'est pas dit du pâtre, atteste que Mallarmé ne saurait renoncer tout à fait à sa technique du symbole univoque.

11. Un sourcier n'use pas d'un bâton, mais d'une baguette, et non pour frapper le sol, mais pour guetter les mouvements ou flexions que produit en elle la proximité d'une eau souterraine, après quoi il faut creuser à cet endroit ; il n'est pas question que « la source sourde » instantanément pour abreuver un troupeau. Le texte ne dit rien de pareil ; le berger s'achemine avec effort vers une source déjà connue, et finira par apercevoir son eau coulant *amplement* en son lieu. L'eau jaillissant sous le bâton est le fait de Moïse (*Exode*, 17, 1-6), mais il n'y a rien qui suggère un miracle ici.

foule rétive n'est pas explicitement évoquée à propos de Puvis. De même que nous avons dû imaginer le troupeau du berger d'après ce qui, dans le sonnet, concerne Puvis, de même il nous faut supposer les résistances opposées à Puvis, qui furent réelles, d'après le poing crispé contre l'aurore du second quatrain. Il est probable que, dans ce dernier cas, la seule cause du laconisme de Mallarmé n'est pas dans l'invincible tendance elliptique et condensatrice de sa poésie, mais dans sa volonté de présenter la carrière de Puvis comme une réussite publique : à l'époque du sonnet, Puvis était devenu une sorte de décorateur attitré des monuments de la République, en province comme à Paris (Panthéon, Sorbonne, Hôtel de Ville). Aussi ce que Mallarmé dit ici de lui est volontairement dépourvu de tout pessimisme quant aux relations de l'artiste et du public. Mallarmé n'avait pas de peine à trouver, dans ce domaine, le ton d'une espérance à laquelle il n'avait jamais renoncé absolument. Puvis, *solitaire*, n'est pourtant *jamais seul* : les deux termes de cette antithèse encadrent son nom complet chevauchant sur deux vers (10 et 11), qui sont, dans le sonnet, la présentation solennelle du héros [12]. « Solitaire » donc, comme tout artiste, Puvis de Chavannes n'est « jamais seul », parce que cette foule qu'il a pour fonction de conduire est virtuellement à ses côtés. Et le dernier tercet va décrire une heureuse consécration de ce rôle.

Il est rattaché au précédent par le lien qui unit *tu vis* (vers 9) et *de conduire* (vers 12) [13]. Comme le pâtre vit de son troupeau, le Peintre vit de *conduire le temps*, c'est-à-dire l'humanité dans sa durée, le « siècle » porteur d'avenir. Cette surprenante expression — d'ordinaire, c'est le temps qui nous conduit — dit la maîtrise de l'artiste et de l'homme sur ce qui doit venir. Il semble impossible de dissocier cette vue de la tradition romantique et humanitaire la plus constante, dont elle relève. *Conduire le temps boire* est, dans cet ordre d'idées, une expression dont la beauté décourage le commentaire. Les deux vers suivants, qui formulent la consécration proprement dite, demandent plusieurs éclaircissements.

---

12. Il a, en outre, usé d'une typographie exceptionnelle pour détacher « jamais seul ».

13. « *Vivre* d'une fonction ou profession quelconque », c'est en tirer sa subsistance ; pour Puvis, il s'agit ici de subsistance et de vie au sens spirituel.

De syntaxe d'abord : le *lui* du dernier vers renvoie évidemment au « temps » du vers 12 (c'est-à-dire à l'époque et à l'humanité actuelles entraînées vers l'avenir). Donc le temps, entendu dans ce sens, « boit à la nymphe que lui découvre la Gloire de Puvis ». La *nymphe* qui surgit ici est symétrique, dans l'ordre spirituel, à la Source des quatrains. C'est, au sens propre du mot, la divinité de la source, et, par rapport à Puvis, une allégorie de la Beauté. *Boire à* la source est une construction tout à fait habituelle; *boire à la nymphe*, non, car « nymphe » en français n'est pas « source »; mais Mallarmé n'est pas coupable dans ce cas d'excentricité métaphorique, il fait seulement un latinisme [14]. Cette nymphe est dite « *sans linceul* », qualification qui laisse perplexe; il faut probablement comprendre qu'elle échappe à la fatalité commune du linceul, qu'elle est immortelle : en somme, elle est la source impérissable du Beau, où vient boire le temps [15]. Mallarmé, à son habitude, a réservé, pour clore le poème, le mot clé de cet hommage à un artiste : la *Gloire*. Que dit, précisément le dernier vers ? que c'est la gloire de Puvis qui convertit la foule et lui découvre la beauté de son œuvre. Cette pensée peut étonner : la foule est-elle donc attirée par la gloire déjà conquise ? n'est-ce pas elle qui la confère ? Mallarmé décrit un événement complexe : la renommée de Puvis a été lente à croître; un nombre de plus en plus grand d'admirateurs l'a suivi et glorifié, puis la foule, remuée et entraînée par cet enthousiasme né dans son sein, s'est enfin prononcée tout entière pour lui. Un tel processus, tant de fois dénoncé par Mallarmé comme une communion illusoire, est ici envisagé avec un parfait optimisme, non seulement comme une exception en faveur de Puvis et pour obéir aux conventions d'un hommage, mais parce que quelque chose en Mal-

14. *Nympha* désigne en latin une déesse (ou demi-déesse, notamment habitant une source), puis simplement une source, et parfois (en poésie) toute espèce d'eau. Ce qui paraît chez Mallarmé un trope insolite était passé dans l'usage en latin.

15. On peut penser aussi, en prenant « linceul » dans son sens étymologique (latin, puis médiéval) de « toile ou vêtement de lin », que la nymphe est dite nue. L'apparition de la nymphe « sans voiles » comme figure de la Beauté à la fin du sonnet et l'ironie de l'expression *sans linceul* en tant que périphrase de la nudité féminine pourraient bien être de Mallarmé; mais connaissait-il et voulait-il employer « linceul » dans ce sens ? On peut hésiter entre l'immortelle Beauté et la Nymphe nue.

larmé continue à souhaiter la consécration humaine du poète
et de l'artiste; Mallarmé est l'homme de l'espérance désen-
chantée, mais — comme la nymphe — «sans linceul»[16].

16. *Versification* : sonnet heptasyllabique et du type français dit « régulier » : le
seul qui réunisse ces deux caractères; tous ses vers sont fortement accentués sur
leur dernière syllabe et de sens complet, sauf le rejet sur le nom de Puvis (« Puvis
— De Chavannes », vers 10-11) qui joue sur le patronyme « à tiroir » du peintre;
le rythme intérieur des vers, assez répétitif, semble scander la marche du pâtre
(huit vers accentués sur la troisième syllabe, trois sur la quatrième, trois seulement manquent à cette coupe qu'on peut dire médiane. La seule fantaisie de versification consiste dans le choix des quatre mots qui desservent la rime féminine des
quatrains (en –*ourde*) : ces mots, *gourde* et *sourde* au premier quatrain, qui se
retrouvent au second, ne sont pas vraiment les mêmes mots (on n'a pas le droit
de faire rimer un mot avec lui-même), mais des homonymes différents par le sens
et l'étymologie : des deux *gourde*, l'un, adjectif féminin (« engourdie ») vient, nous
dit-on, d'un adjectif latin fort rare (*gurdus*, « lourdaud »), l'autre, substantif, « cale-
basse creusée ») dérive du latin *cucurbita*, « courge »; des deux *sourde*, l'adjectif des-
cend sans transformation du latin *surdus*, qui a le même sens; l'autre, subjonctif
du verbe « sourdre », du latin *surgere*, « surgir ». Ce jeu mallarméen des homonymes n'est pas insignifiant : l'homonymie, différence de sens entre des formes
identiques, étant source de confusion et d'humour, est un ingrédient familier de
l'énigme.

« Toute l'âme résumée... »

    Toute l'âme résumée
    Quand lente nous l'expirons
    Dans plusieurs ronds de fumée
4   Abolis en d'autres ronds

    Atteste quelque cigare
    Brûlant savamment pour peu
    Que la cendre se sépare
8   De son clair baiser de feu

    Ainsi le chœur des romances
    À ta lèvre vole-t-il
    Exclus-en si tu commences
12   Le réel parce que vil

    Le sens trop précis rature
14   Ta vague littérature

Publication dans *Le Figaro-Supplément littéraire* du 3 août 1895 ; un ms. auto-graphe vers 1895 ; sonnet non recueilli dans Deman ; première publication en volume dans l'édition *NRF*, 1913. Texte ci-dessus : *BM*, qui suit *Le Figaro*.

Ce sonnet a paru en 1895 dans le supplément littéraire du *Figaro* à la suite de la réponse de Mallarmé à une enquête sur *Le Vers libre et les Poètes*. Le texte complet de cette réponse ne semble avoir été republié nulle part (il ne se trouve pas dans la section « Réponses à des enquêtes » dans *Œ. Pl.*); un extrait en a été donné par Henri Mondor dans *Vie de Mallarmé*, p. 717 (reproduit par Barbier-Millan, p. 433). Le journaliste enquêteur ajoute : « Et voici des vers que, *par jeu*, le poète voulut bien écrire à notre intention pour cette enquête. » Suit notre sonnet. Cependant on ne voit aucune relation entre le sujet de l'enquête et ce poème, où il n'est pas du tout question du vers libre, mais du style poétique en général. Le journaliste a dû, pour donner plus d'intérêt à son interview, demander quelques vers à Mallarmé, qui lui offrit ce sonnet. Il faut donc considérer le poème en lui-même, indépendamment de l'enquête.

À première vue, il développe, comme le précédent, quoique dans une versification différente, un symbole en deux mouvements : dans les huit premiers vers, un art de fumer le cigare; dans les six derniers, un art poétique, et dans la charnière un *ainsi* déclarant la similitude entre ces deux domaines. Mais c'est précisément cette similitude qui ne ressort pas nettement du texte. Seule la *cendre séparée* du cigare brûlant (vers 7) peut paraître figurer le *réel exclu* du poème (vers 10-11); le lien métaphorique de ces deux choses est l'unique confirmation explicite, dans tout le sonnet, du péremptoire « ainsi » du vers 9. Tout le reste, dans ce qui est dit du Fumeur et du Poète, manque étrangement de corrélation. On a l'impression que ce poème obéit moins à une démarche symbolique qu'à la pente naturelle d'une rêverie conduisant, par une association d'idées unique, du Cigare au Poème. Un examen plus approfondi modifiera-t-il cette impression, en révélant d'autres parallélismes inaperçus entre les deux volets du poème ? Lisons-le.

Les deux quatrains de tête offrent, dès la première lecture, un sens accessible. La phrase unique qui les constitue évoque une *fumée* de tabac *lentement expirée*, produisant des *ronds* successivement *abolis* pour en produire *d'autres* (1ᵉʳ quatrain), ce qui *atteste* un *cigare brûlant savamment*, dont *peu à peu la cendre se sépare* du *clair baiser de feu*[1] du tabac embrasé. Mais le lecteur n'a qu'une idée approximative de ces huit vers tant qu'il n'a pas éclairé les quelques expressions insolites qu'ils contiennent. D'abord, pourquoi Mallarmé écrit-il *toute l'âme résumée* là où il ne s'agit que de fumée aspirée et expirée ? Tiendrait-il l'acte de fumer un cigare pour un exercice spirituel ? C'est peu probable. On songe au latin *anima* (« souffle »), d'où le mot français « âme » est dérivé, et à l'anglais *to resume*, « reprendre » (latin *resumere*, même sens). Il s'agit dans le sonnet d'un souffle repris tout entier pour pouvoir être expiré longuement ; mais Mallarmé, en utilisant ces deux mots, n'en a certainement pas oublié l'acception française : « l'âme résumée » évoque la concentration d'esprit[2] qu'exige du faiseur de ronds le ménagement de son souffle. Passons sur le mot *abolis* appliqué aux ronds de fumée, là où la prose dirait « dissipés » ou « évanouis » : Mallarmé a une prédilection pour le verbe « abolir », sans doute parce qu'il exprime mieux qu'aucun autre la proximité de l'être et du néant. La production des ronds de fumée, dit le texte, *atteste quelque cigare* : « attester » évoque un témoignage probant dans une situation qui en a besoin ; mais, des ronds de fumée au cigare, le chemin mental est si bref et si évident qu'il ne laisse pas place à une démonstration en forme : pourquoi un verbe aussi appuyé ? C'est qu'il ne s'agit pas seulement du cigare, mais d'un fumeur particulier et de sa science au jeu des ronds, qu'*atteste* leur régulière reproduction et abolition[3].

---

1. Splendide pointe, ou plutôt rayonnement final de l'impeccable duo de quatrains.
2. L' « âme » est ici quelque chose comme la tension de l'esprit : et tout « résumé » se concentre sur l'essentiel.
3. Un dernier mot sur ces deux quatrains : comment entendre aux vers 6 et 7 l'expression *pour peu que* ? Mallarmé veut sans doute dire : « *à condition que* la

Le poète semblait jusqu'ici parler seul. Mais en passant, au troisième quatrain, de la fumée du tabac à la poésie, on voit qu'il s'adresse à la deuxième personne à un interlocuteur, apparemment débutant en poésie, à qui vont ses conseils. La syntaxe et le sens de ce quatrain, ainsi que du distique final, ne présentent pas de difficulté. Il faut évidemment interpréter le tour interrogatif des vers 9 et 10 comme équivalant à une proposition conditionnelle : « si le chœur des romances vole à ta lèvre [4] », etc., c'est-à-dire « si tu te sens tenté d'être poète ». Le choix d'un *chœur de romances, voletant aux lèvres* d'un candidat poète, pour figurer sa tentation du langage poétique, est une invention franchement humoristique de la part d'un poète aussi peu enclin à la romance que Mallarmé. *Si tu commences* est, ou bien une cheville amusante pour amener la rime *romances*, ou bien une malice : est-il certain que le jeune homme passera de la tentation à l'acte ? Mallarmé s'abstient de l'y encourager. Le conseil d'*exclure le réel parce que vil* [5] est tout à fait conforme à la philosophie et à la poétique mallarméenne ; mais Mallarmé passe aussitôt à autre chose : dans le distique final c'est la *précision* qui est condamnée ; or Mallarmé, s'il a souvent conseillé de suggérer plutôt que de nommer, n'a jamais fait, à proprement parler, l'éloge du *vague* en poésie, comme il semble le faire ici. Il n'y a rien de moins vague que la poésie de Mallarmé, où le flou et l'à-peu-près dissimulent l'acuité même. Cet art poétique en quelques mots est plutôt un badinage qu'une profession de foi [6].

---

cendre se sépare *peu à peu* », etc. Ce n'est pas tout à fait ce que signifie ordinairement « pour peu que ». Mallarmé insiste sur le rythme savant, précautionneux, de l'expiration du souffle : si l'on va trop fort ou trop vite, pas de ronds de fumée. « Pour peu que » dit seulement qu'il suffit de peu, mais non que le trop est nuisible ; ainsi dans « pour peu qu'on se repente, on sera pardonné » : il n'est pas dit qu'il soit interdit de se repentir beaucoup. Cependant, dans le langage familier, « il suffit de peu » sous-entend souvent la nocivité du trop ; ainsi : « il suffit d'un peu de poivre » = « n'en mettez pas trop ».

4. Cette tournure, quoique surtout littéraire, est bien connue.

5. « Parce que vil » est une tournure grammaticale assez étrangère à la langue littéraire : « parce que » introduisant autre chose qu'un verbe a été très sévèrement réprouvé par les puristes ; Mallarmé ne semble pas s'en être soucié : c'est l'occasion de souligner que cet écrivain rigoureux n'a rien d'un puriste.

6. La phrase, sans le mot « vague », ne poserait pas de problème : *Le sens trop précis rature ta littérature* s'entendrait aisément comme relevant de la théorie mallarméenne de la suggestion. Le vague imputé à l'éventuelle littérature du jeune homme (*ta* vague littérature) semble une façon de se payer un peu sa tête, ou plutôt, si Mallarmé affecte de prendre le vague à son compte, celle du journaliste à qui il a consenti ce poème, et celle du public.

En tout cas, pour revenir à la question que nous posions au début, la poésie n'y semble pas soumise aux règles qui gouvernent la production des ronds de fumée, autre terme du symbole. Rien du moins n'est dit dans ce sens : il n'est question ici ni de concentration d'esprit ni de lenteur savante; l'*ainsi* du vers 9 n'analogise que la cendre qui se sépare du cigare et le réel qu'il faut exclure du poème. On peut, il est vrai, soutenir que Mallarmé, en parlant du cigare, a constamment pensé à la poésie : non seulement au réel, écarté comme la cendre, mais au poète qui doit réaliser lentement et par savantes étapes le poème, comme le fumeur les ronds de fumée qui sortent de sa bouche, enfin aux pensées et aux expressions du poète, fugaces comme les ronds eux-mêmes. Peut-être. Rappelons que Mallarmé n'a pas publié ce sonnet dans ses *Poésies*. C'est peut-être qu'il le trouvait, si gracieuse que fût son allure, trop décousu et futile en un aussi grave sujet [7].

---

7. *Versification* : sonnet heptasyllabique, élisabéthain, le dernier que Mallarmé ait écrit; rythme normal : fort accent sur la dernière syllabe des vers, y compris le vers 6 où l'enjambement (« pour peu — Que ») ne dispense pas, mais rend nécessaire au contraire d'appuyer inusuellement et avec humour sur « peu »; rimes ultra-riches, aux vers 1-3, 9-11, 13-14; accent intérieur des vers, varié (prédominance sur la troisième syllabe).

« *Au seul souci de voyager...* »

Au seul souci de voyager
Outre une Inde splendide et trouble
– Ce salut va, le messager
4   Du temps, cap que ta poupe double

Comme sur quelque vergue bas
Plongeante avec la caravelle
Écumait toujours en ébats
8   Un oiseau d'ivresse nouvelle

Qui criait monotonement
Sans que la barre ne varie
Un inutile gisement
12   Nuit, désespoir et pierrerie

Par son chant reflété jusqu'au
14   Sourire du pâle Vasco.

Ms. autographe, déc. 1897-janvier 1898 ; Ms. autographe de janvier 1898 envoyé à Mᵐᵉ Juliette Adam pour l'*Album commémoratif* ; publié pour la première fois dans *Album commémoratif, À Vasco de Gama*, Hommage de la Pensée française, 1498-1898, Paris-Lisbonne, 1898 ; autre Ms. autographe, 1898 ; copie de Geneviève Mallarmé ayant servi pour Deman (reproduit les variantes du premier autographe) ; Deman. Texte ci-dessus : celui de l'*Album*.

On n'a su qu'en 1947 que ce sonnet avait d'abord été imprimé dans un *Album commémoratif* publié à Paris et à Lisbonne au printemps de 1898, « sous le patronage de Sa Majesté la reine Marie-Amélie de Portugal, et recueilli par Madame Juliette Adam », à l'occasion du quatrième centenaire de l'expédition de Vasco de Gama [1]. C'est donc bien Vasco lui-même que le sonnet tout entier célèbre, non à titre allusif, mais personnellement et comme type d'une passion pure et illimitée de la découverte.

Le *seul souci de voyager* sans considération du but et toujours outre [2], thème essentiel de notre sonnet et suprême valeur qu'il exalte, ouvre glorieusement le poème : c'est à ce pur « souci » que *va ce salut* (autrement dit, le sonnet lui-même [3]). Mallarmé ne nomme pas Vasco, destinataire réel de son salut, mais seulement la haute vertu que Vasco incarne, se réservant de ne donner son

1. Le commentaire qu'on va lire est extrait d'une étude sur ce sonnet que ma fille et moi avons publiée en espagnol dans l'*Homenaje a Raimundo Lida* (voir : Sylvia Roubaud et Paul Bénichou, *Mallarmé y Vasco de Gama*, in *Nueva Revista de Filologia Hispanica*, Mexico, t. XXIX, 1980, pp. 412-427). Nous y renvoyons le lecteur pour plus de détails sur les circonstances de la publication du sonnet dans l'*Album*, et sur l'histoire et les variations de la légende héroïque de Vasco, de la Renaissance au romantisme, comme type des ambitions infinies de l'homme moderne dans l'ordre de l'aventure et de la connaissance. Nous reproduisons ici, traduites en français et quelque peu remaniées pour entrer dans ce recueil, les pages consacrées dans notre ancienne étude au commentaire proprement dit du sonnet (art. cité, pp. 420-426).

2. Mallarmé a pu penser à Hugo, célébrant ces hommes, « Dont l'âme, boussole obstinée, – Toujours cherche un pôle inconnu, – Ces Gamas en qui rien n'efface – Leur indomptable ambition » (*Les Feuilles d'automne*, IV, strophes 3-4), et plus sûrement encore à Baudelaire : « Mais les vrais voyageurs sont ceux-là seuls qui partent – Pour partir [...] Et sans savoir pourquoi disent toujours : Allons ! » (*Le Voyage*, section I).

3. Il faut lire : « ce salut *va au* seul souci », etc. : « aller *à* » pour désigner un destinataire est usuel en français. La variante du premier manuscrit, « ce salut *soit* le messager », etc., oblige à lire, « *le messager au* seul souci », tournure forcée, et alourdit l'ensemble ; Mallarmé l'a corrigée pour l'*Album*.

nom que comme dernier mot et lumière finale du poème, selon
un procédé qui lui est familier dans ses sonnets. Seule l'allusion
à l'Inde au vers suivant évoque l'idée d'un navigateur qui, non
content d'avoir atteint cette terre prestigieuse, a souci d'aller
outre. Ce même vers 2 nous instruit de ses raisons : l'Inde, *splendide*, pourrait l'attirer, mais, *trouble*, le repousse. Ce qui nous est
suggéré, c'est que toute magnificence a quelque chose d'impur,
étant de l'ordre du réel et de la convoitise. Ces deux vers posent
donc l'essentiel ; tout le reste du sonnet va développer l'image
visible du moment où le héros, pouvant aborder, résiste à la tentation et poursuit sa route.

Quatre mots seulement, que Mallarmé a tenu à mettre entre
virgules dans ce sonnet si faiblement ponctué, *le messager du
temps* (vers 3-4) rompent la ligne continue qui relie le Salut au
Récit de l'événement célébré. Ces quatre mots sont destinés à
rappeler que le salut a pour occasion une date anniversaire
dudit événement ; ils le font, grammaticalement, au moyen
d'une apposition : le sonnet-salut, en ce quatre centième anniversaire, est bien le messager des siècles. Cette pensée dévie de
l'idée directrice du sonnet, qui concerne la nature et la grandeur
de l'exploit lui-même, indépendamment de la durée de son inscription dans la mémoire humaine. Mallarmé n'a sans doute pas
cru possible de contribuer à un album commémoratif sans faire
allusion au Temps et à la permanence du souvenir. Il l'a fait à sa
manière laconique, en quelques mots appositifs qui traversent la
ligne de son discours. Admirons cependant sa singulière adresse
à retrouver cette ligne. Ayant bifurqué du récit d'un Voyage
vers l'évocation d'un Temps, il s'est souvenu que le temps en
poésie prenait volontiers la figure d'un voyage, et il a considéré
les quatre siècles passés comme une autre navigation, toute
symbolique, de son héros. Il s'est vu, lui Mallarmé, saluant
depuis le *cap* temporel du XIXᵉ siècle ce navire imaginaire, en
route vers le futur et ne s'arrêtant pas, bien sûr, puisque l'année
1898 n'est nullement le terme de ce voyage dans le temps. Il
retrouvait dans cette imagination le thème de son poème, le cap
doublé, moyennant une nouvelle apposition, au temps cette fois,
cap que ta [4] *poupe double*. La gloire de Vasco n'a été célébrée dans

---

4. C'est évidemment à Vasco que s'adresse cette seconde personne, qui ne contredit nullement la troisième impliquée dans le dernier vers : ce changement de personne marque seulement le passage de l'apostrophe lyrique à la célébration.

le sonnet que le temps d'un éclair; nous revoici devant la grandeur de sa prouesse, qui est de dédaigner l'Inde, et le sonnet peut repartir.

Il faut dire, avant d'aller plus loin, que cette prouesse ne répond à aucune réalité historique. Le Vasco de l'histoire, comme celui de la légende (jusqu'à Mallarmé du moins) n'a eu pour ambition que de naviguer jusqu'en Inde, et ne pensait en aucune façon aller au-delà : cette imagination appartient à Mallarmé. Les relations anciennes du voyage de Vasco de Gama ne laissent pas de doute sur la nature de son projet. Le journal rédigé par un membre de l'expédition — unique témoignage contemporain dont nous disposions — raconte que lorsque Vasco arriva à Calicut, il y rencontra un Arabe originaire de Tunis qui parlait espagnol, et qui, fort étonné de voir des Portugais en Inde, lui demanda ce qu'ils venaient chercher si loin de leur patrie : « Et lui répondit : Nous venons chercher des chrétiens et des épices. » Les épices étaient donc le but matériel du voyage; et son but spirituel, l'établissement de relations avec des communautés chrétiennes légendaires en vue de l'unification de la foi [5]. Un demi-siècle plus tard, Joao de Barros nous renseigne encore sur l'idée que les compagnons de Vasco avaient du but de leur expédition. En se voyant enfin en Inde, écrit-il, « laquelle étant le terme de leur navigation, et vu que dans leurs instructions rien d'autre ne leur était prescrit, et qu'ils apportaient pour le roi de ce pays lettres personnelles et ambassade, comme au plus puissant prince de ces contrées et seigneur de toutes les épices, selon les informations qu'en ce temps-là nous avions sur lui dans ce royaume de Portugal : il sembla à nos hommes, en se voyant devant l'Inde, qu'ils avaient atteint le but de leurs travaux [6] ». Quant à Vasco lui-même, il n'apparaît nulle part qu'il ait dédaigné l'Inde ni voulu la laisser derrière lui [7]. Mallarmé semble avoir exagéré ici l'image du Vasco romantique comme chercheur d'inconnu, à moins qu'il n'ait confondu Vasco avec Magellan, qui contourna l'Amérique du Sud et la dépassa, mais pour atteindre lui aussi les Indes, par l'est. En tout cas, que Mallarmé ait eu ou non conscience de ce qu'il faisait, Vasco

5. *Diario da viagem de Vasco de Gama*, Coimbra, éd. D. Peres, 1945, p. 36.

6. *Asia de Joam de Barros, [...] Primeira década*, Coimbra, édition A. Baião, 1932, IV, VI, p. 143.

7. Voir aussi sur ce point CAMÕES, *Os Lusiadas*, VII, 60 et suiv. et VIII, 73.

dans son sonnet est, proprement, transfiguré : de navigateur illustre en héros de l'esprit.

Revenons à lui au moment où sa poupe double le cap du temps ; *sa poupe*, tout le navire étant donc déjà passé, et le retour en arrière exclu. Cette fin de vers si vivement descriptive nous ramène tout naturellement à la navigation de 1498, et au cap de terre indienne doublé de la même façon. Considéré selon la grammaire, le *comme* (vers 5) qui réintroduit expressément cette navigation dans le sonnet met en comparaison les verbes de deux propositions : « le salut *va* aujourd'hui (vers 3) comme *écumait* jadis un oiseau (vers 7) qui criait », etc. ; en fait, le parallèle est établi entre le *salut* du poète moderne et le *cri* de l'oiseau ancien. Quel oiseau ? Celui qui, à l'approche des côtes de l'Inde, signalait à Vasco la proximité du continent [8]. On aurait tort de vouloir attribuer un sens quelconque, autre que formel, à l'analogie du « poète-saluant » et de l'« oiseau criant », ingénieux artifice de la rhétorique mallarméenne pour célébrer au passage la gloire séculaire de Vasco, et revenir aussitôt à l'essentiel : le dédain du héros pour l'Inde, thème univoque de ce sonnet « allégorique de lui-même ». L'oiseau annonciateur de la terre apparaît posé sur une vergue du mât, *bas plongeante avec la caravelle*, c'est-à-dire entraînée dans le mouvement de plongée du navire au creux de la vague et y entraînant l'oiseau perché sur elle ; cet oiseau est dit *écumer en ébats* parce que le battement de ses ailes blanches semble un jet d'écume [9]. Le caractère merveilleusement descriptif de ces douze mots (vers 5-7) ne laisse pas oublier le symbole : cet oiseau venu du rivage est porteur des *ivresses* de la terre, mot qui suggère une tentation possible et forte [10]. *Ivresse nouvelle* prête à discussion : on peut y lire la puissance d'attraction des choses inconnues [11] ; mais le voisinage de *toujours* sug-

---

8. L'annonce de la terre proche par les oiseaux est un motif habituel dans les récits de navigations lointaines.

9. Les expressions insolites, dans ces trois vers, s'appuient sur des modèles usuels. « Bas plongeante » (adjectif employé adverbialement avant un participe) a pour modèle « haut placé », « court vêtu », etc. – « Écumait [...] en ébats » rappelle « éclater en pleurs », « se répandre en reproches » et autres tours semblables ; « ébat » (mouvement sans contrainte) désigne ici, par un emploi légitime, un battement d'ailes.

10. Dans le manuscrit primitif on lit ici : « un oiseau *d'annonce* nouvelle » : il s'agissait donc bien d'un oiseau annonciateur de la terre proche, mais rien ne suggérait le péril, ce que fait l'« ivresse » : l'oiseau, apparemment, est ivre de l'Inde et de ses richesses « troubles » (voir vers 2).

11. Cette « ivresse nouvelle », ainsi entendue, rappellerait Baudelaire : « Au fond de l'*inconnu* pour trouver du *nouveau* » (dernier vers du *Voyage*).

gère une autre lecture : cet oiseau tentateur n'est pas toujours là, mais il y est venu souvent à divers moments du voyage, et *toujours* (chaque fois qu'il venait) porteur d'une tentation renouvelée.

Cette interprétation est confirmée par le *monotonement* du vers 9; répétée et monotone est la sollicitation de l'oiseau, mais sa répétition même atteste son inefficacité; c'est ce que dit tout le troisième quatrain : celui du refus de Vasco. Car *la barre ne varie pas*, elle ne dévie pas vers la terre, et le *gisement* signalé par le cri de l'oiseau peut se dire *inutile*[12]. Ce gisement est qualifié par trois appositions : *nuit*, parce qu'il est enfermé dans les ténèbres de la terre, et celles de sa propre matière; *désespoir*, de n'être que néant; et *pierrerie*, qui dit à la fois son haut prix terrestre et son être aveugle de pierre. Et ces mêmes qualifications peuvent convenir à la tentation qui émane de lui : nuit de la convoitise, frustration fatale, appel d'un éclat mensonger. Oiseau et gisement n'obtiennent de Vasco qu'un *sourire*. Quel cheminement conduit à ce sourire? C'est ce que va dire en un raccourci, incomparablement riche de sens, le distique final.

La série causale est celle-ci : gisement – cri animal qui le signale – pensée humaine qui interprète ce cri – sourire sur un visage. Tel est l'enchaînement réel, et il ne peut y en avoir d'autre; mais le poète le transpose en une succession d'échos lumineux. Il feint que l'éclat souterrain de la « pierrerie » a son reflet révélateur dans le chant de l'oiseau; une lumière non visible a son reflet dans un appel sonore; le texte le dit expressément : « (le gisement) *reflété par son chant jusqu'au sourire de Vasco* », auquel aboutit donc cette suite de signaux. Mais rien ne nous est dit des pensées de Vasco au moment où, ayant entendu et compris l'appel de l'oiseau, il décide d'aller outre; c'est pourtant dans ces pensées que réside tout le sens du sonnet. Le fait que Mallarmé sous-entend ce qu'il a de plus important à dire est typique de sa manière en poésie; se taire est sa façon de souligner. L'extraordinaire série sensorielle, Lueur souterraine – Cri aérien – Sourire et pâleur de Vasco, condense en trois images

12. Le mot « gisement » est ambigu : il désigne couramment un dépôt naturel, souterrain, de minéraux ou de pierres précieuses; mais, dans son usage maritime, il définit la situation d'une côte : les deux sens conviennent également ici. Ce qui incline en faveur du sens courant, c'est que le « gisement » est dit avoir son reflet dans le cri de l'oiseau, effet qui semble convenir plutôt à l'éclat de la « pierrerie » qu'aux chiffres d'une position géographique.

laconiques, s'engendrant l'une de l'autre, tout le discours possible de la tentation et du refus. Le sourire et la pâleur de Vasco signifient tout ce que nous pouvons supposer : pâleur du renoncement volontaire, sourire d'une espérance distante du présent, dédain et ironie sereine.

Le héros de Mallarmé est bien certainement Vasco de Gama, célébré à l'occasion du quatrième centenaire de son voyage; mais tout suggère dans ce sonnet qu'il incarne quelque chose de plus que lui-même. Mallarmé laisse percevoir derrière le Découvreur dédaigneux de sa découverte, la figure du Poète, jamais satisfait du réel, et condamné à désirer, au-delà de ce que sa poésie peut dire, d'autres paroles plus essentielles, et à aspirer toujours à ce qu'on ne peut atteindre ni connaître. Il n'est pas interdit de penser, bien sûr, que le sonnet de Vasco, à sa date, est pour Mallarmé une représentation de sa quête du Livre total et indéfiniment lointain. Mais le sonnet témoignerait alors, dans son symbolisme de voyage et d'aspiration idéale, en faveur de la filiation profondément romantique de l'utopie mallarméenne [13].

13. *Versification* : sonnet octosyllabique et élisabéthain (comme le *Billet* à Whistler et le *Feuillet d'Album*); nombreux rejets disloquants aux vers 3-4 (« le messager – *Du temps* », pour mettre en relief la gloire quatre fois séculaire de Vasco), 5-6 (« bas-Plongeante », pour figurer la brusque plongée de la caravelle), 13-14 (« jusqu'au – *Sourire* », pour détacher l'image symbolique centrale du poème) : dans tous ces endroits la phrase se rompt à la charnière de deux vers, mais il convient de souligner le sens poétique de cette rupture en s'y arrêtant, et non de glisser sur elle en prosifiant le passage. Rythme intérieur varié : prédominance des accents médians (troisième et quatrième syllabes), plusieurs vers à double accent intérieur, qui donnent une allure grave au discours. Le sonnet est fait d'une seule phrase, qui repart avec chaque renouvellement des rimes.

La dernière étape

Ce qui a été tenté principalement dans ce livre, ce n'est pas de décrire en Mallarmé un poète d'une extrême originalité, encore moins de découvrir en lui le précurseur problématique de pensées ou pratiques en crédit aujourd'hui. Il s'est agi surtout de prendre une idée des problèmes devant lesquels il s'est trouvé, et des solutions que son œuvre tente de leur donner : seul moyen d'apprécier s'il a laissé après lui un héritage, et lequel.

La poésie française, telle qu'elle apparaît de 1830 à 1880 environ, ne se présente pas comme une suite d'écoles différentes, animées d'inspirations successives et hétérogènes. Le fait que ces trois ou quatre générations de poètes soient de plus en plus généralement aujourd'hui groupées par la critique sous l'étiquette « romantique » atteste qu'on les tient comme relevant d'une école unique et d'un même projet originel. La poésie romantique, dans cette perspective, est en somme une institution, une et continue, dont les postulats et le dispositif fondamental persistent à travers des variations relativement secondaires. Hugo, Baudelaire, Mallarmé, si différents qu'ils soient, marquent trois moments d'une même entreprise; Mallarmé en signale l'étape ultime. Le romantisme est né et a vécu de l'ambition, conçue par la corporation littéraire au début du siècle, de fournir à la société moderne, à travers une refonte du style et des formes littéraires, une formule nouvelle des relations du spirituel et du temporel. Les poètes, auteurs dans leur domaine propre d'un renouvellement particulièrement fécond, furent les inspirateurs principaux de ce projet. Au cours de toute cette période, la Poésie prétendit assumer une grande part du rôle traditionnel de la religion, laissant à l'Église dogmes et rites, et instituant un culte de l'Idéal, sous les espèces de l'Infini, de la Beauté et de l'Avenir humain. Il est impossible de qualifier un poète français de cette période indépendamment de ce projet, par rapport auquel toute poésie se situe et s'exprime en ce temps-là. Le romantisme, quelles que soient ses variations, ne peut jamais oublier cette prise de position fondatrice, qui le constitue.

Un projet n'est qu'un projet : une proposition conçue dans le présent, et qui doit prendre le temps de mûrir avant d'être appréciée ou rejetée. Le fait est que l'ambition des poètes, soutenue longtemps sur le mode conquérant dans un foisonnement spectaculaire de chefs-d'œuvre, et avec un écho public apparemment favorable, n'a pas été finalement agréée. La promotion de la classe intellectuelle laïque en général a été acceptée, et son influence accrue sans doute dans la société nouvelle; mais l'espèce de sacerdoce, même non sacramentel ni officiel, auquel aspiraient les poètes, ne leur fut pas accordé. Ils ont assez vite compris que, dans aucun des deux camps opposés de l'opinion, la Poésie n'était acceptée sérieusement ni comme guide ni comme conseillère autorisée. Elle restait ce qu'elle avait toujours été dans les nations européennes, un ornement prestigieux, comme les beaux-arts, et un accompagnement de la vie individuelle et publique. La marche arrière politique qui suivit 1848 confirma cette situation : les conservateurs en possession du pouvoir se défièrent plus que jamais de la poésie, et le peuple s'en soucia moins que jamais. Cependant le grand fait, en ce qui concerne les poètes eux-mêmes, résida moins dans leur déception que dans la façon dont ils décidèrent de la vivre : se convainquant amèrement que leur prétention avait été vaine, ils ont entendu en maintenir, comme des rois détrônés, la légitimité. Ils ont simplement modifié leur attitude à l'égard de leurs partenaires supposés, Dieu et Humanité, dont ils s'estimaient abandonnés, et qu'ils ont mis en état de permanente accusation.

Cette attitude nouvelle, devenue fondamentale à son tour, et qui était déjà celle des prédécesseurs immédiats de Mallarmé (Baudelaire en particulier) commande son œuvre dès l'origine, mais il la porta à une extrémité insoutenable; il fit du sacerdoce du poète et de sa solitude un couple de concepts conjoints dans leur violente contradiction : la solitude devint chez lui impossibilité de communiquer et obscurité nécessaire (aux deux sens de « fatale » et « indispensable ») sans que la parole du poète, communication suprême, cessât d'être sacrée. Il aggrava cette tension en rejetant expressément hors de la poésie Dieu, source séculairement admise du sacré. Cette nouvelle étape a bien le caractère d'une fin de trajet, d'une impasse où la poésie elle-même semble s'épuiser. Ce terminus paradoxal n'a pourtant rien de fou, encore moins de ridicule; c'est l'aboutissement logique du désenchantement romantique de fermer la voie à la poésie, dès lors qu'il dissout sans la remplacer la trinité Dieu-Poète-Humanité [1].

FORME ET FOND

Mallarmé déclare avoir parcouru cette dernière étape à travers l'expérience et le travail du Vers, ce qui pourrait incliner à croire que des problèmes de forme lui ont imposé sa route : on considère en effet, généralement, que le vers est, en poésie, la Forme, par opposition au Fond, qui serait l'intime pensée du poète. À vrai dire tout est forme en poésie, puisque tout y est parole, et tout y est fond, puisque toute parole a un sens attaché à elle et qui s'impose avec elle. On peut penser que la poésie est justement le lieu où s'abolit la distinction entre Forme et Fond, et où l'on est obligé de les considérer ensemble : nous en avons fait l'expérience à chaque page des commentaires qui composent ce volume. Acceptons cependant, par esprit de commodité, de considérer Mallarmé sous l'angle de la Forme pour lui demander dans quelle mesure son expérience en ce domaine a pu contribuer à orienter sa poésie et sa poétique vers l'espèce de bloquage où il les a conduites. Ce qui résulta chez Mallarmé de son travail sur le vers, c'est, semble-t-il, l'idée de faire surgir la magie incantatoire du poème de l'oubli du sens des mots et du vers-phrase : conséquence extrême du projet d'obscurcissement impliqué dans sa volonté de non-communication. Qui se chargera de décider si ce paradoxe éminemment mallarméen porte sur le fond ou la forme de la poésie ? N'intéresse-t-il pas à la fois, comme proposition de philosophie poétique, le fond du poème, et comme règle de technique verbale, sa forme ?

1. Cette trinité était déjà fragile chez ses fondateurs, par l'ambiguïté de son Dieu, moitié Dieu du Sinaï, moitié Idéal du poète.

Pour être sûr qu'on ne parle que de forme, il faudrait s'en tenir à la métrique de Mallarmé, c'est-à-dire à la façon dont il entend, dans le vers, la mesure, le rythme et la rime. Or il est facile de constater qu'à cet égard il a accepté et maintenu le vers, à peu de chose près, tel qu'il l'avait reçu. Bien plus, voyant le Vers menacé autour de lui, il a hautement souhaité sa survie. Pourquoi ? Il faut, pour répondre à cette question, remonter à la source, c'est-à-dire au romantisme lui-même, qui, en grande veine de rénovation, n'avait pas non plus songé à contester le Vers. Non par un reste d'esprit de routine, mais pour la plus impérieuse des raisons. L'ère romantique, passée la tourmente de la Révolution et des guerres, succédait à celle des Lumières, où plus d'un Philosophe avait prophétisé la disparition prochaine de la Poésie : âge des illusions et des rêves de l'humanité, elle ne pouvait survivre à l'âge de la raison et de la prose. Les initiateurs du romantisme, au contraire, proclamaient non seulement sa survie, mais son accès à une haute fonction humaine. Elle avait eu, dans son statut profane, son langage propre, « langue des Dieux » qui la dignifiait, qui situait les pensées et les émotions au-dessus de leur niveau ordinaire. Comment aurait-on rejeté les rites prestigieux et l'ascendant du Vers, quand on se proposait d'élever la Poésie à une fonction auguste ? On les confirma, on en exalta la vertu ; on ne détruisit que quelques conventions, passées en routine, d'une ancienne rhétorique, et la stricte rigidité du rythme que l'âge louis-quatorzien avait exagérée. En revanche on renforça la rime, et on porta aux nues le Vers ainsi rajeuni, comme un rempart contre la prose et la médiocrité des pensées. Ce vers fut celui de la poésie romantique tant qu'elle exista. La nouveauté, au temps de Mallarmé, c'est que ce furent, alors, non des prosateurs rationalistes, mais les poètes eux-mêmes, qui « touchèrent au vers » traditionnel et en envisagèrent l'abandon. Quant à lui, il avait bouleversé le contenu du vers et le mode d'élocution du poète, mais comme il maintenait intact en sa pensée le sacre romantique de la Poésie, il défendit et pratiqua la forme traditionnelle du vers comme la manifestation visible de ce sacre[2].

2. Pour plus de détails sur la métrique de Mallarmé, voir l'Appendice.

MALLARMÉ ET LE LYRISME

Fond et forme se tiennent étroitement chez Mallarmé, comme il est naturel chez un poète dont la méditation se concentre sur la nature et la portée du Verbe poétique. Des particularités de forme sont cependant visibles chez lui en des domaines que sa poétique n'évoque jamais, et où il se peut que ses choix n'aient pas été tout à fait volontaires ni conscients. Le caractère qu'il a donné au genre lyrique, dont sa poésie relève en principe, est un de ces domaines. Encore faut-il préciser quel était ce lyrisme romantique, dont celui de Mallarmé dérive. On définit d'ordinaire le lyrisme comme l'effusion du *moi* personnel et sentimental, et on commet l'erreur de faire de l'invasion de ce moi en poésie la grande innovation romantique. Le romantisme a en effet accueilli largement ce moi et l'a libéré de ses entraves classiques, mais il l'a surtout doublé et couronné d'un moi pensant, emprunté à la tradition des psaumes et de la méditation chrétienne ou philosophique en vers, et, il faut le dire aussi, à certains aspects du lyrisme profane prémalherbien. Cet élargissement du moi affectif, devenu porte-parole de l'homme devant sa condition, est le vrai caractère distinctif du lyrisme romantique; il dote le Poète d'un verbe qu'on peut dire transpersonnel, il élève le moi à l'universalité, et fonde sur lui le sacerdoce poétique. Ce moi se constitue ainsi chez Lamartine, Hugo, Vigny; organe d'une ambition inchangée, il opère et agit tout au long du lignage romantique. Cela nous amène à considérer la version qu'en ont donnée les initiateurs de ce qu'on a appelé le Parnasse et leurs disciples, contemporains et inspirateurs dans quelque mesure de la pratique mallarméenne.

On sait qu'ils ont affecté de rejeter le moi romantique en faveur d'une poésie objective et attachée aux formes. Le drapeau d'un lyrisme « impassible » a été levé par Leconte de Lisle, avec grande véhémence et faible crédibilité : une amère douleur de solitude masquée par le dédain n'est impassible qu'en parole; un moi pessimiste n'en est pas moins un moi. On réprouve sévèrement l'élégie et les élégiaques; mais le moi élégiaque n'est qu'un aspect très secondaire du moi romantique; et un lyrisme misanthropique n'est pas moins lyrique qu'un lyrisme cordial. Mal-

larmé, quant au ton de son lyrisme, ne rappelle guère Leconte de
Lisle. Il a plutôt suivi Gautier et Baudelaire, peu enclins à donner le change sur leur mal, et plutôt portés à en exagérer
l'expression. Il ne songe pas à se rendre impassible, et il use largement du *je* et du *moi* pour dire ses tourments et ses négations.
Le fait est patent dans les dix ou quinze premières années de sa
carrière. Alors que les progrès de sa poétique propre sont déjà
visibles, la présence explicite d'une première personne, sentante
et pensante, est le caractère dominant de sa poésie. Dans la suite
des années, il n'abandonne pas cette pratique, dont il y a des
exemples jusqu'en 1890. Mais il faut bien constater aussi son
inclination croissante à transporter le moi dans un personnage
extérieur à lui : cependant le Pitre dès 1864, le Faune dans les
années suivantes, Vasco à la veille de sa mort, et dans le même
espace de temps, les figurations évidentes ou allusives de son
moi par le Maître anonyme du « Sonnet en -*x* », par le Cygne
gelé ou par l'Oiseau éclaté évoquent évidemment, et parfois
explicitement, la personne de l'auteur. Ce procédé formel n'en
trahit pas moins une prise de distance du sujet parlant par rapport à un être extérieur à lui ; cette technique d'objectivation a
son achèvement dans les trois sonnets de 1887, qui font dire par
des objets, console, vase, voilage de fenêtre et mandore, des
angoisses de la condition humaine dont nul sujet personnel (ni
l'auteur ni quiconque) n'est mentionné — sauf au dernier vers
du dernier sonnet, par un « *on* aurait pu » où le *on* peut, lointainement, avoir un *je* pour source. On voit ici comment l'usage
du symbole, puissant auxiliaire du discours lyrique tel que
le romantisme le pratique, peut bien être à l'occasion, chez
Mallarmé, le moyen d'une poésie impersonnalisée, à laquelle le
nom de lyrique ne convient plus tout à fait.

FORMES ET MÈTRES

Une autre recherche de caractère purement formel, concerne
les types de poèmes et les mètres que Mallarmé a préférés
dans sa poésie. Il est facile de constater chez lui, aussitôt que
dans les années 1860 se dessine sa manière propre de poétiser,
une relative pauvreté de formes. Lui qui avait imité, dans sa
jeunesse, la variété romantique en matière de formes poétiques, de strophes et de vers, on le voit alors confiné dans

quatre formes, le discours en alexandrins couplés, le poème
strophique en quatrains à rimes croisées, auquel vient s'ajouter le sonnet, dont il n'avait presque pas usé précédemment,
mais dont Baudelaire lui montrait un très fréquent usage,
enfin la *terza rima*, dont il prenait sans doute l'exemple chez
Gautier. La *terza rima*, tentation passagère, disparaît après
1864; le poème en quatrains ne reparaît qu'en 1865 dans
Sainte dans la *Prose pour des Esseintes*, publiée en 1885, mais
que beaucoup de critiques datent des premières années 1870,
enfin dans l'*Éventail* de Mademoiselle Mallarmé en 1884, seul
exemple de ce type attesté à une époque aussi tardive; après
1873, les alexandrins couplés disparaissent aussi. À partir de
1876, et jusqu'à la fin, Mallarmé n'utilise plus d'autre forme
que le sonnet, surtout en alexandrins d'abord, puis de plus en
plus en vers courts et de type élisabéthain [3]. Que dire de cet
étrange rétrécissement du champ des formes dans une poésie
de si haute visée? Quant aux mètres utilisés, les *Poésies*, d'un
bout à l'autre, dans une production qui s'étend sur plus de
trente-cinq ans, n'en connaissent que trois : l'alexandrin,
l'octosyllabe et l'heptasyllabe, les plus employés c'est vrai,
dans la poésie romantique, mais non les seuls. Mallarmé ne
s'est pas soucié d'en utiliser ou d'en imaginer d'autres. Il est
clair qu'on peut écrire des chefs-d'œuvre dans ces limites
étroites, puisqu'il l'a fait. Mais là n'est pas la question. Le fait
est que cette étroitesse, si elle n'est pas l'effet naturel d'un
parti pris de distance qui tend nécessairement au laconisme,
agit dans le même sens que lui. Mallarmé se trouvait poussé
sur un chemin qui allait, forme et sens, vers l'étranglement.
Ce qu'il faut se demander, c'est comment Mallarmé lui-même
voyait cette situation, et quel avenir il prévoyait, à partir de
là, pour la poésie.

LA FIN DU PROJET ROMANTIQUE

On a parfois pensé qu'il avait, avec le sentiment de l'inévitable, conduit la poésie vers sa fin. Cette opinion a pu se fonder
sur l'exténuation progressive, tous aspects conjoints, de sa pro-

---

3. Sur les formes du sonnet chez Mallarmé, voir plus de détails dans l'Appendice.

duction poétique [4]. Il a fait l'éloge du silence, accomplissement
suprême. A-t-il voulu signifier par là que ce que nous tous, y
compris lui, appelons Poésie en était venu au point de se nier
soi-même ? Il est difficile de l'entendre ainsi : le silence dont il
parle est plutôt une figure hyperbolique de l'Absolu muet, lieu
asymptotique de cet Impossible que le poète poursuit glorieusement, sachant qu'il ne peut l'atteindre. Mallarmé a toujours
placé très haut la poésie existante et parlante avec ses attributs
propres, langage et vers; il a défendu l'alexandrin comme le
pivot nécessaire de toute réforme poétique future. Comment se
passionnerait-il pour le vers, s'il croyait la Poésie à la veille de
disparaître, et s'il s'y résignait ? C'est par hyperbole aussi qu'il
invite, pour saisir toute la magie de ses vers, à les lire comme
s'ils n'avaient pas de sens, alors qu'il leur en donne un, indiscutablement; en somme il ne réprouve la communication qu'en
l'organisant à sa façon. La *Prose pour des Esseintes*, qui conclut
une expérience incommunicable par une poésie écrite que les
mots fixent et transmettent, nous livre de façon non équivoque
sa vraie pensée.

Ses efforts constants pour donner une issue à la poésie telle
que la configurait sa propre pratique vont dans le même sens. Il
espérait surmonter la crise présente par la production d'un
Livre total, qui rendrait à la Poésie la clef de l'univers et de
l'avenir. Il se montrait en cela plus fidèle que Baudelaire ou le
Parnasse à la prétention originelle du romantisme; il en rejetait
seulement la réalisation à une époque indéterminée et problématique où la société se serait transformée. L'humanisme romantique l'entendait déjà ainsi, mais voyait cet avenir pour ainsi
dire contigu au présent. Mallarmé, lui, déclare qu'il faut travailler en vue de plus tard « ou de jamais ». Ce jamais lui a sans
doute paru de plus en plus probable, quoiqu'il n'ait jamais désespéré catégoriquement du futur. C'est en l'honneur du Livre,
même s'il devait le manquer ou s'il fallait en changer la défini-

---

4. La futilité des sujets traités est-elle un autre signe de cette exténuation ? On
hésite à le dire, car la « fantaisie » à propos de rien ou de peu de chose a toujours sa
place dans le lyrisme romantique à côté des plus hauts soucis; c'est toujours à titre
mineur, comme chez lui; mais chez lui les quatrains d'adresses postales, de cadeaux
ou de vœux offerts, qu'il a exclus de ses *Poésies*, sont considérables en quantité : dans
l'édition Pléiade des *Œuvres*, ils occupent deux fois plus de pages que la totalité des
poèmes de l'édition Deman. On ne peut se dispenser de le signaler, quelle que soit la
qualité poétique de cette production latérale.

tion, qu'il affectait, autre hyperbole, de mépriser ses poésies. Il ne pouvait pas ne pas se douter que cette œuvre anxieuse et splendide, où vivait la conjoncture présente, le mettait au rang de ses plus grands devanciers.

Si quelque chose mourait dans ses poèmes, ce n'était pas la Poésie, c'était le projet de faire d'elle une institution, esprit et formes, fondée sur un Dieu, passé à l'état plus ou moins légendaire, et sur une vaste communion humaine. C'est ce projet, fragile dans ses deux appuis supposés, qui expire dans l'œuvre de Mallarmé. La société ne l'a pas agréé; et la liturgie, immédiate et profane, de la Poésie, celle qui depuis des siècles instituait le vers et ses lois, s'en est trouvée elle-même ruinée. Mallarmé proclame à la fois le deuil d'un espoir et son maintien théorique. Le projet d'une poésie athée, jointe à une espérance moderne, inspira à Rimbaud, à peu près dans le même temps, une conclusion plus radicale : il désavoua, de façon effective, son œuvre propre et toute la tradition littéraire. Ne voyant rien de possible, lui non plus, sans un bouleversement général, il « ne pensa plus à ça », et se tut. Les deux carrières, si différentes par ailleurs, répondent à la même situation. Ni l'un ni l'autre n'a eu de postérité, quoi qu'il puisse sembler, ni ne pouvait en avoir. La poésie leur a survécu, parce qu'elle a des racines humaines, que leur échec, si l'on peut oser l'appeler ainsi, n'a évidemment pas détruites. Cent ans ont passé depuis, et elle a continué à vivre, sans fondement institutionnel, entourée seulement du lointain prestige qui lui fut toujours accordé, mais désormais dans une fécondité illimitée d'inventions individuelles, où toutes les orientations possibles d'esprit et de formes s'affrontent, traditionnelles ou inédites. Verlaine, parti du même point que Mallarmé, a le premier accepté, bravement et avec verve, cette nouvelle condition. Est-elle définitive ? On en est aujourd'hui au point où nul ne sait ce que va devenir l'humanité, ni à plus forte raison la poésie; nous sommes toujours, semble-t-il, dans le tunnel dont parlait Mallarmé. Cependant l'espérance d'une unité harmonique du genre humain — hors du choc meurtrier des nations et des légendes surnaturelles du passé —, ouvrant un horizon nouveau à la Poésie, n'a toujours pas péri, parce qu'elle ne peut périr.

APPENDICE

Remarques sur la métrique
de Mallarmé

Il ne s'agit pas dans ces remarques du sens de Mallarmé, ni de sa pensée, ni de sa syntaxe, ni de son style. Il s'agit de la définition formelle de son vers (syllabes, accents, rythmes, et rimes) : affaire d'oreille, quoique en relation, bien sûr, avec tout le reste de l'édifice qu'il a construit. Il serait paradoxal de commenter ses poèmes en se taisant sur ce sujet. On ne peut négliger cette étude comme portant sur une matière trop connue du public lettré : ce n'est aujourd'hui plus vrai, à beaucoup près. Nous ignorons les sources du charme dont Mallarmé détient la clef ; comment ne pas penser que le régime de son vers y est pour quelque chose. Notre attention est attirée par le fait que la révolution poétique des années 1830, qui a bouleversé toute la matière du discours poétique, n'a touché qu'avec modération à la constitution du vers. La chose est patente chez Hugo ; elle ne l'est pas moins chez ses continuateurs, Baudelaire principalement, et Mallarmé lui-même. Chacun de ces poètes a étendu les innovations du maître ; l'un et l'autre, et leurs contemporains, ont ménagé le vers, comme si, loin de lui en vouloir, ils craignaient de le ruiner par trop d'audace. En conclurons-nous qu'ils voyaient dans les canons du vers français l'unique fabrique de ses prestiges ? Ils n'en savaient probablement rien ; mais ils tenaient la constitution traditionnelle du vers pour sa définition, et le voyaient, hors de là, s'évanouir avec tout son contenu. En tout cas, le vieux *style* poétique a été balayé au début de l'âge romantique ; Hugo en fait des pastiches réjouissants ; mais jusqu'au temps de Mallarmé et dans son œuvre, le *vers* français survit encore pleinement. Mallarmé s'est avancé aussi loin qu'il a pu dans la voie de la réforme, mais une limite le retient toujours.

Il serait vain de vouloir nous prononcer aujourd'hui sur les mérites intrinsèques du vers traditionnel ; c'est le vers de Mallarmé tel qu'il est que nous devons considérer : il est de fait qu'on ne peut le lire comme il faut, solitairement ou en public, sans le connaître dans ses usages et son mouvement.

A. *Constantes traditionnelles du vers chez Mallarmé*

Elles marquent à l'oreille ce qui, pour quiconque, distingue le vers de la prose.

1. *Le compte des syllabes.*

La poésie en France (ou si l'on préfère, l'ancienne poésie française) est faite de vers successifs, distincts les uns des autres et mesurés par le nombre de leurs syllabes, qui se comptent sans différence de longues et de brèves. Une seule difficulté : le traitement de la voyelle que nous appelons *e* muet.

a) *L'-e, muet ou sonore.*   Il est muet en fin de mot, après voyelle ou consonne, devant voyelle initiale du mot suivant ; cette élision a lieu dans le langage ordinaire, et semblablement dans le vers, où l'*e* dans cette position n'est pas compté.

Entre deux consonnes (soit dans l'intérieur d'un mot, soit en fin de mot après consonne et devant consonne subséquente), l'usage parlé et le vers divergent : l'usage, selon les cas, prononce l'*e* ou le supprime ; le vers le compte dans tous les cas et n'ose pas toujours le prononcer [1]. *Que faire de ces syllabes muettes et comptées ?* On compense leur disparition en allongeant la syllabe précédente si elle s'y prête, ou par une légère pause, ou une furtive résonance « lettrée » de la voyelle

---

1. Ce problème se pose presque à chaque vers. Exemples mallarméens : « calme bloc » : l'usage et le vers sont d'accord pour prononcer l'*e* ; « insolite mystère » : la langue ignore l'*e*, sauf dans le midi de la France, et le vers doit le compter. La poésie populaire a cessé depuis longtemps de reconnaître ces *e* envolés, qu'on marque par des apostrophes, mais une pensée d'inculture s'attache, aux yeux du public instruit, à l'élision brutale d'une voyelle largement survivante.

muette. Il est difficile d'accepter la mutilation du vers quand il est patent qu'il existe.

b) *Les finales en -es, -ent.* Elles doivent être comptées en vers après consonne, car elles sont alors entre deux consonnes, mais il faut, en les prononçant, prononcer aussi leur *s* ou leur *(n)t*; c'est plus ou moins facile : « par brib*e-z* et creuses », « les cygn*e-z* au col fin » sont possibles; « sur les crédenc*e-z* au salon », « mang*e (n)t* et qui », etc. le sont moins. Mais, même si ces prononciations étaient encore plus mortes qu'elles ne le sont, il faudrait les assumer pour l'amour du vers, et de Mallarmé certainement.

Les mêmes finales, après voyelle, n'ont pas place en poésie ne pouvant être ni élidées ni comptées.

c) *L'e en fin de vers.* Toujours muet en fin de phrase parlée, l'*e* l'est aussi en fin de vers, où il n'est jamais compté, que le vers suivant commence ou non par une consonne : signe de l'autonomie de chaque vers par rapport au suivant; les finales en *-es*, *-ent* ont le même traitement en fin de vers.

2. *La rime.*

Il est superflu de définir ici la rime et ses modalités françaises. Seconde contrainte constitutive du vers français, elle est la borne sonore où le vers accomplit sa mesure et entre en écho avec son voisinage.

a) *Renforcement romantique de la rime.* Le romantisme a non seulement accepté la rime, mais l'a célébrée sans cesse, de génération en génération, enchérissant sur ses vertus et l'exigeant toujours plus riche; c'est aussi le cas de Mallarmé. Preuve que la réforme du vers n'a pas pour but de diminuer l'écart qui sépare poésie et prose; au contraire.

b) *Alternance des rimes masculines et féminines.* Le romantisme a confirmé l'obligation d'une alternance rigoureuse, au long du poème, des rimes féminines (c'est-à-dire terminées par un *e* muet : « rose », « homme ») et masculines : (sans *e* muet terminal : « pouvoir », « loi »). Ce surcroît de contrainte, accrédité assez tardivement, n'a plus depuis longtemps de justification phonétique, puisque, précisément, en France, l'*e* de fin de phrase ne s'entend pas dans le parler courant ni ne se compte dans le vers[2]. Mallarmé a pourtant respecté religieusement l'alternance des rimes, comme avant lui Baudelaire et Hugo. Tous ont montré, par là aussi, combien ils étaient peu soucieux de naturaliser le vers.

c) *La fin de vers, clef du rythme.* Du point de vue du lecteur ou de l'auditeur de poésie, une chose est nécessaire pour que l'effet du poème se communique à lui : c'est qu'au terme de chaque vers, en ce lieu où se réunissent une rime, un accent tonique, un repos du sens, il puisse sentir un parcours achevé et suffisant, et que, sans avoir eu besoin d'en compter les syllabes, il en sache la mesure juste. Sans cette faculté intime qui reconnaît le vers, aucune prise de connaissance du poème comme tel n'est effective. Mais ladite faculté a naturellement ses limites ; en métrique française, elle n'est pas censée agir au-delà de huit syllabes. Il lui faut, pour les vers plus longs, un supplément d'appui.

B. *Le rythme de l'alexandrin classique*

L'alexandrin est trop long pour être compté intuitivement si son rythme intérieur n'est pas réglé. On a donc institué pour lui une pause à mi-route[3].

2. L'origine de cette règle d'alternance des rimes est une pratique musicale ; dans la poésie française chantée, les terminaisons ou « cadences » des phrases musicales observaient l'alternance (ainsi : « Au clair de la *lu/ne* — Mon ami Pier*rot* », etc. : le premier de ces vers, féminin, a avec l'*e* final une syllabe de plus, chantée, quoique non comptée). Les chansons françaises de toute sorte ont continué à observer cette pratique jusqu'aux lendemains de la dernière guerre.

3. C'est aussi le cas du décasyllabe, qui fut le grand vers français avant d'être détrôné par l'alexandrin ; on le coupait en 4 + 6 en France ; ailleurs, plutôt en 6 + 4. Mallarmé n'en fait pas usage dans ses *Poésies*, où il n'emploie que l'alexandrin, l'octosyllabe et l'heptasyllabe.

1. *La césure médiane.*

Elle coupe le vers en deux hémistiches successifs de six syllabes chacun, aisément mesurables par une appréhension semiconsciente en raison de leur brièveté. Les caractéristiques de cette césure se déduisent de sa fonction de régulatrice du rythme :

a) la sixième syllabe du vers doit, comme la douzième, porter un accent tonique marqué et coïncider avec un certain repos de la syntaxe et du sens;

b) cette syllabe ne peut donc se situer au milieu d'un mot, position atone en français, mais seulement sur une fin de mot accentuée, suivie ou non d'un *e* élidé devant voyelle, à l'exclusion de toute autre position. Ainsi « Le Poète suscit(e) / avec un glaive nu » *(Le Tombeau d'Edgar Poe).*

2. *Accents secondaires dans l'alexandrin classique.*

Des accents existent ordinairement dans l'intérieur de chacun ou au moins d'un des hémistiches, qu'ils divisent également ou inégalement. Il est probable que sans cet accompagnement variable le rythme binaire fixe aurait eu du mal à s'imposer. Il est certain aussi que la césure médiane domine sans discussion. Cependant il n'est peut-être pas impossible d'apercevoir dans cette liberté de rythme toute relative le point de départ de la tentation romantique d'une coupe ternaire de l'alexandrin. On lit dans Racine le vers suivant :

Sa jalousi(e) / a pu l'armer / contre son frère [4],

phrase qui, dans l'élocution ordinaire, aurait indiscutablement le rythme ternaire que je lui prête, aux dépens de la césure médiane bien difficile à marquer ici; Racine et ses contempo-

4. *Britannicus,* acte V, scène VII.

rains favorisaient d'autorité, je pense, le rythme binaire en accentuant « a pu ». Mais de tels exemples, même s'ils sont rares, nous aident à comprendre ce qui s'est produit dans l'alexandrin romantique et mallarméen. On lit, plus haut, dans la même scène de Racine, le vers suivant :

> Un gage trop certain / des malheurs de l'État,

dont le premier hémistiche contient un accent assez marqué pour que la voix s'y arrête un peu ; mais l'arrêt se produit avant le *-ge* du mot « gage », admis et compté avant consonne, et de ce fait rejeté dans la suite du texte, situation interdite dans la coupure canonique du milieu du vers. C'est que l'oreille classique ne considère pas ces coupes accessoires comme de vrais arrêts, et c'est pourquoi elle les accepte en cours de mot. Quand les romantiques donnèrent le pas aux accents des hémistiches sur la césure centrale, ils leur laissèrent le régime semi-cursif qu'ils avaient eu dans la métrique classique, les situant souvent entre l'accent tonique d'un mot et l'*e* compté consécutif reporté en tête du groupe de mots suivant. Ils n'affectionnaient pas, en général, les rythmes trop marqués.

C. Le rythme intérieur de l'alexandrin chez Mallarmé

Le rythme de l'alexandrin a été l'objet principal, on pourrait presque dire le seul, des innovations romantiques en matière de métrique. La réglementation classique avait sa logique, et chacun savait qu'à trop « desserrer » le vers on risquait d'en effacer la définition. Mais on voyait la monotonie et la platitude naître à la longue de la règle ; on était fatigué du « ron-ron » de l'alexandrin. En fin de compte, on s'en prit moins à la règle qu'à sa rigidité. On se proposa d'affaiblir à l'occasion la césure médiane, voire de l'ignorer parfois. Il est bon de rappeler, au principe de cette étude, que, chez Mallarmé comme chez ses devanciers, les vers touchés ou modifiés par la réforme du rythme ne sont qu'une faible minorité, au sein d'une masse de vers conformes à la règle.

1. *Mise en usage et types de coupes ternaires.*

L'affaiblissement de la coupe médiane s'accompagne de la constitution de coupes ternaires de l'alexandrin, appuyées sur deux syllabes fortes, une dans chaque hémistiche, susceptibles d'éclipser l'effet sonore de la sixième. Le nombre des formules de coupes possibles, qui est celui des diverses sommes de trois nombres totalisant douze, pourrait théoriquement dépasser cinquante; en fait, on en trouve à peine une quinzaine dans l'ensemble des poèmes ici rassemblés. La trop grande disparité de longueur entre les trois parties du vers semble considérée comme non viable [5]. Quelques formules occupent à elles seules la grande majorité des vers touchés par la pratique nouvelle : ce sont celles où les trois segments se partagent le plus également l'étendue du vers [6]. Cependant il convient de considérer globalement toutes les formules comme relevant d'un même effort pour assouplir le vers, et se demander surtout selon quels degrés procède cet effort et jusqu'où il va.

2. *L'alexandrin ternaire à segments égaux.*

Cette formule (4 + 4 + 4, disons *444*) a ceci de particulier, qu'en s'opposant au rythme binaire habituel elle lui substitue une régularité semblable à la sienne, vite reconnue par l'oreille, où l'on peut accepter de voir une variante de l'alexandrin. On en a des exemples classiques; le plus fameux et, en tout cas, le plus indiscutable, est ce vers de Corneille dans *Suréna* :

Toujours aimer, / toujours souffrir, / toujours mourir   *(444)*

---

5. Le segment central comporte le plus souvent quatre à six syllabes; le segment initial, deux à quatre; le dernier, trois ou quatre.

6. Cinq formules se distinguent par leur emploi relativement fréquent et figurent au total dans 80 % des vers de ce type examinés. Ces formules que je désigne par trois chiffres chacune, figurant le nombre de syllabes des trois segments du vers, sont : *354, 363, 453, 444, 264* (par ordre d'importance). Les autres ne se présentent qu'une ou deux fois chacune.

a) *Rythme ambigu.*   Les ternaires de Mallarmé ne le sont pas toujours aussi catégoriquement; ils laissent souvent la possibilité d'une lecture binaire, qu'on peut parfois préférer. En voici des exemples :

> Par le carreau qu'allume un soir fier d'y descendre [7]   (444)

(on peut insister sur « car*reau* » et « *soir* », ou bien sur « al*lume* »);

> Mais ô mon cœur, entends le chant des matelots [8]   (444)

(on peut préférer mettre l'accent sur « *cœur* » et « *chant* » ou bien sur « en*tends* »). Disons que de tels vers sont de rythme ambigu;

b) *Rythme cumulé.*   Dans certains autres vers, ce sont les trois syllabes qui demandent à être marquées fortement :

> De n'ouvrir *pas* / les *yeux* sacrés / et de se taire [9];   (444)

dans de tels cas le rythme ambigu devient un rythme cumulé ou harmonisé [10]. Des vers comme ceux que j'ai cités jusqu'ici peuvent bien se dire classiques si l'on veut, puisqu'ils n'excluent pas absolument la césure, ni toujours les hémistiches bien constitués.

c) *Rythme ternaire franc.*   Il l'emporte, quand la sixième syllabe est faible d'accent ou inaccentuée. Dans le vers suivant :

> Et bâtis*sez* / un grand pla*fond* / silencieux [11]   (444)

le mot « grand », prononcé normalement de façon cursive, ne soutient pas la césure, à moins d'un fort accent expressif, qui laisserait au moins un des deux hémistiches grammaticalement incomplet; de même :

---

7. *Toast funèbre.*
8. *Brise marine.* — Des vers du XVIIe siècle posent déjà la question; ainsi Maynard : « Pour adoucir l'aigreur des peines que j'endure » *(La Belle Vieille)* on mettait certainement l'accent sur « l'ai*greur* »; mais on pourrait préférer le mettre sur « adou*cir* » et « *pei*nes » (hésitation entre 6 + 6 et 4 + 4 + 4).
9. *Toast funèbre.* Il y a évidemment, pour ces deux §§ a) et b), bien d'autres exemples.
10. Il faut, en lisant, donner leur valeur aux trois syllabes fortes.
11. *L'Azur.*

Rieur j'*élèv(e)* / au ciel d'*été* / la grappe mure [12]   *(444)*

Le cas est plus net encore quand la sixième syllabe est occupée par un monosyllabe inaccentué comme le proclitique « pour »

Mille *sépul*/cres pour y *vier*/ge disparaître [13]   *(444)*

Il arrive enfin que, transgressant une interdiction formelle, Mallarmé situe la sixième syllabe au milieu d'un mot, annulant totalement la césure classique :

Accable, *bell(e)* / insolem*ment* / comme les fleurs [14]   *(444)*

ou bien :

Que se *dévêt* / pli selon *pli* / la pierre veuve [15]   *(344)*

Il est remarquable que Mallarmé ne se permette cette liberté que dans le rythme *444*, généralement accepté comme une forme de l'alexandrin. Mais ce rythme n'a jamais été en état de concurrencer sérieusement celui de l'alexandrin classique ; usité constamment il apparaît plus rigide et plus monotone que le 6 + 6 ; on peut en dire autant de toute formule à trois segments, quelle qu'elle soit, prise en elle-même. Les partisans de l'assouplissement du vers recherchent avant tout la variété du rythme : le ternaire les intéresse surtout parce que, pouvant être découpé inégalement, il offre plusieurs formules possibles.

3. *L'alexandrin ternaire à segments inégaux.*

Les vers construits sur ce type sont au moins quatre fois plus nombreux chez Mallarmé, dans leurs coupes diverses, que ceux à segments égaux. Cependant nous y constatons, dans l'affaiblissement de la césure médiane, les mêmes degrés que nous

12. *L'Après-Midi d'un faune.*
13. *Le Pitre châtié II.*
14. *L'Azur.*
15. *Remémoration d'amis belges.*

avons constatés dans le type *444*. Je ne puis donner ici que quelques exemples, sous les mêmes désignations que plus haut [16] :

a) *Rythmes ambigus* (on peut appuyer sur l'un ou l'autre) :

> Ivr(e), il *vit*, / oubli*ant* l'hor*reur* / des saintes huiles [17]   *(354)*

> Et ma *lam*/pe qui *sait* pour*tant* / mon agonie [18]   *(354)*

Parfois, c'est la valeur expressive de la sixième syllabe qui pourrait suggérer le rythme binaire :

> Ver*meil* / comme le *pur* or*teil* / du séraphin [19]   *(264)*

b) *Rythmes cumulés.* Le binaire et le ternaire joignent leurs
effets dans le même vers, les deux points relativement forts des
hémistiches rivalisant d'accent et d'expression avec celui du
milieu du vers :

> La cheve*lu*/re *vol* d'une *flamm(e)* / à l'extrême [20]   *(453)*

de même :

> Ô *nuits*! / ni la clar*té* dé*ser*/te de ma lampe [21]   *(264)*

La construction de ce dernier vers, où la place de la césure
médiane se situe entre un nom et un adjectif qui dépend de lui,
peut être considérée comme représentative d'un grand nombre
de vers ternaires mallarméens; en général, le nom marque la
coupe classique, l'adjectif la seconde coupe ternaire, et ils
demandent un accent également fort; en voici quelques autres
exemples :

16. Je marque dans les vers suivants, la coupe ternaire qu'ils suggèrent, par deux
barres verticales après les deux points forts (en italique) des hémistiches; si l'on
entend proposer une coupe binaire, on peut atténuer ces deux accents et peser sur la
sixième syllabe, que je souligne aussi. Il arrive qu'on trouve de semblables ambiguï-
tés dans la métrique classique : « Leur *hai*/ne va don*ner* un *trô*ne / au fils d'Hector »,
Andromaque, acte IV, scène I (formule *264*). Comment lisait-on ce vers alors? Il est, à
la césure, bien faiblement expressif.
17. *Les Fenêtres.*
18. « *Las de l'amer repos...* » De même : « Oubliant / mon ha*bit* de pitr(e) / au pied
d'un hêtre » *(354)*.
19. *Les Fleurs.* Exemples choisis entre plusieurs.
20. « *La chevelure vol...* » Ici les trois points forts sont supposés d'égale valeur.
21. *Brise marine.*

Droit et *seul* / sous un *flot* an*ti*/que de lumière[22]   *(354)*

L'ou*bli* / de l'Idé*al* cru*el* / et du Péché[23]   *(264)*

Rê/ve dans un so*lo long* / que nous amusions[24]   *(165)*

Quelquefois c'est l'adjectif qui est à la césure et le nom après :

De ses *ong*/les au *pur Cri*/me lampadophore[25]   *(345)*

En renouvelant le rythme du vers, Mallarmé semble avoir tenu plus d'une fois à ménager l'antique césure, à montrer qu'elle pouvait participer au renouveau.

c) *Rythmes ternaires francs.* Ce sont ceux où la césure canonique n'est pas sensible, faute d'accent. Voici deux vers, qui à cet égard défient la césure classique :

Un ang*elus* / parmi la la*vand*(e) / et le thym[26]   *(453)*

Il nous fait *fuir* / avec sa vic*toi*/re méchante[27]   *(453)*

« Parmi » et « avec », enclitiques à deux syllabes, peuvent bénéficier d'un semblant d'accent, et les seconds hémistiches se tiennent assez bien pour faire repartir un rythme binaire bien compromis. Tels sont les jeux de notre poète. Exemple analogue avec l'*a* du verbe avoir :

Pal/mes! et quand ell(e) a mon*tré* / cette relique[28]   *(174)*

Le premier hémistiche ici n'engendre que le désarroi, le second est fait pour ramener l'ordre. Mallarmé ruse avec la transgression. Elle ne lui fait pourtant pas peur, si on en juge par les exemples suivants; rien à tirer comme accent de « par », « en », « au », « un » :

22. *Le Faune.*
23. *L'Azur.*
24. *Le Faune* (rythme très rare, mais préférable au désastreux 7 + 5).
25. « Sonnet en -*x* », I.
26. *Le Sonneur.*
27. *L'Azur.*
28. *Don du poème.* Effet analogue avec « si » à la césure dans « *Le vierge, le vivace...* », vers 6; avec « sans » dans *Remémoration d'amis belges*, vers 1.

Une *rui*/ne par mille *écu*/mes bénie [29]   *(453)*

Sur des con*so*/les en le noir Sa*lon* : /nul ptyx [30]   *(462)*

Il s'immobi*lis(e)* / au songe *froid* / de mépris [31]   *(543)*

Mon/te comme dans un jar*din* / mélancolique [32]   *(174)*

On remarque que ces vers, du fait même de la position d'une syllabe atone à la césure, sont par définition « boiteux »; leurs hémistiches non seulement ne soutiennent pas une lecture binaire, mais ils la rendent impossible. Il ne reste au lecteur de Mallarmé qu'à *entendre* ses rythmes en relation avec la mesure de l'alexandrin, comme il y était sûrement arrivé lui-même.

4. *Philosophie du débat sur le vers.*

On pourrait se demander quelle signification, autre que de métier poétique, eurent les discussions de métrique qui occupèrent au xixe siècle le monde poétique français. Il faut dire que le contenu des polémiques n'apprend à ce sujet rien de très clair. Les romantiques reprochent à la fois à l'alexandrin classique d'imposer un carcan à la liberté de la langue et de trop se soumettre, en tant que vers, aux routines du discours ordinaire. Mais comment le langage poétique ne serait-il pas vassal de la langue courante où il puise ses matériaux ? C'est ce que Mallarmé lui-même reconnaît quand il appelle les critiques les plus obtus de sa poésie « ceux dont [tout écrit] emprunte, après tout le langage [33] »; mais d'autre part, il est indiscutable que la poésie, pour mériter ce nom, gouverne et contraint le langage de tout le monde. Le vers classique fut certainement dans cette double position : ménageant le sens et l'élocution de tous, et leur imposant l'*e* muet audible, le compte des syllabes, la rime et la césure médiane, toutes institutions par lesquelles on peut dire qu'*elle oblige la prose à chanter.* Ce chant-là s'étant usé, on a voulu en essayer un autre, différent à quelques égards, mais reposant sur

29. « *Mes bouquins refermés...* ».
30. « Sonnet en -*x* », 1.
31. « *Le vierge, le vivace...* ».
32. *Soupir.*
33. *Le Mystère dans les lettres,* 1896, (*Œ. Pl.,* p. 382).

les mêmes principes. Les romantiques ont prétendu, c'est certain, faire entrer plus largement et en apports plus variés le langage naturel dans le vers, qu'ils ont, en ce sens, envahi de prose non châtiée et libéré des normes accréditées jusque-là ; mais sur cette matière élocutoire nouvelle ils ont maintenu l'empire du vers et de ses démarches ; ils ont *fait chanter plus de prose que jamais* ; ils rêvaient, tendanciellement, d'un chant virtuel inclus en toute prose. C'est ainsi que Mallarmé a pu dire : « En vérité, il n'y a pas de prose : il y a l'alphabet et puis des vers plus ou moins serrés : plus ou moins touffus [34]. » Hugo aurait peut-être agréé une telle phrase, comme pensée-limite. Il n'est pas dit que Mallarmé l'ait entendu autrement. Il voyait, de son temps, le vers menacé dans son principe, et il considérait la « crise de vers » avec ouverture et souci ; sa phrase a pour objet de justifier le vers, auquel il n'entendait pas, quant à lui, renoncer.

5. *Statistique des rythmes.*

Je n'ai pas tenté cette statistique parce que, pour la faire, il fallait opérer sur une échelle plus grande, et surtout parce que, même sur un plan réduit, elle est difficile dès qu'elle porte sur des vers entiers, dont chacun peut avoir ses particularités ; surtout s'agissant de Mallarmé, la matière est subtile et prête aux jugements subjectifs. J'ai donné des observations et des sentiments ; je me borne aux précisions et approximations suivantes :

a) les poèmes en vers alexandrins commentés dans ce recueil (au nombre de 20, plus deux versions manuscrites anciennes, soit 22) totalisent ensemble 437 alexandrins ;

b) parmi ces vers, ceux qui *participent, peu ou prou, d'un rythme ternaire sans exclure la césure médiane* représentent à peu près 26 % du total.

c) ceux où la césure médiane apparaît exténuée ou inexistante, et qui, par là, contredisent l'usage classique, représentent entre 6 et 6,5 % du total.

34. Réponse à l'enquête de Jules Huret, 1891 (*Œ. Pl.*, p. 867).

D. *L'enjambement*

On nomme ainsi un procédé de versification qui tend à effacer plus ou moins pour l'oreille la dernière syllabe du vers : *il y a enjambement* quand un discours commencé en cette fin de vers ne s'achève qu'au début du vers suivant. C'est ce qu'exprime la métaphore de l'enjambement. Le même fait est parfois nommé plus prosaïquement *rejet*, sans qu'on puisse discerner une différence quelconque entre ces deux désignations, dans l'usage ni dans les dictionnaires. L'étendue de l'enjambement est variable, chacune des jambes qui le composent pouvant être plus ou moins longue. L'époque classique le connaissait et l'admettait, sous certaines conditions. Naturellement, cette pratique, affectant le statut de la fin du vers n'intéresse pas seulement l'alexandrin, mais les mètres de toutes grandeurs.

1. *Usages et effets de l'enjambement.*

La versification romantique a multiplié l'usage de l'enjambement, comme moyen de varier le rythme. J'ai fait jusqu'ici comme si la dernière syllabe du vers devait être toujours supposée forte et je me suis dispensé de la marquer comme telle dans les vers cités. Ce n'est pas qu'il existe une différence radicale entre les problèmes de la césure et ceux de la fin du vers : il s'agit dans les deux cas du fléchissement d'un point fort et de ses effets sur le rythme. Mais la syllabe finale est plus forte intrinsèquement, par la mesure du vers, dont elle est la clef, par la rime avec laquelle elle ne fait qu'un, par le droit à un *e* final non compté devant le vers suivant commençant par une consonne. Seul l'accent tonique, que la langue française lui accorde institutionnellement en tant que finale de mot, peut être affaibli en elle par une élocution cursive, si elle ne termine pas un membre de phrase complet, situation que l'enjambement lui refuse par définition. Or l'effacement du signal de la fin de vers infligerait au rythme un dommage majeur : deux vers consécutifs annulés ensemble, sans possibilité de créer un rythme de remplacement pour vingt-quatre syllabes consécutives comme on a pu le faire pour un alexandrin unique. Ce péril fut, sans doute, tant que l'alexandrin vécut, la protection la plus efficace de sa syllabe finale. On peut ignorer la césure d'un alexandrin ; ignorer la fin d'un vers, qu'il soit long ou court, c'est, comme on verra, difficile.

2. *Pratique mallarméenne de l'enjambement.*

Jusqu'à quel degré le poète poussera-t-il l'affaiblissement de la dernière syllabe dans le vers qui opère l'enjambement ? Il s'agit du conflit suivant : dans un membre de phrase grammaticalement lié, deux mots consécutifs sont placés, l'un à la fin d'un vers, l'autre au début du suivant ; le discours ordinaire ne se suspendrait pas entre eux ; or la forte loi de la fin du vers voudrait qu'il s'accentue et se suspende : que va-t-il se passer et qui va l'emporter, l'usage commun ou le vers ? Le conflit est plus ou moins tendu selon la constitution du membre de phrase mis à l'épreuve, et Mallarmé en connaît et en pratique tous les degrés.

a) *Enjambement souple.* C'est celui qui a lieu entre deux vocables (nom sujet et verbe, verbe et complément, nom et complément, nom et adjectif) assez consistants et expressifs pour permettre, au-delà de la grammaire, d'appuyer de façon plus ou moins marquée sur la syllabe finale du premier vers, ce qui le sauve comme le suivant [35]. Ainsi :

> Mais, hélas ! / Ici-*bas* est maî/tre : [sa han*tise* /
> Vient] m'écœurer parfois / jusqu'en cet abri sûr [36]

Nous avons ici le type d'enjambement le plus proche de ce que le goût classique accepte. A est d'un rythme cumulé, et disloqué dans son second hémistiche, mais « hantise » justifie un accent expressif prolongé, et B rétablit triomphalement le rythme binaire. Une lecture cursive de l'enjambement serait le massacre inutile de deux vers. De même :

35. Appelons désormais le vers enjambeur A, le suivant B ; je mets entre crochets la matière de l'enjambement.
36. *Les Fenêtres.*

> Vautré dans le bonheur / où ses seuls [appétits/
> *Man*/gent], et qui s'entêt(e) / à chercher cette ordure [37]

Ici A est classique; il faut en effet marquer fortement « appétits » pour donner son relief brutal à « mangent », ce qui est le but de l'enjambement; B, bousculé d'abord, se rétablit dans sa seconde moitié. Le même souci de faire succéder à l'enjambement au moins un hémistiche classique se montre ailleurs :

> Ô la ber*ceus(e)*, / avec ta *fill(e)* / et [l'inno*cence*/
> De vos pieds *froids*], accueil*l*(e) / une horrible naissance [38]

Voici maintenant des exemples d'enjambements noms-adjectifs; ce sont chez Mallarmé les plus fréquents; il faut toujours marquer un temps sur l'enjambement, et compter sur le dernier hémistiche pour rétablir le vers :

> Rêvant, l'archet au doigt, / dans le calme [des *fleurs* /
> Vapor*euses*], tiraient / de mourantes violes [39], etc.

> Je veux délaisser l'Art / vorace [d'un pa*ys* /
> *Cruel*], / et, souriant / aux reproches vieillis [40]

   b) *Enjambement sur ternaire.* Il y a des cas où le rythme binaire ne se tire pas à si bon compte de l'enjambement mallarméen; ainsi :

> Et, par*eill*(e) / à la *chair* de la *fem*/me, [*la rose* /   *(363)*
> Cru*ell(e)*], / Hérodiad*(e)* en f*leur* / au jardin clair [41]   *(264)*

Les deux vers de l'enjambement sont ici marqués d'un rythme ternaire (A, *363*; B, *264*), non sans une possibilité d'accent sur la sixième syllabe, mais sans qu'aucun des quatre hémistiches ait la consistance classique; les deux vers n'en sont pas moins sauvés par l'indispensable accent sur la fin de A, sans lequel « la rose cruelle » perdrait tout caractère. Autre exemple :

---

37. *Les Fenêtres.* Voir aussi : « Une ligne d'azur / mince et pâle *serait* — *Un lac,* / parmi le ciel/de porcelaine nue » (« *Las de l'amer repos...* »).
38. *Don du poème :* A est franchement ternaire, et B1 commence de même, mais B2 rétablit le binaire. Naturellement il faut accentuer les deux termes de l'enjambement, sous peine de réduire ces vers à néant.
39. *Apparition.*
40. « *Las de l'amer repos...* »
41. *Les Fleurs.*

Et selon la croisé(e) / au Nord vacant(e), / [*un or* /
Né*fast*(e)] / in*ci*/te pour son beau *cadr(e)* / une rixe[42]

Ici le vers A prend un départ classique, que l'enjambement trahit pour déboucher sur un B franchement ternaire à césure
morte (après un « pour ») et aux deux hémistiches informes (formule insolite *2253*). Seule rayonne, parmi ce rythme raréfié, la
charnière des deux vers, à condition qu'on n'expédie pas d'un
trait de voix cet *or néfaste*.

c) *Enjambement redoublé.*   C'est celui qui affecte, non deux
vers, mais trois : soit A enjambant sur B, B enjambant sur C. Je
n'en vois, sauf erreur, que deux cas dans les poèmes en alexandrins commentés ici; le premier exemple est même triplé et
s'étend sur quatre vers :

Las de l'amer repos / où ma paresse [*offense* /
Une *gloir/e*] pour *qui* ja*dis* / j'ai fui [l'en*fance* /   *(354)*
Adora/ble] des bois de *ro*/ses sous [l'a*zur* /   *(354)*
Nature*l*], / et plus *las* sept *fois* / du pacte dur /[43], etc. *(354)*

Le premier vers est classique, les suivants mêlés de tentations
ternaires; la fin de vers se marque partout malgré l'enjambement, ou plutôt à cause de l'enjambement, qui vise à souligner
les mots en rejet. Le second exemple est plus ordinaire, et dévie à
peine du rythme classique :

Encor! que sans répit / les tristes [chemi*nées* /
Fu/ment], et que de sui(e) / une errante [pri*son* /
Étei/gne] dans l'horreur / de ses noires traînées[44], etc.

Je classe un troisième cas d'enjambement redoublé ci-dessous :

d) *L'enjambement abrupt.*   C'est celui où la dernière syllabe
du vers enjambant est si faible d'accent qu'on pourrait se croire
obligé de la prononcer sans s'arrêter ni changer de ton; tel est le
second enjambement de l'exemple suivant :

En vain! l'Azur triomphe, / et je l'entends [qui *chante*

---

42. « Sonnet en −*x* », I. Voir le commentaire de ce sonnet.
43. « *Las de l'amer repos...* ».
44. *L'Azur.*

Dans les *clo*/ches]. Mon âme, / il se fait voix [pour *plus*
Nous faire *peur*] / avec sa vic*toi*/re méchante [45]

Le passage de A à B (premier enjambement) n'appelle pas de
remarque particulière : il y a accent normalement partagé entre
la fin d'un vers et le début de l'autre, et rythme classique dans
l'ensemble, jusqu'au moment où la fin de B, tombant sur une
syllabe atone suggère en principe de lire d'un trait « pour plus
nous faire peur » en rejetant tout l'accent sur la fin du membre
de phrase comme dans l'élocution commune. J'avoue ne pas voir
l'intérêt d'une prosification (dénaturation) de ces cinq mots de
poème. Comme nous ne trouverions à leur perte aucune compensation, supposons plutôt qu'ils ont été mis dans cette posture
pour que nous fassions triompher la loi du vers en allongeant et
faisant signifier *plus* à la charnière des deux vers. Cet exemple
d'enjambement prétendu cursif est, significativement, l'unique
qui se trouve dans nos alexandrins ; Mallarmé traite plus délicatement, c'est clair, la fin du vers que la césure médiane : il sait
que l'alexandrin est plus fragile de ce côté.

e) *L'enjambement dans les mètres courts.*   L'enjambement est
plus hardi dans les petits vers que dans les grands. La raison en
est simple : une mesure de sept ou huit vers ne risque pas de se
perdre aussi facilement, sitôt qu'elle est passagèrement bousculée à un détour de vers, que le rythme complexe d'un alexandrin. D'ailleurs un vers court n'est le plus souvent, par nature,
qu'un membre de phrase inachevé qui se complète au vers suivant ; celles parmi ces ruptures de vers qu'on peut dire à proprement parler enjambements, c'est-à-dire qui contredisent sensiblement le découpage grammatical, se réparent à bref délai,
fondues dans le train agile, vite rétabli, du discours rythmé. En
un mot, dans des conditions où l'oreille en attente de mesure est
moins inquiète, elle accepte mieux des parcours accidentés.
Dans les poèmes à mètres courts, tout enjambement n'en est pas
un. Il y en a de vrais et de faux. Une strophe comme celle-ci
pourrait sembler faite de deux enjambements successifs :

> À la fenêtre [recé*lant* /
> Le santal *vieux*] qui se dédore /
> De sa vi*ole* [étince*lant* /

45. *L'Azur.*

Ja*dis*] avec flûte ou mandore / [46]

Il n'en est rien, car le découpage des vers ne heurte pas réellement celui du discours spontané; la rime les aide à coïncider, et
le fait que la fin de chaque vers, avec son accent marqué, sépare
un verbe ou un nom de son complément, ou un adverbe de son
verbe, n'est pas même ressenti [47]. En revanche, des discordances
effectives apparaissent plus loin entre le partage des vers et la
distribution naturelle du discours :

> À ce vitrage d'ostensoir /
> Que frôle une [harpe par *l'Ange* /
> Formée] avec son vol du soir /
> Pour la délicate [pha*lange* /
>
> Du *doigt*] que, sans le vieux santal /
> Ni le vieux livre, elle [ba*lance* /
> Sur le plu*mage*] instrumental, / [48], etc.

Ce sont là des enjambements réels, mais sur des syllabes longues
et accentuées; et on peut remarquer que les vers porteurs de
rejet rétablissent aussitôt le plein rythme octosyllabique, repris
parfaitement dans les derniers vers du poème. Les doubles
enjambements ci-dessous appellent les mêmes remarques :

> Mais tandis que les rideaux vagues /
> Cachent des ténèbres [les *vagues* /
> Mor/tes], hélas! ces beaux [che*veux* /
>
> Lumi*neux* / en l'esprit font [*naître* /
> D'atroces étin*celles*] d'Être [49], etc.

Semblablement :

> En mon rêve, antique [ave*nue* /
> De ten*tu*/res], seul, si [j'en*tends* /
> Le Né*ant*], / cette chère [*nue* /
> Enfoui*ra*] mes yeux contents / [50]

46. *Sainte*, strophe I.
47. On peut à peine voir un enjambement entre ces deux octosyllabes complets :
« Ou cela que furibond *faute* / — *De* quelque perdition haute », etc. (« *À la nue accablante tu...* »).
48. *Ibid.*, strophes III-IV.
49. « *De l'orient passé des Temps...* ».
50. *Alternative.*

Enjambements expressifs. — Il en est dans les mètres courts comme dans les alexandrins; les deux termes de l'enjambement sont placés dans la position où ils sont, non pour être sous-accentués, mais pour être soulignés :

> De trancher ras [cette or*tie* /
> *F*olle] de la sympathie / [51]

> Sinon rieur que puisse [*l'air* /
> De sa *jup(e)*] éventer Whistler / [52]

> Comme sur quelque vergue [*bas* /
> Plon*geant(e)*] / avec la caravelle / [53], etc.

Enjambements abrupts (sur syllabe atone). — Ils semblent commander la lecture cursive, et c'est ainsi que l'entend, à tort, plus d'un récitateur de poésie. Ces enjambements visent à un effet de surprise ou d'humour, qui implique impérativement la pause, au moins légère, entre les deux vers. Exemples :

> Ô solitaire [Pu*vis* /
> De Cha*van*/nes] jamais seul / [54]

> Tourbillon de [mousselin(e) *ou*
> Fu*reur*] / éparses en écumes [55], etc.,

> Quel sépulcral naufrage [(*tu*
> Le *sais*,] / écume, mais y baves) [56], etc.

> Par son chant reflété [jus*qu'au* /
> Sou*ri*re] / du pâle Vasco [57]

Ce type d'enjambements abonde dans les « *Vers de circonstance* » de Mallarmé, où leur vertu humoristique trouve à chaque instant son emploi.

---

51. *Petit Air (guerrier)*.
52. *Billet* (à Whistler).
53. « *Au seul souci de voyager...* ». « Bas plongeante » qui se lit, en principe, d'un trait, doit ici être lu en deux temps, pour accompagner d'un creux vocal le creux de la vague.
54. *Hommage* (à Puvis).
55. *Billet* (à Whistler).
56. « *À la nue accablante tu...* ».
57. « *Au seul souci de voyager...* » : cet enjambement est le point culminant du poème.

3. *Philosophie de l'enjambement.*

Elle tient en peu de mots : l'enjambement n'est pas, comme on pourrait le croire, une invasion locale du langage spontané et de ses rythmes dans le rythme du vers ; il semble mettre en scène leur conflit, mais il convainc le plus souvent la prose de s'accommoder au vers, à ses allures et à ses accents. C'est de lui qu'on peut dire surtout qu'il essaie jusqu'où peut aller le pouvoir du chant sur la parole brute. Arrivé à cette limite, l'enjambement rit comme pour se faire excuser. Tant que le vers a duré, les deux puissances se sont toujours ménagées.

4. *Statistique de l'enjambement.*

Les enjambements se comptent plus facilement que les rythmes. Voici, sauf erreur, ce qu'on peut dire. On en trouve dans les 437 alexandrins de ce recueil, et aussi bien dans les 344 vers de sept ou huit syllabes qu'il contient. Sur ce total de 781 vers, j'ai cru compter 53 enjambements non contestables, soit une proportion globale de 6,78 % ; cette proportion est de 31 cas, soit 7,09 %, dans les alexandrins ; de 22 cas, soit 6,39 %, dans les petits vers. Les enjambements qui défient franchement l'usage ne se trouvent pas, sauf un seul, dans les alexandrins, mais presque tous, soit 10, dans les petits vers, soit 1,40 % pour l'ensemble.

E. *Les formes poétiques*

Mallarmé, dans ses poèmes de jeunesse, en 1858 et 1859, a utilisé une grande variété de formes poétiques et de strophes, à l'imitation des poètes romantiques qui étaient alors ses modèles. À partir de ses vingt ans, il ne pratique plus en poésie qu'un nombre limité de genres. Ses Poésies, qui datent d'entre 1862 et sa mort empruntent presque uniquement trois formes, depuis longtemps usitées en poésie française : le discours en alexandrins couplés, lyrique ou dialogué; le poème strophique en quatrains à deux rimes croisées; le sonnet. Original dans le contenu qu'il leur a donné, il n'a pas transformé leur définition formelle. Il faut seulement dire quelque chose du sonnet, forme qu'il a de beaucoup le plus employée dans sa poésie, et selon des types divers. Car le sonnet, dit poème « de forme fixe », souffre dans sa pratique ancienne et moderne de nombreuses variations.

1. *Modèle théorique et variations du sonnet.*

Le sonnet a toujours quatorze vers, dont les huit premiers ont la forme de deux quatrains; l'organisation des six derniers est moins arrêtée. On veut en principe, en France, que les deux quatrains soient écrits sur les deux mêmes rimes embrassées, et les six derniers vers séparés en deux tercets bâtis sur trois rimes. En désignant chaque rime par une lettre, on a la disposition suivante : ABBA ABBA CCD EDE. Le sixain est constitué en somme d'un distique, suivi d'un quatrain à rimes croisées, tout en se divisant, pour le sens, en deux tercets. Cette formule n'a passé que très tard pour représenter la « règle ». Les variantes les plus fréquentes, dans les quatrains, affectent les rimes (croisées, au lieu d'embrassées, différentes parfois d'un quatrain à l'autre); les tercets sont plus variables de toute façon : ils ne sont même pas toujours des tercets séparés, mais souvent un sixain continu. La séparation typographique en tercets ne se justifie que quand elle coïncide avec une division du discours, ce qui n'est pas toujours le cas. Si l'on veut que les deux tercets, écrits sur un total de trois rimes, soient symétriques par leurs rimes, une formule est souvent usitée, c'est CCD EED; mais cette formule, très largement en faveur chez Ronsard et du Bellay, ne s'est pas imposée en France, quoiqu'on la trouve fréquemment chez les poètes du XIXᵉ siècle, notamment chez Mallarmé. Toutes les formules les plus variées sont usitées dans la disposition des rimes du sixain habituellement divisé en tercets. On trouve même des tercets sur deux rimes seulement, disposées aussi de façons diverses dans leurs trois apparitions respectives. Au temps de Mallarmé et Baudelaire, on n'appelait régulier qu'un type unique de sonnet (celui ci-dessus mentionné), à côté d'une foule de sonnets « irréguliers » qu'on admettait, et parmi lesquels on célébrait des chefs-d'œuvre [58].

2. *Le sonnet mallarméen.*

La carrière de Mallarmé dans ce domaine est originale; elle varie de la façon suivante :

a) *Sonnets irréguliers, de 1859 à 1871.* Pendant son adolescence, et sa jeunesse, il a écrit quinze sonnets en alexandrins, et un seul, en deux versions, 1868-1869, en octosyllabes; il n'a inclus que la moitié de ces sonnets dans ses *Poésies,* et certains, après les avoir fortement remaniés; ceux qu'il n'a pas rendus conformes à la « règle », il les qualifie « sonnet irrégulier » dans la table des matières de l'édition : c'est le cas du *Sonneur,* le seul de ce groupe qui figure dans notre présent recueil. En fait, parmi ces seize sonnets, *aucun* dans sa forme première n'était tout à fait régulier. On en jugera par *Le Sonneur* et par les versions primitives du *Pitre châtié,* du « Sonnet en *–x* », et de « *Quelle soie aux baumes de temps...* », qu'il a exclues de son édition et que nous donnons ici pour les comparer avec l'état final de ces poèmes.

b) *Sonnets réguliers de type français.*   C'est en 1876 seulement, quinze ans après ses débuts, que Mallarmé écrit son premier sonnet strictement conforme à la « règle » en crédit, *Le Tombeau d'Edgar Poe.* Les sonnets du même type, surtout en alexandrins, quelques-uns en octosyllabes, vont se multiplier ensuite, jusqu'en 1887. Après cette date, les sonnets de ce type en alexandrins se raréfient extrêmement; on voit paraître encore quelques sonnets octosyllabiques réguliers. Dans cet ensemble figurent beaucoup parmi les plus célèbres et les plus belles des Poésies. L'adoption par Mallarmé, au cours de cette période, d'une formule stricte et réputée régulière du sonnet, après un choix contraire maintenu pendant de longues années, s'explique sans

---

58. C'est ainsi que Théodore de Banville, poète contemporain et ami de Baudelaire, présente les choses en 1872 dans son *Petit Traité de poésie française.* De fait, parmi environ soixante-dix sonnets de Baudelaire, six seulement sont tout à fait réguliers selon l'opinion en cours, et plus de la moitié transgressent sérieusement la prétendue « règle ». La régularité était donc un idéal qu'il était flatteur d'assumer à l'occasion, mais sans y être nullement obligé.

doute par le prestige croissant de la perfection formelle dans sa génération [59]. Mallarmé décida sans doute de faire voir qu'aucune difficulté n'embarrassait son art.

c) *Les sonnets de type « élisabéthain »*.   On désigne sous ce qualificatif un type de sonnet très particulier, qui fut employé, comme le dit Mallarmé lui-même, à l'époque de la Renaissance anglaise ; on dit aussi « shakespearien » ou « anglais ». Le sonnet élisabéthain est aussi constant dans sa forme que le sonnet tenu pour régulier en France. Il est de quatorze vers comme lui, et comme généralement tout sonnet ; mais il est fait de trois quatrains, à rimes croisées, et différentes d'un quatrain à l'autre, et d'un distique final sur une nouvelle rime : soit la formule ABAB CDCD EFEF GG. Mallarmé n'avait jamais employé cette formule dans ses sonnets, tous irréguliers, de jeunesse, quoiqu'il semble parfois en subir la contagion partielle. C'est seulement en 1887, après plus de dix années de sonnets réguliers à la française, qu'il adopta la forme élisabéthaine stricte dans son sonnet « *La chevelure vol...* », le seul d'ailleurs qu'il ait jamais écrit en alexandrins selon cette formule. Il n'écrivit, entre 1887 et 1898, pas moins de dix sonnets élisabéthains, tous en vers courts, trois en octosyllabes, sept en heptasyllabes. Ce type de sonnet, pendant ses douze premiers vers, n'est pas nécessairement reconnu comme sonnet : on peut voir dans ces trois quatrains successifs le début d'un poème strophique (en quatrains à rimes croisées) ; seul le distique de clôture révèle le sonnet, et bénéficie par là d'un effet particulier ; même si l'on est averti, on attend cet effet.

---

59. Nous en avons un témoin notoire dans le poète José-Maria de Hérédia, contemporain de Mallarmé et du jeune Parnasse ; ses *Trophées*, écrits de 1861 à 1893, ont contribué à ce crédit de la régularité dans le sonnet. Hérédia y manque pourtant plus d'une fois, au moins dans la disposition des rimes de ses tercets.

NOTE BIBLIOGRAPHIQUE

Quelques-uns des commentaires de poèmes qui figurent dans ce volume ont été l'objet de publications antérieures sous les titres suivants :

— *Mallarmé y Vasco de Gama* (commentaire de *Au seul souci de voyager...*), voir p. 372, n. 1.

— *Poétique et métaphysique dans trois sonnets de Mallarmé*, dans *La Passion de la raison*, Hommage à Ferdinand Alquié, Paris, P.U.F., 1983, pp. 407-428 (étude des Trois sonnets de 1887).

— *Sur un sonnet de Mallarmé (Petit Air II)*, dans *Du Romantisme au surnaturalisme*, Hommage à Claude Pichois, À la Baconnière, Neuchâtel, 1985, pp. 271-280.

— *La Prose pour des Esseintes*, dans *Saggi et ricerche di letteratura francese*, Rome, Bulzoni, 1988, vol. XXVII, pp. 29-80.

— *Sur deux sonnets de Mallarmé*, dans *L'Esprit et la Lettre*, mélanges offerts à Jules Brody, édités par Louis Van Delft, Tübingen, Gunter Narr Verlag, 1991, pp. 201-210 : commentaires de *Petit Air I* et *Petit Air (guerrier)*.

— *Sur le* Toast Funèbre *de Mallarmé*, dans *Parcours et rencontres*, mélanges de langue, d'histoire et de littérature françaises offerts à Enea Balmas, Paris, Klincksieck, 1993, pp. 1121-1134.

Composé et achevé d'imprimer
par la Société Nouvelle Firmin-Didot
à Mesnil-sur-l'Estrée, le 12 décembre 1995.
Dépôt légal : décembre 1995.
1ᵉʳ dépôt légal : janvier 1995.
Numéro d'imprimeur : 33035
ISBN 2-07-074109-5/Imprimé en France